经济合作与发展组织教育研究报告译丛
丛书总主编：张民选

教育系统中的成功者与变革者

美国从国际学生评估项目中学什么？

经济合作与发展组织　主编
徐瑾劼　陈法宝　赵　鹛　译

图书在版编目(CIP)数据

教育系统中的成功者与变革者:美国从国际学生评估项目中学什么?/经济合作与发展组织主编. —北京:北京大学出版社,2013.12
(经济合作与发展组织教育研究报告译丛)
ISBN 978-7-301-22478-6

Ⅰ.①教… Ⅱ.①经… Ⅲ.①学生－教育评估－研究－世界 Ⅳ.①G40-058.1

中国版本图书馆CIP数据核字(2013)第090780号

书　　　名:教育系统中的成功者与变革者:美国从国际学生评估项目中学什么?
著作责任者:经济合作与发展组织　主编
策　划　编　辑:姚成龙
责　任　编　辑:郝　静　赵丛彦
标　准　书　号:ISBN 978-7-301-22478-6/G·3619
出　版　发　行:北京大学出版社
地　　　　址:北京市海淀区成府路205号　100871
网　　　　址:http://www.pup.cn　新浪官方微博:@北京大学出版社
电　子　信　箱:zyjy@pup.cn
电　　　　话:邮购部 62752015　发行部 62750672　编辑部 62756923　出版部 62754962
印　　刷　者:北京富生印刷厂
经　　销　者:新华书店
　　　　　787毫米×1092毫米　16开本　21印张　380千字
　　　　　2013年12月第1版　2013年12月第1次印刷
定　　　　价:48.00元

未经许可,不得以任何方式复制或抄袭本书之部分或全部内容。
版权所有,侵权必究
举报电话:010-62752024　电子信箱:fd@pup.pku.edu.cn

总　序

随着全球化时代的来临、全球性问题的增多和全球治理需求的出现，政府间国际组织在国际关系中扮演的角色越来越重要，对世界各国的政治、经济、社会和文化活动的影响越来越大。在全球化的进程中，各国教育的改革发展也不再能闭关自守、仅仅关注国内问题、仅仅参照国内经验，而需要把握世界发展趋势、学习他国成功经验，甚至接受国际社会资金和技术支持。在此过程中，政府间国际组织的作用正日益提升，国际组织对世界教育发展的研究成果，为各国教育改革提出政策建议、发展理念与他国经验，正在成为各国教育政策制定者和实践者不可忽视的信息甚至依据。

我们已经看到，政府间国际组织在倡导先进教育理念、提供人力财力支持、提供教育实践案例、咨询各国教育决策等方面正在发挥越来越大的作用。比如，联合国教科文组织和经济合作与发展组织已经成为具有全球性影响的教育理念倡导者、教育信息传播者、教育政策研究者和教育改革推动者。它们提出的许多教育政策建议（"教育质量保障"、"学习型社会建设"、"教育财政投入超过 GDP 的 4%"，等等）和全球教育倡议（如"全民教育"、"学会生存"、"教育国际化"，等等）已经有力地推动了世界很多国家的教育变革。

经济合作与发展组织（简称"经合组织"或"OECD"）最初只是一个由美国和西欧国家为战后重建而设的一个应急协作机构。20世纪50年代末，它完成了战后

教育系统中的成功者与变革者
美国从国际学生评估项目中学什么？

重建的任务，开始改组为一个政治经济组织。1961年它才正式启用"经济合作与发展组织"（OECD）这个名字。由于该组织当时全部由坚持市场经济、坚持西方民主的西欧和北美富国组成，所以被戏称为"富国俱乐部"。随着美国对经合组织影响力的减弱和20世纪90年代"新欧洲国家"（原东欧转型国家）的出现，在美国的极力推荐下，经合组织又吸收了日本、澳大利亚、墨西哥和一批东欧国家，使经合组织的成员国增加到34个国家。今天，经合组织已经是在国际政治、世界经济和科技创新等领域中都具有重大影响的国际组织。

经合组织现在已经成为一个在教育领域中影响巨大的国际组织。然而，在成立之初，经合组织并不关注教育事务。经合组织是随着"人力资本理论"的兴起，是随着教育对各国经济社会发展的影响剧增，才越来越关注成员国教育发展问题和世界教育发展趋势的。20世纪90年代以来，经合组织的教育司除了统计分析成员国的教育发展，每年出版《教育概览：经合组织指标》，还积极开展各种专题性、前瞻性的教育研究，形成一份份由专家撰写的决策咨询报告，供各国政府、教育决策者和实际工作者参考。教育体制、人力资源、高等教育、成人教育、终身学习、学前教育、教师教育、教育技术、高等教育国际化等领域，都已经受到经合组织的关注，并成为经合组织专家的研究专题。

经合组织擅长组织高效精致的大型跨国测试研究和国际数据分析。比如，经合组织从2000年所开始的"国际学生评估项目"（PISA）影响巨大，现已吸引了70多个国家和地区、500万学生的参与。经合组织希望以测试结果和比较分析，在数据分析的基础上分析各国存在的问题，提供他国最佳实践经验，帮助各国制定以证据为基础的教育政策，促进各国基础教育的公平而卓越的发展。近年来，还相继组织了已有24国参加的"国际教学调查"（TALIS）、17国参加的"高等教育学习成果测试"项目（AHELO）和"国际成人胜任能力测试"（PIAAC）。这些大型跨国测试研究以及在这些测试基础上形成的大量研究报告，不仅为经合组织成员国，也同时为其他参与国和世界各国，提供了难得的教育改革信息、理论、案例和证据，为世界各国的教育改革和发展起到了引领性作用。

中国的教育改革和发展需要关注其他发展中国家的经验和教训，更要吸收和借鉴发达国家的经验和教训。发达国家已有的成功经验和最新理念值得我们认真研究和借鉴，而发达国家目前已经存在或者面临的问题，也可能是我们未来发展中可能遭遇的问题和挑战。正是在这个意义上，上海师范大学国际与比较教育研究中心决定连续性地翻译出版经合组织的研究报告，形成"经济合作与发展组织教育研究报告译丛"，为我国的教育研究者、实践者和政策制定者提供可资借鉴的教育理念、经验、教训和方法。

长期以来，上海师范大学国际与比较教育研究中心（简称"CICE"）和经济合作与发展组织的教育司保持着密切联系。本中心的成员很早就开始跟踪研究PISA，主持和参与了上海2009年PISA测试。2011年本中心举办了"国际组织与教育发展"高峰论坛，邀请了联合国教科文组织、世界银行、经合组织、欧盟、国际教育局、国际教育规划研究所及国际终身学习研究所的高层官员和专家学者，"PISA之父"、经合组织教育司副司长安德烈亚斯·施莱克尔（Andreas Schleicher）也亲自到会并作讲演。在施莱克尔先生的支持和协调下，经合组织授权上海师范大学国际与比较教育研究中心翻译经合组织教育研究报告，我们在此对经合组织赠予版权深表感谢。

当前，"教师专业发展、提升教师质量"已经成为提高基础教育质量的关键，成为世界各国和国际组织的一大共识。为此，我们首先翻译出版的这四份研究报告，都与教师专业发展有关。我们真诚地感谢"全国教育规划办"、"上海高校一流学科教育学"及上海师范大学内涵建设项目对本中心"国际组织与教育发展"课题的资助，为我们的翻译工作和出版印刷提供了不可或缺的财政支持。我们还要感谢北京大学出版社，你们的大力支持使得本套译丛能顺利出版，北大出版社各位编辑认真负责的态度令我们感动。以后，我们还将继续按专题翻译经合组织的教育研究报告，并将委托给北京大学出版社出版发行。

参与这第一批研究报告翻译工作的多为本中心的教师、博士后和博士生。由于我们学识粗浅，兼之时间较紧，因此，尽管我们付出了时间和心血，在翻译过程中仍会有些疏漏之处，恳请读者朋友批评指正。

最后，我们真诚希望，经合组织的教育研究报告能成为我国教育工作者认识发达国家教育发展的新窗口，并能为我国的教育改革提供理论指导和实际帮助。

教育部国际教育研究培育基地
国际与比较教育研究中心主任
张民选
2013年9月

前　言

美国总统巴拉克·奥巴马（Barack Obama）发布了一项雄心勃勃的教育改革计划。该项名为"力争上游"（*Race to the Top*）的计划旨在促进美国实施国际化的评价基准并在此框架下实现以下目标：帮助学生在学校和工作场所中取得成功；作准备；对高素质师资和校长的录用、培养、激励及维护；建立数据系统，对学生的"成功表现"进行测量，从而告知教师和校长如何完善他们的实践；彻底改变那些"表现不佳"的学校。

但问题是何谓国际性的"上游"？处于上游的那些国家是如何保持卓越或实现大幅进步的？经济合作与发展组织（OECD，简称经合组织）的国际学生评估项目（PISA）为我们提供了世界范围内最为全面且严密的一套针对中学生知识与技能的调查问卷。通过PISA，我们能够对各项教育措施进行国际间的比较，如：不同国家学习成果的平均水平；那些表现不佳的学校所占的比例；社会经济背景对学习结果造成的影响程度；学校如何保持高质量的学习成果；等等。

2010年4月，经合组织秘书长葛利亚（Angel Gurría）与美国教育部长阿恩·邓肯（Arne Duncan）会面。他们都感到需要对那些接近"上游"或取得迅速进步国家的教育体系的政策和实践进行更为详尽的分析并从中获益。本书担负起了此项挑战，试图通过国际比较深入理解不同国家教育体系及其政策轨迹。

本书集群策群力，参与的组织、国家及人员包括经合组织、设在华盛顿的美国国家教育经济中心（NCEE）、案例研究中所涉及国家的政府官员以及那些擅长对

教育系统中的成功者与变革者
美国从国际学生评估项目中学什么?

不同教育体系表现进行分析的国际专家。

作为经合组织新项目"发挥知识杠杆,完善教育政策"的组成部分之一,此份报告的准备工作由安德烈亚斯·施莱克尔(Andreas Schleicher)和理查德·霍伯(Richard Hopper)领衔,经合组织教育司指标与分析处(Indicators and Analysis Division in OECD Directorate for Education)负责。基础研究由马克·塔克(Marc Tucker)、苏珊·斯克拉法尼(Susan Sclafani)、贝特西·布朗·如兹(Betsy Brown Ruzzi)、杰克·克雷默主持,NCEE与经合组织协商共同完成。参与本书各章节撰写的主要人员有:绪论部分,NCEE和经合组织的安德烈亚斯·施莱克尔和理查德·霍伯;安德烈亚斯·施莱克尔撰写"美国目前的表现"这一部分;日本:NCEE的马克·塔克和贝特西·布朗如兹;中国:香港大学的程介明;加拿大:美国哈佛大学的罗伯特·舒尔茨和梅赫塔;德国:NCEE的马克·塔克和贝特西·布朗如兹;新加坡:美国亚洲协会(Asia Society)的薇薇安·斯图尔特(Vivien Stewart);巴西:NCEE的苏珊·斯克拉法尼;瑞典:NCEE的贝特西·布朗如兹;英国:英国学生训练发展局的米歇尔·德(Michael Day);最后一章,"美国能从中学习到什么?":由来自NCEE与经合组织的马克·塔克和苏珊·斯克拉法尼共同完成。此外,理查德·霍伯和苏珊·斯克拉法尼还承担了与各国专家建立关系、保持联系、访谈合作者和协调等工作。来自经合组织的凡妮莎·莎德伊·舍欣(Vanessa Shadoian Gersing)、尼科利娜·克莱蒙斯(Niccolina Clements)和佩德罗·列宁·加西利亚·德·里昂(Pedro Lenin García de León)整理了相关的大量数据和有关各国教育体系的背景资料。经合组织PISA项目组提供了信息与图表用以支持本书中对PISA的分析。经合组织的伊丽莎白(Elisabeth Villoutreix)协助了相关的出版工作。每个章节的结尾部分都列出了本研究所访谈过的官员和专家。专家组对概念框架的设计进行了审核,审阅了各章节的初稿,对主要发现进行了讨论并为各位著者提供了指导及建议。这些专家有香港大学的程介明,英国教育部的米歇尔·德,英国伦敦大学的戴维·霍普金斯(David Hopkins),经合组织的理查德·霍伯,NCEE的杰克·克雷默,澳大利亚墨尔本大学教育学院的巴里·麦高(Barry McGaw),新加坡教育部伊丽莎白·潘,NCEE的贝特西·布朗如兹,芬兰国际流动中心的帕思·萨尔博格(Pasi Sahlberg),经合组织的安德烈亚斯·施莱克尔,美国哈佛大学的罗伯特·舒尔茨,NCEE的苏珊·斯克拉法尼,美国亚洲协会(Asia Society)的薇薇安·斯图尔特,NCEE的苏珊·沙利文、马克·塔克,新加坡教育部的王秀风。德国的章节由德国国际教育研究院的埃克哈特·克里默(Eckhard Klieme)负责审读。其他国家的章节内容由相应的国家机构与部门进行审核。

目 录

第一章 绪 论 ·· 1
　教育的"成功"：一个处于不断变化中的标准 ···························· 1
　概要 ··· 3
　分析框架 ·· 6
　什么是PISA以及我们能从中学到什么？ ··································· 8
　如何利用PISA完善教育体系？ ··· 12
　国别报告中所涉及的研究方法 ·· 14

第二章 透过PISA看美国教育 ·· 17
　学习结果 ·· 17
　学习机会的均衡分布 ··· 25
　学校课堂中的学习环境 ··· 33
　教育系统的组织 ·· 38
　评价与问责 ·· 47
　评价政策及实践 ·· 49
　资源 ··· 53

第三章 加拿大安大略省：致力于多元社会背景下的高成就教育改革 ········ 60
　概要 ··· 60
　加拿大教育体系 ·· 61
　加拿大教育的成功 ··· 65
　移民子女教育的成功 ··· 67

目 录

  安大略省的经验 ··· 70
  向安大略省学习 ··· 76
  加拿大在教育发展进程中的位置 ··· 78
  结语 ··· 78

第四章　上海和香港：中国教育改革中的双城记 ··· 84
  概要 ··· 84
  中国的教育体系：文化背景 ··· 85
  中国的教育体系：历史背景 ··· 87
  教师与教学 ··· 90
  持续的课程改革 ··· 92
  上海：改革的领头羊 ··· 94
  香港的教育体系：一国两制 ··· 107
  香港教育改革的成就与挑战 ··· 116
  上海和香港教育改革的经验 ··· 117
  结语 ··· 123

第五章　芬兰：循序渐进的改革，持续提升的成绩 ··· 130
  概要 ··· 130
  芬兰教育体系的历史 ··· 132
  芬兰在教育上的成功 ··· 137
  芬兰教育体系未来面临的挑战 ··· 145

目 录

　　来自芬兰的经验 147
　　结语 150

第六章　日本：持久的卓越 155
　　概要 156
　　日本的教育体制：历史和社会背景 157
　　当今日本教育体制的主要特征 161
　　日本教育制度如何应对当今挑战？ 170
　　日本的经验 174
　　日本在教育发展进程中的位置 177

第七章　新加坡：强劲表现后的迅速提升 183
　　概要 183
　　新加坡的教育系统：学习型国家的成长之路 186
　　新加坡教育的成功 191
　　新加坡教育体系未来的挑战 201
　　新加坡的经验 201
　　新加坡在教育发展进程中的位置 204

第八章　巴西：庞大联邦体制下令人振奋的教育经验 209
　　概要 210
　　巴西教育体制简史 211
　　改革逐渐成形 214
　　产业化视角下的巴西教育 223
　　各州教育改革案例 223

目 录

  巴西的经验 …… 231
  巴西在教育发展进程中的位置 …… 234
  结语 …… 235

第九章 德国：曾经的落后激发全国致力于迅速提升的强势改革 …… 245
  概要 …… 245
  历史的视角 …… 246
  德国教育改革 …… 254
  理解德国教育改革所产生的影响 …… 261
  德国的经验 …… 262
  德国在教育发展进程中的位置 …… 264

第十章 教育改革之插曲篇：英国、波兰和瑞典 …… 272
  英国：师资短缺问题的解决 …… 273
  波兰：中等教育改革 …… 276
  瑞典：对移民学生成绩的可能性解释 …… 279

第十一章 美国能从中学到什么？ …… 283
  概要 …… 283
  向表现卓越的教育体系学习 …… 288
  美国的财富 …… 321

第一章
绪　论

教育的"成功"：一个处于不断变化中的标准

全球化与现代化的迅猛发展不断对个人及社会提出了新的、更高的挑战。日益多元且联系紧密的社群、工作场所与日常生活中急剧变革的技术，触手可及的海量信息，这些都只是引发新需求产生的部分因素。在全球化的进程中，对工作的争夺不再局限于本地劳动力市场，还拓展至国际范围。

全球化与现代化的迅猛发展带来的效应是欠发达国家工资水平的提高和大多数工业化国家工资水平的降低，但是这些发展并不是对所有劳动者都公平。工作自动化的发展进程远远快于就业市场的整合。尽管一些工作仍然需要依靠人而不是机器来完成，但如果工作是常规化的，按部就班的，则很有可能实现自动化。自动化以及普遍意义上技术变革的进步所带来的影响是对按部就班型员工需求的减少以及对知识型员工需求的增加。这就意味着越来越多的人需要被培养成能够胜任知识型工作的专业人员。对于高工资水平的国家而言，只有培养出大批的知识型工人并且使其成为劳动力组成中的稳定力量才能维持这些国家相应的工资水平。知识型工作需要员工具有非常高的技能水平和较高的创造、创新能力。

教育系统中的成功者与变革者
美国从国际学生评估项目中学什么?

这并不是对未来的一种可能性的描绘,而是当下正在发生的经济变迁。在高工资水平国家,对高技能人才的需求远远超过供给(OECD指标显示,高技能人员工资的增幅在不断上升),而对低技能水平人员而言,供给却越来越大于需求(OECD指标显示,低技能人员失业率在上升而工资收入在不断下降)。工作正在向能够满足任何特定操作技能需求的国家迁移。无论在高工资水平国家还是在低工资水平国家,工作的自动化速率都在稳步提升。

工作自动化率的提升正在对各国政府不断施压,迫使他们教育其公民能够在此环境下体面地生活,为他们的孩子提供一种教育,从而确保他们的生活至少对于他们而言具有价值并获得回报。政府需要构建面向所有人而不是偏向少数人的教育体系。其内涵包括:在质量上具有国际竞争力;为所有阶层的人们提供适合个人教育的公平机会,帮助他们成功;国家有能力实现上述目标。目标不仅是为所有人提供基础教育,而且是提供使每个人都有可能成为"知识型劳动者"的教育。这种教育需要设定较高的技能水平从而实现下列目标:能够解决那些从未出现过的复杂问题;帮助学生变得具有创造力;能够从丰富多样的信息来源中合成资料;能够发现连计算机也无法辨认的信息形态;能够富有成效地与他人一起工作;根据需要,既能做团队领导又能成为一名优秀的团队成员。这种教育体系正是当今扁平化世界所需要的。在扁平化的世界中,所有无法数字化、自动化和外包出去的工作都只能靠那些具有高效能、高竞争力的个人、公司或国家来完成,且无论他们在世界的哪个位置。其背后的寓意是,教育成功的标杆不再仅仅依据国家标准来提升,而是参照国际范围内表现卓越的教育体系来提升(专栏1.1)。

> **专栏1.1**
>
> ### 教育进步中变化的步伐
>
> 美国更多的受益于扁平化世界所提供的机会,这是其他国家望尘莫及的。它能够利用工业化国家中所受教育程度最高、训练最为有素的劳动力资源(以正式资格的获得为标准)[①]。这样的优势主要得益于美国战后大幅提升入学人数。然而,此种优势正在迅速丧失。因为越来越多的国家,其低龄人群中的资格水平已经达到或超过美国的资格水平。对于合理的收入和就业前景而言,

---

[①] 在25~64岁具有高中教育及大学水平或其他高等教育资格证书水平的比例统计中,美国在OECD国家中位居第三(2010教育概览,表A1.2a和A1.3a)。

OECD所给出的基准资格水平是中学文凭。在OECD国家的青年群体中，持有中学文凭人数的平均比例现已上升至80%。在德国和日本，这两个在本书中被选做基准的国家，此比例已超过95%。不久之后，这一群体将转化为OECD国家中水平层次更高的劳动力资格。相比之下，美国在毕业率上的变化不大。在34个OECD成员国中，只有8个国家的该项比例低于美国。在两代人之前，韩国的经济产出只相当于目前的阿富汗，而其教育产出，在目前的OECD国家中也只能排在第二十三位。然而，今天的韩国却是教育系统中的佼佼者，有94%的学生取得中学文凭。同样，智利在排名上上升了9个席位，爱尔兰上升了8位，比利时和芬兰分别上升了4位。

大学教育也在呈现同样的趋势。1995年到2008年间，美国从第二位下滑至第十三位。这并不是因为美国大学生的毕业率下降了，而是因为许多其他的OECD国家该项比例迅速提高了。这些变化及发展的效应会在未来的几十年间凸显。例如，中国与印度正在以前所未有的速度提升他们的教育产出。

我们不仅能在涉及教育产出的各项量化指标中发现这些变化，在学习成果质量上，许多国家也展示出了惊人的进步。在PISA 2000测试中，韩国的平均成绩就已经很高，他们的政策制定者担心的却是只有一小部分精英在PISA中达到了优秀的水平。近十年之后，在阅读素养的测试中，韩国实现了表现优秀学生比例的翻番。波兰对其教育系统进行了彻底的变革，从而大幅度削弱了学校间在表现上存在的差异，降低了表现不佳学生的比例并通过延长学习年限来提升学生的总体表现（延长年限长达半年）。PISA 2000结果显示德国学生低于平均水平的表现以及存在巨大的社会差异问题。此后，德国开始付诸行动并在这两个方面都取得了进步。同时，巴西、智利、印度尼西亚和秘鲁等国家在追赶成绩方面也取得了显著成就。

概　　要

本书选取的学习对象是OECD国际学生考试项目（PISA）中那些取得好成绩和取得迅速进步的国家。本书结合上述国家获得的经验启示，联系美国的教育改革计划，这也许会引发大范围国家的共鸣并得到那些在教育上追求卓越的不同国家的响

教育系统中的成功者与变革者
美国从国际学生评估项目中学什么？

应。本书中表现卓越的国家的特征是：在这些国家中几乎所有的学生都在适当的年龄上中学，平均成绩高；位于1/4最高处的学生能够排进那些1/4最高处名列世界最优秀学生行列的国家中（这里的表现最优秀是指发达经济体的学生对复杂知识和技能的掌握、对这些知识的应用以及利用这些技能解决陌生问题的能力）；学生的表现与他们所处的社会经济背景并不显著相关；对每个学生的投入花费不是突出的问题。换句话说，本书所定义的"卓越表现"可以概括为高参与、高质量、高均衡和高效能。

本章的后续部分将描述本书的分析框架、其所使用的PISA评价内容、用以撰写国别报告及得出经验的方法论。

第二章将深度分析美国在PISA测试中的表现，与其他国家对比其优势和不足。

本书的后续章节将具体分析表现卓越或取得快速进步的教育体系。针对每个国家有相应的文献研究和专家访谈。在每一个章节中，首先回顾国家的文化历史，文化历史是该国教育体系的背景知识。然后列出各国教育体系的主要组成部分以及它们与结果之间的联系。不同的教育体系，虽然其主要组成部分各异，但一般都包括标准、译析系统、教学系统、学校财政、教师质量、教师专业责任、学生动机等。在过去改革的背景下着重阐述近期政策的发展。每章最后总结经验和启示。

最后一章将综合、串联前面章节的内容，在政策层面提出一些经验与启示。

本书所考察的表现卓越的教育体系有：加拿大（安大略省）、中国（香港和中国内地）、芬兰、日本和新加坡。针对取得快速进步的教育体系，巴西和德国被选做案例国家。表1.1所示为联系学习结果、学习机会分布的均衡、教育投入和国家的经济状况，针对相关措施及对策所进行的国家间的比较。这些国家为我们提供了丰富多样的政策、实践、教育结构与模式类型。

（1）过去的十年间，在PISA测试中，加拿大一直位居表现卓越国家的行列。加拿大与美国接壤，其教育制度是非集权化的。结合这些因素，加拿大的经验引发了美国人的思考——为何美国至今未能赶上其北边的邻国？加拿大人口最多的安大略省给我们开启了一个了解重要改革的窗口。

第一章 绪 论

表1.1 报告中各国的基本数据

	质量					均衡	连贯性	效率	收入	公平
	PISA 2009 Results,[1] Table V.2.1	PISA 2009 Results,[1] Table V.2.1	PISA 2009 Results,[1] Table V.2.1	PISA 2009 Results,[1] Table V.3.1	PISA 2009 Results,[1] Table V.3.3	PISA 2009 Results,[1] Table ll.1.4b	PISA 2009 Results,[1] Table ll.5.1	EAG,[2] Table B1.2	EAG,[2] Table X2.1	PISA 2009 Results,[1] Table ll.1.2
	阅读平均成绩（2009年）	阅读平均成绩（2009年）	阅读平均成绩比较（2000年、2009年）	数学平均成绩（2009年）	科学平均成绩（2010年）	家庭社会经济背景对学生成绩差异的解释率	学校间的差异在各国总差异中所占的比例	年度生均费（高等教育以下）	人均国内生产总值	基尼系数
	Score S.E.	Score S.E.	Score S.E.	Score S.E.	Score S.E.	%	%	USD PPP	Value	Value
巴西	412 2.7	396 3.1	16[3] 4.9	386 2.4	406 2.4	13.0	48	1 796[4]	10 770	0.57
加拿大	524 1.5	534 1.6	−10 3.4	527 1.6	529 1.6	8.6	22	7 609	36 397	0.30
中国上海	556 2.4	m m	m m	600 2.8	575 2.3	12.3	38	42 04[5]	5 340	0.42
中国香港	533 2.1	m m	m m	555 2.7	549 2.8	4.5	42	32 896[6]	42 178	0.43
芬兰	536 2.3	546 2.6	−11 4.3	541 2.2	554 2.3	7.8	9	6 430	35 322	0.26
德国	497 2.7	484 2.5	13[3] 4.5	513 2.9	520 2.8	17.9	60	7 072	34 683	0.27
日本	520 3.5	522 5.2	−2 6.8	529 3.4	539 3.4	8.6	49	8 012[4]	33 635	0.34
新加坡	526 1.1	m m	m m	562 1.4	542 1.4	15.3	35	23 699[7]	51 462	0.42
波兰	500 2.6	479 4.5	21[3] 5.8	495 2.8	508 2.7	14.8	19	3 784	16 312	0.32
美国	500 3.7	504 7.0	−5 8.3	487 3.6	502 3.6	16.8	36	9 932	46 434	0.36
瑞典	497 2.9	516 2.2	−19[3] 6.1	494 2.9	495 2.7	13.4	19	7 878	36 785	0.23
英国	494 2.3	m m	m m	492 2.4	514 2.5	13.7	29	7 032	34 957	0.34
OECD平均	494 0.5	497 0.6	−2 2.7	497 0.5	501 0.5	14	39	6 675	32 962	0.31

1. OECD（2010a），PISA 2009 结果报告（第1册～第5册），OECD 出版。
2. OECD（2010b），教育概览 2010：OECD 指标，OECD 出版。
3. 统计意义上差异显著。
4. 核心与附加服务产生的价值。
5. 理论上小学教育期间学生的生均费总计（PISA 2009 结果报告）。
6. 政府对教育的经常性支出，包括小学、中学、特殊教育及部门资助。（香港统计年鉴摘要 2010）。
7. 6—15岁学生的生均费合计（PISA 2009 结果报告）。

来源：OECD，PISA 2009 数据库。

http：//dx.doi.orq/10.1787/888932366617。

（2）中国是PISA项目的新加入国。国家报告的内容聚焦于香港和上海的表现情况。就人口规模而言，香港、上海的人口数量与OECD中一些国家相当甚至还大于某些OECD成员国。长久以来，香港一直位居PISA成绩排行榜的前列。上海虽然只参加了PISA 2009的测试，但首次登场就拔得了头筹。尽管香港和上海同属于一个国家却拥有不同的历史、教育体制和管理运作机制。中国已经在世界舞台上占据重要的一席，在教育上也取得了令人瞩目的成绩。对香港、上海这两个城市进行比较将为我们了解中国的教育成就提供富有价值的基础材料。

（3）在2000年首次PISA测试中，芬兰名列第一。在随后的几次测试中，芬兰的表现一直都非常优秀。

（4）与芬兰情况一样，日本在首次PISA测试中也位居前列并且在随后的测试中一直保持良好的状态。

（5）自1965年获得独立以来，新加坡在教育制度的改善方面取得了巨大的成就。在2009年的PISA测试中，其成绩已经接近前列。

（6）在经济、社会条件极其不利的背景下，有的国家仍然取得了显著的进步。巴西就是一个例证。

（7）在PISA测试中，德国早期的表现远远低于其预期。实施改革之后，从PISA 2009的表现看，德国的期望与实际表现的距离已经缩小了很多。

（8）在国家集锦中将简要介绍波兰、瑞典和英国三个国家。波兰告诉我们，如何通过调整学校结构来尽可能地改善学生的表现水平及其分布情况；瑞典为我们提供了一个引入语言辅助项目，旨在帮助移民者孩子的成功案例；英国向我们展示，如何发挥各方力量以改变师资的供给状况从而对提升学生的学习水平发挥作用。

分析框架

本书依据分析框架展开描述。分析框架一方面列出了有关教育改革的一系列连续性的策略，另一方面描述了它们与国家经济发展水平间的联系。发展中国家对教育的投入较少，学生与教师的素养则可能较低。因此，具有这些特征的国家政府会把更多的投入放在对一小批精英的教育培养上，让他们引领本国行业和政府的运作，而把剩下的资源投入那些几乎未接受过培训的教师上。教师素质低，政府仍然会为教师制定详细准确的工作要求，指导他们做什么、如何做。此种教育体制奉行"泰勒主义"的方法论①，意在管理和责任描述上加以严格控制以期取得预计的效果。

处于发展、过渡中的经济体，其工业化的程度越来越高。随之出现了一种与以往完全不同的观念和行事方式。这种方式把公民与政策制定者汇集到一起。其背后所蕴涵的转向为，在世界经济中最佳的竞争方式是为所有公民提供从前只有精英才能接受的教育类型及教育质量，让更多的人接受高质量的教育，吸纳优秀的大学生到教育系统中来。但是，优秀的毕业生会发现身边存在很多泰勒式的工作场所，如奉行官僚式命令—控制的学校，这对于优秀毕业生而言不具吸引力。为了吸引最优秀的毕业生选择教师的职业，需要从体制上对学校中的工作组织进行改造，创建以职业规范为本的控制环境，改变过去官僚化的行政控制作风，同时，在专业上赋予教师更多的自主决定权，让他们在开发学生创造力，培养学生批判思考能力方面具有较大的空间。这是因为，在知识经济体中，创造力和批判思考能力尤为重要，并且很难在高度规范的学习环境中培养出来。

顺着这个经济变迁的连续体，每个国家都能在上面找到相应的位置。由于每个国家的目标发生了变化，即从传授基础技能和"填鸭式"学习转变为传授高级、复杂的技能。因此，我们越来越需要更加训练有素的教师、更为专业的工作组织、更为专业的职能界定及划分以及更为成熟的专业实践形式（如图1.1所示）。在教育体系设计上出现的上述实质性的变化将对教育体系的方方面面产生微妙而深刻的影响。

经济发展		
贫困的、前工业的、低薪的	←→	高附加值、高薪的
教师素质		
比初中水平多不了几年	←→	高水平的专业知识工作者
课程、教学和评价		
死记硬背	←→	复杂技能和创造力
工作组织		
层级式、官僚行政主义	←→	扁平化、同侪式
问责		
主要向上级负责	←→	主要向同伴及利益相关者负责
学生差别		
优秀的学生学习高水平的知识	←→	所有学生都要学习高水平的知识

图1.1 分析框架

---

① 20世纪初期美国一位工程师，弗雷德里克·温斯洛·泰勒（Frederick Winslow Taylor，1856—1915）提出了科学管理论，即泰勒主义。该理论强调精确的程序以及在管理上对员工工作活动的高度控制。

虽然针对每一个维度在某种程度上我们都能取得进步，但如果把这些维度彼此割裂开来发展，则有可能会出现问题。比如，试图促进复杂学习和提升学生创造力的国家，如果没有同时提高教师质量，就有可能会遇到困难。想要提高教师质量但又尚未实现工作组织专业化的国家也会遇到挑战。在这个框架里，从左边到右边的变化并不是必然的，政策制定者也不是一定要考虑已实施政策之间的一贯性。但如果做不到这点，将会付出代价。如果没有从系统整体协调性的实施来考虑，而只是在一段时期对一个或两个维度的内容进行调整，那么将冒教育系统平衡被破坏的风险。

本书把各国教育体系及其改革轨迹置于该分析框架下，试图描绘出成功教育体系的图景。

什么是PISA以及我们能从中学到什么？

从家长、学生、教师到教育系统的执行者，都在寻找全面的信息从而了解其所处教育体系是如何为学生未来的生活做准备的。为了得到这个答案，大多数国家都在监控本国学生的学习成果。比较性的国际评估为我们提供了一个更为广阔的背景诠释不同国家的表现，从而丰富、拓展了各国的教育体系图景。各个国家都想知道相对于其他国家自己做得怎么样。如果其他国家的表现优于本国，就想知道这些国家是如何做到的。另外，世界经济的竞争力越来越依靠人力资本的驱动。基于这些压力，近年来比较性的国际评估的价值就愈发凸显。其结果是，判断教育公共政策的标尺在发生变化，评价教育体系是否完善或提升的依据不再是国家教育标准，而是世界范围内表现最为卓越的教育体系。

PISA是一套内容全面且严密的调查问卷，旨在评估15岁学生对知识与技能的掌握情况，由七十多个国家共同合作完成。这些国家都希望拿本国学生的成绩与其他国家的学生成绩做比较（图1.2）。PISA测试每三年为一个周期，对15岁学生的阅读素养、数学素养和科学素养进行比较（专栏1.2是对PISA 2009的总结）。PISA测试设计的目的一方面是了解学生是否掌握了特定的课程，另一方面要了解在日益现代和工业化的世界里学生是否有能力利用掌握的知识及技能应对新挑战。因此，测试的目的就是了解各国的学生对未来生活的准备程度。PISA 测试的范围、性质以及背景信息的搜集都由参与国的主要专家来决定和执行。政府则在分享，并站在政策驱动的立场上引导他们做决定。为了实现测试资料在文化和语言上的宽泛性和均衡性，需要投入大量的人力和物力，并在试题的设计、翻译、抽样和数据搜集上采用严苛的质量保证机制。所以，PISA 测试具有很高的效度和信度。

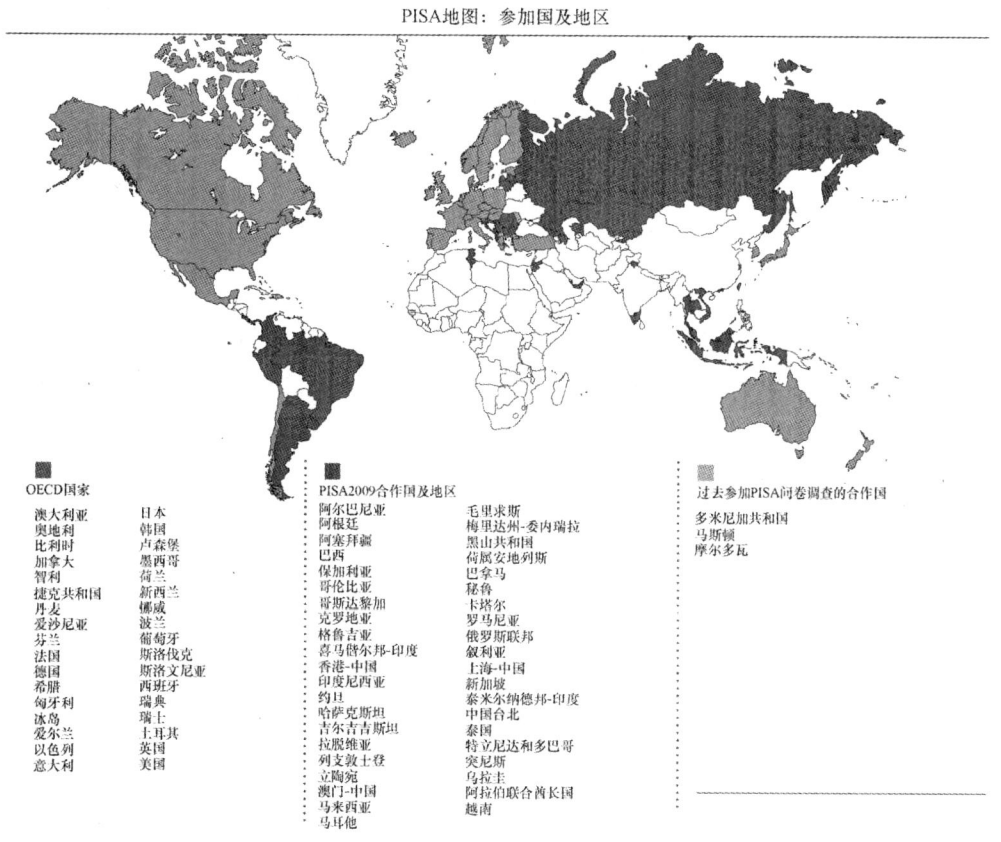

图1.2 参加PISA的国家及地区分布地图

> 专栏1.2
>
> ## PISA 2009 的主要特征
>
> **内容**
>
> （1）PISA 2009 的主测内容是阅读，但问卷也更新了在数学、科学等方面对学生表现的评价。
>
> PISA不是孤立地对待这些领域中的知识，而是把这些知识与学生的能力相

联系，如关注学生对知识和经验的反思以及在现实工作环境中的应用。针对每一个评价领域，PISA关注知识掌握的过程、对理念的理解以及在各种情景中的运用。

（2）在PISA 2009中，首次测试了15岁学生对于电子文本的阅读、理解和应用的能力。

方法

（1）大约有47万名学生完成了PISA 2009的测试，他们代表了65个参与国和经济体中2600万名15岁在校生。其中5万名学生还会代表10个新增的合作国及经济体的200万名15岁学生，继续参加2010年的第二轮测试。

（2）每名参加测试的学生需要花费两小时完成阅读、数学和科学素养的纸笔测试。此外，在20个国家中还采用了计算机辅助测试对学生电子化阅读的能力进行评价。

（3）在测试中，学生需要完成自拟答案试题与多项选择题两部分。其中，多项选择题以一篇文章或一幅图表为背景出现在各单元问题中，旨在模拟学生在真实生活中可能遇到的各种文本或数字。

（4）学生还需要用30分钟填写问卷。问卷的内容涉及学生的背景、学习习惯、对阅读的态度、参与及动机等。

（5）学校校长也要填写问卷。其内容包括人员结构特征以及对学校学习环境质量的评价。

结果

PISA 2009的结果为我们提供以下信息：

（1）描绘了2009年15岁学生对知识、技能的掌握情况，包括对阅读素养的详细描述和对数学、科学素养表现的更新评价；

（2）提供了情境性的指标，把表现结果与学生、学校的特征结合起来；

（3）评价了学生的阅读参与、知识以及对不同学习策略的运用；

（4）提供了辅助政策研究及分析的知识储备；

（5）提供了有关描述学生在知识与技能方面发生变化的趋势性数据（阅读、数学和科学素养）。

未来测试的发展

（1）2012年PISA测试的主测领域将回到数学领域，2015年将会聚焦于科学领域。预计，PISA将从阅读开始重新启动另一个测试周期。

（2）在未来的测试中会更加侧重于对电子化阅读能力的测试，包括对电子文本的阅读、理解；在电子化模式中对问题的解决；对现代社会信息技术重要性的反思。

由于PISA是依据一系列共同的标准对各国的成绩做出描述的，所以这会引发参与国对其教育政策的讨论。各国公民也认识到，国家的教育表现不能仅仅达到平均水平而应该表现得更好，只有表现得更好才能确保他们的孩子达到高于平均值的工资水平和具有竞争性的生存标准。PISA通过搜集各国教育体系的背景信息和各方的观点及立场以促进上述讨论，从而使教育体系的表现与其特征产生联系成为可能。

专栏1.3

PISA 2009 结果报告

PISA 2009的结果报告收录于以下六册书中。

（1）第1册《学生知道什么，能做什么：阅读、数学和科学成绩》总结了学生在PISA 2009中的表现。本书首先通过对"表现/成绩"的界定、测量和描述得到结果。其次考查学生能够在阅读方面做什么。最后报告学生在代表阅读三个方面的分量表中所呈现出来的不同表现。对于不同的阅读文本形式，学生的表现是不同的。此外，还考虑了性别因素对阅读表现的影响，展示了男女阅读成绩以及他们在不同阅读形式、阅读类型中的表现。在对不同教育体系结果进行比较的时候，还需要考虑各国的社会、经济境况以及他们对教育的资源投入。针对这个问题，本书从各国不同的经济社会背景出发对结果进行解读。书的结尾部分描述了学生在数学和科学方面的表现。

（2）第2册《克服社会性因素的制约：学习结果与机会的均衡》两部分内容。开篇对第一册书中所报告的"表现"差异进行严密的检查，重点考查学生表现的总体差异与校间差异之间的相关性。书的后半部分讨论诸如社会经济背景和移民身份等因素对学生、学校表现的影响以及教育政策在弱化这些因素效应中的作用。

（3）第3册《学会学习：学生的参与、策略及实践》，结合学生阅读活动的参与水平，对阅读及学习态度等相关信息，进一步分析学生在阅读方面的表

教育系统中的成功者与变革者
美国从国际学生评估项目中学什么？

现，旨在描述15岁学生的学习动机、学习参与及策略。

（4）第4册《是什么造就了一所学校的成功？资源、政策和实践》，探索学生、学校和制度层面的特征同教育质量与均衡之间的关系。主要内容包括，学校和学校采取什么政策才能提高学生的全面表现并弱化社会经济背景对学生表现的影响，从而实现学习机会更加均衡分布的目标。

（5）第5册《学习趋势：2000年以来学生成绩的变化》，概述了从PISA 2000到PISA 2009，学生在阅读、数学和科学方面成绩变化的趋势。它显示了不同时期的教育结果并记录了与学生成绩和学校成绩相关的各种因素的变化，如学生的背景、学校的特征及学校实践等。

（6）第6册《网络中的学生：电子化信息的阅读及使用》，阐释PISA是如何对学生电子化阅读表现进行测量的，并分析在接受此项测试的20个国家中，学生们能够做什么。

如何利用PISA完善教育体系？

就跨层面的国际比较而言，虽然PISA并不能明确某组特定因素与教育结果间具有因果关系，尤其是与课堂、教与学过程的关系，但它可以作为一个重要的工具去推动教育的变革并对其进行评价。这主要体现在以下几个方面。

（1）PISA告诉我们，在教育中哪些能够成为可能。比如，PISA显示，从平均水平看，加拿大15岁学生在数学方面比美国的同龄孩子早一个学年，在阅读和科学方面早半个学年。[①]同样，对于在社会经济上处于弱势的群体而言，他们成绩不佳

---

① 学生学业成绩年度进步的估算方式为：根据学生问卷及对学生跟踪的表格中获取学生所在年级的信息，利用多层面分析模型评估年级与学生成绩间的关系。综合考虑的因素有：（1）PISA经济、社会和文化地位指数；（2）PISA经济、社会和文化地位指数的平方；（3）学校的PISA经济、社会和文化地位指数的平均水平；（4）学生的移民背景（一代学生）；（5）一代移民学生在学校中的比例；（6）学生性别。PISA 2009结果报告表A2.1中呈现了多层模型的结果，这在所有国家中的应用都是一致的。表A2.1第一列计算了一个学年（或一个年级）分数的差异。PISA测试15岁学生的样本至少涉及两个不同的年级，此差异可用于对28个OECD国家的评价中。由于不能假定15岁学生随机地分布在各个年级中，因此需要依据上述情境因素对处于不同年级水平的学生做出调整。调整记录在表中的第2列到第7列。对相近两个年级之间学生所取得的进步是有可能做出估算的。但并不是把这个成绩上的差异完全等同于学生过去一年中所取得的进步，而是解读为所取得的最低限度的进步。这不仅是因为所测试的学生各有不同，还因为PISA测试不是以过去的学年为参照来对学生成绩进行比较的，而是对15岁学生一直以来所受教育的结果进行的测量。

的风险性也远远低于美国。总体来看，无论是在亚洲（如日本或韩国）还是在欧洲（如芬兰）或北美（如加拿大），OECD国家在国际测试中的整体表现是非常优秀的。同样重要的是，在一些OECD国家，那些处于社会经济背景弱势地位的学生，其学习表现并不一定不佳。同样在一些OECD国家，无论把孩子送到哪所学校，教育的"结果/产出"都是连贯的、可预测的。比如，尽管在PISA测试中芬兰取得了几项最优的成绩，但就平均成绩而言却几乎不存在校间的差异。

（2）许多国家会把PISA设定为可测量的政策目标并以此为依据构建教育改革路径。比如，2010年日本"新增长战略"中设定，到2020年日本要实现减少成绩较差学生的数量，增加能够达到PISA成绩优秀国家水平学生的数量，以及在阅读、数学和科学方面，提高学生兴趣，使这部分学生的比例高于OECD平均。同样在英国，总理设定了在2010年提升学生平均成绩水平，实现在PISA数学素养测试中排名第三、PISA科学素养测试中排名第六的目标，并且在这些目标设定后出现了相应的、一系列的配套政策。墨西哥总统于2006年制定了2012年PISA成绩目标，关注国家成绩与国际标准间的差距并检测教育策略是如何成功地缩小这一差距的。改革路径为，通过一系列支撑体系、激励结构的运作以及学校领导及教师的专业发展通道的完善帮助他们实现上述目标。

（3）一些国家在制度上将国家表现与国际测试联系起来。比如，把PISA测试纳入国家测试中，把国家测试与PISA联系起来。巴西公布了本国的每一所中学到2021年他们需要达到的PISA成绩的平均水平；德国、日本和美国的俄勒冈州已经把PISA试题纳入本国或本州的测试中。

（4）PISA能够帮助各国测量本国的教育发展进度。教育者通常面临一个两难的境地，即在国家层面，当获得高分数的学生所占的比例增加时，一种观点认为，这是学校制度进步了；同时另一种观点是，成绩好是因为标准设得低，此观点反映了对"好成绩"的怀疑，那就是在教育上，我们无法全面提升其表现。而国际测试则能够让我们以国际的视角来检验本国的教育发展状况。波兰提高了15岁孩子在PISA阅读中的表现，实现了相当于半个学年的学习进度，从2000年远远落在美国之后到2009年成功赶上美国。同时波兰还减少了处于阅读成绩基本水平以下学生的比重，这个比重从2000年的23%降至2009年的15%（而在美国，处于阅读成绩基本水平以下学生的比重始终保持在18%）。除此之外，波兰还成功地把校间差异降低了一半。

（5）PISA研究者结合了高级的教育评价形式与细致的调查研究方法，有助于政府优化现行的政策或启发他们考虑其他更为实质性的政策路径。PISA在学生应用高层次知识及解决实际问题的复杂思维能力方面，搜集了可信的数据。PISA调查研究围绕对学生教育的评价，集合了大范围的背景数据。通过整合这两类数据并假定学生和校长在教育背景上所具有的特征能够推断出学生长期的教育经验，我们就能够把特定的学生表现类型与多维度且详尽的背景数据联系起来，如教师的资格、教师的薪资情况、学校员工决策权的行使情况、学生的社会经济或民族身份、学生评价的性质、所获资格的性质等。这样做也许不能生成这些关系中的因果联系，但却能得到学生表现的特定层面与观念中认为会影响成绩的诸多因素之间的丰富的相关性联系。

国别报告中所涉及的研究方法

本书从行业定标模式的角度丰富了对PISA应用的描述（专栏1.4）。本书中的研究目的是把国家间学生表现的差异与他们所处国家教育体系的某些具体特征联系起来。教育是具有高度价值导向性的产物。制度的发展受制于历史性因素，它能够反映家长、学生、管理者、政治家及其他人士的价值观及其偏向性。然而，这些价值观及导向性在不断地演化，教育体系必须适应此种变化。与公司的领导者一样，教育界的决策者们也能从基准研究中获益，如：学习促进成功实现的各种因素；向他人学习并获得启发；在把实物性要素吸纳到本地情境的同时添加其他特别的要素，使本国的教育体系独树一帜。

专栏1.4

行业基准研究

20世纪70年代末，行业基准化（industrial benchmarking）被广泛传播。80年代早期，日本开始在全球范围对美国大型跨国企业发起挑战。许多美国公司未能幸免于难。那些存活下来的公司之所以能应对挑战是由于他们对基准化技术的运用。

美国企业的目标是充分地向他们的对手学习，并在他们擅长的比赛中击败他们。要做到这一点，他们先要识别那些最成功的竞争者，同时，还要清晰地列出其所处主要商业过程领域（如会计、销售、仓储）中占据主导位置的企

第一章 绪 论

业。他们尽可能地搜集有关直接竞争者及在相关商业过程中占据主导地位的企业信息。这些信息有些出现在商业媒体中,有些出现在商业类学校系所做过的、出版过的主要学术研究中,有些则出现在由竞争者团队成员所撰写的、刊登于行业杂志的文章中。在这些学习活动结束之后,他们还会尽可能地去参观竞争对手的工作现场,把主要专家派去考察产品设计、制作技术、工作的组织形式、培训方法等任何他们认为可能有助于对手取得成功的因素。

在完成此项研究之后,他们便对所有的信息和研究进行分析。研究分析的目标并不是完全复制他们所看到的事物,而是构思一个更好的、前所未有的方案,即通过研究、分析、综合竞争对手做得好的地方并结合自己的思想去创造更优秀的甚至连anywhere.com上也找不到的方案。

当然,他们所发现的都只是在一组特定条件情况下所采用的方法、方案、技术及策略。对于进行此种研究的公司而言,它们几乎不可能面临相同的境况。因此,进行研究的公司没有必要把其他公司用于应对挑战的措施植入到自己的设计方案中。他们需要构建自己的应对措施去解决其他公司不曾面对的问题。所以进行研究的公司的兴趣点不是复制任何东西,而是试图构建一些更为卓越的新事物,同时也摒弃其他一些不必要的应对措施。教育中主要的研究方法不是建立在上述行业基准模式之上,而是基于医学研究中的临床研究模式。在医学研究领域,目标是找出针对疾病的最有效的药物或治疗手段。这种研究思路主要是实验性的设计,随机地对对象与治疗方案进行配对,强调的是顺序,确保对照组与不同治疗方法之间不存在系统性的差别。只有在这种情况下,观察者才能找出依据对照组所接受的不同治疗方法个体在治疗结果上的差异。也就是说,治疗手段A与结果B能够被称做"具有因果关系"。

明确指出一个能够取得教育成功的公式,并不是本书的意图。书中没有开具任何政策性的处方。本书旨在描述那些具有卓越表现教育系统的国家的经验,从而为政策的选择及决策的确定提供参考依据。

通过量化分析能够获得各因素对学生PISA成绩构成相对影响程度的分布情况,但单凭PISA搜集到的数据是无法回答更多问题的。比如,依据PISA数据结果无法确定在某个国家的学校里教师运用的有效教学系统是否在其他国家不同规模的班级中同样有效;新生的政治领导力量重新界定了教育政策中的问题,PISA数据也未能揭示此种方式是否有利于发起新的改革；PISA 数据也未能显示对教育表现不佳的认识是如何驱动国家的教育改革并迅速改善其教育结果的；PISA数据也未能显示一国的行业和教育制度如何共同作用于同一个资格框架，为表现优秀的学生创建激励机制的。

  为了尽可能地揭示情境对教育表现的影响力，作为补充，本书还对那些表现优秀且进步迅速的教育体系进行了定性分析。书中的研究集合了各界人士的探究，如历史学家、政治制定者、经济学家、教育专家、普通市民、记者、实业家及教育家等，这就使其他的基准化（benchmarking）成为可能。研究的开始主要是文献回顾和大量翔实的访谈。访谈对象有被研究国家、教育体系中现任和前任的政策主要制定者以及其他教育的利益相关者。PISA数据不仅为国家的筛选提供了依据，还为调查内容提供了重要线索。国家研究不仅对一些大家感兴趣的问题提供可能的答案，还对未来PISA测试提出一些新的、需要思考的问题。本报告中所提出的经验均源于PISA数据与国家分析所集合的例子。

第二章
透过PISA看美国教育

本章将结合表现卓越且进步迅速的教育体系以及其他国际基准对美国在PISA测试中的表现进行考察。从第三章到第九章着重考察其他各国教育体系中的教育政策及实践,本章内容是对上述章节的背景介绍。本章的结尾部分立足于比较中的数据和报告中所描绘的各国教育政策对美国提出一些具有建设性的建议。

由于2009年PISA的主测试域是阅读,因此相对于数学和科学,本报告对阅读成绩进行较为详细的解读。若无特别说明,报告中所出现的表格及数据的参考均来自经合组织(OECD)基于PISA 2009的结果。

学 习 结 果

美国15岁学生的总体表现:位居中等水平

根据PISA 2009对15岁学生的学业结果评价,在OECD 34个国家中,美国学生的阅读、科学成绩处于中等水平(分别位列第14位[①]和第17位[②])而数学成绩低于中等水平(名列第25位[③]),美国PISA测试成绩如表2.1所示。与本报告后续章节中所考

---
① 排名14是一个比较合理的估计,考虑到抽样和计算的误差后排名将介于第8～19位之间。
② 排名17是一个比较合理的估计,考虑到抽样和计算的误差后排名会介于第13～22位之间。
③ 排名25是一个比较合理的估计,考虑到抽样和计算的误差后排名会介于21～29位之间。

教育系统中的成功者与变革者
美国从国际学生评估项目中学什么？

察的基准国家及其他OECD国家比较，美国的相对位置会在本章结尾附上的图2.16、图2.17、图2.18中呈现。

表2.1 美国PISA测试成绩（阅读、数学和科学）

	PISA 2000	PISA 2003	PISA 2006	PISA 2009
	平均分	平均分	平均分	平均分
阅读	504	495		500
数学		483	474	487
科学			489	502

来源：OECD（2010），PISA 2009 结果报告，第1册，《学生知道什么，能做什么：阅读、数学和科学成绩》，OECD 出版。
http://dx.doi.org/10 1787/88892366636。

美国各州之间的成绩具有非常明显的差异。与其他联邦制国家不同，美国并未单独对各州进行PISA测试。尽管如此，仍然可以对以州为单位的各片区中的公办学校的成绩进行比较。在阅读成绩方面，美国东北部公办学校中学生的成绩为510分，这个成绩虽然超过OECD平均成绩17分（大致与荷兰的水平相当），但仍然低于本报告中所考察的那些表现卓越的国家；中西部紧随其后，成绩为500分（大致与波兰的水平相当）；西部的成绩为486分（大致与意大利的水平相当）；南部的成绩为483分（大致与希腊的水平相当）。需注意的是，抽样方式会对以州为单位各片区成绩表现的估计产生较大的误差。

学校与社会背景因素间的成绩差异更为显著。相对于本报告中教育体系表现卓越的国家而言，在美国，社会经济背景与学习结果间的关系较强。尽管如此，在社会经济背景处于相对劣势的学校中仍然有超过20%的学生，他们的成绩达到了芬兰的平均成绩标准。芬兰是教育体系表现卓越的国家之一。①

2006年，在主测试域为"科学"的PISA测试中，美国取得了显著的成绩。这主要归功于低端学生，其学习成绩的提升 [专业术语（10th,25th percentile）]。然而，分布在高端尾部的学生，他们的表现却没有发生变化。大体上看，从2000年，2003年两次PISA测试的结果看（因为PISA每隔三年考一次），学生在阅读和数学方面的表现也没有发生过改变。PISA已经开始观测到上述趋势。

我们需要参考一定范围内的各项社会—经济背景指标来评估平均成绩。从大部分的指标看，美国的社会经济背景状况明显优于其他各工业化国家。（参见PISA 2009结果报告，第1册，专栏2.1和表I.2.20）

---

① 在美国，26%社会经济背景处于劣势的学生，他们的成绩高于芬兰的平均水平。依据PISA社会文化地位指数来定义处于劣势位置的学校。该指数低于美国平均水平的学校则被定义为社会经济背景处于劣势的学校，美国的平均水平是−0.0634。

> 专栏2.1
>
> **解读其他国家表现的背景信息**
>
> 美国的经济实力表明其能够在教育上投入更多。正如PISA 2009结果报告，第2册《克服社会性因素的制约：学习结果与机会的均衡》所显示的，家庭经济财富会对孩子的教育表现产生影响。具有相同财富背景的国家同样能够在教育上投入更多。而有些国家则要受到国家较低收入水平的限制。教育投入与学生成绩之间的关系表明，在OECD国家，人均国内生产总值（GDP）对国家间学生平均成绩差异的解释率为6%。在所有OECD国家中，美国具有雄厚的经济实力，人均国内生产总值名列第三，位居卢森堡和挪威之后，所以能够在教育上投入大量资金。（参见PISA 2009结果报告，第1册，表I.2.20）
>
> 在对学生的投入上，只有卢森堡比美国多。人均国内生产总值反映一国对教育投入的潜在资源状况，但它并不能直接测量各国实际对教育投入的财力资源水平。比较各国对6至15岁学生的实际投入，就平均水平而言，美国具有相当的优势。在这一方面，只有卢森堡比美国投入得多。在OECD国家中，生均费用指标对国家间学生平均成绩差异的解释率为9%。偏离趋势线的国家表明，对每名学生适度而非大量的投入并不意味着教育系统的表现会出现平庸和不佳。比如，爱沙尼亚和波兰，这两个国家的生均费用大约为每名学生4 000美元，但他们的学生却取得了与挪威和美国同样的成绩。而后者对每名学生的花费均超过了100 000美元。[①]类似情况还出现在新西兰。新西兰的生均费用远远低于平均水平，但该国在阅读素养方面却是表现最为卓越的教育体系之一。（参见PISA 2009结果报告，第1册，表I.2.20）
>
> 关键不在于资源的多少而在于各国对资源的投入方式，即如何成功地引导这些资金用在最能产生变化的地方。美国的情况是，相对于那些社会经济状况处于优势的学校，处于劣势的学校要面对更为不利的师生配比状况。出现类似情况的OECD国家还有2个。这意味着那些处于劣势的学生得到的投入会很低，甚至远远低于上述数字所描绘的平均水平。在教学的投入方面，与OECD国家的中学教师薪资平均水平相比，美国的该项投入比例相对较低。
>
> 在美国，中学教师的上课时间更多。这虽可以减少成本，但小班化的课堂规模增加了成本投入（2010教育概览，表B7.3）。相对而言，日本和韩国给他们的教师提供了较好的收入条件并给予他们更多的时间负责教学以外的事务，

---

① 所示的数值为购买力平价。

教育系统中的成功者与变革者
美国从国际学生评估项目中学什么?

这虽然会增加成本投入,但教师们主要负责较大规模的班级,无形中又降低了成本投入。芬兰则另辟蹊径,把重点转向中学教师的工作条件上,不过同样也要负担相对大规模班级教学的成本投入。OECD指标显示,在学校的资金投入方面,美国的资源投入比例为11.6%,位居卢森堡(18.4%)、挪威(12%)之后(OECD平均为7.8%)。(参见OECD 2010全球教育概览报告中表B6.2b)

美国学生家长的教育水平优于其他大部分国家。PISA 2009结果报告第2册中表明,学生成绩与其父母的教育水平具有较为紧密的相关性。在比较OECD国家表现的时候,重点考虑成年人群体的受教育程度。因为相对于家长受教育程度较少的国家而言,拥有受过高等教育成年人的国家更具优势。比较35~40岁人群中接受过中等或高等教育的人口比例可以为评价学生成绩与其父母受教育水平的相关性提供参考,因为这一年龄段的人群基本上是接受PISA测试的15岁孩子的家长群体。在OECD 34个成员国中,美国的该项比例排名第八位。(参见OECD 2010全球教育概览报告中表A1.2)

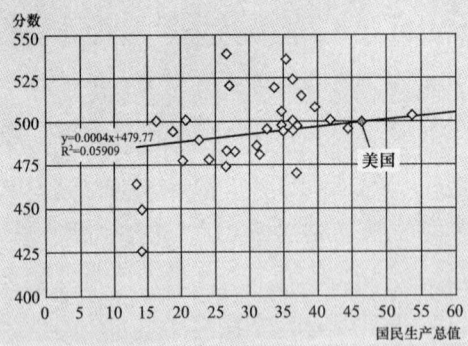

来源:OECD (2012), PISA 2009 结果报告, 第1册, 表1.2.20
http://dx.doi.org/10.1787/888932366636

图2.1a 阅读成绩与GDP

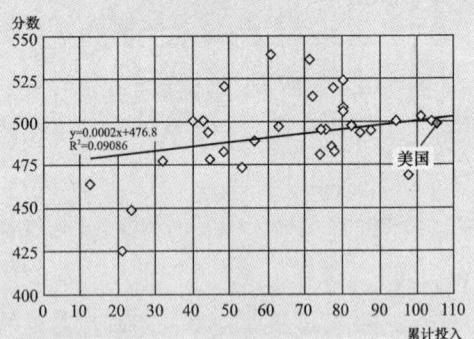

来源:OECD (2012), PISA 2009 结果报告, 第1册, 表1.2.20
http://dx.doi.org/10.1787/888932366636

图2.1b 阅读成绩与教育投入

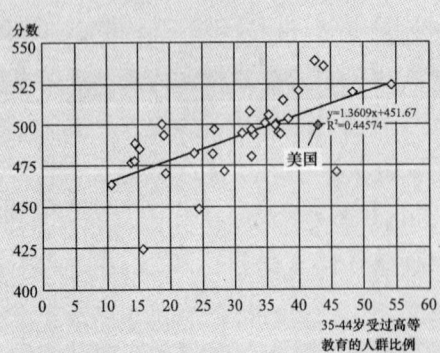

来源:OECD (2012), PISA 2009 结果报告, 第1册, 表1.2.20
http://dx.doi.org/10.1787/888932366636

图2.1c 阅读成绩与家长教育文化水平

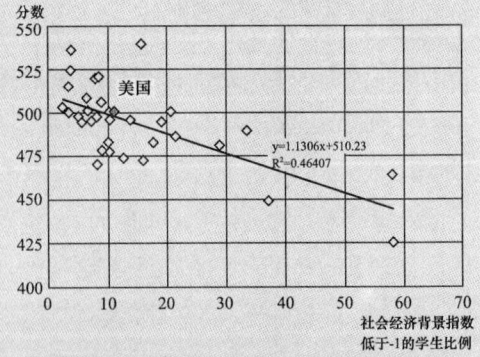

来源:OECD (2012), PISA 2009 结果报告, 第1册, 表1.2.20
http://dx.doi.org/10.1787/888932366636

图2.1d 阅读成绩与社会经济背景处于劣势的学生比例

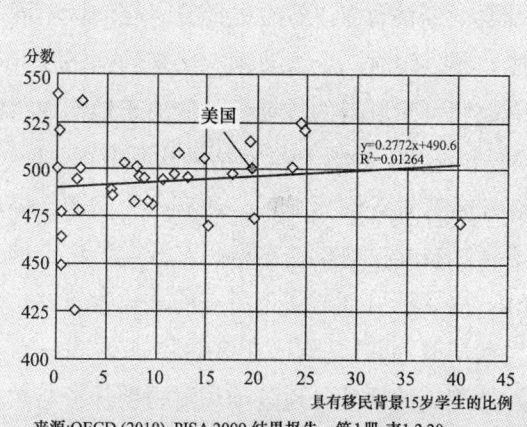 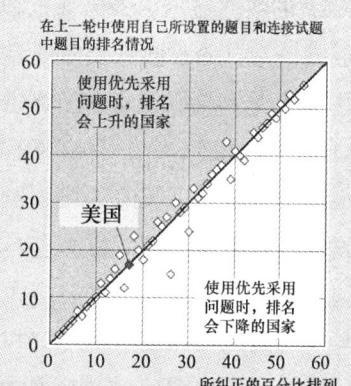

图2.1e 阅读成绩与学生移民背景　　图2.1f 不同文化及语言背景与PISA测试的关系

在美国,家庭背景处于劣势的学生所占的比例大约为中等水平。在学生群体中,社会经济背景的不利处境及良莠不齐的现状对教师和整个教育系统提出了挑战。PISA 2009结果报告,第2册中提到,对于教师而言,教那些来自社会经济背景较为优越的家庭的孩子要远比教那些来自贫寒家庭的孩子更具挑战性。

比较位于社会经济背景最低的1/4的学生,即家庭背景处于最为劣势的学生,美国大约接近OECD平均水平。如果针对社会经济背景比较整个学生群体,那么美国位居OECD平均水平之上。①也就是说,如果从学生整体的社会经济背景状况看,美国是优于一般OECD国家水平的,但如果从那些家庭背景处于劣势位置的学生群体看,美国的状况则与OECD国家总体水平相当。可见在美国,出现较大社会经济差异的原因并不是那些来自贫寒家庭的学生,而是那些位居平均水平之上,即具有良好社会经济背景条件的学生所造成的。

美国具有移民背景的学生比例位居OECD国家第六。学生与移民背景的融合是社会经济的挑战之一。在移民地接受PISA测试的学生,其成绩要部分地归因于接受国教育体系的表现。美国具有移民背景的学生比例为19.5%。具有移民背景学生的比例对国家间成绩变化的解释率只有3%。在OECD国家中,具有移民背景学生的比例在15%~30%之间的国家共有8个,美国也在其中。比较具有移民背景学生之间的PISA成绩差异,其中有三个国家的成绩差异比美国小,另外四个国家的成绩差异比美国大。(参见PISA 2009结果报告,第2册,图II.4.3)

---

① 计算的依据是参加PISA测试15岁学生的文化地位指数。该指数的平均值为0,标准差为1。在美国,该指数的最低分为-1.05,OECD为-1.14。针对美国全体学生,该指数为0.17,OECD为0。

教育系统中的成功者与变革者
美国从国际学生评估项目中学什么?

图2.1的数据显示了各国在人口、社会、经济背景上存在的差异。在解读不同国家学生成绩差异的时候需要考虑到上述差异。同时,个人及国家未来的经济及社会前景并不取决于在不同社会经济条件下他们可能取得的成绩而是取决于他们取得的实际结果。这就是本章下面的内容将聚焦于学生、学校和国家结果的原因。

在考虑了教育系统的人口、经济、社会背景等因素之后,还有一个问题,即面对着国家间语言和文化的巨大差异,语言、数学及科学这些科目在教学方法上的差异,国际性测试的意义到底有多大。PISA测试不可能适用于所有的文化背景,也不可能与所有的课程和教学情境都相关。正是估计到这一点,PISA测试要求每一个参加国从PISA试题中明确最适合作为国际性测试的任务并建议他们对每项任务与"为生活做准备"这一主题的相关性、真实性以及15岁学生的兴趣做出平衡打分。那些得到高分的任务被视为国家最青睐的PISA试题。PISA会对每个国家最喜爱的题目打分并对其结果表现与整套PISA任务的表现进行比较。对于美国而言,无论是拿所有的PISA试题,还是美国最喜爱的试题做比较,其立场都是一样的。

处于"危险"境地的学生比例

在PISA测试中,美国有18%的15岁学生的阅读成绩没有达到基本的二级精熟度水平,这一比例与OECD平均相当,并且自2000年以来就一直保持不变。如果不考虑具有移民背景的学生,那么成绩表现不理想的学生比例就降至16%。而中国上海、中国香港、加拿大、芬兰和韩国等国家和地区中PISA成绩表现不佳的学生比例不到10%。(参见PISA 2009结果报告,第1册,图I.2.14)

在PISA阅读分量表中二级是基本的精熟度水平。达到二级水平的学生表现出积极、有效参与生活的阅读能力。他们能够完成一些基本的任务,比如满足若干条件,定位信息;对某一独立的特征进行比较和对照;在信息不明确的条件下解释有限范围内文本的意思;联系文本与个人经验。一些任务要求学生做出推论,能查找一条或多条信息,这些信息可能要符合若干条件;能辨别文本的主要观点,理解相互关系;在信息不明确,需要个人做出低水平推论的时候能够在有限的文本中建构意义;能在文本知识与外部知识之间做出比较或联系,或者利用个人的经验和态度对文本的特点做出解释。

作为加拿大青少年过渡期调查的组成部分,有关部门对参加过PISA 2000测试的加拿大学生进行了跟踪调查。其调查结果显示在二级分数以下的学生将面临无法接受中学后教育的高风险或者会在他们19岁或21岁(目前的数据)进入劳动力市场时处于不利的位置。在对社会经济差异进行调整后,数据仍然显示,达到PISA阅读精熟度五级的15岁学生，能够顺利过渡到中学后教育（大约为21岁）的几率是那些未能达到基本二级水平学生的二十多倍（OECD，2010e）。①在2000年PISA测试未达到二级水平的加拿大学生中，超过60%的学生在21岁时没有继续接受任何形式的中学后学校教育，而却有超过55%的达到二级水平的学生上了大学。

在数学成绩方面，PISA数学量表中低于二级水平学生的比例为23.4%（OECD平均为20.8%）并且在2003年以前一直保持稳定（25.7%）。具有数学二级水平的学生能够运用基本算法、公式、步骤和惯例；能从单一来源中提取相关信息并利用单一的表示模式；能在仅需要直接推断的情况下理解和识别条件情境；能进行直接推理，并解释结果的字面意思。

在科学成绩方面，PISA科学量表中低于二级水平学生的比例为18.1%，基于与OECD平均水平相当。但到了2006年，该比例却达到了24.4%（参见PISA 2009结果报告，第5册，表V.3.4）。达到二级水平需要的能力有：识别一项科学议题中的关键特征；意识到与情境相关联的科学概念及信息；运用数据表格中的科学实验结果做出个人决定。相比之下，未能达到二级水平的学生常常弄不清科学议题的关键特征、运用不正确的科学信息以及在做决定时把个人信念与科学事实混淆在一起。

高端水平表现学生的比例

在成绩分量表的另一端，即达到阅读五级、六级精熟度的学生，美国的表现相对较好。其科学成绩表现优秀的学生比例达到中等水平，而数学成绩表现优秀的学生比例则低于平均水平（参见PISA 2009结果报告，第1册，图I.2.14、图I.3.9、图I.3.20）。在PISA测试中达到阅读六级精熟度的学生能够全面把握显性和隐性信息，从而对文本做出细致的分析；能够从整体上对所读的内容进行反思和评价；在刚接触新信息时，尤其是出现与预期相反的信息时，能够克服先入为主的认知束缚；能够出色而巧妙地识别文本内容以及能够利用文本内容以外的专业知识对文本内容进行批判性的评价与思考。在需要创新和做出差别化决策的知识经济中这种吸收与评判新知识相结合的能力是极为重要的。在阅读方面，美国具有高端水平表现的学生的比例为1.5%，高于OECD平均（0.8%）。澳大利亚、加拿大、芬兰、日本、新西兰、新加坡和中国上海等国家和地区的该项比例比美国还高，在1.8%~2.9%之间。

具有阅读五级精熟度水平的学生能够对无论是形式还是内容上都不熟悉的文本进行处理；能够找到信息，表达对文本细致的理解，推断文本中和任务相关的信息；能

---

① 美国相关数据。

教育系统中的成功者与变革者
美国从国际学生评估项目中学什么？

利用专业知识进行批判性的评价或假设；能够使用专业的知识，能够包容可能与预期相背离的概念。美国具有五级或以上水平的学生比例为10%，高于OECD平均（8%），但低于中国上海（19.5%）、新西兰和新加坡（15.7%）、芬兰（14.5%）和日本（13.4%）等国家和地区。

在数学六级精熟度水平上，美国的学生比例仅为2%，OECD平均为3%，而在上海，这一比例跃升到了27%（PISA 2009结果报告，第1册，表I.3.1）。在六级水平，学生能基于对复杂问题情境的研究和建模，对所获信息进行概念化、概括并加以运用；能将不同的信息源和表示法联系起来，并在其间自由地转换；能进行高水平的数学思维和推理；能够运用洞察力和理解力以及所掌握的符号和形式的数学运算与关系，提出新的方法和策略，以破解陌生情境中的问题。在五级水平上，学生能够在复杂的情境下建立并使用模型，识别限定条件并列出假设；能够选择、比较和评估适当的问题解决策略，从而解决与这些模型相关的复杂问题；能有策略地运用开阔而良好的思维和推理能力，合理链接的表示法、符号和形式的特征描述，以及与这类情境有关的洞察力；能反思自己的做法，明确地表达并交流自己的解释和推理。美国具有数学五级精熟度水平的学生比例为10%，OECD平均为13%。在中国上海，50%的学生都达到了五级水平；新加坡、中国香港的该项比例超过30%；中国台北、韩国、瑞士、芬兰和比利时该项比例都在20%以上。

具有六级水平的学生能够识别、解释和应用在各种复杂生活情境中的科学知识和关于科学的知识；他们能够联系不同的信息来源和解释，并运用这些来源的证据论证所做的决定；他们清楚且始终如一地展示其高水平的科学思维和推理能力，并积极运用他们的科学理解来支撑不熟悉的科学技术情境中的解决方案；这个水平的学生能够运用科学知识并提出论据，以支持集中于个人、社会、全球等情境中的建议和决定。在美国，具有六级水平学生的比例为1%，与OECD平均持平。新加坡的该项比例为4.6%，中国上海3.9%，新西兰3.6%，芬兰3.3%，澳大利亚3%。

具有五级水平的学生能够识别许多复杂生活情境中的科学成分，能够将科学概念和关于科学的知识运用于这些情境，并能够比较、选择和评估合适的科学证据来回应生活情境；这个水平的学生能够运用发展良好的探究能力，恰当地联系知识，并批判性地审视情境；他们能够基于证据建构解释，并基于批判分析得出观点。在美国，具有六级水平学生的比例为9%，也接近于OECD平均水平。上海的该项比例为24.3%，新加坡19.9%，芬兰18.7%，新西兰17.6%。日本、中国香港、澳大利亚、德国、荷兰和加拿大，有12.1%~16.6%的学生达到该水平。

学习机会的均衡分布

PISA从以下三个层面考察教育的均衡：第一，学校和学生在学习结果上呈现的差异性；第二，具有不同社会经济背景的学生和学校在教育资源数量与质量上所表现出来的差异性；第三，学生家庭背景以及学校地理位置对学习结果产生的影响。第一个层面已在前面有所阐述，下面介绍另外两个层面。

资源上的均衡

学生和学校间的资源分布是导致学习机会不公平的首要潜在因素。一个在教育资源上分布均衡的教育体系，学校资源的质量、数量不会与其社会经济背景有关联，所有学校都享有同等的资源。因此，如果学校和学生的社会经济背景与学校资源的数量和质量的关系是正向的，那么就表示处于优势背景的学校能够得到更好的资源。反之，负向关系则说明处于劣势的学校能够获得更多、更好的资源。如果不构成关系，则表示无论学生的社会经济背景如何，无论处于优势还是劣势，教育资源在学校的分布是均衡的。

大概有一半的OECD国家，生师比与学校社会经济背景的关系是正向的。换句话说，处于劣势的学校，会为每名学生配备更多的教师。这种正向的关系在以下各国家的表现尤为明显：比利时、丹麦、爱沙尼亚、德国、芬兰、爱尔兰、意大利、日本、韩国、卢森堡、荷兰、葡萄牙和西班牙。资源配置的重要衡量指标说明上述国家利用生师比例调节处于劣势的学校。只有以色列、斯洛文尼亚、土耳其和美国倾向于社会经济背景处于优势的学校吸纳更多的教师（如图2.3所示）。美国的学校资助体系依赖地方税收，与住房成本紧密联系，关注教育资源匮乏学校中处于劣势的学生。

在包括美国在内的大部分OECD国家，越是处于优势背景的学生越能享用到更多、更好的全日制教师。在考察学校时出现了同样的结论，校长认为，不能胜任的教师会影响学习。这些都表明，保证资源的均衡分布对于美国而言仍然是一个严峻的挑战。同样对于其他国家也是如此，其关键不在于资源的数量而是资源的质量。图2.2比较了美国与本报告中其他章节所考察的国家以及OECD国家学校社会经济背景、情况与学校资源的关系。

教育系统中的成功者与变革者
美国从国际学生评估项目中学什么？

		学校社会经济背景平均水平与下列比例或指数的相关					
		全职教师的比例	具有证书的教师比例（全职教师中）	具有大学教育水平教师的比例（全职）(ISCED5A)	学校教育资源质量指数	计算机/学生比	生师比[1]
OECD	澳大利亚	-0.21	-0.05	0.02	**0.31**	0.01	-0.07
	奥地利	-0.13	**0.21**	**0.64**	0.03	-0.05	-0.07
	比利时	**-0.18**	0.05	**0.58**	0.02	**-0.23**	**0.66**
	加拿大	0.01	**0.14**	0.03	0.18	-0.05	0.09
	智利	-0.04	-0.01	**0.25**	**0.35**	**0.32**	-0.05
	捷克共和国	**-0.32**	**0.29**	**0.37**	0.00	0.15	0.08
	丹麦	0.01	-0.17	0.04	0.04	-0.08	**0.27**
	爱沙尼亚	0.14	0.00	0.00	0.10	-0.09	**0.43**
	荷兰	**0.17**	-0.01	-0.01	0.13	-0.01	0.08
	法国	c	c	c	c	c	c
	德国	-0.15	-0.02	-0.02	0.06	-0.18	**0.28**
	希腊	-0.11	0.06	**0.24**	0.16	-0.12	0.25
	匈牙利	**-0.33**	0.07	0.07	0.11	**-0.20**	0.02
	冰岛	**0.20**	**0.39**	**0.30**	**0.06**	**-0.41**	**0.40**
	爱尔兰	0.12	-0.10	-0.08	0.16	-0.02	**0.49**
	以色列	-0.08	-0.06	**0.20**	**0.25**	0.08	**-0.20**
	意大利	-0.06	**0.16**	0.13	0.15	**-0.19**	**0.50**
	日本	-0.14	0.04	**0.20**	0.17	**-0.34**	**0.38**
	韩国	-0.14	0.00	-0.03	-0.04	**-0.53**	0.30
	卢森堡	**-0.16**	-0.01	**0.39**	0.13	**-0.13**	**0.28**
	墨西哥	-0.09	-0.13	-0.04	**0.59**	**0.14**	0.03
	荷兰	**-0.34**	**-0.12**	**0.62**	0.06		**0.38**
	新西兰	-0.04	0.08	0.07	0.16	-0.02	0.11
	挪威	-0.05	0.04	-0.05	0.04	-0.02	0.19
	波兰	-0.02	0.03	-0.05	0.06	-0.16	0.01
	葡萄牙	**0.14**	-0.05	0.04	0.24	-0.02	**0.39**
	斯洛伐克共和国	-0.09	**0.28**	**-0.21**	-0.05	-0.06	0.00
	斯洛文尼亚	**0.46**	**0.32**	**0.55**	0.13	**-0.21**	**-0.25**
	西班牙	**-0.29**			0.10	-0.16	**0.45**
	瑞典	0.05	0.01	-0.04	0.26	**0.13**	0.12
	瑞士	-0.11	-0.07	**0.24**	0.10	0.03	0.06
	土耳其	0.12	0.04	0.04	0.04	-0.06	**-0.26**
	英国	**-0.36**	0.05	-0.03	0.00	0.01	-0.10
	美国	**-0.42**	**-0.24**	0.10	**0.22**	0.06	**-0.17**
	经合组织均值	-0.07	0.04	0.15	0.13	-0.08	0.15
合作国	阿尔巴尼亚	**-0.25**	0.00	**0.38**	**0.44**	**0.24**	0.15
	阿根廷	0.13	0.13	0.22	**0.51**	**0.21**	-0.02
	阿塞拜疆	0.05	-0.06	**0.44**	0.19	0.17	0.23
	巴西	-0.03	0.10	0.03	**0.52**	**0.25**	**-0.20**
	保加利亚	-0.08	**0.17**	0.17	0.09	**0.17**	0.21
	哥伦比亚	**-0.24**	**-0.16**	-0.08	**0.53**	**0.19**	-0.14
	克罗地亚	0.09	0.02	**0.28**	0.09	0.17	0.32
	迪拜（阿联酋）	**0.32**	**0.61**	-0.01	**0.34**	**0.47**	**-0.27**
	中国香港	-0.19	-0.06	0.12	0.06	0.04	0.02
	印度尼西亚	**0.24**	**0.27**	0.16	**0.44**	**0.14**	**-0.16**
	约旦	-0.04	0.00	-0.02	0.26	0.05	0.06
	哈萨克斯坦	0.23	0.04	**0.34**	0.10	-0.12	**0.44**
	吉尔吉斯斯坦	**0.17**	0.08	**0.35**	0.27	**0.13**	0.27
	拉脱维亚	**0.19**	-0.03	0.19	0.14	0.00	**0.38**
	列支敦士登	-0.15	0.02	**0.57**	**-0.91**	**0.79**	**0.70**
	立陶宛	**0.21**	0.09	0.19	-0.02	**-0.49**	0.21
	中国澳门	**0.11**	0.05	-0.18	**0.26**	**-0.19**	**0.17**
	黑山共和国	0.07	**0.32**	**0.38**	-0.11	-0.19	**0.33**
	巴拿马	**-0.51**	**-0.47**	-0.13	**0.68**	**0.38**	0.03
	秘鲁	**-0.21**	0.08	**0.48**	**0.53**	**0.46**	-0.02
	卡塔尔	0.03	-0.04	-0.07	**0.23**	**0.19**	**0.11**
	罗马尼亚	0.05	0.10	0.11	0.20	-0.07	-0.02
	俄罗斯联邦	**0.18**	0.08	**0.31**	**0.26**	0.02	**0.29**
	塞尔维亚	0.10	0.06	0.05	-0.01	0.00	0.11
	中国上海	**0.14**	0.13	**0.32**	0.16	-0.10	**-0.13**
	新加坡	-0.13	0.00	**0.22**	0.10	**-0.18**	**-0.14**
	中国台北	0.12	**0.34**	0.29	0.19	-0.04	-0.07
	泰国	0.07	0.06	0.16	**0.39**	0.00	-0.02
	特立尼达和多巴哥共和国	**-0.19**	**0.09**	**0.56**	0.12	**0.08**	**0.38**
	突尼斯	-0.06	0.00	**0.20**	0.13	0.04	0.13
	乌拉圭	-0.01	**0.27**	0.08	**0.33**	**0.30**	0.13

注：与其他列比较，相关系数为负值则表示对处于优势的学生更有利。
来源：OECD, PISA 2009 数据库，表11.2.2.
http://dx.doi.org/10.1787/888932366636。

图2.2 学校社会经济背景情况与学校资源的关系

弱化社会经济背景对学习结果的影响

在PISA测试中，没有达到基本水平的学生并不是一个随机性的群体。结果显示，在美国，社会经济上的劣势对学生的成绩表现有较大的影响。美国学生的社会经济背景对成绩的解释率为17%。这与加拿大和日本形成了鲜明的反差。加拿大和日本的该项比例为9%。也就是说，与OECD国家一般情况相比，在美国，两个来自不同社会经济背景的学生学习结果上会有较大的差异。在OECD国家中，只有匈牙利、比利时、土耳其、卢森堡、智利和德国，社会经济背景对阅读成绩的影响比美国的大。需要注意的是，与其他国家相比，美国并没有那么多社会经济上处于劣势的学生，但社会经济上的差异都转化到了对学生学习结果的重要影响上。收入不平等和社会经济背景与成绩之间关系的强弱程度如图2.3所示。

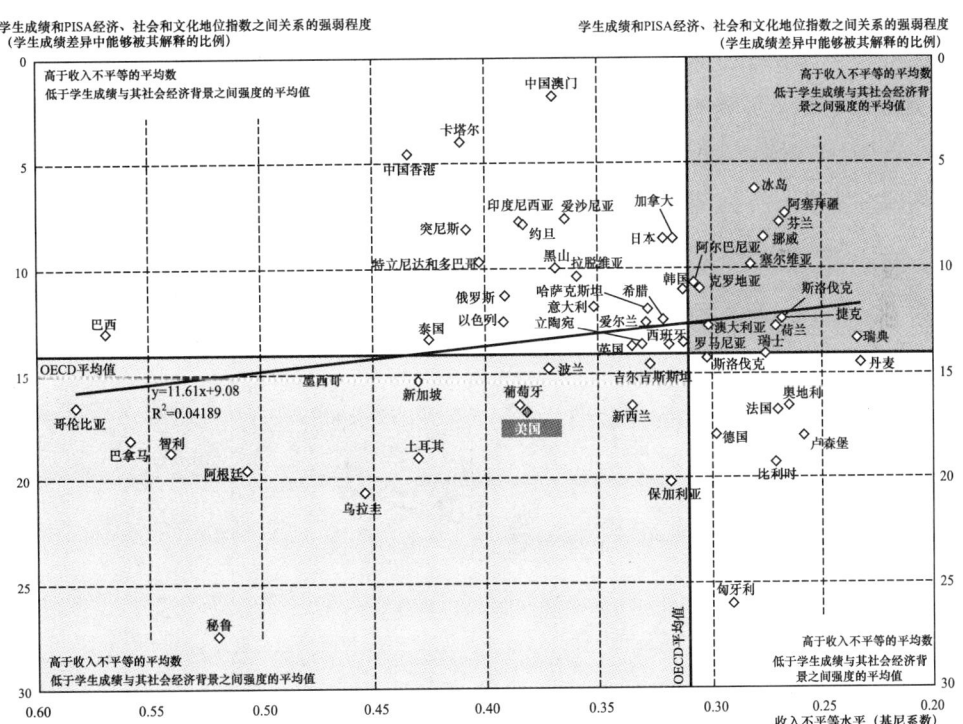

注：基尼系数衡量一个经济体内的个人或家庭之间收入分配偏离完全平等的分配的程度，基尼系数衡量洛伦兹曲线和假设的绝对平等之间的区域，表现为这条线下最大区域所占的比例。在基尼系数中，0表示完全平等，1表示完全不平等。
来源：OECD.PISA 2009数据库，表2.1.1。
http://dx.doi.org/10.1787/888932366636。

图2.3 收入不平等和社会经济背景与成绩之间关系的强弱程度

教育系统中的成功者与变革者
美国从国际学生评估项目中学什么？

同样，在25个PISA测试的参加国中，智利、以色列、墨西哥、葡萄牙和土耳其等国在收入水平的分布上并没有美国的公平。只有巴拿马、智利、秘鲁、阿根廷、匈牙利和土耳其，社会经济背景对学习结果具有更大的影响，如图2.3所示。我们不能简单地把美国学生社会经济背景与其成绩间较强的相关性解释为社会经济因素对学生群体及社会所造成的异化。这主要是由于与其他国家相比，在美国社会经济上的劣势更直接地转化并体现在教育表现上。

如果社会的不公平总是与社会背景的劣势对学习结果的影响密切相关，那么公共政策对于改善学习机会的均衡的作用将十分有限——至少在短期看会十分有限。然而，各国收入的不公平与社会经济背景对学习结果的影响之间不构成相关性，如图2.4所示。尽管一些国家收入极不公平，但仍然取得了成功，这种现象弱化了社会经济背景对教育成功的制约。

在美国，社会经济背景与学习结果的关系也远远没有达到具有决定性的必然关系。美国的学校表现和学校的社会经济背景之间的关系如图2.4所示。比如，一些社会经济背景上处于劣势的学校，他们的成绩仍然能与芬兰学校的表现相媲美。[①] 此外，在美国，1/4的15岁学生，即使在社会经济背景处于劣势的学校中也取得了芬兰的平均成绩水平。芬兰是表现最卓越的教育体系之一。[②]

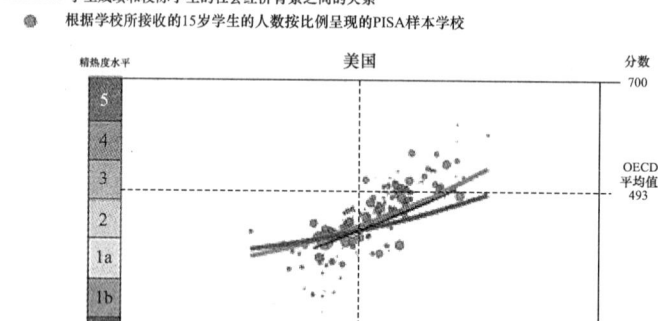

来源：OECD.PISA 2009数据库。
http://dx.doi.org/10.1787/888832366636。

图2.4 美国的学校表现和学校的社会经济背景之间的关系

---

① 在美国社会经济背景处于劣势的学校中，2%的学生就读的学校可以与芬兰一般水平的学校相比较。
② 在美国，26%社会经济背景处于劣势的学生，他们的成绩高于芬兰的平均水平。依据PISA社会文化地位指数来定义处于劣势位置的学校。该指数低于美国平均水平的学校则被定义为社会经济背景处于劣势的学校，美国的平均水平是–0.0634。

下面对社会经济背景的三个方面以及它们与学生成绩间的关系进行更为细致的考察。

（1）社区规模。在美国，就读于大城市（居住人口超过100万的城市）学校的学生，他们的PISA阅读成绩是485分，低于OECD平均（493分）。郊区学校的表现稍微高于OECD平均。因此，在成绩上，对于美国的挑战不仅要关注贫困地区的学生，还要关注其他大部分地区的学生。[①]

（2）家庭成员。PISA结果显示，在OECD国家中美国单亲家庭的比例很突出。在美国，24%的15岁学生来自单亲家庭，OECD的该项比例为17%。结果还显示，与其他OECD国家相比，美国单亲家庭的子女面临成绩表现不佳的可能性会更大。（PISA 2009结果报告，第2册，表II.2.5）

（3）移民学生。在美国，30%的学校里有超过1/4的学生具有移民背景。在OECD国家中，只有卢森堡、瑞士、澳大利亚、新西兰、加拿大和以色列的该项比例比美国高（OECD的平均水平为14%）。美国12%的学生就读于移民比例超过50%的学校。只有卢森堡、加拿大和新西兰超过这个数字。（PISA 2009结果报告，第2册，表II.4.6）PISA结果还显示，根据校长的报告，在美国，具有移民背景的学生一般就读于社会经济背景处于劣势的学校。这些学校的教育资源质量较差，生师比例相对不理想，师资短缺状况更为严重（PISA 2009结果报告，第2册，表II.4.9）。这些挑战在OECD国家中也较常见。

各国有可能会把成绩的落后归咎于移民潮对教育体系构成的挑战。如果不把具有移民背景的学生计算在内，美国学生的阅读成绩为506分，也只比把具有移民背景的学生计算在内之后的总体成绩高出一点点儿。实际上，与OECD国家相比，尤其是在考虑了学生的家庭社会经济背景之后，美国移民学生与非移民学生阅读成绩的差距并不大（PISA 2009结果报告，第2册，表II.4.1）。在比较中，如果不是把移民背景作为区分学生群体的变量，而是把在家中所使用的语言作为变量，得到的结果依然相同。在近期参加PISA测试的国家中，瑞士、加拿大和新西兰，具有移民背景学生的数量比美国还多，成绩却比美国高出很多，如图2.5所示。

---

① 在美国，在人口介于10万～100万人之间的城市上学的学生，他们的平均成绩是504分；在人口介于1.5万～10万人的城市上学的学生，他们的平均成绩是506分；在人口介于0.3万～1.5万人的小城镇上学的学生，他们的平均成绩是502分。

教育系统中的成功者与变革者
美国从国际学生评估项目中学什么?

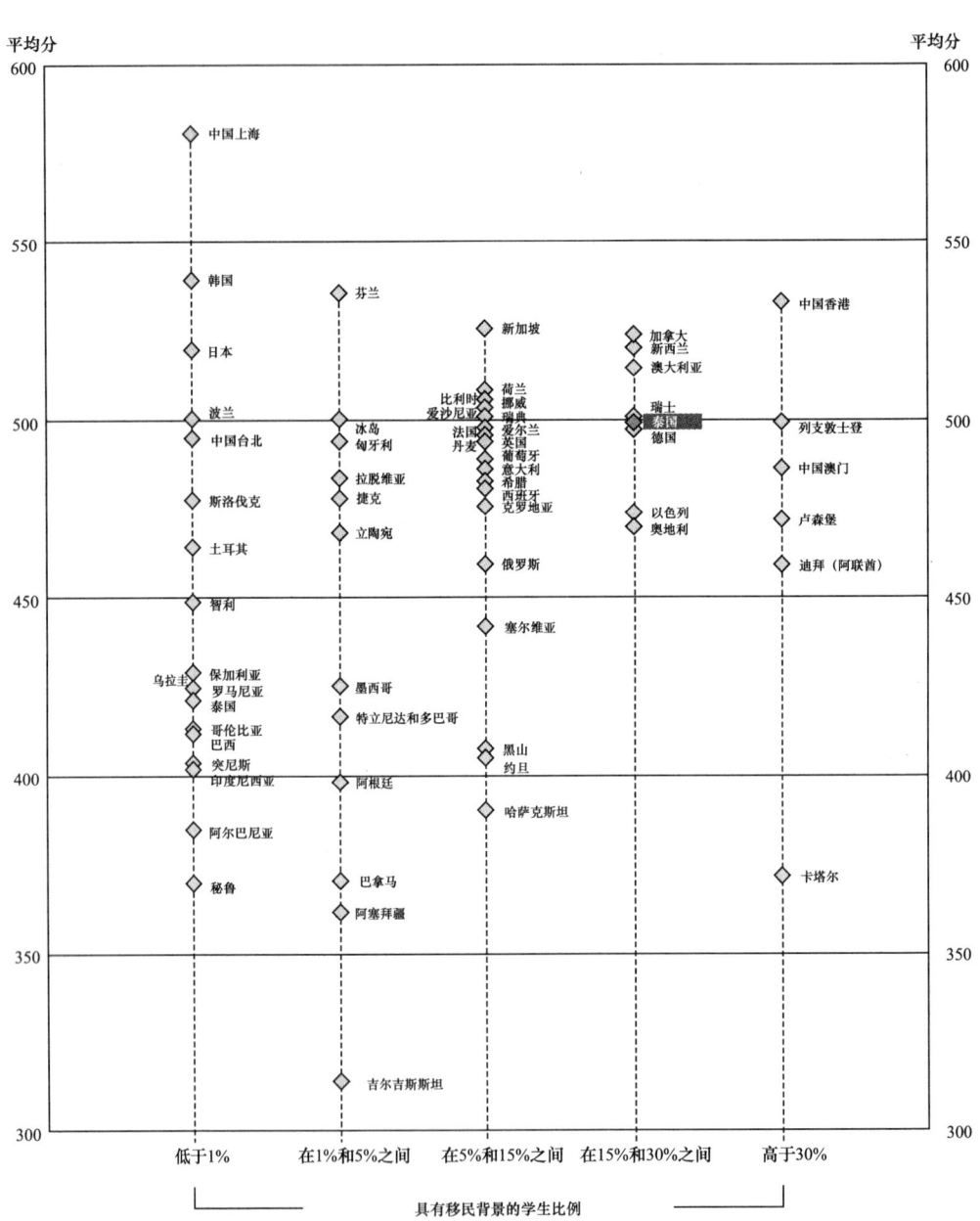

来源:OECD.PISA 2009数据库,表2.4.1。
http:// dx.doi.org/10.1787/888832366636。

图2.5 学生的阅读成绩,以具有移民背景的学生比例为参照

聚焦学校中社会经济背景处于劣势的学生。在美国，32%的在校生被看做在社会经济上处于劣势的群体。其中61%的学生自身在社会经济上处于劣势（可能这部分数据被夸大了）。另外有30%的学生就读于社会经济背景处于优势的学校，其中的6%属于自身在社会经济上处于劣势。就读于劣势学校的在社会经济背景上同样处于劣势的学生，他们的成绩表现与人们的预期一致。而在社会经济背景上处于优势的学生，他们的表现却比预期的糟糕。在程度上，表现与预期的差距同许多OECD国家一样。同时拥有不同社会经济背景（包括优势或劣势）学生的学校中，处于劣势的学生，他们的成绩表现比预期的好，其高出预期的程度也与OECD一般水平相当；处于优势的学生，他们的表现与预期一致。而在社会经济背景处于优势的学校中，无论是处于劣势还是优势的学生，他们的表现都高出预期，但处于劣势的学生，他们的表现高出预期的程度小于OECD其他国家，而处于优势的学生，他们的表现高出预期的程度则与其他OECD国家相当。（PISA 2009结果报告，第2册，表II.5.11）

总体看，通过社会经济背景对学生成绩预测的准确性程度各国不尽相同。大部分在PISA测试中成绩不佳的学生，他们的社会经济背景都不太理想。而在这些学生中也有跨越阻挠他们进步的障碍、取得骄人成绩的特例。这些特例证明了，打破社会经济因素对成绩的制约是有可能的。不同教育体系中"抗逆学生"（resilient students）所占的比例是不同的。①实际上，在OECD国家中有大量的"抗逆学生"。在美国，7%的学生可以被划为该类群体。他们是位于社会经济地位指数最低1/4，但他们的成绩却远远高于对他们的预期。该项比例的OECD平均为7%，如图2.6所示。而在韩国、中国香港和中国上海，该项比例是OECD平均的两倍。

---

① 抗逆学生是指那些社会经济背景处于劣势位置却取得好成绩的学生。确定这些学生首先需要建立成绩与社会经济背景（所有参加PISA 2009测试的学生）的关系。其次，把每一名社会经济背景处于劣势的学生的成绩与对他们的预期成绩进行比较。比较后得到的差距为学生的成绩差值。如果该差值在最高1/4的学生（所有国家）的成绩差值的区间内，那么该名学生则被定义为抗逆学生。

教育系统中的成功者与变革者
美国从国际学生评估项目中学什么？

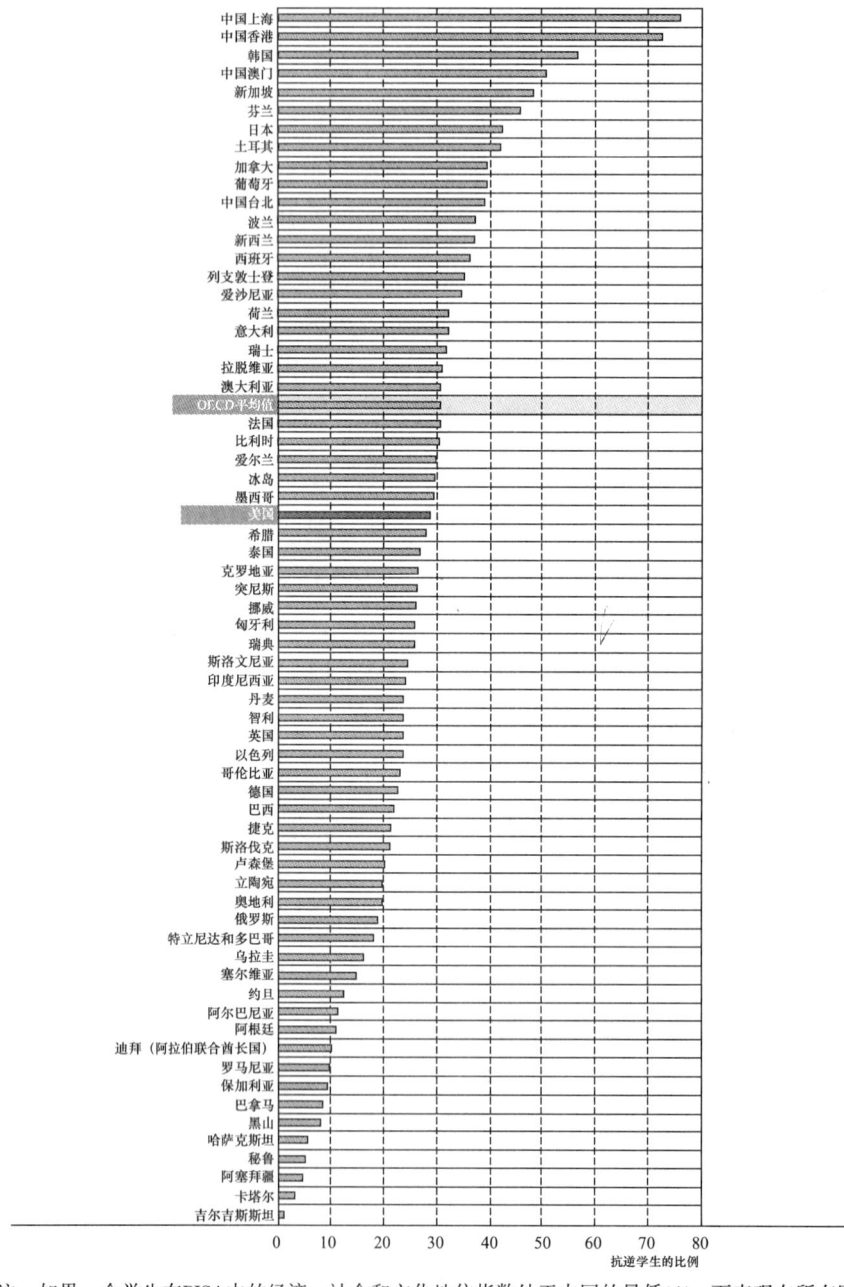

注：如果一个学生在PISA中的经济、社会和文化地位指数处于本国的最低1/4，而表现在所有国家中位于最高1/4（在控制了学生的社会经济背景之后），那么他/她就是一名抗逆学生。所有学生中的抗逆学生比例都已经乘以4，以便使该比例的值反映处境不利学生（那些在PISA中的经济、社会和文化地位指数位于底部1/4的学生）中的抗逆学生比例。

来源：OECD. PISA 2009数据库，表2.3.3。

http://dx.doi.org/10.1787/888932366636。

图 2.6 处境不利学生中的抗逆学生比例

因成绩差距而带来的损失

美国在国际测试中成绩的落后正在悄然无声地影响着它的经济状况。其无形的经济损失比自大萧条以来经济危机最坏的时候，由于产量的下降而带来的损失还要大。利用经济模型、观察认知技能（PISA所测量的内容）与其他国际性评价工具如经济增长之间的关系分析后发现，一个国家即使在劳动力的技能上实现很小的进步也能为国家的未来带来巨大的效益。近期经合组织与斯坦福大学胡佛研究所合作的一项研究中发现，如果美国能在未来二十年逐步提升PISA平均成绩25分，那么将为2010年之后出生的美国人在经济上带来41万亿美元的收益（对未来GDP增长、折现后的价值进行估算）。而一些国家早已在2000—2009年间就完成了这一目标。如果把美国的成绩提高到芬兰的平均成绩水平，那么将会带来103万亿美元的经济收益。从过去GDP增长的关系看，缩小成绩差距，使所有学生都达到经合组织规定的基本精熟度水平（400分），GDP将会增长72万亿美元（OECD，2010b）。纵向研究表明，学生在校成绩是一个衡量后续教育成功及劳动力市场过渡路径的优良指标（OECD，2010a）。

尽管这些预测有诸多不确定性，但学习结果的提升所带来的GDP收益超过了目前短期商业周期的价值。但这并不是说现在不需要努力缓解经济衰退造成的短期效应，而是提醒人们需要关注长期的事宜。

学校课堂中的学习环境

教育政策及实践的有效性在很大程度上取决于这些政策和实践如何转化为课堂中所取得的学习进步。PISA 结果显示，从OECD国家总体情况看，在一些国家，如果学生被赋予"高表现"的期待并且也愿意做出努力，具有良好的师生关系并且教师也有较高的士气，在这样的氛围下学生往往能取得较好的成绩。即使在考虑了社会经济背景及其他PISA所测量的学习环境因素之后，结果仍显示：在OECD的10个国家中阅读成绩与师生关系指数的关系仍然是正向的，包括美国；在OECD 16个国家中阅读成绩与纪律风气指数仍然正相关，包括美国；在OECD 14个国家中阅读成绩与影响学校风气教师因素指数正相关，包括美国（PISA 2009结果报告，第2册，表IV.2.13）。值得注意的是，在所有国家中上述因素与学习结果的关系都是正相关的。

教育系统中的成功者与变革者
美国从国际学生评估项目中学什么?

家长和学校校长也在塑造着学习环境。对孩子教育感兴趣的家长要更加支持学校的努力并积极参与学校各项活动,因此也会投入更多的资源。这些家长大多具有较好的社会经济背景。除此之外,校长制定学校教育目标并且带领学校实现目标。PISA结果显示,在OECD 19个国家中,如果校长认为家长在设定较高学业标准和提升学生成绩方面给予学校较大压力,那么学校的表现会更好。尽管在美国,数据结果并没有显示这两者之间的相关性很强。在一些国家,这种关系被社会经济背景因素弱化了。(PISA 2009结果报告,第2册,表IV.2.13)

PISA结果还显示,学生和学校的社会经济背景与学习环境的关键性特征的联系紧密。两者在很多重要的方面与成绩相互关联。也许是因为学生具有良好的社会经济背景,致使他们具有更好的纪律风气,对学校价值持有更为正面的认同。也有可能是在社会经济背景处于优势的学校中,家长对课堂纪律寄予了较高的期望,教师们更为辛勤地付出。相反,对于社会经济背景处于劣势的学校,他们在加强有效纪律实践、任免缺职或缺乏积极性的教师等方面来自家长的压力并不大。总之,学生之所以会在具有较好校园风气的学校中表现得更为优秀,有可能是因为这些学校的学生大多具有良好的背景,他们的成绩都不错;也有可能是因为具有更为有利社会经济背景的学生本身强化了更为有利的环境氛围;或许还存在与社会经济背景无关的原因。在很多国家,尤其是在对成绩的影响上,家长压力并不是单独地起作用,而是与社会经济背景紧密相关。而其他一些与学校风气相关的因素,如纪律风气和师生关系,同样也对成绩构成影响,但它们与社会经济及人口等变量的关系是相互独立的。

下面对分析中出现的一些因素进行详细的描述,在不同的维度中找到美国的位置。

师生关系

融洽的师生关系有助于构建促进学习的氛围。研究发现,当处于劣势的学生感到老师是在非常认真地对待他们时,他们会学得更多,纪律问题更少。一种解释是,融洽的师生关系有助于构建社会性关系,创建共同学习环境和促进学生恪守有利于学习的各项纪律规范。针对师生关系,PISA要求学生对一些事项进行"同意"或"不同意"的表态。这些事项包括:学生是否与教师相处融洽;教师是否对学生的健康成长关心;教师是否认真地对待学生;当学生需要额外帮助时,教师是否会及时地帮他们;教师是否公平地对待学生。依据学生的报告情况,在师生关系上美国是OECD国家中表现最佳的国家之一(PISA 2009结果报告,第4册,图IV.4.1)。在美国,超过80%的学生同意或非常同意"老师对他们的健康成长非常的关心";

第二章 透过PISA看美国教育

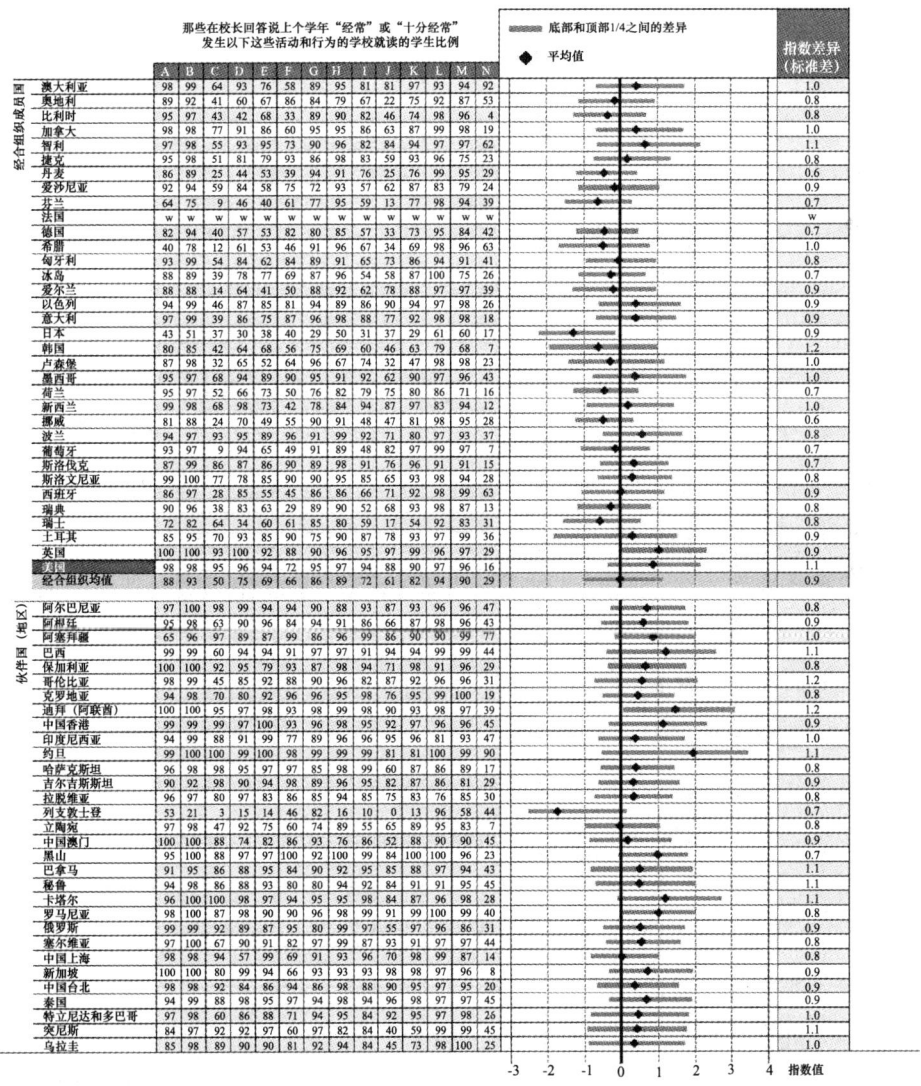

注：指数值越大说明学校校长参与学校事务的程度越高。
来源：OECD，PISA 2009 数据库. 表4.4.8。
http://dx.doi.org/10.1787/88893236636.

图2.7 学校校长对他们介入学校事务的观点

而在日本，该项比例仅为28%。在大部分国家，包括日本和美国，师生关系与学生成绩是正相关的。师生指数的最低1/4，即认为师生关系最不融洽的学生成为成绩最差学生的可能性是其他学生的1.6倍（日本的该项比例为2.0）。[①] 在老师是否关心学生健康成长的问题上，学生在观点上的差异实际上反映了学生对教师期望程度及角色的不同。如果持"同意"态度的学生比例少，则表明学生期待与教师实际工作表现之间可能有落差。

纪律风气

课堂和学校的纪律风气也会对学习构成影响。在存在很多纪律问题的课堂和学校中，学习无法顺利且有效地进行。因为在教学开始前教师需要花费更多的时间与精力维持纪律。课堂中过多的干扰会阻碍学生的参与以及听课的质量。PISA要求学生对语文课上干扰事项所出现的频率进行描述，干扰事项包括：学生不听老师在讲什么；出现吵闹声和捣乱声；老师要等很长时间才能让学生安静下来；学生无法好好学习；学生在上课后很长时间仍然不开始学习。在OECD国家中，绝大多数学生表示能够在有序的课堂环境下上语文课。75%的学生报告，"老师要等很长时间才能让学生安静下来"的现象不会或只是在一些课上发生；71%的学生报告，"学生不听老师在讲什么"的现象不会或只是在一些课上会发生；68%的学生报告，影响学习的"吵闹声"不会或只会出现在一些课上；72%的学生表示，他们的老师不需要花很长的时间来等学生们安静下来，这种情况只会发生在一些课上；81%的学生感到大部分时间他们都能够好好地学习。（PISA 2009结果报告，第4册，图IV.4.2）

在纪律风气上，美国的表现不错，但诸如日本、韩国或德国等具有标杆作用的国家，其表现则更出色。值得注意的是，在纪律风气这一评价维度上美国学生的成绩差异很大。纪律风气指数最低1/4，即认为纪律风气最差的学生成为学习成绩最差学生的可能性是其他学生的两倍。在所有PISA参加国中，美国是这一概率第二高的国家，OECD平均为1.4（PISA 2009结果报告，第4册，表IV.4.2）。在美国，校长对纪律风气的判断并没有学生积极。这种落差也反映了学生和校长在问题认识上存在的差异。（PISA 2009结果报告，第4册，表IV.4.4）[②]

[①] 在美国，师生关系指数与学生阅读成绩正相关，每增加一个单位，成绩变化14.9分（表4.1）。
[②] 一半的美国校长表示，许多与学生相关的因素在一些程度或很大程度上制约了学习。

第二章 透过PISA看美国教育

基于学校校长的回答上的与教师有关的因素对学校氛围的影响指数

- A 教师对学生期望低
- B 师生关系差
- C 教师不能满足学生的需求
- D 教师旷课
- E 教职工拒绝变革
- F 教师对学生太严厉
- G 教师没有鼓励学生以使他们充分发挥他们的潜能

在校长回答说一下这些现象"根本没有"或"极少"妨碍学习的学校就读的学生比例

		A	B	C	D	E	F	G	指数差异（标准差）
经合组织成员国	澳大利亚	68	85	58	86	61	96	78	0.91
	奥地利	86	94	78	78	76	97	87	0.84
	比利时	87	96	76	75	71	96	84	0.86
	加拿大	86	89	75	88	62	94	86	0.82
	智利	51	92	62	69	60	86	57	1.00
	捷克	83	83	94	96	86	90	75	0.72
	丹麦	95	97	88	89	91	98	93	0.82
	爱沙尼亚	82	87	68	89	87	82	77	0.83
	芬兰	94	88	67	80	84	97	86	0.69
	法国	w	w	w	w	w	w	w	w
	德国	82	93	77	78	70	96	89	0.75
	希腊	64	82	70	86	76	89	76	1.05
	匈牙利	94	95	94	94	90	89	69	0.86
	冰岛	80	88	71	83	84	97	92	0.85
	爱尔兰	78	92	76	88	82	89	84	0.87
	以色列	73	86	67	71	80	90	80	0.86
	意大利	74	73	73	91	48	65	67	0.84
	日本	76	85	71	97	63	71	61	0.87
	韩国	66	90	67	99	66	84	83	0.79
	卢森堡	95	88	64	82	84	89	71	0.71
	墨西哥	65	81	69	78	59	80	60	1.01
	荷兰	66	90	44	62	61	86	45	0.67
	新西兰	63	63	57	95	73	95	82	0.79
	挪威	80	90	52	75	79	98	77	0.71
	波兰	90	98	89	77	85	98	91	0.86
	葡萄牙	74	96	77	98	67	100	79	0.90
	斯洛伐克	87	94	88	80	79	75	78	0.79
	斯洛文尼亚	83	90	78	85	68	87	81	0.84
	西班牙	75	91	65	81	67	92	74	0.92
	瑞典	77	93	64	87	67	99	75	0.83
	瑞士	94	91	81	96	74	97	89	0.73
	土耳其	28	25	39	30	25	32	27	1.29
	英国	79	97	77	87	83	98	92	0.80
	美国	77	90	72	91	68	96	84	
	经合组织均值	78	88	72	83	72	90	77	0.84
伙伴国（地区）	阿尔巴尼亚	86	91	91	96	93	97	81	0.84
	阿根廷	70	88	73	51	62	87	55	1.09
	阿塞拜疆	67	67	80	82	81	91	76	1.09
	巴西	56	89	58	70	64	92	65	0.95
	保加利亚	73	84	70	73	87	88	72	1.13
	哥伦比亚	66	93	66	79	49	81	63	1.09
	克罗地亚	79	90	75	94	58	90	72	0.82
	迪拜（阿联酋）	86	89	80	86	77	87	92	1.23
	中国香港	58	93	52	87	77	94	69	0.81
	印度尼西亚	86	96	90	97	90	92	69	0.87
	约旦	60	62	64	58	61	86	69	1.08
	哈萨克斯坦	43	60	55	60	66	60	58	1.38
	吉尔吉斯斯坦	54	71	69	66	64	65	59	1.37
	拉脱维亚	90	93	81	91	93	87	77	0.83
	列支敦士登	94	100	80	100	83	100	100	0.49
	立陶宛	94	99	93	98	96	99	96	0.68
	中国澳门	73	73	44	66	66	83	57	1.38
	黑山	85	95	73	88	88	93	58	0.71
	巴拿马	62	89	69	75	57	81	61	1.03
	秘鲁	64	91	72	85	69	83	63	0.95
	卡塔尔	77	80	82	88	84	88	85	1.07
	罗马尼亚	84	90	89	99	69	91	83	0.80
	俄罗斯	60	79	68	78	65	56	58	1.07
	塞尔维亚	71	94	70	93	59	84	61	0.78
	中国上海	58	59	45	71	60	73	47	1.33
	新加坡	64	83	59	84	82	90	90	0.92
	中国台北	52	57	54	70	56	67	52	1.42
	泰国	67	82	70	90	68	87		0.86
	特立尼达和多巴哥	45	66	34	41	54	91	71	0.94
	突尼斯	33	83	69	40	73	83	74	0.86
	乌拉圭	53	92	68	35	57	94	33	1.03

注：指数值越大说明教师的行为对学生越有益。
来源：OECD, PISA 2009 数据库. 表4.4.5。
http://dx.doi.org/10.1787/88893236636.

图2.8 学校校长对教师行为如何影响学生学习的看法

影响学校风气的教师行为

为了解教师行为在多大程度上对学生学习构成影响，PISA询问了校长对影响学习的七种教师行为的看法，包括教师对学生期望低、师生关系差、教师缺席、教职工拒绝变革、教师不能满足学生个性化要求、教师对学生过于严厉、没有鼓励学生发挥他们所有的潜能等。在这一方面，美国的表现与OECD平均水平相当。但是校长的报告中也出现了如下一些值得人们注意的数字：在美国有23%的学生，其校长认为，教师对学生的期望过低在某种或很大程度上阻碍了学习，而芬兰的该项比例只有6%；28%的学生，他们的校长报告，教师不能满足学生的个性化要求；32%的学生的校长报告，教职工抵抗变革而阻碍学习的进行，如图2.8所示；只有4%的校长把"教师对学生过于严厉"看做阻碍学习的问题；10%或更少的校长会把师生关系差、教师缺席看做阻碍学习的因素。

教育系统的组织

学校管理

许多国家已转变了公共和政府的焦点，不再单纯强调对资源和教育内容的调控，而是转为对结果的关注。在接连几次的PISA测试中，回溯教育决策责任的分布情况就会发现这种变化趋势非常明显。此外，学校系统正致力于把责任下放给工作在一线的教职工，既要满足本地需求，又要加强问责（图2.9和图2.10）。PISA结果显示，如果把自主性与问责结合起来，那么学校在教学政策及实践相关方面的自主性与学习结果之间的关系是清晰的。美国也是一个在教育体系上奉行权力分散的国家。但很多教育体系一方面在教育服务的提供上采取决策下放，而另一方面却紧紧控制着对结果的定义以及课程、标准及测试的设计。美国不同于这些国家。无论是在投入上还是在对结果的控制上美国一直奉行权力的分散。直到近期，在美国个别州引入并积极推行共同核心教育标准，情况才开始发生了改变。尽管美国把责任都下放给了地方权力机构或地区，但与许多OECD国家相比，学校在决策上的自主性并不大。也就是说，对于美国，问题不在于学校制定了多少条例，而在于如何培养学校实践自主性的能力。大部分具有标杆性的教育体系都是这么做的。

学校系统最重要的组织特征是学生和家长能在多大程度上选择学校以及学校在组

织决策上是否能够独立于地区、区域或国家部门而称得上是具有自主性的实体。PISA结果显示，学校在对课程及评价的界定上，其自主性与系统总体的表现是正相关的（PISA 2009结果报告，第4册，图2.11，图IV.3.3、图IV.2.4a）。比如，如果在学生评价政策、课程开设、课程内容和教科书上教育系统赋予学校更多决策自主性，那么教育系统的表现会更好。

PISA数据还显示，大部分公开成绩信息的学校以及在资源管理上具有更大决策权的学校，通常他们的表现会更好。在不对外公开成绩的教育系统中，如果学生所就读的学校在资源管理上具有很大的自主性，那么他们的阅读成绩比那些只具有一般水平自主性的学校的学生低3.2分。相比之下，在对外公开成绩的教育系统中，如学生就读的学校具有高于平均水平的自主性，那么他们的阅读成绩比那些只具有平均水平自主性的学校的学生高2.6分（PISA 2009结果报告，第4册，表IV.2.5）。PISA依据学校和家长在影响孩子教育上决策方式的特点，把OECD国家分为四类。分类的标准是学校的自主性水平和学校的竞争性程度。其中每个维度都包含这两项内容，不同维度间交互形成四个类型：① 在课程与评价方面赋予学校高度自主性并且鼓励学校间展开激励竞争的学校系统；② 学校自主性弱、校间竞争性不足的学校系统；③ 学校自主性强、校间竞争性不足的学校系统；④ 学校自主性强并且鼓励学校间展开激励竞争的学校系统。（PISA 2009结果报告，第4册，图IV.3.5）

从OECD国家整体情况来看，最普遍的现象是在课程方面给予学校自主权，但限制学校在生源上的竞争。一般这样的学校系统给家长和学生提供的选择性相对有限并且学校之间也不存在生源方面的竞争关系。此外，在这些国家民办学校并不普及。OECD国家中有22个国家属于此类型，包括美国。

在OECD国家中，学校自主性弱并且家长对学校选择性有限的国家也很普遍。属于此类型的OECD国家有4个，伙伴国及经济体11个。其他6个OECD国家属于学校自主性强。家长对学校选择性大的类型。此类型的学校系统，民办学校所占比重很大，学校间在生源上的竞争程度也较激烈。学校可以自主选择符合学习目标的教学方法，家长和学生在入学上具有更多的选择性。以下将详细介绍在分类中出现的各种变量。

择校

一些国家的学校系统鼓励甚至强制学生就近入学。然而，在过去几年的改革中，一些国家在入学问题上开始倾向于满足家长和学生的教育需求和偏好，给予他

教育系统中的成功者与变革者
美国从国际学生评估项目中学什么?

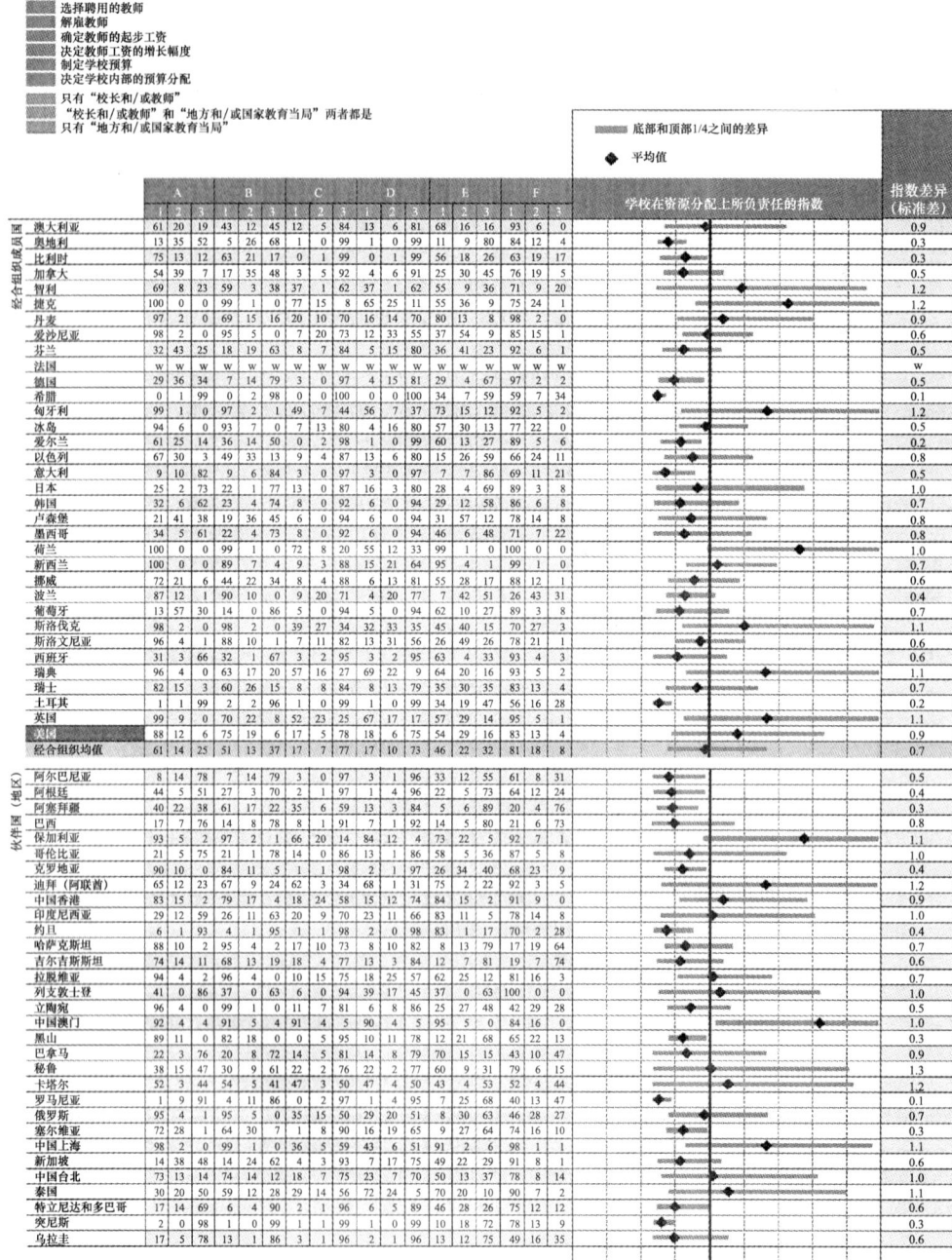

来源:OECD,PISA 2009 数据库. 表4.3.5。
http://dx.doi.org/10.1787/88893236636.

图 2.9 各学校在资源分配上的自主性

第二章 透过PISA看美国教育

校长回答在以下这些方面承担主要责任的只有"校长和/或教师"、只有"地方和/或国家教育当局"以及"校长和/或教师"和"地主和/或国家教育当局"两者都是，学生在这样回答的校长所在的学校就读的比例：

- 制定学生评价政策
- 选择使用的教材
- 决定课程内容
- 决定开设哪些课程
- 只有"校长和/或教师"
- "校长和/或教师"和"地方和/或国家教育当局"两者都是
- 只有"地方和/或国家教育当局"

												学校在资源分配上所负责任的指数	指数差异（标准差）
OECD成员国													
澳大利亚	65	33	2	92	0	0	46	40	14	75	24	1		0.9
奥地利	57	27	5	44	5	1	37	40	22	32	40	24		0.8
比利时	78	19	4	94	4	1	32	42	26	40	46	13		0.7
加拿大	28	62	10	40	49	11	12	51	38	44	54	3		0.6
智利	72	21	6	73	20	7	43	22	35	64	20	16		1.0
捷克	95	5	0	89	11	1	83	16	1	88	11	1		0.8
丹麦	61	61	11	100	0	0	56	32	12	47	39	14		0.9
爱沙尼亚	63	33	3	66	32	2	65	30	4	79	18	2		0.9
芬兰	50	43	7	98	2	0	32	52	16	55	39	6		0.8
法国	w	w	w	w	w	w	w	w	w	w	w	w		w
德国	71	21	9	84	13	3	21	47	32	80	18	2		0.7
希腊	20	12	38	7	8	85	1	3	96	6	5	88		0.3
匈牙利	94	6	0	98	2	0	49	36	15	43	28	29		0.9
冰岛	92	8	1	93	4	3	61	26	13	48	42	10		0.9
爱尔兰	87	13	0	97	3	0	29	37	34	78	21	1		0.7
以色列	80	20	0	53	43	4	52	44	5	44	50	6		1.0
意大利	91	8	1	99	1	0	59	27	14	49	25	27		0.7
日本	98	2	0	89	8	3	93	6	1	94	5	2		0.8
韩国	92	6	2	96	4	0	89	8	2	79	17	4		0.8
卢森堡	9	33	58	13	80	7	9	72	20	18	61	21		0.6
墨西哥	56	15	29	63	11	26	14	7	79	5	5	91		0.5
荷兰	99	1	0	100	0	0	87	12	1	89	10	1		0.6
新西兰	81	17	2	99	1	0	79	20	1	92	8	0		0.8
挪威	38	36	27	97	2	1	30	40	30	23	33	44		0.7
波兰	91	8	0	92	8	0	93	7	0	43	31	29		0.8
葡萄牙	35	37	28	98	2	0	5	3	92	10	5	86		0.4
斯洛伐克	76	21	3	56	39	5	48	47	5	52	48	1		1.0
斯洛文尼亚	46	48	5	72	27	1	34	59	6	28	52	20		0.8
西班牙	44	34	23	95	5	0	32	31	37	30	31	39		0.8
瑞典	66	30	3	99	1	0	66	28	6	53	25	22		1.0
瑞士	57	27	16	40	40	20	21	41	38	24	52	27		0.7
土耳其	42	29	30	14	18	68	9	15	76	14	21	65		0.9
英国	88	12	0	98	2	0	77	20	2	86	14	0		0.9
美国	46	40	13	62	28	10	36	46	18	58	37	4		0.9
OECD平均值	66	23	11	78	15	8	45	31	24	50	28	21		0.8
伙伴国（地区）													
阿尔巴尼亚	51	16	33	91	8	1	35	7	57	35	12	53		0.8
阿根廷	74	20	6	81	16	3	28	43	29	8	30	61		0.6
阿塞拜疆	54	8	38	50	6	43	29	7	64	37	5	58		0.8
巴西	47	27	26	88	9	2	35	25	40	18	17	65		0.8
保加利亚	25	37	38	88	12	1	10	26	65	10	15	75		0.8
哥伦比亚	39	21	39	92	3	4	69	23	8	64	14	23		0.8
克罗地亚	26	36	38	63	34	3	11	50	39	2	25	72		0.4
迪拜（阿拉伯联合酋长国）	77	10	13	55	17	27	62	13	26	59	16	25		1.1
中国香港	93	7	0	93	7	0	81	17	2	87	13	0		0.9
印度尼西亚	67	26	8	80	13	7	75	18	7	64	23	13		0.6
约旦	27	4	70	4	1	95	7	1	93	7	1	92		0.5
哈萨克斯坦	31	22	47	16	14	70	11	18	72	20	42	37		0.5
吉尔吉斯斯坦	65	8	26	68	8	23	59	10	31	44	7	49		1.0
拉脱维亚	56	40	4	71	27	2	19	46	36	30	42	28		0.6
列支敦士登	69	25	6	54	5	40	41	9	59	53	9	38		1.1
立陶宛	75	20	5	89	11	1	50	35	15	75	20	5		0.9
中国澳门	95	0	5	100	0	0	94	6	0	81	14	4		0.9
黑山	40	28	25	5	30	65	5	34	61	20	36	44		0.8
巴拿马	41	25	34	52	26	22	41	23	36	26	23	51		0.8
秘鲁	75	15	10	52	12	37	53	23	24	54	17	29		1.0
卡塔尔	45	18	37	37	16	47	31	9	60	35	17	48		0.9
罗马尼亚	42	36	22	86	13	1	46	37	5	58	14	29		0.7
俄罗斯	63	25	12	65	27	8	21	40	39	71	22	7		0.8
塞尔维亚	49	44	7	19	59	23	4	41	57	0	12	87		0.7
中国上海	86	9	5	49	17	34	45	23	33	52	28	20		0.9
新加坡	57	41	2	72	24	3	44	38	18	66	31	4		0.9
中国台北	74	17	9	92	6	3	81	16	3	68	25	7		0.8
泰国	79	18	2	89	10	1	89	11	0	91	8	1		0.9
特立尼达和多巴哥	50	45	5	29	62	10	21	40	39	34	51	15		0.7
突尼斯	11	11	78	0	1	99	3	14	83	4	9	87		0.1
乌拉圭	23	30	47	31	36	33	3	26	71	21	19	59		0.4

来源：OECD,PISA 2009 数据库. 表4.3.6。
http://dx.doi.org/10.1787/88893236636。

图 2.10 各个学校对课程和评价的自主权

们更多的选择权。不过，这种做法的认识基础是，如果学生和家长能够获得全面的信息，依据学业标准进行择校，那么将激发学校间的竞争，建立更能满足学生个性化要求和兴趣发展的教学机制，从而减少因失败和不匹配而造成的损失。在一些学校系统中，学校不仅要争夺生源还要争夺资金。一种类型是依据学生注册数量或学时对独立管理的机构进行直接公共拨款；另一种类型是以奖学金或教育券的方式，把资金直接给学生或他们的家庭，由他们来决定是去公办教育机构还是去民办教育机构。允许家长择校的国家如图2.11所示。

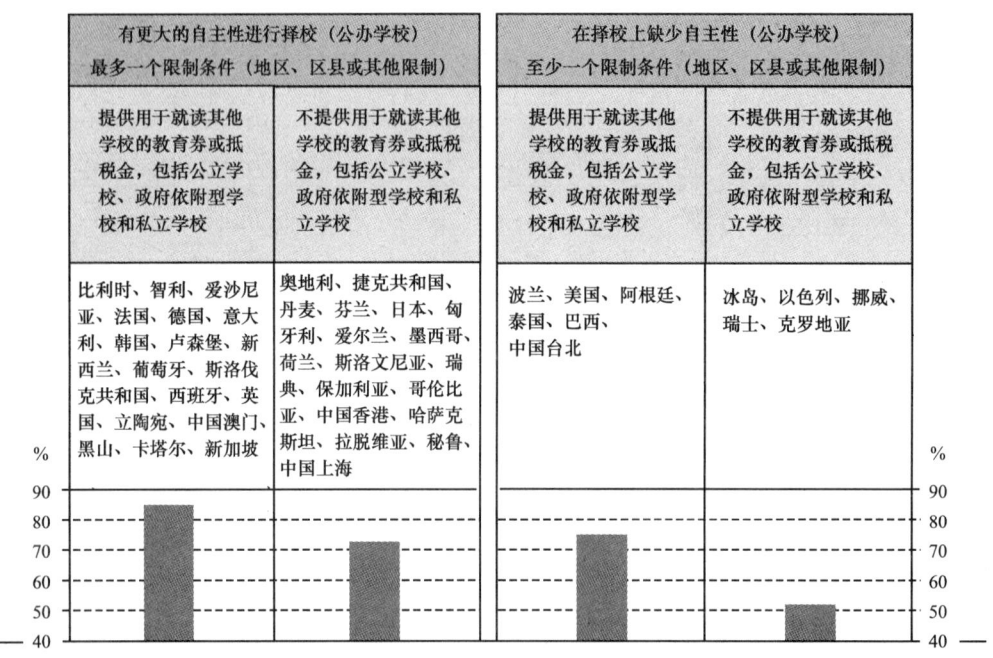

依据四种择校类型，柱图表示OECD国家学校竞争的平均比例。
来源：OECD, PISA 2009 数据库，表IV.3.7 和表IV.3.8a。
http://dx.doi.org/10.1787/888932366636.

图2.11 允许家长择校的国家

根据PISA校长问卷，大多数OECD国家中，76%的学生，他们就读的学校在生源上至少要面对一所其他学校的竞争。只有在瑞士、挪威和斯洛文尼亚，该项比例低于50%。相比之下，在荷兰、澳大利亚、比利时、斯洛文尼亚和日本，90%的学生，他们所在的学校要面对其他学校在生源上的竞争。（PISA 2009结果报告，第4册，表IV.3.8a）

13个OECD国家允许家长和学生选择公办学校并向他们发放用于择校的教育券或抵税金；11个OECD国家在选择公办学校方面给予家长和学生自由，但不会提供教育券或抵税金；两个OECD国家限制家长和学生选择公办学校，但向他们提供用于就读其他类型学校的教育券或抵税金；4个OECD国家强制家长和学生就近就读公办学校并且不提供任何形式用于就读其他类型学校的补助。

根据PISA问卷中校长的报告，学校间的竞争与中央及地区政府所报告的"择校"安排具有一致性。学校间竞争最激烈的教育体系，家长和学生能够自由地选择公办学校，并在择校时获得以教育券或抵税金形式的补助。在具有这种特征的国家中，85%的学生所在学校的校长报告，在生源上至少要面对一所其他学校的竞争。结果发现，在限制就读公办学校并且不向家长和学生进行择校补助的国家中，学校间的竞争程度最低。在属于这种类型的国家中，平均52%的学生，他们所在学校的校长报告在生源上至少要面对一所其他学校的竞争，如图2.12所示。在限制入读公办学校并提供补助的国家中，其学校间的竞争程度与那些不限制入读公办学校，也不提供补助的国家一样。在这些国家中，大约75%的学生，他们所在学校的校长报告，在生源上存在同其他学校的竞争。在对公办学校进行开放式选择时向家长和学生发放教育券或抵税金，有助于提高学校间抢夺生源的竞争。但在农村及偏远地区，学校间的竞争度不是那么激烈。因为公办学校在地理位置上离得很远，家长和学生很少选择离家远的学校。（PISA 2009结果报告，第4册，表IV.2.6）

在一个国家中，学校间的竞争与他们的表现是有关联的。但是，如果考虑了学校和学生的社会经济背景，两者间的关系就变弱了。因为在社会经济背景上处于优势的学生更有可能选择在生源上需要面对竞争的学校（PISA 2009结果报告，第4册，表IV.2.4b和IV.2.4c）。这也反映了即使考虑了地理位置和民办学校，社会经济背景优越的学生，越有可能取得好成绩，越有可能选择有生源竞争的学校就读。（PISA 2009结果报告，第4册，表IV.2.6）

为何具有优越社会经济背景的学生往往能就读于他们所选择的学校？为了了解家长在择校方面的差异性，PISA通过家长问卷提出了一系列有关择校的问题。该问卷只发放给了8个OECD国家，美国不在其中。在择校上"花费少"及"得到资助"是社会经济背景处于劣势的家长们考虑较多的问题，他们对该问题的肯定回答比那些具有优越社会经济背景的家长高出13%（PISA 2009结果报告，第4册，表IV.2.7）。不过，所有家长，无论其背景出身如何，都提到在择校时学业成绩是考虑的重要因素。在回答这一问题时表示"非常重要"的家长中，具有优越社会经济背景的家长比处于劣势的家长平均高出10%。社会经济地位可能是造成家长在这些问题上出现差异的因素。因为学校中的一些优先条件本身就很符合具有优越社会经济背景的家长。然而，差异仍然表明，由于经济上的束缚，不具有优越社会经济背景的家长在择校上的选择性十分有限。如果由于经济条件的因素，社会经济背景处于劣势家庭的子女无法就读好的学校，那么此类教育体系即使在择校上给予家长们更多选择性，也仍然无法有效地提高所有学生的成绩。

公办与民办学校

学校教育主要由公办学校承办。然而，随着教育机会、项目和提供者的日益多元化，政府正在设计新的合作机制，促进教育资源的流动并制定新的政策，允许所有利益相关者充分参与、共同承担办学费用、共享收益。民办教育既是一种广泛吸纳办学资金、促进教育资源流动的方式，又能使教育变得更加经济而有效。公共出资的学校不一定采取公办的形式。政府可以依据不同的资源分配机制，把筹款转移给公办和民办教育机构。实际上，在OECD国家中，公共资助的民办学校是最常见的民办教育办学类型。（详见上述有关择校的部分）

OECD国家中15%的学生就读于民办学校，这些学校要么是由私人出资筹办的，要么是由政府资助筹办的。许多国家的政府机构对这些学校进行非常严格的管制，包括行使权力关闭那些表现很差的学校。在荷兰、爱尔兰和智利，民办学校15岁在校生的人数超过总人数的50%；澳大利亚和韩国的该项比例为35%和40%。相比之下，在土耳其、冰岛和挪威，超过98%的学生就读于公办学校。（PISA 2009结果报告，第4册，表IV.3.9）

从OECD平均水平看，在阅读平均成绩方面民办学校比公办学校高30分（在美国，民办学校的阅读平均成绩比公办学校的阅读平均成绩高65分）。但如果考虑学生和学校的社会经济背景因素，公办学校就会比民办学校高7分，以微弱的分数优势胜出。在考虑了社会经济背景因素之后，美国公办学校与民办学校在阅读平均成绩上几乎没有差异。

年级、课程分组

教与学是学校教育的核心，这需要一个相当复杂的组织机构来协助完成各项事务，包括学生的甄选、入学、分班、评价；课程制定、教学与学习策略的促进；学生和教师的激励机制的创建；决定人力、物力和财力上的资源分配等。完成这些事务只为了实现一个目标，即提供高质量的教育。本部分着重介绍学校系统是如何把学生分配到不同的课程计划、学校及班级中的。

在本报告列出的具有标杆性且表现卓越的国家中，学校和教师的责任是积极地投入到对孩子的教育中来，无论他们的兴趣、能力和社会背景如何，都不让他们留级或分流到低层次要求的教育轨道或学校中。PISA数据显示，通过筛选、同质化分组而形成的学校或班级与教育系统的平均表现水平并无关联，但却与学生成绩的差异有明显的关系并与社会经济背景对学习结果造成巨大的影响有关。对学生的分流出现得越早，社会经济背景对学习结果的影响就会更大。这表明，筛选会强化不公平。因为与处于有利社会经济背景的学生相比，处于劣势背景的学生更有可能接受低质量的教育。（PISA 2009结果报告，图IV.2.1）

PISA数据还显示，留级复读与教育体系的均衡及其表现水平呈负向关系。也就是说，具有较高留级率的教育体系，他们的学生成绩也相对较差。此外，在考虑了国家收入这个因素之后，如果学校系统频繁采用能力分组在科目上对学生进行分流，那么学生由于学业成绩不佳、行为问题或其他特殊学习需求而被分流到其他学校的频率就会更高。在这种情况下，学校系统的总体表现也会相对较差。把有困难的学生淘汰出去，对一所学校而言是有利的，但对于整个教育体系而言却是不利的，这会拉大学校之间在成绩上的差异。（PISA 2009结果报告，第4册，图IV.2.1a）

转学也会对学业成绩造成不利影响。因为换学校就意味着学生社会资本流失，到新的学校他们需要重新建立个人友谊及人际网络。另外，如果学生是由于行为问题、学习成绩差或特殊学习需求而转学的，那么他们所转到的学校，其中的大部分学生会与他们具有相似性（物以类聚，人以群分）。因此，基于上述原因而被转学的学生，不仅损失了社会资本，还很有可能无法从成绩好的同伴中获益。同样，在转学或留级现象普遍的教育体系中，教师和学校团体不是去努力解决由转学引起的潜在问题，而是采取问题回避机制。此外，他们在学校学习环境上具有较大的自主性，如图2.12所示。同样重要的是，学生转学率越高，社会经济上的不公平就越大，这两者似乎具有相关性。

依据各国对15岁学生进行分流上所采取的政策和举措，PISA把各国教育体系分为12个类型。（PISA 2009结果报告，第4册，图IV.3.2）[①]

[①] 垂直分化是指在教育体系中学生随着年龄的增长不断进步。尽管在PISA测试中，学生会分布在学校中不同的年级，但在一些国家，15岁学生都在同一年级，而在一些国家由于学龄界定或留级等因素会出现15岁学生处于不同年级的现象。水平分化是指在同一个年级或教育水平中出现的差别。教育体系中，个别学校、学生群体可以通过提供具体的课程计划，如学术类或职业类课程，根据其兴趣或偏好应用此种分化方式或者依据学生成绩筛选学生进行分组或基于成绩差、行为上的问题或特殊需要转移学生。

教育系统中的成功者与变革者
美国从国际学生评估项目中学什么？

按照这种分类方式，美国和其他12个OECD国家都属于分流水平相对较低的国家。总体看，学生不会被正式地分流，学校不进行选拔性招生，学生通常不会留级重读并且很少被转到其他学校。实际上，美国非正式渠道的分流或分轨的比例是很高的。通常从低年级，尤其是中学就开始了非正式的分流或分轨，如在高中阶段开设的先修课程（advanced placement courses）和荣誉课程（honors courses）。但PISA的指标并未反映这些情况。此外，在美国，学校之间存在严重的社会经济隔离。那些留级率很高并且以学生成绩差或其他行为问题为由而将他们转学的学校，一般都表现不佳并且在社会经济背景上处于劣势。（PISA 2009结果报告，第4册，表IV.2.2b 和 IV.2.2c）

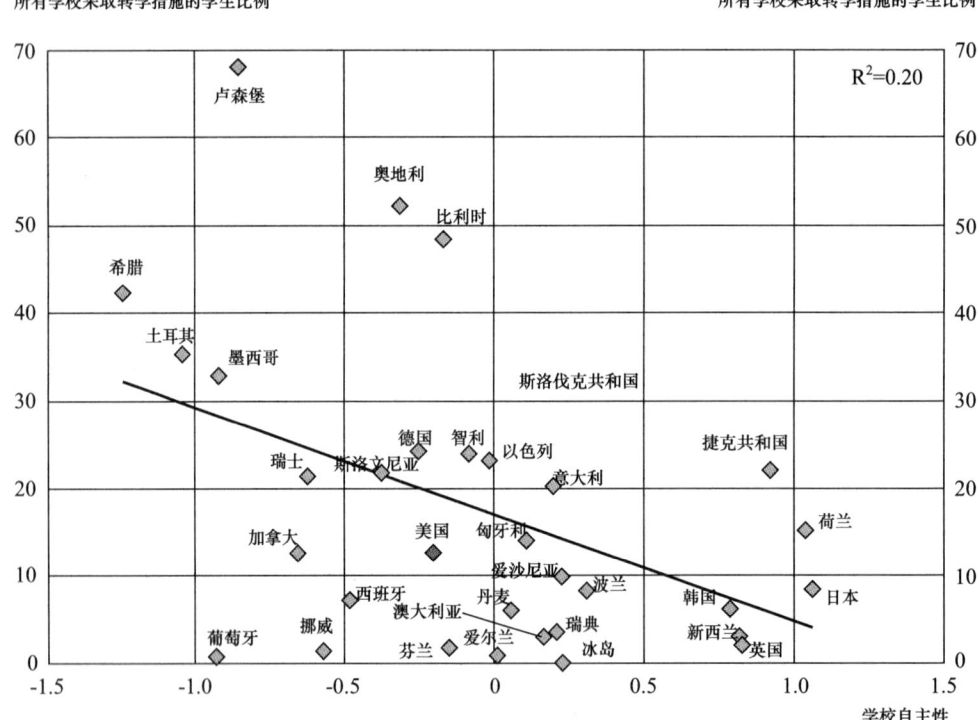

课程与评价责任指数表示学校的自主性水平，正值说明学校具有更大的自主性。
来源：OECD. PISA 2009 数据库，表 IV.3.3a 和表 IV.3.6。

图2.12　在课程与评价方面转学率低的教育体系给予学校更多的自主性

其他6个OECD国家的教育体系在学生15岁之前就根据他们的学业成绩将其分流到不同的课程计划中。在这些体系下，留级现象以及学校层面上的水平分流并不普遍。另外5个OECD国家，依据学生学业成绩将其分流并很早就进行选拔把学生分流到不同的课程计划中，但这样的教育体系一般不采用留级或其他学校层面的分流手段。

可以把通过留级复读或其他类似手段创建同质性学习环境的国家分为两类。他们都不太使用学校层面的水平分流,而在系统层面垂直分流的使用程度上各有不同。一种是使用系统层面的垂直分流把学生分流到不同的教育计划中(两个OECD国家和3个伙伴国及经济体);另外一种是把垂直分流手段作为筛选或分流学生的主要或唯一手段(1个OECD国家和4个伙伴国及经济体)。

总之,在PISA测试中表现良好的国家,其学校及教师的责任是积极地投入到对孩子的教育中来,无论他们的兴趣、能力和社会背景如何,都不让他们留级或分流到低层次要求的教育轨道或学校中。在后面的章节中,许多具有标杆性的国家都做出以下贡献:开发了细致而完善的支持系统,激发学生动机使他们成为独立的、终身学习者;培养教师,使他们能够更好地诊断学习中的困难并通过个性化的教学方式解决这些困难;帮助教师发现自身实践中的具体问题与不足之处,不仅帮助他们意识到不足而且还要改变他们习惯性的思维模式。此外,这些国家还试图向教师提供一种对具体实践范例的理解,通过各种非物质手段激励他们做出改变。所以,个性化并不是靠设定个性化的目标或教学路径来实现的,而是通过教育系统中灵活的学习路径来实现的。使用前者意味着对学生的表现期望过低并且很容易让教师回避存在的问题,从而缺乏解决问题的主动性。

评价与问责

教育标准

美国15岁学生对自己在PISA测试中的表现评价很高,但实际上他们的表现并非如此。文化是其中的一个因素,另外一种解读是人们普遍对美国学生的工作能力非常认可,但这在那些表现卓越的教育体系中是得不到认可的。近年来各国的发展趋势是努力把社会期待与学习结果联系起来,再把这些期待转化为教育目标及标准。OECD国家在标准的设定方面,大到对广义教育目标的界定,小到细化课程领域中学生具体的表现。

教育标准从以下各方面影响着许多OECD国家的教育体系:制定各年级规范、严格且连贯的课程内容;减少年级间课程内容的重叠部分;减少在课程实施中不同教室出现的差别化现象;通过课程和教师培训协助各政策驱动者间的协作;在课程上弱化不同社会经济群体中出现的不公平。在美国,各州纷纷开始制定"共同核心

教育系统中的成功者与变革者
美国从国际学生评估项目中学什么？

标准"，这同样是解决目前各州在标准上出入较大，在划界分数（cut scores）上无结果可进行比较的办法之一。这些差异表明，学校的命运更多地与它们的地理位置有关，并且并不是所有的美国学生都做好了进入劳动力市场竞争的准备。

考试

成绩标准的制定会带动问责体系的建立。根据《2009 OECD教育概览》，在过去十年中，对学生表现的评价已经在许多OECD国家中普及。并且其结果已被广泛地报道和应用于公共和专门的讨论中。但评价的依据和工具的属性在每个国家的使用中是极为不同的。OECD国家所使用的方法包括不同形式的外部评价，外部测量、考察，学校自己的质量保障和自我评价等。对于学生而言，测试是更加努力付出的动力；对于教师而言，基于学生的统考可为他们提供有关学生需求方面的信息并且应用于学生的个性化教育之中。

与问责体系相关的一部分是标准化的外部考试。这些考试关注学校中具体的某一门科目，修读这门科目的学生对其某一部分的掌握情况，包括知道什么、能做什么的知识。关键是，他们对学生表现的评定不是参考课堂或学校中其他学生的表现而是依据学校或课堂以外的外部标准。通常这些考试会对学生的教育产生直接的影响，甚至会影响他们的未来。因此，这会激发学生更多地投入到学习中。其他由学校实施或自主进行的标准测试就只对学生产生一些间接影响。对于教师而言，标准化评估能够为他们提供有关学生学习需求的信息从而运用于教学个性化设计中。在一些国家诸如巴西、匈牙利、意大利、马来西亚、墨西哥、波兰和斯洛文尼亚，这些考试会决定教师的薪资或用于指导他们的专业发展（数据请参看《2009 OECD教育概览》）。在学校层面，统考所反映的信息可以用来决定其他资源的分配以及需要采取何种干预手段来制定成绩目标和监控进展。OECD国家中，要求对学生实施统考的国家，他们学生的成绩比那些不做此项要求的国家高16分。（PISA 2009结果报告，第4册，图IV.2.6a）

OECD国家中，如捷克、丹麦、爱沙尼亚、芬兰、法国、匈牙利、冰岛、爱尔兰、以色列、意大利、日本、韩国、卢森堡、荷兰、新西兰、挪威、波兰和斯洛文尼亚、土耳其和英国，在这些国家的教育体系中统考被应用于中学的入学选拔中。其在中学生中的覆盖率，澳大利亚达到81%，加拿大为51%，德国为35%。在奥地利、比利时、智利、希腊、墨西哥、葡萄牙、西班牙、瑞典和瑞士等国家中，没有此类考试或者只是在体系中的一部分使用该类型考试。（PISA 2009结果数据，第4册，表IV.3.11）

评价政策及实践

在PISA 2009中，要求校长报告所采取的评价类型及频率，包括区县及以上统考、教师自编测验、教师评定等级、学生学习档案和学生作业等。OECD国家中，平均76%的学生，其所在学校使用区县及以上统考。相对而言，统考在斯洛文尼亚、比利时、奥地利和德国并不普及，不到一半的学生所就读的学校在评价中采用统考。在卢森堡、芬兰、韩国、美国、波兰、丹麦、瑞典和挪威，统考较为普及，有超过95%的学生，他们所就读的学校至少每年使用一次这种评价类型。（PISA 2009结果报告，第4册，表IV.3.10）

对于使用评价的目的，各国的情况也千差万别。在学校层面，这些评价被用于对学校之间进行比较，监控他们的进步或作为教学决策的参考依据。在OECD国家中，59%的学生所就读的学校都会依据区县或国家标准，使用成绩结果对其他学校进行比较。这种做法在美国、新西兰、英国很普遍，超过90%的学生所在的学校会出于比较的目的而使用该类成绩结果。在比利时、日本、澳大利、西班牙和希腊，不到1/3学生所在的学校会出于此种目的而使用成绩信息。（PISA 2009结果报告，第4册，表IV.3.12）

对于学校而言，更常见的是利用成绩信息监控学校的成长历程。OECD国家中，平均77%的学生所就读学校就是这么做的。在21个国家中，超过80%的学生所在的学校是这么做的。只有在丹麦、卢森堡、瑞士和奥地利，不到50%的学生所在的学校运用成绩数据监控自己的成长与进步。

学生成绩方面的数据还可以用于明确教学或课程中尚待完善的部分。OECD国家中，77%的学生所就读学校的校长表示他们就是这么做的；在新西兰、美国、英国、冰岛、波兰、墨西哥、智利、西班牙和以色列，这些国家中超过90%的学生所就读学校的校长表示他们也是这么做的；而在希腊和瑞士，在课程与教学评价上使用成绩数据的做法并不常见，不到50%的学生所在学校的校长表示会这么做。

与基于标准的外部考试相比，PISA测试的结果并未显示大量频繁采用统考与成绩显著相关（PISA 2009结果报告，第4册，图IV.2.6b）。但在统考普及的教育体系中，学校间在社会经济上的不公平较小，社会经济背景对成绩的影响也较小（PISA 2009结果报告，第4册，图IV.2.10）。同样的关系还表现在成绩与在教学和课程改进中频繁采用评价数据的关系上。

教育系统中的成功者与变革者
美国从国际学生评估项目中学什么?

PISA依据两个维度把具有共同特征的OECD国家分为四组,如图2.13所示。这两个维度是:是否出于基准化分析和信息的目的而采用成绩数据;是否把成绩数据用于对学校的决策中。属于前者的学校系统通常利用数据对学校和其他学校进行比较,监控学校的成长与进步,允许行政部门追踪其进程,公开成绩数据并向家长提供孩子在以国家或区县为参照时的相对成绩。属于后者的学校系统则往往把成绩数据运用到学校的决策中,包括资源配置、课程决策和教师表现评价。

		在基准化及信息分析方面不频繁使用评价或成绩数据	在基准化及信息分析方面频繁使用评价或成绩数据
		向家长提供可进行比较的数据:32% 用于与其他学校的比较:38% 监控学校进步的进程:57% 向公众公开成绩:20% 行政部门追踪其进程:46%	向家长提供可进行比较的数据:64% 用于与其他学校的比较:73% 监控学校进步的进程:89% 向公众公开成绩:47% 行政部门追踪其进程:79%
在决策上不频繁使用评价或成绩数据	对课程做出决策:60% 资源配置:21% 监督教师实践:50%	澳大利亚、比利时[1]、芬兰[2]、德国、希腊、爱尔兰、卢森堡、荷兰[1]、西班牙、瑞士、列支敦士登	匈牙利、挪威[2]、土耳其、黑山、突尼斯、斯洛文尼亚
在决策上频繁使用评价或成绩数据	对课程做出决策:88% 资源配置:40% 监督教师实践:65%	丹麦、意大利、日本[2]、西班牙、阿根廷、中国澳门、中国台北、乌拉圭	澳大利亚[1]、加拿大[2]、智利、捷克共和国、爱沙尼亚[2]、冰岛[2]、以色列、韩国、墨西哥、新西兰[1]、波兰、葡萄牙、斯洛伐克共和国、瑞典、英国、美国、阿尔巴尼亚、阿塞拜疆、巴西、保加利亚、哥伦比亚、克罗地亚、迪拜(阿联酋)、中国香港[2]、印度尼西亚、约旦、哈萨克斯坦、吉尔吉斯斯坦、拉脱维亚、立陶宛、巴拿马、秘鲁、卡塔尔、罗马尼亚、俄罗斯联邦、中国上海[1]、新加坡[1]、泰国、特立尼达和多巴哥共和国、叙利亚

注释:灰色格子中的数据是各变量的平均水平。
1. 阅读成绩比OECD平均要高。
2. 阅读成绩比OECD平均要高并且学生社会经济背景与阅读成绩的相关性也要比OECD平均弱。
来源:OECD, PISA 2009 数据库。
http://dx.doi.org/10.1787/888932366636。

图2.13 教育系统如何使用学生评价

第一组包括16个OECD国家,美国也在其中。这些国家在基准化分析和制定影响学校的决策中都频繁地采用了成绩数据。

第二组有4个OECD国家。这些国家只在基准化分析与信息中频繁地采用了成绩数据，而在学校的决策中不频繁采用成绩数据。

第三组包括4个OECD国家。这些国家在成绩数据的采用上以做出对学校有影响的决策为目的，而不是基准化分析与信息。

第四组由9个国家组成。这些国家在基准化分析与信息和学校决策中都未频繁采用成绩数据。

下面将详细阐述形成这种分类的各种因素。

问责体系

在美国，成绩数据的采用是基于惩罚性的问责目的。而其他国家更多地是以加强指导与干预力度为目的，发掘具有示范性的实践并找出共同存在的问题。对成绩进行系统评价的学校，其主要目的并不是促进公共服务的可竞争性或在资源配置上的市场机制，而是发现示范性实践、找出共同存在的问题，从而鼓励教师创建更加有效和友爱的学习环境。为了实现上述目标，许多教育系统在评价与问责体系中设置了渐进式的学习目标，清晰地描述出学习者从不熟练到娴熟所需要经历的阶段性目标以及达到每一个更高水平层级所需要知道和能做什么的知识。OECD国家的发展趋势是：建立贯穿课堂—学校—区县/地方—国际的多层级且具有连贯性的评价体系；支持系统各层面上学习的提升；更加依据表现，通过提供有关学生、教师和管理者的信息为教学和学习增值；构建更为全面而衔接的学习体系，包括教学大纲、教学资料，与考试、专业评分和教师培训的挂钩。

PISA 2009收集了有关问责体系属性和如何使用并向利益相关者公开成绩数据（PISA 2009结果报告，第4册，表IV.3.13）。一些教育系统向公众公开成绩数据，让各方利益者有意识地比较不同学校的表现和可供择校的课程计划，同时也让家长了解他们的可做出的选择范围。OECD国家中，平均37%的学生所就读的学校对外公开成绩数据；但在比利时、芬兰、瑞士、日本、奥地利和西班牙，这一比例不到10%；在美国、英国，超过80%的学生所就读的学校对外公开成绩；在7个OECD国家和9个伙伴国及经济体中，校长认为采取对外公开成绩的学校，他们的学生成绩比不公开成绩的好（在不考虑学校和学生的社会经济及人口背景条件下）。然而，这种关系在美国不存在。此外，在绝大多数国家中那些对外公布成绩的学校都是具有优越社会经济背景的学校，在考虑了社会经济背景因素之后，通常这种成绩上的

教育系统中的成功者与变革者
美国从国际学生评估项目中学什么？

优势就没有了。（PISA 2009结果报告，第4册，图IV.2.6b）

通常行政机构会追踪学校层面的成绩数据。OECD国家中，平均66%的学生所就读的学校的成绩数据会被行政机构追踪。在25个OECD国家中，包括该项比例最高的美国（96%），超过50%的学生所就读的学校的成绩数据会被行政机构追踪。（PISA 2009结果报告，第4册，表IV.3.13）

成绩数据还被用来决定资源的分布。OECD国家中，平均33%的学生所就读的学校是这么做的。在以色列、智利和美国，超过70%的学生所就读的学校，校长报告教学资源是依据学校成绩数据分配的。而在冰岛、希腊、日本、捷克和芬兰，这个比例很小，不到10%的学生所就读的学校会这么做。

一些学校系统以报告卡或寄发教师编制的评价表到学生家中的方式向家长发布成绩数据。一些学校系统还会提供以国家、区县或学校为基准的学生成绩排名（PISA 2009结果报告，第4册，表IV.3.14）。OECD国家中，平均52%的学生所就读的学校提供以国家或区县或其他学校同年级学生为基准的学生成绩数据。不过，在17个国家中，超过50%的学生所在学校不会提供有关学业表现的任何排名数据。相比之下，在瑞典、美国、韩国、智利、挪威和土耳其，超过80%的学生所在学校会向家长提供以国家或区县学生为参照的成绩信息。

学生成绩数据可用于对教师实践的监控。OECD国家中，超过59%的学生所就读学校的校长报告会这么做。在波兰、以色列、英国、土耳其、墨西哥、奥地利和美国，超过80%的学生所就读的学校的校长报告会采用成绩数据的方法来监控教师的实践活动。OECD国家中的许多学校会结合质性评价一起完成，比如教师互评、对校长和高级管理人员的评价或校外人员的考察等。OECD国家中的大部分学校，要么采用学生评价或直接观察，要么采用互评来监控教师。但在芬兰，校长却几乎不通过使用这些方法监控教师实践。在芬兰，18%的学生所就读的学校采用学生评价的方法来监控教师；大约20%的学生所在的学校会采用更为质性和直接的方法来监控教师实践；只有2%的学生所在的学校会通过观察者听课或校外人员考察的方式监控教师实践（PISA 2009结果报告，第4册，表IV.3.15）。在OECD国家中出现了一种趋势，即在公办机构把卓越的教学表现作为制定教师薪资基础和给予教师额外补助的标准。根据2002的数据，29个国家中有38%的国家采用了此种方法。2008年的数据显示，45%的国家采用了此种方法。（OECD教育概览，2010年，表D.3.3）

资　　源

　　有效的学校系统需要训练有素的师资队伍、充足的教育资源及设施、富有学习激情的学生等。但在国际比较中不能简单地把成绩与金钱联系起来，因为在对每名学生的投入上，只有卢森堡比美国多，但美国的PISA结果却反映了很多不足。这一论断在对小学生的国际比较（TIMSS和PIRLS）中得到了证实和支持。如果以国际标准为基准，美国确实表现不错，其表现可以与国家的财富水平相匹配。问题是当孩子们渐渐长大，与其他表现卓越国家中的孩子比较，他们每年的进步就显得相对滞后了。在资源共享的均衡性方面，尤其是在加拿大、芬兰和中国上海的国家报告中，可以看出，世界上许多成功的教育体系在教育开支模式上与美国有很多不同。这些国家把钱花在最具有挑战性的地方，而不是把钱拨给学校在地理上和财政上所依赖的地方社区。除此之外，这些国家还设置激励及辅助体系，吸引最具经验和资历的教师到困难最多的课堂中去。同时在对教师及学校领导的录用和培训方面还对传统的官僚化模式进行了改革，从物质上奖励他们并且建立各种短期和长期的激励机制。

　　研究表明，教育资源与学生成绩的相关性很弱。尤其是在工业化国家，人力资源质量（教师与学校校长）对成绩的解释远远强于物质及财政资源。PISA数据结果也证实了过去研究中的发现，即一般情况下资源与成绩的相关性不显著。在教育系统层面以及考虑了国家的净收入之后，PISA结果显示只有教师薪资水平等资源会与学生的成绩相关（PISA 2009结果报告，第4册，图IV.2.8）。教师的薪资与班级规模有关，因为在同样的支出水平下，学校系统会在规模更小的班级和支付教师更多薪资两者之间进行权衡与抉择。PISA的结果发现，优先考虑教师薪资而不是小规模化班级的学校系统在成绩上表现得更好。资源水平与成绩之间不具有相关性并不表示资源水平状况一点儿也不会影响学生成绩。它只是说明，在PISA所观测到的有关资源水平的差异上，资源与成绩或均衡不相关。实际上，缺乏教师、设施和教科书的学校系统，它的表现一定很糟糕。只不过在PISA所观测到的国家中，其学校系统都能满足在教学与学习资源上的最低要求。正是由于OECD国家间在资源上的差异不够大，所以才会出现各类资源与均衡和成绩之间不存在相关性的结果。

　　许多表现卓越的国家都热衷于教师的专业化教学。这表明在这些国家教师是具有较高社会地位的职业。为了实现专业化教学的目标，这些国家通常采取四项举措。第一，吸引高素质的毕业生做教师，切实落实一国教育体系质量应以教师质量为先的理念。比如，标杆性国家芬兰，首先在优秀毕业生中挑选10%成为教

教育系统中的成功者与变革者
美国从国际学生评估项目中学什么？

师。第二，把这些教师培养成训练有素的教职人员，把教师培训搬到课堂，辅导、训练等课堂实践，开发校长领导力以及鼓励教师分享知识和推广创新。新加坡的教师每年能够获得100小时的带薪专业培训。中国上海的教师从业5年以上可以获得240小时的带薪专业培训。第三，建立各种激励机制和多样化的辅助体系，确保每一个孩子都能从卓越的教学中受益。具体的操作是，教师们利用各项数据对学生的各种学习需求进行评估，并不时地把针对孩子们不同兴趣和能力的教学策略记录在案。第四，在人员配置上采取变革性策略。

同时，在这些学校系统中学校资源与学生成绩之间的很多关系与学校的社会经济及人口背景息息相关。这表明需要多考虑如何向学校均衡地分配资源。OECD国家中，在班级规模、教学时间、课后参与、课外活动、校长认为的师资短缺和物质资源缺乏会对教学带来影响这几个方面中，学校在资源上的差异对学生成绩差异的解释只有5%。相比之下，教育支出与社会经济背景因素共同对学生成绩差异的解释高达18%（PISA 2009结果报告，第4册，图IV.2.9和表IV.2.12a）。提高均衡性要求我们考虑学校间在资源上的差异。

换句话说，不能简单地依据资源水平预先估计学生成绩的差异。资源与学校的社会经济构成密切相关。通常具有优越社会经济背景的学生所就读的学校也都具有优越的资源条件。学生是否接受过学前教育以及年限有多长，也是一个重要的资源因素。学校系统中的诸多不公平从学生刚达到正常学龄起就已经存在并且一直伴随着他们的学校生涯。因为参与的普及化，较早进入学校系统可以减少教育的不公平。根据PISA数据，OECD国家中，72%的15岁学生报告他们接受了超过一年的学前教育。在日本、荷兰、匈牙利、比利时、冰岛和法国，95%的15岁学生报告他们接受了超过一年的学前教育。在27个OECD国家中，超过90%的学生至少在一段时间内接受过学前教育。日本、匈牙利、法国和美国的该项比例更高，达到98%。然而在土耳其，学前教育并不普及，不到33%的15岁学生接受过至少一年的学前教育。在智利、冰岛、加拿大和波兰，接受了一年以上学前教育的学生也不多，其比例不到50%。（PISA 2009结果报告，第4册，表IV.3.18）。

PISA 2009结果显示，在阅读成绩方面15岁接受过学前教育的学生比没接受过学前教育的学生表现好（PISA 2009结果报告，第2册，图2.15，图II.5.9，表II.5.5）。在32个OECD国家中，接受一年以上学前教育的学生比一点儿也没接受过的学生表现得更好。在许多国家，这两类学生在成绩上的差距相当于一个多学年。在许多国家在考虑了社会经济背景因素之后，结果仍然未发生任何改变。接受学前教育对15岁学生阅读成绩的影响，在每个国家是不同的。OECD国家中，如以色列、比利时、意大利和法国，即使在考虑了学生社会经济背景之后，在阅读成绩上接受过一年以上学前教育的学生比没接受过学前教育的学生高64分，相当于一个半学年的成绩差异。然而，在爱沙尼亚、芬兰、美国和韩国，在考虑了学生社会经济背景因素之后，接受过学前教育（一年以上）的学生与没接受过的学生在阅读成绩上并没有明显的差别。在美国，接受过一年及以下学前教育的学生，其在阅读成绩上的优势是33分，大约为15岁学生一个学年的成绩差异。而接受过一年及以上学前教育的学生，在阅读成绩上的优势是46分。但在美国，这些成绩上的优势是由于学生社会经济背景特征所造成的。也就是说，具有较好社会经济背景的学生能够从学前教育中获得更多的好处。当然，这在某种程度上也突出了学前教育的重要性。但对美国来说，参照国际标准对学前教育进行国际化比较，其表现是相当不错的。问题是当孩子们渐渐长大，与其他表现卓越国家中的孩子比较，他们每年的进步就显得相对滞后了。换句话说，接受更多的学前教育只是解决问题的途径之一。

学前教育质量是解释学前教育对学校成绩影响存在差异的前提。学前教育的年限越长，生师比例越小且生均投入越高，学前教育对成绩产生的影响越大。（PISA 2009结果报告，第2册，表II.5.6）

在学前教育对阅读成绩的影响上，具有有利社会经济背景的学生与不具有有利社会经济背景的学生之间不存在显著的差异（PISA 2009结果报告，第2册，表II.5.8）。在31个OECD国家和25个伙伴国及经济体中，无论具有何种社会经济背景的学生都能够受益于学前教育。PISA证实，美国是OECD国家中唯一的一个即使学生不具有有利的社会经济背景，也能从学前教育中获益良多的国家。出现对成绩影响上的差异是由很多因素造成的，其中也包括学前教育以外的因素，如学校内和学校外6～15岁学生所接受的教育。

比较学前教育对15岁学生成绩的影响，考察具有移民背景和不具有移民背景的两类学生的成绩发现，在一些国家，这两类学生在成绩上存在显著差异（PISA 2009结果报告，第2册，表II.5.9）。在芬兰、爱尔兰、加拿大和伙伴国卡塔尔，与本地学生相比，接受学前教育对具有移民背景学生成绩的影响更大。

在把公共资源更多地投入学前教育（每名学生）的国家中，具有移民背景的学生比本地学生更多地从中获益（PISA 2009结果报告，第2册，表II.5.10）。PISA发现，其他一些衡量学前教育质量的维度，如较高的入学率、较长的教育年限、较低的师生比例等，都与成绩上的优势具有更紧密的联系。

下面的章节将依次详细介绍那些表现卓越且进步迅速的教育体系的成功案例，结尾部分将总结和罗列一些值得美国借鉴的经验及建议。

教育系统中的成功者与变革者
美国从国际学生评估项目中学什么？

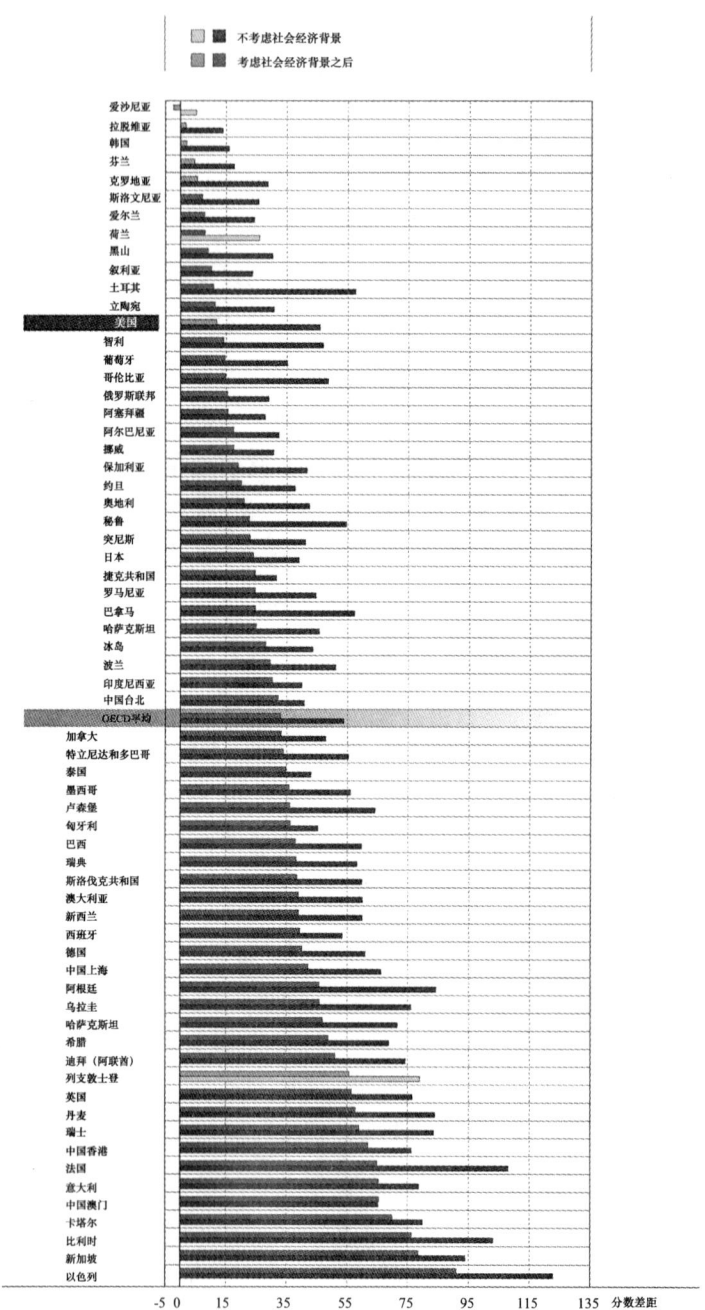

注释：深色表示分数差距在统计上差异显著。
国家按分数差距的大小升序排列。
（考虑社会经济背景因素之后，接受过超过一年学前教育的学生与没有接受过的学生，他们成绩的比较）
来源：OECD, PISA 2009 数据库，表II.5.5。
http://dx.doi.org/10.1787/888932366636.

图2.14 成绩差异比较（接受超过一年学前教育与没有接受过的学生）

表2.2 美国：数据概览

语言	美式英语
人口	304 228 300[①]
年轻人口	20.2%[②]（OECD 平均水平 18.7%）
老年人口	12.7%[③]（OECD 平均水平 14.4%）
人口增长率	0.95%[④]（OECD 0.68%）[⑤]
在外国出生的人口	13.6%[⑥]（OECD 平均水平 12.9%）
人均GDP	USD 47 496[⑦]（OECD 平均水平 33 732）[⑧]
GDP的经济来源	服务业：30.8%；其他：28.2%；金融业、保险业和房地产：18.2%；政府和国有企业：13%；制造业：9.7%[⑨]
失业率/青年失业率	5.8%（2008）[⑩]（OECD 平均水平 6.1%）[⑪] 12.8%（OECD 平均水平 13.8%）[⑫]
	5.3% of GDP：（OECD 平均水平 5.2%） 3.7%用于小学、中学和中学后的非高等教育 1.2%用于高等[⑬]教育[⑭]（OECD平均值分别为3.5%和1.2%） 14.1%的公共支出总额（OECD 平均水平 13.3%） 9.9%用于小学、中学和中学后的非高等教育 3.3%用于高等教育[⑮]（OECD 平均值分别为9%和3.1%）
早期幼儿教育入学率	46.9%[⑯]（OECD 平均水平 71.5%）[⑰]
小学入学率	98.6%[⑱]（OECD 平均水平 98.8%）[⑲]
中学入学率	80.8%[⑳]（OECD 平均水平 81.5%）[㉑]
高等教育入学率	23.2%[㉒]（OECD 平均水平 24.9%）[㉓]
小学生上学的学校类型或入学形式[㉔]	公立学校：90.3%（OECD 平均水平 89.6%） 政府资助的私立学校：没有数据[㉕]（OECD 平均水平 8.1%） 自立的私立学校：9.7%（OECD 平均水平 3.5%）
初中生上学的学校类型或入学形式[㉖]	公立学校：91.1%（OECD 平均水平 83.2%） 政府资助的私立学校：没有数据[㉗]（OECD 平均水平 10.9%） 自立的私立学校：8.9%（OECD 平均水平 3.5%）
高中生上学的学校类型或入学形式[㉘]	公立学校：91.4%（OECD 平均水平 82%） 政府资助的私立学校：没有数据[㉙]（OECD 平均水平 13.6%） 自立的私立学校：8.6%（OECD 平均水平 3.5%）
大学生上学的学校类型或入学形式[㉚]	B类高等教育： 　公立学校：81.1% 　政府资助的私立学校：没有数据[㉛] 　自立的私立学校：18.9% 　（OECD 平均水平 公立学校：61.8 　　政府资助的私立学校：19.2% 　　自立的私立学校：16.6） A类高等教育： 　公立学校：71.7% 　政府资助的私立学校：没有数据[㉜] 　自立的私立学校：28.3% 　（OECD 平均水平 公立学校：77.1% 　　政府资助的私立学校：9.6% 　　自立的私立学校：15%）
教师工资	初中阶段教师的起步平均年薪：USD 35 915（OECD 平均水平 USD 30 750）[㉝] 初中阶段有15年经验的教师工资相对于人均GDP的比例94[㉞]（OECD 平均水平：1.22）[㉟]
高中教育毕业率	77%（OECD 平均水平 80%）[㊱]

http://dc.doi.org/10.1787/888932366636.

教育系统中的成功者与变革者
美国从国际学生评估项目中学什么？

注：① OECD（2010a），OECD Factbook 2010, OECD Paris.
② OECD（2010a），OECD Factbook 2010, OECD Paris. Ratio of population aged less than 15 to the total population（data from 2008）.
③ OECD（2010a），OECD Factbook 2010, OECD Paris. Ratio of population aged 65 and older to the total population,（data from 2008）.
④ OECD（2010a），OECD Factbook 2010, OECD Paris. Annual population growth rate（data from 2007）.
⑤ OECD（2010a），OECD Factbook 2010, OECD Paris. Annual population growth in percentage, OECD total,（data from 2007）.
⑥ OECD（2010a），OECD Factbook 2010, OECD Paris. Foreign-born population as per cent of the total population,（data from 2007）.
⑦ OECD（2010b），OECD Economic Surveys: United States 2010, OECD Publishing. Data from 2009.
⑧ OECD（2010a），OECD Factbook 2010, OECD Paris, Current prices and PPPs（data from 2008）.
⑨ OECD（2010b），OECD Economic Surveys: United States 2010, OECD Publishing. Origin of national income in 2009（per cent of national income）.
⑩ OECD（2010a），OECD Factbook 2010, OECD Paris. Total unemployment rates as percentage of total labour force（data from 2008）.
⑪ OECD（2010a），OECD Factbook 2010, OECD Paris. Total unemployment rates as percentage of total labour force（data from 2008）.
⑫ OECD（2010c），Employment Outlook, OECD Publishing. Unemployed as a percentage of the labour force in the age group:youth aged 15-24（data from 2008）.
⑬ The OECD follows standard international conventions in using the term "tertiary education" to refer to all post-secondary programmes at ISCED levels 5B, 5A and 6, regardless of the institutions in which they are offered. OECD（2008），Tertiary Education for the Knowledge Society: Volume 1, OECD Publishing.
⑭ OECD（2010d），Education at a Glance 2010, OECD Publishing. Public expenditure presented in this table includes publicsubsidies to households for living costs（scholarships and grants to students/households and students loans），which are not spent on educational institutions（data from 2006）.
⑮ OECD（2010d），Education at a Glance 2010, OECD Publishing. Public expenditure presented in this table includes public subsidies to households for living costs（scholarships and grants to students/households and students loans），which are not spent on educational institutions（data from 2006）.
⑯ OECD（2010d），Education at a Glance 2010, OECD Publishing. Net enrolment rates of ages 4 and under as a percentage of the population aged 3 to 4（data from 2008）.
⑰ OECD（2010d），Education at a Glance 2010, OECD Publishing. OECD average net enrolment rates of ages 4 and under as a percentage of the population aged 3 to 4（data from 2008）.
⑱ OECD（2010d），Education at a Glance 2010, OECD Publishing. Net enrolment rates of ages 5 to 14 as a percentage of the population aged 5 to 14（data from 2008）.
⑲ OECD（2010d），Education at a Glance 2010, OECD Publishing. OECD average net enrolment rates of ages 5 to 14 as a percentage of the population aged 5 to 14（data from 2008）.
⑳ OECD（2010d），Education at a Glance 2010, OECD Publishing. Net enrolment rates of ages 15 to 19 as a percentage of the population aged 15 to 19（data from 2008）.
㉑ OECD（2010d），Education at a Glance 2010, OECD Publishing. OECD average net enrolment rates of ages 15 to 19 as a percentage of the population aged 15 to 19（data from 2008）.
㉒ OECD（2010d），Net enrolment rates of ages 20 to 29 as a percentage of the population aged 20 to 29（data from 2008）. This figure includes includes all 20-29 year olds, including those in employment, etc. The Gross Enrolment Ratio（GER），measured by the United Nations as the number of actual students enrolled/number of potential students enrolled, is generally higher. The GER for tertiary education in the US in 2008 is 83%（www.WorldBank.org）.
㉓ OECD（2010d），Education at a Glance 2010, OECD Publishing. OECD average net enrolment rates of ages 20 to 29 该比例的年龄阶段介于20～29岁（2008年的数据）.
㉔ OECD（2010d），Education at a Glance 2010, OECD Publishing. Data from 2008.
㉕ 类别不匹配，所以无法应用数据。
㉖ OECD（2010d），Education at a Glance 2010, OECD Publishing. Data from 2008.
㉗ 类别不匹配，所以无法应用数据。
㉘ OECD（2010d），Education at a Glance 2010, OECD Publishing. Data from 2008.
㉙ 类别不匹配，所以无法应用数据。
㉚ OECD（2010d），Education at a Glance 2010, OECD Publishing. Data from 2008.

参 考 文 献

OECD（2010a）, OECD Factbook 2010, OECD Publishing.

OECD（2010b）, OECD Economic Surveys: United States 2010, OECD Publishing.

OECD（2010c）, Employment Outlook, OECD Publishing.

OECD（2010d）, Education at a Glance 2010, OECD Publishing.

OECD（2010e）, Pathways to Success, OECD Publishing.

OECD（2010f）, PISA 2009 Results, Volume I-V, OECD Publishing.

第三章
加拿大安大略省：致力于多元社会背景下的高成就教育改革

2000年以来，加拿大持续贯彻以"专业为导向"的教育系统改革战略，在教育成就方面已跻身于世界先进水平。加拿大的教育成就体现在，他们的学生无论具有何种社会经济背景，无论第一语言讲什么，无论是本地公民还是新移民，成绩都表现得同样良好。加拿大是一个高度联邦制度化的国家，语言和人口来源地的多元性是其最显著的特征。正是在此种背景下加拿大取得了成功。本章以加拿大最大的省——安大略省为案例对加拿大的教育成就进行深入的分析。

本章为我们呈现了安大略省持续利用来自中央"重视结果"的压力，全面推行能力建设策略，在相互尊重和信任的氛围下，既取得在关键指标上的进步又维持了劳动力市场的平稳以及整个系统的和谐等一系列改革成果。

概　　要

加拿大在国际排名中相对来说是"后来者居上"。与日本和韩国不同，20世纪80年代到90年代，加拿大在世界各项评估中的领导角色并不清晰。2000年PISA发布了成绩排名后，加拿大才发现自己处于领先的位置（表3.1）。这样的结果在后来的PISA测试中再次被证实。结果显示加拿大的平均成绩是稳定的，并且无论学生社会经济地位的高低，他们的成绩差异都比其他国家的成绩差异小（OECD,2010）。

表3.1 加拿大PISA成绩（阅读、数学和科学）

	PISA 2000	PISA 2003	PISA 2006	PISA 2009
	平均分	平均分	平均分	平均分
阅读	534	528	528	524
数学		532	527	527
科学			534	529

来源：OECD（2010），PISA 2009 结果报告，第1册，《学生知道什么，能做什么：阅读、数学和科学成绩》，OECD 出版。
http://dx.doi.org/10.1787/888932366655.

想要了解此种稳定表现背后的因素并非易事，原因有二。第一，加拿大的教育模式是各省自主，联邦政府的权限十分有限，甚至有时不发挥任何作用。10个省和3个地区都有各自的历史、管理架构和教育政策。第二，由于加拿大初尝教育之成功，还没有大量的学者和其他对此感兴趣的观察者把其成功的故事整理成资料进行全面的描述。考虑到这些限制，本报告试图兼顾广度和深度，一方面描述加拿大教育体系的特征，从整体上介绍那些鲜为人知的成功因素；另一方面对加拿大最大的省——安大略近期教育策略进行深入地解读。

本报告旨在推动对加拿大其他省份开展进一步的调查研究，这样做有助于对未来加拿大教育成功及其背后的原因做出一个更为明确的评价。因为加拿大是一个在语言和公民来源地上以多样性著称的、高度联邦体制下取得成功的国家，所以与PISA测试中领先的那些相对较小、文化同质性的国家不同的是，加拿大可以为那些地理分布广、文化异质性强的大国提供取得教育成功的典范。

加拿大教育体系

加拿大教育制度最突出的特点是其权力的下放。在发达国家中，只有加拿大没有设置负责教育的联邦办公室或部门。加拿大共有10个省和3个地区，教育模式为各省自主。这些省及地区中的4个省约占加拿大500万名学生的80%，其中安大略省200万名，魁北克省100万名，不列颠哥伦比亚省6.1万名、阿尔伯塔省5.3万名。

在各省，教育由省政府和地方选举出的学校教委会共同负责。省政府负责课程

教育系统中的成功者与变革者
美国从国际学生评估项目中学什么?

设置,确定学校的主要政策,为学校提供主要的或者全部资金支持(筹集资金的方式各省略有不同)。教育部长由总理从立法机关选举的成员中选择并成为执政党的内阁成员。副部长是公务员,负责大部分业务部门的运行。省级教育厅内部关系紧张,通常接受培训的公务员倾向于教育家的思想观点,而当选的官员则持有改革的宏图大略。

地方学校教委会由选举产生。他们负责录用工作人员,委任校长、高层管理人员,制定年度预算和项目决策。经过不断地整合,区域数目已大大减少。例如,在阿尔伯塔省,历史上有超过5 000个地区,到20世纪末,整合后已经低于70个。即使如此,加拿大的省和地区之间并没有临时过渡性的管理,也就是说,各省和地区在全省范围内会直接相互展开工作。

在加拿大,教师要加入工会组织,而具体进行集体协商(collective bargaining)的单位,每个省的情况都各不相同。有的省在地方层面上进行,有的则在省级层面进行,或者兼而有之。一直以来,各省在教师资格的认证上都会设定各自的标准。教师培训在大学中进行。1987年,不列颠哥伦比亚省是第一个实行教师自治的省份。它授权不列颠哥伦比亚教师学院负责对教师的招录、课程设置和专业发展。1996年,安大略省紧随其后,设立安大略省教师学院并授予其类似的管理职能;其31个理事会成员中有17名教师由学院选举产生,另外14名成员由安大略省教育厅厅长任命。在该教师学院中,诸如工资等常规问题仍旧属于集体协商的范畴,不与自治机构的工作挂钩。

在国际上,加拿大教育制度的独特之处体现在同时兼顾语言的多样性和宗教背景所做出的诸多努力。对于宗教,1867年《宪法法案》的第93条规定,保护家长送子女到新教和天主教学校的权利,但须在省级财政和教师管理之下使用公共资金。这种管理构架意味着加拿大的学校和校委会不是私有部门,它们属于公共系统并且部分接受教育部的管辖。这些学校在加拿大西部叫做独立学校(separate schools),在东部被称为教会学校(dissentient)。在这方面,各省的演进历程各不相同。有的省份,如阿尔伯塔省、安大略省和萨斯喀彻温省,设有专门的公立学校和教会学校。而其他地方,如曼尼托巴省和不列颠哥伦比亚省,家长要想把自己的子女送到天主教或者新教教育学校,他们只能送到私立学校去,尽管这些学校也在一定程度上接受公共资金的支持。

最初的斗争围绕宗教差异展开,但近年来语言问题已经更加凸显。《加拿大人权自由宪章》(Canadian Charter of Rights and Freedoms)的第23条规定,讲少数民族语言（英语或法语）的父母有权让自己的孩子在小学和中学阶段接受使用本族语言的教育，并且如果数量得以保证就允许建立"少数民族语言教育设施"。对于有多少数量的学生讲少数民族语言才可以使用这一权利，一直以来都存有争议。在魁北克，此"数量"已经被解释为只需要一名学生就行，而在新斯科舍省法官则认为50名学生都不足以证实可以建立一所法语学校。法院不得不对建立"少数民族语言教育设施"究竟如何解释做出裁决，其中一些人认为只需在现有的学校设置一个独立的法语项目即可，而其他的法官认为有必要创建一所独立的法语学校。对语言和宗教权利保护的综合结果是，在一些省份，如安大略省，一个省里可以存在四类不同体系的公立学校（英语、法语、英语天主教、法国天主教）。

与美国教育体系类似，加拿大按能力对学生进行分组。小学适龄儿童通常依据能力被分到不同的课堂中。对于中学阶段的学生，通常按照他们的认知能力进行分流或分轨（track）。大多数的高中是多轨制的，如普通的、高级的、职业的或者升学等轨道。这种做法也遭到了诸多的批评，原因在于此方法未能给处于低轨的学生提供足够的挑战，仍然局限于坚持按照已有的认知能力进行分流。

战后加拿大教育改革发展历程与美国和其他的工业化国家有许多共同之处。20世纪五六十年代，随着经济的迅猛增长，对教育的需求也在增长。20世纪50年代到70年代之间，大搞学校建设和大批招聘教师导致开支迅速增加。由于对教师的需求增加，这个时期教师的工资水平也大幅提升。在教学方面，学校和教师拥有更多的自主权，这削弱了来自省级部门的监督检查。同时，各省对教育的财政投入也日益增加。1950年，地方和省级对教育的投入分别占总投入的64%和36%。到1970年，情况基本扭转，省级支付60%，地方支付40%。截至1997年，10个省份里面有8个需要提供用于教育的全部资金。加拿大的教育系统结构，简单而清晰，统一而连贯，如图3.1所示。

经历了20世纪五六十年代的繁荣之后，加拿大直面70年代的经济萧条，20世纪最后30年里，加拿大一直都在寻求削减教育支出同时增加教育成果的良方。全球化和知识经济的到来提升了教育作为经济竞争力的重要性。强调效率优先的新自由主义运动弥漫整个教育体系，支持更为多元的选择，日益拥护私立学校，增加国家责任等事宜被提上了议事日程。20世纪八九十年代4个省率先加强了标准测试和课程规划的作用，奉行"亦紧亦松"[①]的学校完善理念，加强集中问责与学校层面更多

---

① "亦紧亦松"指的是一种管理理论，即核心是"严格"的、最终目标上不妥协，"松"指的是实现这种目标的方式可以灵活多样。

自治的结合。相对于大多数欧洲的教育体系，加拿大十分重视标准测试，但与美国相比则过犹不及。

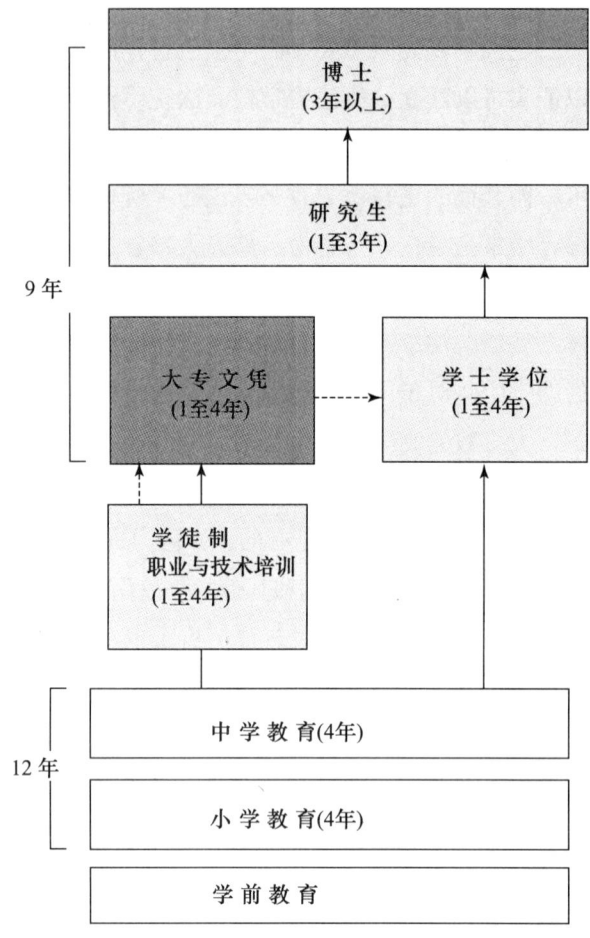

图3.1 加拿大教育体系架构

21世纪前十年一系列的教育改革强调了标准测试与评价的作用，这是对20世纪八九十年代早期改革理念的延续。然而，新的改革还包括了一项强有力的举措，那就是努力打造教师能力并把教师的引进当做一项提高策略。早期推行测试的策略招致了公众对教育质量的怀疑和对政府的更加不信任。针对此种不信任，新的策略试图形成一种更高层次的良性循环，即成绩越好就能得到公众更多的信任，从而为持续的改革提供更多的动力。这种策略会以安大略省为例展开详细的描述。在此之前，先讨论加拿大教育成功背后的一些因素，尤其是对具有移民背景儿童的教育及融合上的成功。

第三章　加拿大安大略省：致力于多元社会背景下的高成就教育改革

加拿大教育的成功

当几名加拿大官员和消息灵通的观察家们被问及他们的国家为何能够在PISA测试——这一国际性测试中取得如此骄人的成绩时，考虑到国家政府没有在教育中发挥举足轻重的作用，他们只能给出一些显而易见的，出于直觉上的判断。可以把这些原因分为三类：国家文化、福利国家和三个特定的政策因素（教师选择、资金均衡和省级课程）。

文化因素

在文化因素方面，观察家们注意到加拿大父母普遍支持子女的教育，而这可以作为学校的资产。比较加拿大学生在休闲时的阅读习惯，PISA数据显示，加拿大学生比世界上其他地方的孩子更乐于每天阅读（Tibbetts, 2007）。尽管文化以其"弥散"和"难以测量"的特征而闻名，但仍然需要保证对其潜在影响进行进一步探索，因为这能够帮助我们解释为何不同省份实施不同的教育策略，但在测试结果上却具有相似性。

福利国家

尽管在加拿大，教育由各省负责，但它的确是一个高福利的国家。这一传统始于大萧条时期，并在20世纪60年代得以增强。观察家们认为，这会对教育带来两种重要影响。第一，孩子及其家长进入全民健康保险，成人们受到强有力的社会保障网的保护，不会因资本主义的兴衰而受到影响。然而，根据国际标准，加拿大儿童贫困率相当高（在23个儿童贫困率较高的国家中，加拿大位居第七），省及地方间儿童贫困率的差异与他们的PISA成绩具有相关性（如，阿尔伯塔省儿童贫困率最低，只有11.2%，本省的PISA测试成绩是最高）。第二，与其南部近邻，更加注重个人主义的美国相比，在加拿大，"福利国家"和"共同利益"的理念更加深入人心。卫生保健和其他社会服务是一种权利而不是一种特权，此种理念也被贯彻到了教育系统中。在教育系统内部，人们达成了一致的观念，即社会应该为每一名儿童的教育福利负责。此种既定的共识与福利国家所提供的各种保护共同营造了"每一名孩子都需要学校成功"的氛围。与加拿大教育机构打过多年交道的哈佛大学教授理查德·埃尔默（Richard Elmore）先生接受采访时说："虽然加拿大教育体制的结构及其展现看上去与美国类似（专业学习共同体、数字化教学资源），但是这中间的文化氛围迥异。加拿大的教师认为,政府履行他们的职责把准备接受教育的孩子送到学校,而他们的立场是,深刻地认识到自己有义务和责任确保这些孩子能够受教育。"（本报告专访）

政策因素

在政策因素方面，尽管缺乏全国性的协调机构，但许多受访者仍认为各省的主要政策十分类似。针对这种原因，其他领域的学者称之为趋同化现象（isomorphism），或者渴望通过与其他组织趋同从而获得合法身份。加拿大拥有教育厅长学会（CMEC），这是一个论坛性质的平台，各省的教育厅长可以通过这个平台相互协调。虽然这个实体一直被认为影响力有限（因为只有所有的厅长都同意才能生效，而这种情况很少），但它的确起到了信息共享的作用并促使一些好的想法和做法在各省之间传播。

不列颠哥伦比亚大学社会学系的尼尔·古比（Neil Guppy）教授，曾编写过介绍加拿大教育的教材，他接受采访时说道："我个人认为，我们过分夸大了自治。许多省的很多教科书都是完全一样的，我们的教师教育课程也很类似，教育规划（幼儿园、小学、初中、高中）都十分相似，加入工会也类似，各省之间学校内部行政人员的互派也不成问题。据我所知，尽管我们没有SAT考试和全国统一考试，但所有的大学都承认每个省的学生成绩。对其他地区的效仿及受到它们监管的程度是很高的。在大部分说英语的省份，城乡间的差异对于不同的省份而言也是类似的。"（本报告专访）

三种常见的政策性因素对于解释"泛加拿大教育成功"具有其潜在的重要性。

（1）设立省级课程。相应的教育部门通过与教师和学科专家开展广泛而深入的讨论，进行课程的开发。有的省份对课程内容规定得十分详细，然而其他的地方则只给出了课程的指导纲要，如规定学什么、什么时候学等。虽然这些课程在课堂教学上的效果因地理位置不同而异，但是他们的确为各年龄段的孩子应该学什么提供了基本的指导。近年来，加拿大西部较小的几个省致力于通过协调建立跨省的更加统一的课程，这类似于美国各州协力形成共同核心标准的合作机制。最近PISA测试结果表明阿尔伯塔省的成绩最高，这一表现可以部分归功于他们的课程质量。

（2）选择高素质的教师。参与PISA测试的几个主要国家在2007年麦肯锡报告中强调，区分结果好坏的标准是教育计划对顶级人才的吸引程度（Barber and

Mourshed，2007）。据安大略省前副厅长本莱文（Ben Levin）和一些知名的加拿大教育学者说，学校里只有前30%的学生可以申请到师范学校学习。一位受访的加拿大教师解释道，虽然像他指出的那样，"每个人都知道你可以穿越边界到美国去，每个人也都可以得到信任"，但在加拿大，想进入师范院校非常困难。通常人们认为，教师培训机构里的教育质量很高。与美国几百所师范院校不同，莱文估计在全加拿大可能只有50个这样的机构，而培训的质量受到更多的监管。其他受访者认为对教师的选择性很高，但也更加怀疑培训机构的质量。

（3）均补资金。因为资金的运转全部或者几乎全部在省一级展开，各省都能够提供资金去补偿那些更有这方面需求的孩子。从省级到地方的资金一般被分为三类：基于学生数目的整体拨款；用于特别方案需要（如特殊教育）或者用于帮助一些地区满足提供基本服务的需要（如一些偏远地区需要交通补贴）；均衡资金，用于一些地区，维持地方资金补助较贫困的地区。

这些因素代表一部分加拿大官员的观点以及观察家们（见本章末尾受访者列表）对于自己成功的理解。然而，这显然还需要更多的研究与分析。在其他地方也有很多这样的国家和省、州，虽有统一的课程，却没有产生同样的结果。对于资金的重要性也存在着广泛的争议。人们普遍认为钱可以起作用，但是这要取决于如何使用这些钱。对于教师选择的争论则更激烈，因为这是为数不多的几个能把PISA测试成绩领先者与表现不太理想的国家区分开的因素之一。总体来看，加拿大教育体系的主要特征就是与其他在PISA测试中表现不理想的体系相比，它并没有呈现突出的差异性。因此，要想了解加拿大成功的根源就变得更加困难了。

由于所处的文化背景不同，同样的结构存在着不同的工作类型。如果各省和学校倾向于合作，也愿意为学生的成绩承担主要责任，那么课程、资金和师资力量等资源就能创造高质量的教育。下面以安大略省为例具体探讨这方面的实践。在探讨之前，有必要先了解加拿大教育体系中另一个独特且重要的元素——对移民子女的教育问题。

移民子女教育的成功

加拿大的教育成就中最令世人瞩目的是在对移民子女的教育上所取得的成功。据估计，加拿大是世界上人均移民率最高的国家。加拿大前总理威廉·莱昂·麦肯

教育系统中的成功者与变革者
美国从国际学生评估项目中学什么？

齐·金（William Lyon MacKenzie King）说过，加拿大是这样一个国家，"如果说某些国家的历史源远流长，那么我们国家就是幅员辽阔"，意思是虽然加拿大历史不长，是一个相当年轻的国家，但这里却居住着来自全世界各地的移民。加拿大每年约接受25万移民（一个只有3 400万人口的国家）。因为国土面积的广阔，人口密度和出生率却相对较低，因此移民被视为加拿大重要和必要的资源。目前，各政党都要求保持或增加外来移民率，没有限制移民的意图。

移民模式也经历了演变。20世纪70年代以前，大部分移民来自欧洲，而在过去的40年中，大部分移民来自亚洲和发展中国家。2007年，加拿大移民的主要来源国是中国和印度（各约2.8万人）、菲律宾（2万人）、巴基斯坦（10万人）。来自阿尔及利亚、哥伦比亚、法国、伊朗、罗马尼亚、俄罗斯、韩国、斯里兰卡、英国和美国的移民比例较小，每年各国约有3 500人[1]。总体来看，这种移民模式意味着每年有4万新移民到公立学校读书，其中80%是非英语国家的，其中90%要到蒙特利尔、多伦多和温哥华的学校就读。

加拿大的移民可分为三大类：难民人口（2008年2.2万人）、担保家庭团聚（6.5万人）和弥补加拿大经济缺口的外来工人（15万人）[2]。其中60%的移民人口是基于他们能对经济作出贡献的能力而获准移民，这就出现了高学历移民阶层。2008年，共有23%的工人是在海外出生的，其中博士占49%，硕士占40%。

PISA测试结果显示，移民在加拿大境内的三年期间，他们的PISA测试成绩平均在500分左右。根据国际标准，这个成绩非常高。比较2006年PISA阅读测试成绩，美国不到490分，法国不足430分，加拿大第一代移民平均成绩是520分。同时，加拿大也是一个移民学生和本土学生在PISA测试结果上没有差距的极少数国家之一（美国的差异是22分，法国和德国在60分左右）。第二代加拿大人的表现远远好于第一代，这也表明该移民模式在不断地进步。另外，加拿大还是为数不多的在家里不使用教学语言的学生和在家也使用教学语言的学生没有差距的国家之一。

为什么加拿大在移民学生的教育上做得这样好？受访者围绕三个因素进行回应。

第一，最重要的是，大多数移民能够获准移民是基于他们有能力对经济的发展

---

[1] Statistics Canada, "Report on the Demographic Situation of Canada," Table A-4,1, accessed online at *www.statcan.gc.ca/pub/91-209-x/2004000/part1/t/ta4-1-eng.htm*

[2] Statistics Canada, "Facts and Figures 2008: Immigration Overview," accessed online at *www.cic.gc.ca/english/resources/statistics/facts2008/permanent/01.asp*

作出贡献，许多移民子女的父母都具有良好的教育背景。2006年OECD的一份报告显示，一般情况下，第一代加拿大移民学生父母的受教育程度和加拿大本土的父母们一样好，甚至还会更好一些。这些有关父母教育和社会经济地位的优势都可以转化为教育资源。在相同的研究中发现，在加拿大，移民学生比本土出生的学生享有相同的或者更多的教育资源。经抽样发现，移民学生的生师比、基础设施建设、课堂气氛和教师积极性等水平比本土学生的水平高（OECD, 2006）。

第二，加拿大的多元文化背景滋生了一个独特的理念，即在尊重本土文化重要性的同时赋予移民"加拿大人"的独特身份。在实践中，这意味着大多数移民学生被分到说英语和法语的本土学生班级里面。本土语言教学主要在一些非营利性组织和校外的设施中进行。

第三，在一些有移民大量涌入的省份，会出台政策促进这些学生的成功。如在不列颠哥伦比亚省，学生们参与常规课程，只要达到一系列的标准，教育部门就会对额外的语言需求提供资金支持。这些包括：① 证据表明，如果没有额外支持，学生的能力就会不足而不能实现目标；② 每年都要准备年度计划以满足这些学生的需要；③ 教学专家要参与创建和检查这项计划；④ 学校必须为学生提供灵活的和课内的支持，为有关教师提供支持和培训。

总之，在移民和移民学生教育方面加拿大已形成积极的、良性的循环。加拿大是移民的心仪之地。无论是作为文化贡献还是经济需求，移民在加拿大都受到欢迎。大部分获准的移民都是来弥补经济发展的需要的。这说明，在加拿大，移民并不被视为威胁或对工作的竞争，而且他们在政治上还得到了越来越多的支持。移民学生作为一个群体，在父母的教育和社会经济地位上所享有的优势和本土学生无异。无论如何他们在上学这个问题上比较平等。在理念上，他们作为加拿大多元文化的一分子受到欢迎。尽管主要强调以"融入"的方式学习，但还是设置了一些支持学生学习英语和法语的项目。总体而言，这些综合因素为具有相对优势的移民提供了一个良好的氛围，而且正如我们所看到的，根据国际标准，相应的费用标准也非常合理。

教育系统中的成功者与变革者
美国从国际学生评估项目中学什么？

安大略省的经验

教育系统和改革背景

2003年至2010年，安大略省继续推行以"专业为导向"的教育系统改革战略，并成为世界的领头羊。安大略省总理麦坚迪（Dalton McGuinty）在2003年的大选中提出了"安大略"战略。该战略取得了广泛的成效，提高了小学生的读写、计算能力，提高了毕业率，减少了表现不好的学校的数量。下面具体讲述影响该战略成功的综合性因素。

安大略省是加拿大最大的省份，面积为400万平方英里，大约1300万人口，约占全国总人口的40%。安大略省的城市化程度非常高，约80%的学生居住在城市里。在多样性方面，除安大略省27%的学生出生在加拿大之外，有20%的少数民族。安大略的主要城市多伦多是世界上最多元化的城市之一。

安大略省对教育的监管由安大略省教育厅（包括学校层面的教育）、教育培训部门和高校（包括职业和更高层的教育）共同完成。

关于学校层面的教育，在安大略省共有四个地方选举产生的学校教委会，以满足加拿大宪法中规定的对少数民族语言和宗教少数群体提供公共支持的要求（Levin, 2008），这四个地方是：

（1）31个英语校委会，服务约140万名学生；

（2）29个英语天主教校委会，服务约590 000名学生；

（3）8个法语天主教校委会，服务70 000名学生；

（4）4个法语公共委员会，服务23 000名学生。

这就意味着省内的任何一个特定区域里都设有四类委员会，这为体系带来了一定程度的选择性。公共系统中大约有5 000所学校，不对私立学校提供公共资金。

近期安大略省教育厅厅长主要提出以下两项举措。

（1）提高读写和算术能力的行动计划（The Literacy and Numeracy initiative）。通过深化能力构建策略（下文会提到），这项行动计划已经成功地把三年级学生的阅读、数学和写作的省考平均通过率从2003年的55%左右提高到了2010年的70%左右。同样，六年级学生的这三门科目的平均成绩也显著提高了10~12个百分点。

（2）促进学生成功的行动计划（The Student Success initiative）。把高中毕业率提高到85%。这项举措的背景是普遍存在的高中学生早期辍学现象。通过在九年级追踪那些有一门或几门不及格的学生，便有可能及早发现潜在的辍学者。提供经费使每一所学校都有"学生成功教师"（student success officer）"和设立"重修学分（credit recovery）"计划，学生可以重修他们没有通过的课程。通过这些手段，毕业率已从68%提高到了79%。

安大略省的教育成功得益于一系列背景因素。在政治上，麦坚迪政府之前的保守政府极其不受教师和这个部门里的其他工作人员的欢迎。保守政府津津乐道的业绩是开设了全省范围内的课程，建立了相应的评价体系和问责机制，但在这个过程中教育经费的减少、教师专业发展时间的减半、丑化教师电视广告的播放以及对私立学校的大力支持，又损害了教育群体。在此期间，有5.5万名学生离开了公立学校系统。民调显示，超过15%的家长主动考虑选择私立学校。还发生过几次教师罢工，包括1997年抗议政府立法的一次长达两周的停课行动。教师士气极大受挫，与政府的关系高度紧张。安大略省中学教师联合会前主席，朗达·金伯利·杨（Rhonda Kimberly Young），在麦坚迪执政的几年前接受本报告专访时说：

"后来保守派上台了，他们进行了一场所谓的'常识革命（common sense revolution）'，暗示这将会出现奇迹。他们可能会给大家减税，减少浪费，可以付出更少，得到更多，也就是说，更低的成本和更好的服务。不幸的是，他们只是成功地向选民兜售了这个想法。上台之后，麦克·哈里斯（Mike Harris）任命的教育厅长是一个在高中就辍学的人。我们可以看得出他们的教育方针：他们不关注教育、研究之类的东西，而是带着锤子来的……并且他们确实这样做了。1998年我们进行了一场全省范围内的罢工，而这是一个政治上的抗议。"（本报告专访）

在这个两极高度分化的环境中，自由党早早做出决定在即将来临的省级选举中要把教育当做一个核心问题。作为反对党领袖，麦坚迪在2001年的政策演讲中表示，如果他们能够在选举中胜出，他们的党将会出台一系列具体措施来改革教育，其中包括减小班级规模。演讲过后，收到了65项政策提议，发展了一个具体的教育改革平台。到自由党2003年开始上台的时候，要求改革的呼声已经很高了。

麦坚迪在任期间的第一任教育厅长叫杰拉德·肯尼迪（Gerard Kennedy），其上任后开端良好，因为他曾经是反对党教育的"批评家"，即"影子部长"（shadow minister）。他的上任是有备而来的，他说：

"在当评论家的时候，我访问了全省范围内的许多学校和校委会。我花了大量的时间和老师在餐厅交谈，在放学后的家长会上与父母们交谈，而且无论何时只要一有机会我就会坐下来和学生会的学生谈谈。我接触到了每一个利益相关的群体，

教育系统中的成功者与变革者
美国从国际学生评估项目中学什么？

不仅要与他们建立良好的关系，而且还要让他们参与制定我们的政策议程。那段时间，我见过的人肯定有6 000名，我们需要在教育方面达成一个新的政治上的共识。当时教育系统的政治化水平是公共信心丧失很大，在保守党执政的前8年中，学校花了太多的时间去罢课和停工，而这正是公众对这个体系不满意的主要原因。只要我们想要成功地推进改革议程，就必须要改变这种动荡。需要重建政府与行业、学校教委会和教师之间的信任。"（本报告专访）

除了教育厅长肯尼迪的领导作用之外，麦坚迪政府还获益于学校改革家迈克尔·富兰（Michael Fullan）的中肯建议和他的领导力。迈克尔·富兰学识渊博且经验丰富，他是多伦多大学的一位专家，著作颇丰，而且在世界各地做了许多关于学校改革的报告。他成了麦坚迪政府的特别教育顾问，并且还推荐录用了另一位知识渊博的学者、实践家本杰明·莱文（Benjamin Levin）来做肯尼迪的副厅长。这些人员对能力建设制度的变革所持的观点基本一致，这有助于继续推行接下来几年的改革。麦坚迪本人也多次到英国，去了解类似英国的相关改革。安大略省从英国战略中吸取了经验并对其自身的策略进行了重要的修改，下面会具体谈到。

在财务方面，安大略省的资金在1997年发生了转变，学校经费全部由省政府负责。虽然该体系包括许多不同的层次，但是省级资金却增强了教育部门的调节作用。

领导力、目标和能力提升

文献报道和受访者都清楚：麦坚迪政府持续稳固的领导力是教育改革成功的基础。他本人以"教育省长"自居参加竞选，在当选和2007年再度当选后，也一直以教育改革为第一要务。麦坚迪个人也亲自投入改革，在任期间频繁会见教育改革的主要利益攸关方，强调教育改革的重要性。迈克尔·富兰，麦坚迪政府的战略设计师和顾问，在接受本报告采访时这样评论麦坚迪：

"显然，省长最为关键。如果他离开了，这将会是另一番景象。在他的第一个任期内我就告诉他，如果你连任了……不要丢掉这些计划，要把它延续下去，继续关注它。在他获得连任后的第二周，他告诉我，'我不仅不会改变这些计划，而且还会加强它，我们会更加坚定、更加自信和更加富有耐心'。"（本报告专访）

那种无目的、无方向的，诸如"转动轮子"的改革，随领导人的更替而左右徘徊，或者教育改革只是领导人一时的意气用事，都只会给学校改革的效果带来厄运。与之相反，麦坚迪政府在过去的七年里一直保持着一种积极的、持续的教育改革路线，并且亲身投入，始终如一。2009年上任的副省长凯文·科斯坦特（Kevin

Costante）在上任当天的会议上接到麦坚迪给他打的电话说：

"要专心致志。可能会有很多人让你做各种很好的事情，有一些甚至近乎完美，但是却不能被列入学生学业项目表中。我要你一直关注的是学生学业项目表。"（本报告专访）

正当这位新的副省长认为，在过去几年里取得的成绩可以告一段落的时候，麦坚迪又赋予了他新任务：在2010年9月之前，开发和实施一个新的全日制幼儿园项目，由600所学校参与，主要针对4、5岁的孩子。

学校系统内部容易产生离间，出现的问题和争议都无助于学生学习和教育成就的提高，从一开始，安大略省的政策转变就围绕着这一现状展开。他们还认为，要跨越政府的几个层面和5 000多所学校来实现系统上的转变，要求我们只能设定几个有限的目标，集中一切力量并做出持续的努力。麦坚迪做出了两点核心承诺来指导教育部门工作的开展：第一，提高小学阶段的读写和算术能力；第二，提高高中生的毕业率。除此之外，还为每个目标制定了长期而宏伟的可量化的具体目标：把全省读写和算术能力的通过率从55%提高到75%，把高中毕业率从68%提高到85%。

为了实现这些目标，行动理论看似简单，但实际上却非常复杂。这项工作是在认真分析以往失败的行动案例之后才得出的。他们的结论是，大多数自上而下的举措在实际中是不能产生深刻变化的，因为：① 改革只聚焦于那些脱离教学和学习的关键事务；② 改革假设教师们知道如何去做，但事实上他们不会做那些事；③ 太多备受争议的改革要求教师同时做很多种事情；④ 教师和学校没有引入改革理念。为了实现持续的变革，我们需要：

（1）直接关注提升教学行为的策略；

（2）认真、细致地实施，同时为教师提供实践新思路和向同事学习的机会；

（3）一体化的整体战略思路，包括对教师和学生所赋予的一系列的期望；

（4）获得教师对改革的支持。

无论是省级还是市级的政策在制定的时候都要考虑到上述目标。

以上几点，最后一条（得到教师的支持）或许对新战略而言是最重要的。在5 000所学校里要提高教学技能需要成千上万名教师持续地努力，去提高他们的实践能力。他们认为，这只有在教师们"不越位（onside）"的前提下才能发生。

为此，教育部门在改革中所推行的能力建设路径与美国实行的更具惩罚性色彩的，以及与英国推行的惩罚程度较轻的问责制形成了鲜明的对比。[①]他们选择淡化结

---

① For a comparative international look at accountability, see Supovitz, (2009).

教育系统中的成功者与变革者
美国从国际学生评估项目中学什么?

果的公开报告,强调那些"表现不及格"学校会接受额外的支持和来自外部专家的意见,而不是被惩罚或者关闭。

显然,这种做法巧妙地帮助教育部在政治上赢得了教师、学校和工会支持他们的改革设想。最关键的是任命杰拉德·肯尼迪(Gerard Kennedy)为教育厅副厅长,他是上届政府严厉的批评家并且一向被人们认为是公共教育的支持者,能够极为敏锐地发现教师的需求。他每个季度都会定期地会见主要的教师工会、监管组织和校长联合会的人员,一起讨论正在进行的改革策略。该部还设立安大略省教育伙伴关系小组,保证更多的利益相关者与教育部官员一年碰面2~4次。这就形成了工作平台,让各利益相关者能够在特定的问题上进行更为细致的讨论。

在所付诸的努力中最为重要的成果之一就是,2005年与4个主要的教师工会签署了一个集体协商协议,为期4年,2004年至2008年间有效。根据协议规定,该部可以就一些与其教育策略和工会利益相一致的问题进行磋商。具体来说,麦坚迪曾承诺在小学阶段减小班级规模,这将会造就5 000个就业机会。该部和工会都希望小学老师每周有200分钟的准备时间,这在音乐、艺术、体育和语言科目方面造就了2 000个新的岗位。协议还规定了为每所学校提供聘用"学生成功教师"的资金,无论是兼职或是全职的。该协议推动教育改革的进程进入了劳动力持续稳定的时期,为继续关注教育的改善提供了基础。2008年,签订了第2个为期4年的协议。

为了取得这些成果,教育厅制定了一项全面的实施策略。执行提高读写和算术能力的行动计划,设立了一个由100人组成的专门负责能力建设和该项行动计划的秘书处。该部门独立于教育厅,不受来自行政上的干扰,这本身就是一项创举。他们还要求在每个地区、每个学校建立工作小组来指导提高读写和算术能力的工作。这样做能够把外部专家与内部进程及领导力结合起来,从而推动这项举措。负责领导"读写和算术能力提高"秘书处的阿维斯·格里斯(Avis Glaze)在接受本报告专访时说,从某种程度上说,成功得益于来自学科领域的基础:

"我们招募的新团队,包括老师、校长和学科专家等都曾在该领域具有丰富的经验,他们都深受老师和学校的尊敬,不像原来部门里派来的代表。这个微型组织的大部分工作都是基于实地的:我们有六个地区小组和一个额外的法语小组,每组有6~8人,这意味着在秘书处每个人都实地工作,与学校、校长和教师建立良好的关系,而且坐在背靠教育厅的办公室中。"(本报告专访)

他们还试图确保改革的双向路径,而不仅仅是被动地接受来自上级的命令。正如迈克尔·富兰所说,从英国模式学到的一条经验就是避免从上部施压:

"迈克尔·巴伯（Michael Barber）最终把英国的战略描述为'通知处方，告知如何处理'。其理念是你的核心任务是做好你的工作，你会被告知该如何做，然后制定出课程和教学的方法、所用时间等，包括读写时间。与之相反，我们所成立的秘书处，对于工作范围中的72个区来说，不用担心，我们不会告知他们所开出的处方，或宣传某种特殊的方法。我们要做的是与你实地进行合作，明确出好的做法，巩固、推广它们。也许我们有可能最终会处于一种不可能进行协商的状态，但是我们不会告诉你应该做什么，这不是我们的主要角色。我们的角色是与你一道去发现，这就是我们所做的以及如何做的。"（本报告专访）

政府在高中里所实施的是"学生成功策略"。他们没有从教育部门派出小组，而是把钱拨给每一个区，让他们去聘用一名"学生成功教师"来协调这个区里的工作。该部门也会提供资金，资助每个区的负责人互相交流，分享战略。每个高中会获得资助，聘用学生成功教师，并且设立"学生成功小组"，用以识别学生在学业上的早期表现，从而设计出相应的干预措施。

发展"学生成功策略"的重点是在高中开设一个所谓的"高技能专业"的新计划。这主要是针对那些无法继续传统学术课程的高中生，为他们开出了一个不同的课程菜单。然而，在早期这种做法受到了人们的指责，被批评这样做会使工人阶级的孩子远离那些高端的工作。与学生未来的雇主合作，高技能专业项目开设了更多的动手实践课程，它可以培养学生的实践能力，从而提高就业机会。目前，430所学校里有2万多名学生加入到了740多个高技能专业项目的学习中。

该部门对比较优势的认识非常清晰，知道在改革进程中谁应该做什么。它的角色就是制定清晰的远景和目标，提供资金，达成工作上的集体协商协议，完善教学和学习，提供外部专业知识，给困难学校提供支持。地区的作用是把自己的人事和聘用政策与整体战略匹配起来，当学校经历持续学习的过程时，要予以支持。然而，大部分的实际行动必然要在学校里发生，教师在团队中要思考实际问题和相互学习。虽然会有来自上层的任务和压力，但是要有一个清醒的认识，那就是毕竟在学校层面发生变化，系统中其他人员的作用就是支持学校中正在发生的学习和变革。

经济社会学行为理论：激励、信任、尊重　VS　惩罚与竞争

安大略省的教育战略与其他很多的改革动议有所不同，尤其是与美国改革不同。安大略省没有制定惩罚性的问责制度，效绩工资和学校之间的竞争。泛泛地说，改革设计师在改革中采用的是"社会人"，而不是"经纪人"的概念。改革者没有采

纳经济学家的观点而是会见了组织理论家，如彼得·德鲁克（Peter Drucker）和爱德华·戴明（Edwards Deming）。从这个层面看，问题与其说是缺乏意愿，不如说是缺乏知识，动机的关键不是来源于个人经济的累积，而是有机会成为成功完善学校和机构的一份子。这意味着，主要的改革思路是去弱化"硬"概念，如问责和激励，强化"软"概念，譬如文化、领导能力和共同目标等。主要的挑战是创建能够指导系统完善的组织结构。在安大略策略中，有一条很少为人所关注，那就是它提出了"成为更好、更优秀的人"，而不是强调如何利用目前所具有的、提升技能的理念。所有这些方面都表明，安大略模式在很大程度上挑战了市场导向的改革理论。

安大略省的策略或许是世界上"以专业为导向"的系统改革的典范，一直都具有对高成绩追求的内在驱力，全面推行能力建设策略，在相互尊重和信任的氛围下，安大略体系取得了在关键指标上的进步，并且同时维持了劳动力市场的平稳和整个系统的和谐士气。

向安大略省学习

1. 对教育和儿童的承诺

在文化上对教育强烈的责任意识是一个重要的国家共识。这有助于我们去解释为什么虽然在教育中没有一个全国性的政府作用，但加拿大的整体表现却依然优秀。正如加拿大强大的社会安全保障网所展示的，对儿童福利的承诺有助于解释为什么加拿大的成绩差距没有美国那么大。

2. 文化上普遍对好成绩的要求

加拿大移民子女优秀的学业成绩很大程度上反映了移民家庭对他们子女有很高的期望，也反映了教育工作者很高的期望。因为在历史上，加拿大就把他的移民看做是国家持续发展的关键资产，并且其移民政策也体现了这样的价值观。学校把尽快将移民子女融合到主流文化之中看做是他们的责任。甚至可以说，对移民子女高成就的重视看上去要比对本土儿童期望的还要多。

3. 体制的连贯性和一致性

这是安大略省改革的主要经验之一。尽管有些观察者抱怨麦坚迪政府这几年出台的举措太多，但是很显然安大略省的改革设计者致力于去开发和贯彻一个系统去应对他们面临的一些问题和挑战。在系统层面实现体制的连贯性是很重要的。主要利益相关者之间缺乏相互理解，政府主要领导人如何看待体制问题以及在政策及计划背后的意图上缺乏共识，这些都是经常被人们所低估的障碍。麦坚迪政府通过不懈努力在利益相关者之间达成了共识和目标，诞生了两项备受公众欢迎和支持的重要举措，即"读写和算术能力提高秘书处"（Literacy and Numeracy Secretariat）和"学生成功策略"（Student Success Strategy）。

4. 教师和校长的素养

在很大程度上，安大略省的改革依赖于政府对全省师资力量的信心。读写和算术能力提高秘书处决定不效仿英国的"告知处方"模式，而是在这个领域投放种子资金来鼓励本地试验的开展和创新。这给教师们发出一个强烈信号，让他们自己生成解决方案，解决在阅读和算术方面薄弱的环节，这很可能要比上级施加而给出的方案更加有效。加拿大历来都尊师重教，并一直从中学阶段前1/3的学生中选拔优秀人才，这意味着政府坚信他们的信任会得到回报。由于上届政府的做法使教师大为恼火，这次表现出来的对师资力量能力和专业的信任就成为了修复行业和政府之间隔阂的一个基本要素。

安大略省特别重视领导能力的发展，尤其针对学校的校长。2008年，政府阐明了安大略省的领导力战略，包括高效领导者的技能、知识和态度。在各项战略组成之中，包括一项监控项目，目前已有4 500名校长、副校长参与，还有另外一项在全省范围内开展的学校领导考核方案。

5. 具有权力和法律效力的独立实体

安大略省案例的典型之处是结合中央强大领导力，在相关领域开展能力和信任建设。安大略省的成功主要可以归因于以下几个方面：省长在政治上机智、老道、可持续的领导力，能干的厅长继任者以及副厅长相当专业的领导力。

最初就决定读写和算术能力提高秘书处要设在行政体系之外，这表明政治领导没有信心把这样一个雄心勃勃的、高要求的行动计划交给教育厅来实施。其中，一位副教育厅长的主要目标就是使该部门（读写和算术能力提高秘书处）在该领域更具吸引力和影响力。大家公认，他和他的继任者在这一领域取得了进展。

6. 专业问责

安大略省以一种令人钦佩的方式实现了行政与专业问责之间的平衡。麦坚迪政府并没试图去排除或削弱上届政府所实行的考核制度，而是一直向该领域和公众传达消息并说明结果很重要，就像省级评价表现中所定义的一样。然而，对于"表现较弱"的学校的反应不是责备和惩罚，而是给予干预和支持。早期的主要成果之

教育系统中的成功者与变革者
美国从国际学生评估项目中学什么？

一就是通过技术援助和支持给学校"输血"，而不是威胁要关闭他们（美国的惯常做法）。这就使得"表现欠佳"的学校数目大幅减少。安大略省领导者的基本假设是教师作为专业人士正试图做正确的事情，而一些行为问题的出现更多的是因为缺乏知识而不是缺乏动力。因此，比起通常情况下国家诉诸惩罚措施的外部问责，教师似乎承担了太多的责任。

加拿大在教育发展进程中的位置

加拿大是个有趣的案例。比起很多发达的工业化国家，在商品和农产品的生产上加拿大更加自给自足。当然，加拿大肯定也是最发达的工业化国家之一，特别是4个人口最多的省份。虽然比大多数工业化国家拥有更多的自然资源，但却惊人地具有与此种背景不对应的坚定信念，即对每个人来说，高教育水平是经济发展的必需品。从这个意义上说，尽管经济状况非常不同，但在信念上却非常类似于芬兰和新加坡（见第五章和第七章）。

同样，一国期望凭借人力资源来塑造自己的繁荣，加拿大符合这样的教育状况，在成绩排列前1/3的学生中选拔师资。至少从安大略省的例子中可以看出来，他们已经平衡了自上而下和自下而上两种改革路径。他们已经能像其他国家那样信任教师并把教师看作专业人员，这已经向前迈了一大步。虽然学校有一定的自由裁量权，他们的运作是在一个明确的、省级标准、评价和问责框架下进行的。在某些方面，这个系统的组织方式相当传统。依据学生的能力来对他们进行分轨，特别关注处于失败危险境地的学生，尤其是那些在"学生成功策略"中被识别出的孩子。这样看，加拿大采纳的观念是：除非所有的学生都表现良好，并且有具体的政策来确保这些成果，否则他们的将来是不能得到保证的。加拿大高等教育入学率在经合组织中是最高的，这反映了越来越多的人意识到在知识经济时代，中学后教育会日益重要。

结语

令人们感到意外的是，加拿大证明了就算没有全国统一的战略，也同样能取得成功。这个结论与许多"坐而论道"的本质是背道而驰的。事实上，尽管联邦政府没有发挥主要作用，但加拿大的几个省还是在国际学生评估项目中取得了成功。对此最好的解释是各省之间相互影响、融合。强大的理念及其对它的推广本身就足以产生良好的实践。具有讽刺意味的是，一些加拿大的领导者，包括杰拉德·肯尼迪，正试图在广义上扩大国家战略，他们认为教育太重要了，不能全部留给省份自己去做。

第二个结论是对教育政策过于频繁的讨论，在改革与现状的对立下做出抉择。这隐晦地指涉了对立的双方：推动进步的外部改革者和现存的反对力量，包括教师，管理者和工会。加拿大的经验为我们提供了一个复杂的分析思路：教师能够作为一个关键力量广泛地参与到改革议程中。具有讽刺意味的是，他们越是感觉到政府像在用鞭子一样在抽打着自己，他们就越是容易感觉自己在工会，而不是在专业机构里面。安大略省的经验反过来表明，通过把教师看作专业发展人员，与他们沟通，他们就能变得亲善，这对长期和可持续发展来说是一个关键资源。这并不意味着政府非常天真——它非常清楚工会协商的标准，但是政府能够把这个问题导向"双赢"的局面，比如给教师专业发展提供更多的时间。最后，安大略省政府针对成绩的提高制定了一个可持续的策略，在推动实施的过程中他们选择的方式是与教师携手而不是疏离他们。

受访人员

凯文·科斯坦特（Kevin Costante），加拿大安大略省教育厅副厅长。

里奥纳·多姆布罗斯基（Leona Dombrowsky），加拿大安大略省教育厅长。

理查德·埃尔默（Richard Elmore），美国哈佛大学研究生教育学院教育领导力教授。

迈克尔·富兰（Michael Fullan），加拿大安大略省总理特别顾问和教育厅长、多伦多大学安大略学院名誉教授。

阿维斯·格里斯（Avis Glaze），加拿大安大略省教育厅"读写和算术能力提高秘书处"前任首席执行官。

克里·亨克（Keray Henke），加拿大埃尔伯塔省教育厅副厅长。

杰拉德·肯尼迪（Gerard Kennedy），加拿大安大略省现任议会成员、前任教育厅副厅长。

朗达·金伯利·杨（Rhonda Kimberly Young），加拿大安大略省中学教师联合会前主席。

本杰明·莱文（Benjamin Levin），安大略省教育厅原副厅长，现任加拿大安大略省多伦多大学安大略学院教育领导和政策研究所主任、教授。

教育系统中的成功者与变革者
美国从国际学生评估项目中学什么？

表3.2 加拿大：数据概览

语言	英语和法语[1]
人口	32 934 166（2007）[2]（OECD国家中第十二大人口国） 13 210 667（加拿大安大略省）[3]
年轻人口	16.7%[4]（OECD 平均水平 18.7%）
老年人口	13.6%[5]（OECD 平均水平 14.4%）
人口增长率	1[6]（OECD 0.68%）[7]
在外国出生的人口	20%[8]（OECD 平均水平 12.9%）
人均GDP	USD 38 975[9]（OECD 平均水平 33 732）[10]
GDP的经济来源	其他：66.4%；制造业：15.8%；建筑业：6.3%；公共管理：5.6%；采矿业和采石业：3.6%；农业：2.3%[11]
失业率	6.1%（2008）[12]（OECD 平均水平 5.2%）[13]
青年失业率	11.6%（2008）（OECD 平均水平 13.8%）[14]
教育经费	4.9% of GDP（OECD 平均水平 5.2%） 3.1%用于小学、中学和中学后的非高等教育 1.8%用于高等[15]教育[16]（OECD平均值分别为3.5%和1.2%） 12.3%的政府总支出（OECD 平均水平 13.3%） 7.8%用于小学、中学和中学后的非高等教育 4.5%用于高等教育[17]（OECD平均值分别为9%和3.1%）
早期幼儿教育入学率	70.5%[18]（OECD 平均水平 71.5%）[19]
小学入学率	106.2%[20]（OECD 平均水平 98.8%）[21]
中学入学率	80.2%[22]（OECD 平均水平 81.5%）[23]
高等教育入学率	25.4%*[24]（OECD 平均水平 24.9%）[25]
小学生上学的学校类型或入学形式[26]	公立学校*（OECD 平均水平 89.6%） 政府资助的私立学校*（OECD 平均水平 8.1%） 自立的私立学校*（OECD 平均水平 2.9%）
初中生上学的学校类型或入学形式[27]	公立学校：94.2%（OECD 平均水平 83.2%） 政府资助的私立学校（包括在"公立学校"的数字中）（OECD 平均水平 10.9%） 自立的私立学校（包括在"公立学校"的数字中）（OECD 平均水平 3.5%）
高中生上学的学校类型或入学形式[28]	公立学校：94.2%（OECD 平均水平 82%） 政府资助的私立学校（包括在"公立学校"的数字中）（OECD 平均水平 13.6%） 自立的私立学校（包括在"公立学校"的数字中）（OECD 平均水平 5.5%）
大学生上学的学校类型或入学形式[29]	B类高等教育：数据缺失[30] （OECD 平均水平 公立学校：61.8% 政府资助的私立学校：19.2% 自立的私立学校：16.6% A类高等教育：数据缺失[31] （OECD 平均水平 公立学校：77.1% 政府资助的私立学校：9.6% 自立的私立学校：15%）
教师工资	初中阶段教师的起步平均年薪：数据缺失*（USD 平均水平 USD 30 750[32] 初中阶段有15年经验的教师工资相对于人均GDP的比例：数据缺失（OECD 平均水平：1.22）
高中教育毕业率	76%（OECD 平均水平 80%）[33]

*有关制度破坏和加拿大教师工资的数据没有在《教育概览》（OECD，2012）中找到。
http://dx.doi.org/10.1787/888932366655.

第三章 加拿大安大略省：致力于多元社会背景下的高成就教育改革

注：① *OECD* (2008), *OECD Economic Surveys: Canada*, OECD Publishing.
② *OECD* (2008), *OECD Economic Surveys: Canada*, OECD Publishing.
③ *http://www.statcan.gc.ca*. Data from 2010。
④ *OECD Factbook* 2010, OECD Publishing. Ratio of population aged less than 15 to the total population (data from 2008).
⑤ *OECD Factbook* 2010, OECD Publishing. Ratio of population aged 65 and older to the total population (data from 2008).
⑥ OECD (2008), *Jobs for Youth Canada*, OECD Publishing. Ontario's population growth depends largely on immigration. Ontario, Alberta and British Columbia are the only provinces in which the projected average annual growth would exceed the growth rate for Canada as a whole.
⑦ *OECD Factbook 2010*, OECD Publishing. Annual population growth in percentage, OECD total (year of reference—2007).
⑧ *OECD Factbook 2010*, OECD Publishing. Foreign-born population as percent of the total population (data from 2007).
⑨ *OECD Factbook 2010*, OECD Publishing. Current prices and PPPs (data from 2008).
⑩ *OECD Factbook 2010*, OECD Publishing. Current prices and PPPs (data from 2008).
⑪ OECD (2008), *OECD Economic Surveys*: Canada, OECD Publishing. Origin of GDP, percent of total (data from 2006).
⑫ *OECD Factbook* 2010, OECD Publishing. Total unemployment rates as percentage of total labour force (data from 2008).
⑬ *OECD Factbook* 2010, OECD Publishing. Total unemployment rates as percentage of total labour force (data from 2008).
⑭ OECD (2010), *Employment Outlook*, OECD Publishing. Unemployed as a percentage of the labour force in the age group: youth aged 15-24.
⑮ 不管其所在何种机构，经合组织都按照标准国际公约，使用"三级教育"，把所有国际教育标准分类中的大专课程分为5B、5A和6三个等级。见OECD（2008），Tertiary Education for the Knowledge Society: Volume 1, OECD Publishing。
⑯ OECD（2010），Education at a Glance 2010, OECD Publishing. 本表所列的公共开支，包括家庭生活费用（奖学金和学生、家庭补助和贷款），不含教育机构的花费（从2006年开始）。
⑰ 同上。
⑱ UNESCO Institute for Statistics, http://data.worldbank.org/country, Gross enrolment ratio (data from 2006)
⑲ OECD (2010), Education at a Glance 2010, OECD Publishing.
⑳ http://data.worldbank.org/country, Gross enrolment ratio (data from 2007)
㉑ OECD (2010), Education at a Glance 2010, OECD Publishing.
㉒ OECD (2010), Education at a Glance 2010, OECD Publishing.
㉓ OECD (2010), Education at a Glance 2010, OECD Publishing.
㉔ OECD (2010), Education at a Glance 2010, OECD Publishing.
㉕ OECD (2010), Education at a Glance 2010, OECD Publishing.
㉖ OECD (2010), Education at a Glance 2010, OECD Publishing. Data from 2008.
㉗ OECD (2010), Education at a Glance 2010, OECD Publishing. Data from 2008.
㉘ OECD (2010), Education at a Glance 2010, OECD Publishing. Data from 2008.
㉙ OECD (2010), Education at a Glance 2010, OECD Publishing. Data from 2008.
㉚ Data missing from Education at a Glance 2010 (OECD, 2010).
㉛ Data missing from Education at a Glance 2010 (OECD, 2010).
㉜ OECD (2010), Education at a Glance 2010, OECD Publishing. Starting salary/minimum training in USD adjusted for PPP (data from 2008).
㉝ OECD (2010), Education at a Glance 2010, OECD Publishing. 2007年高中毕业率(以2008年OECD平均作为参照)。

参 考 文 献

Barber, M. and **Mourshed, M.** (2007), *How the World's Best-Performing School Systems Come Out on Top,* McKinsey and Company, London, available at www.mckinsey.com/App_Media/Rep orts/SSO/Worlds_SchoolSystems_Final.pdf.

Bussierre, P. and **F. Cartwright** (2004), Measuring Up: Canadian Results of the OECD Pisa Study, Statistics Canada, Ottawa.

Bussierre, P., T. Knighton and **D. Pennock** (2007), *Measuring Up: Canadian Results of the OECD Pisa Study,* Statistics Canada, Ottawa.

Canadian Language & Literacy Research Network (2009), *Evaluation Report. The Impact of the Literacy and Numeracy Secretariat: Changes in Ontario's Education System,* final report submitted to the Ontario Ministry of Education, available at www.edu.gov.on.ca/eng/document/reports/OME_Report09_EN.pdf.

Davies, S. and **N. Guppy** (1997), "Globalization and Educational Reforms in Anglo-American Democracies", *Comparative Education Review* 41(4): 435-459.

Fullan, M. (2010), *All Systems Go: The Imperative for Whole System Reform,* Corwin Press, Thousand Oaks, CA, and Ontario Principals Council, Toronto.

Guppy, N. and **S. Davies** (1998), *Education in Canada: Recent Trends and Future Challenges,* Statistics Canada, Ottawa.

Leithwood, K., M. Fullan and **N. Watson** (2003), *The Schools We Need: Recent Education Policy in Ontario. Recommendations for Moving Forward,* Ontario Institute for Studies in Education, University of Toronto, Toronto.

Levin, B., A. Glaze and **M. Fullan** (2008), *"Results Without Rancour or Ranking: Ontario's Success Story", Phi Delta Kappan,* Vol. 90, No. 4, 273-280.

Levin, B. (2008), *How to Change 5000 Schools. A Practical and Positive Approach for Leading Change at Every Level,* Harvard Education Press, Cambridge, MA.

Manzer, R. (1994), *Public Schools and Political Ideas: Canadian Educational Policy in Historical Perspective,* University of Toronto Press, Toronto.

OECD (2006), *Where Immigrant Students Succeed: A Comparative Review of Performance and Engagement in PISA 2003,* OECD Publishing.

OECD (2010), *PISA 2009 Volume I, What Students Know and Can Do: Student Performance in Reading, Mathematics and Science,* OECD Publishing.

Pascal, C.E. (2009), *With our Best Future in Mind. Implementing Early Learning in Ontario,* report to the Premier by the Special Advisor on Early Learning, available at *www.ontario.ca/ontprodconsume/ groups/content/@onca/@initiatives/documents/document/ont06_018899.pdf*

Pedwell, L. et al. (in press). *Building Leadership Capacity Across 5000 Schools. International Handbook on Leadership for Learning,* Springer Press, Dordrecht, The Netherlands.

Supovitz, J. (2009), "Can High Stakes Testing Leverage Educational Improvement? Prospects from the Last Decade of Testing and Accountability Reform", *Journal of Educational Change,* Vol. 10, No. 2-3, pp. 211-227.

Tibbetts, J. (2007), "Canadian 4th Graders Read Up a Storm," *The Gazette (Montreal),* November 29, 2007, p. A2.

Ungerleider, C. (2008), *Evaluation of the Ontario Ministry of Education's Student Success / Learning to 18 Strategy,* final report submitted to the Ontario Ministry of Education, available at *www.edu.gov. on.ca/eng/teachers/studentsuccess/CCL_SSE_Report.pdf*

Young, J., B. Levin, and **D. Wallin** (2007), *Understanding Canadian Schools: An Introduction to Educational Administration,* 4th edition, Nelson, Toronto.

第四章
上海和香港：
中国教育改革中的双城记

中国的国民教育取得了巨大成就。在"文革"期间，包括教师在内的许多知识分子都被下放到农村田间工作，师资力量遭到严重破坏。然而，还不到30年，这个国家的许多地方，尤其是上海，其教育成就已在世界教育排名中名列前茅。香港在1997年回归中国之后，也对自己的教育系统进行了重大改革。

本章以上海和香港这两个城市为例，关注中国如何取得巨大的进步。主要经验包括：政府放弃了只为小部分精英而设的"重点学校"体系，大力发展高等教育大众化的教育体制；大幅提高教师待遇，提升教师从业标准及其素质；减少死记硬背的学习内容，增加基于深度理解的学习，培养学生运用知识解决实际问题的能力和创造性思维能力。这些都在课程深化和考试改革上有所体现。随之而来的变革还有：为学生提供更多可供选择的课程；赋予地方机构更多的自主权来决定考试内容，这反过来也弱化了对课程与教学的限制。

概　　要

虽然中国作为世界上最具影响力的经济体之一出现在世界的舞台上，但其他国家对中国教育体制和中国学生的学习情况却知之甚少。人们要么通过中国学生在国外大学读书取得的成绩，要么通过各类考试的优秀成绩来了解中国教育。另外，对中国学生的普遍印象是中国学生通过死记硬背来学习，学校主要是为了应对考试而进行死记硬背和填鸭式教学。

本章旨在以上海和香港为例，更为细致、准确地描绘出中国教育体制的图景。上海是中国最发达的城市之一，香港尽管与上海具有相同的文化背景，但却是"一国两制"政治体制下的不同社会。中国是一个经济、社会和文化多元的国家，上海和香港为了解中国的教育提供了一个窗口，但这两个城市并不能代表这个国家的每一个地方。

无论在上海还是香港，学生的学习都是重点，其他层面，如教学和教师、学校设施和体制策略，都只是学生学习的背景及支持条件。

中国的教育体系：文化背景[①]

中国有高度重视教育的传统。这始于公元603年建立的科举制度，后来在7世纪也传到了日本和韩国。科举制是一个具有竞争性且高效的官员选拔机制，以强调严厉、公平著称。这种考试制度历经多个朝代的演化，于1905年废止。

该考试制度分为三等，分别是县级、省级和国家级的考试。形式多样但总的模式是一篇作文考试，考生被限制在考场内数日，期间供应食物，按要求写一篇政论文。要想完成这样的政论文，他们必须熟读经书，一般是四书五经，所有的观点必须出自这些著作，因此，需要"死记硬背"。良好的书法功底和写作风格也是基本要求之一。最终的选拔在考试部门（examinations department）举行，这也是皇权的一个组织部门。无论是谁，只要赢得了皇帝，实际上也是主考官的赏识，就会成为状元，排名以此类推。这些考试胜出者将根据他们的考试成绩被派往不同的部门任职。[②]

这个制度所具有的"优点"使得它得以在长达两个世纪里持续发展。首先，它非常简单，只看你考试的表现。教师只有富裕人家才请得起，所以没有像学校这样的正规机构存在。基本上是一个自学系统，或者用时下的行话说就是"自我激励的远程学习系统"。无论对政府还是家庭来说，它的投入都比较低，因为它

[①] 介绍的是中国内地的基本情况，中国香港的有所不同，将会在香港部分介绍。
[②] 详见 Elman, 2000.

教育系统中的成功者与变革者
美国从国际学生评估项目中学什么？

只需要考试就行了，至于教科书（一般的经书）几乎每家都有。除了把妇女排除在外（Elman，2000），这在当时是整个社会的意识形态，它没有门第限制，所以家庭背景也被认为是不重要的。的确，中国民俗（在小说、歌剧、戏剧和各种艺术形式中）流传数百年的故事都有这样的桥段：一个寒门学子经过多年刻苦学习，忍受贫困，最终金榜题名，被委以重任，成为皇亲贵族而衣锦还乡。科举制度迫使每个家庭，无论其经济社会背景如何，都望子成龙。而这种希望就转化为刻苦学习和能适应困难的学习环境。这种文化传统影响了整个中国。然而，它导致了重视（几乎只重视）通过考试结果来衡量一个人的真才实学。从某种程度上看，在长达16个世纪里，一代又一代的中国年轻人被训练得只会应付考试。

这种尊重"教育"的文化在中国被赋予了特殊的意义，即教育（基本上是为考试做准备）被认为是走向上流社会的唯一途径，也是个人出人头地的唯一希望。这转化成对各种证书的极大热情并且通过考试来赢得它们。

这种历史文化对考试和证书重视的结果又是什么呢？

（1）教育被认为是爬上上流社会和改变社会地位的主要途径。这与公务员（官员）被赋予至高的地位是交织在一起的。而且由于科举考试的存在，导致只有学者才能成为官员。因果关系就形成了，社会地位、官场、学术和教育成为人们心中相同的代名词。

（2）尽管这种平步青云的几率很小，但是这种机会也激励着所有的人来参加科举考试。"只要努力就会有回报"的信念也被大大增强。然而其他的因素，比如家庭背景和与生俱来的能力，是不可控制的，而通过刻苦学习是可以改变的。一些推论可能会有助于解释当代中国的教育文化，并且这在很大程度上也是东亚其他地方的文化。①

（3）考试上的成功因此也被认为是唯一值得尊重的，不像在其他社会里军事能力（日本的武士）或者经济财富也可以赢得社会的尊重。②

（4）基于此种历史原因，读书、学习和教育在中国被认为是同义词。读书和记忆被认为是最有效的学习方式，这也是背诵的问题。"万般皆下品，唯有读书高"就是如此，这就是外界认为的"死记硬背"的传统。

（5）然而，实际上是，考试的成绩由皇帝或主考官的主观倾向来决定。因

---
① 这些国家和地区有韩国、日本、中国澳门地区、越南和朝鲜，尽管它们的结果不尽相同。
② 在古代中国，对社会阶层的基本理解包括学者（地位最高）、农民、工匠和商人。

此，好的文章表达的意思一定要尊重权威。这种传统有助于解释为什么在文化方面注重政治上的方向性要比科学客观性更重要。

（6）考试结果的另一重要性就是巩固了教师、学生和家长们的普遍认识，即课程的直接关系远没有考高分重要。

（7）正如大部分研究结果所认同的，动机在中国教育中（在日本和韩国也是如此）基本都是外在的，受家庭和社会期望的驱动（见第六章）。大部分情况下，内在动机或者学科本身的兴趣不是驱动因素。

（8）这就说明了考试压力根源。在所有的东亚社会里，学校进行频繁而紧张的各种考试。高利害统考在整个教育体制里盛行，这导致为考试做准备的各种私人培训和培训学校的出现。

（9）科举考试也解释了刻苦学习和甘于忍受困难的文化传统。正如俗话所说的，"吃得苦中苦，方为人上人"。

（10）这种传统也是人们所坚信的，后天的努力比先天的能力更重要。中国人普遍认为"勤能补拙"，而其他文化里很少持这种观点。

社会对于教育的重视使中国社会（中国大陆、香港、中国台北和澳门）很容易发展教育体系，因为人们普遍支持扩大教育规模使得更多的人接受教育。然而，在此种社会真正注重有质量的学习往往是教育改革者所面临的挑战。

中国的教育体系：历史背景

这一制度经历了几个发展阶段：20世纪50年代，效仿苏联僵化的模式；20世纪60年代初的"复兴"时期；"文化大革命"期间（1966—1976）造成的灾难性损害；20世纪八九十年代的迅速扩张期；21世纪走向高等教育规模的迅速扩大。[1]除了"文化大革命"之外，教育总体上，无论是规模还是质量都在进步。

教育的重建：20世纪70年代末到80年代

中国20世纪七八十年代整个的教育制度是在"文化大革命"的废墟上建立起来的。1978年，邓小平进行经济改革，农民获得土地种植庄稼并且允许有盈余。商业

---

[1] "大众化"指的是入学率超过25%。2009年的是23%，非常接近大众化。

教育系统中的成功者与变革者
美国从国际学生评估项目中学什么?

活动开始进行,学校恢复正常教学。当时,教育发展上的一个里程碑就是1977年和1978年恢复高考制度(录取数量增加一倍),被录取的大部分是成年学生,他们在"文化大革命"期间被剥夺了受教育的机会。

与此同时,农民渴望建立自己的学校。这产生了1980年的决定,允许当地非政府资金资助建立学校,作为动员社区资源的一个途径。这为1985年的重大改革和教育权力下放奠定了基础。各地学校雨后春笋般地建立起来,普及小学教育的目标几年内就实现了。同样,作为国家目标,普及九年义务教育的改革也在每年稳步地推进。

1986年,中国制定了义务教育法,要求每个孩子必须接受九年的正规教育,即六年的小学教育和三年初中教育。[①] 到20世纪90年代中期,中国已基本实现了这个目标。

几乎与此同时,1980年,像上海这样的城市,已经有了大规模的非国有企业部门,开始探索职业学校的新类型,他们不保证分配工作。这相对于计划经济所执行的严格的人力资源计划来说已经迈出了重要一步。到1997年,正规毕业生分配工作已从各类教育系统中消失了。1982年,中国按照西方的模式,实行高等教育学位制度。

然而,直到1988年中国才抛弃国家统一课程,开始教材多元化的试验;此时的文化传统规定教科书是学生学习的基本工具,而且是由国家免费提供的。(这与其他类似经济地位的发展中国家有很大的不同)教材的多元化允许对国家教学大纲有多种诠释,在很多地方,比如上海,都在尝试在国家大纲框架内建立新的教学大纲。

规模的扩张:1990年至今

中国现在已经度过了基础教育规模上的扩张阶段。官方统计数据(2009)显示,小学阶段为99.4%的净入学率和初中99%的毛入学率[②],这令许多国家羡慕。同年,高中阶段(包括普通和职业高中)的入学率是79.2%。这个阶段,普通(即学术)高中学校招收的学生占52.5%,基本上有一半的学生进入普通高中学习。然而,这个数字有可能掩盖了地区差异。在大多数城市地区,高中阶段的毛入学率是100%或更高,这意味着在校学生人数超过这个阶段的适龄人数。

[①] 尽管国内部分地区略有不同,但基本上小学、初中和高中加起来是6+3+3模式。各种职业学校基本和高中是同一个层次。
[②] 因为这个阶段年龄参差不齐,所以这里使用毛入学率。

如前所述，1985年的改革，建立了放权于地方学校财务和管理的构架。以教科书为例，由于地区上的经济差异，权力下放立即导致了巨大的地区差异。经过好几回的反复论证和对有关权力下放程度的调整，2006年颁布了经修订的《义务教育法》，中央政府根据不同地区的不同经济能力给予相应补贴。[①] 这表明了政府维持、普及基础教育的决心，同时也为教育质量方面进行更加充满活力的改革铺平了道路。

21世纪：关注高等教育

如果20世纪八九十年代的亮点是发展和普及基础教育，那么21世纪第一个十年的重点已拓展到高等教育。1998年开始，中国打破了长期把高等教育的人数限制在很小比例上的政策，并进行大规模扩招。1999年，全国所有的高校都需要扩招50%。2000年是25%，2001年是22%。[②]

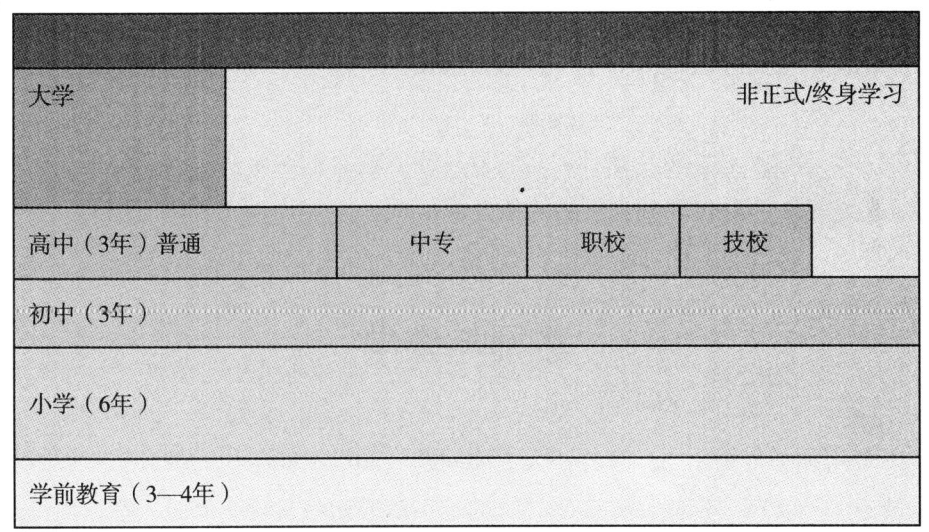

图 4.1　中国教育体系

尽管政府有意暂停这种扩张，但高等教育已经展示出强劲的势头，各种非政府举措，如私立学校和自负盈亏的项目都蓬勃发展。最终的结果是，高等教育的学生人数从1998年（扩招前）的不到600万增加到2009年的2 980万。虽然2009年的入学率还是较低，约为24.2%（Ministry of Education, 2010 a），中国高等教育的人数在

---

① 政府对不发达省份的补贴是80%，中等发达的省份补贴是60%，发达省份没有补贴。
② 详见 Yang 2004.

教育系统中的成功者与变革者
美国从国际学生评估项目中学什么？

世界上还是最多的，多于第2名的美国（2007年约1 800万），也比印度（2007年约1 300万）要多（UNESCO Institute of Statistics，2009）。

高等教育的扩张，对整个教育体系的影响巨大。一方面，毕业生失业现象明显，尤其是包括上海在内的大城市。分析家往往认为，这主要是由于毕业生不愿意去收入不理想或在欠发达地区工作，因此这不应妨碍高等教育的进一步发展。[①]事实上，就业情况并没有影响到家长和青少年对高等教育的热情。另一方面，高等教育的快速扩张创造了新的学术研究前景，包括普通（学术）高中学校的入学率升高和职业学校的入学率降低。

在这些扩张中，私立学校大量涌现，尽管这类学生比例和学生数目还是占少数。然而，这种趋势不可逆转。显而易见的是，私立学校在中国大陆被称做民办学校，意思是"社区"学校，或者更准确地说是"非公立学校"。这种叫法也无可非议，因为在中国，公立和私立的划分并不太清晰。比如，许多学校的领导都是往届政府官员，或者政府部门为了营利而开办私立学校。

中国还有多种复杂的终身学习体系，包括全职假期学习、夜间业余课程、远程学习项目和自学项目。这种学习往往可以获得正式的证书，如各种文凭和证书，有时还能拿到学位。这些负责培训的运营商是高等教育的主要机构（作为他们的拓展项目）、专业人士和以营利为目的的私人企业。

教师与教学

师资问题一直是中国教育的一大主要问题。20世纪80年代的教育扩张导致教师严重缺乏。"文革"期间，许多受教育的（小学或初中文化）年轻人都被当做知识分子下放到农村。在那里他们被认为是最有学问的人，就成了老师。他们中的许多是没有接受过培训的、不能胜任的，且待遇也很低。这些人通常被称做民办教师，即使这样，其中也有许多很能干，很受欢迎的。80年代出台了一项政策，旨在重新培训这些教师，使他们转为公办教师。然而这项政策的成功也使得大批教师回流到城里工作，因为城里的生活和工作条件都更好。乡村学校现在不得不聘用资质稍差一些的教师，采用聘用"代课教师"来临时顶替。这是一个必须解决的结构性问

[①] 这是2007年北京大学党委书记闵维方在世界银行主要教育经济学家北京会议上的观点。

题。在庞大的中国教师队伍中，能力之间的差距，可能是推动全面和有效的教学改革的一个原因，这将在下文探讨。

城市的情况较为明确和积极。自1997年大学开始收费，就有师范生的提前录取这一项国家政策。因此，师范（教师培训）学校享受到了录取的优先权也吸引了更优质的生源。在大城市，如北京和上海，那里的经济更加开放，收入差距也较大，教师作为一个有稳定收入的职业，因此成了首选。近年来，由于教师待遇水平的提高，教育职业更加受到青睐。

需要指出的是，虽然中国内地的教师待遇并没有达到一个很高的层次，他们在工资之外还可以有其他可观的收入。这有可能是来自常规工作之外的额外工作津贴、来自校外的收入（私人辅导或者被邀请作报告等），或者学校的福利（比如学生的择校费和低于本校招收分数线的学生的赞助费）。

中国内地的班级规模都很大，国家标准是每班50人。然而，在农村地区好学校比较罕见，有的一个班级超过80人，甚至会超过100人都属正常。家长都喜欢好学校、好教师和小规模班级。然而，在大城市（上海比较典型），最近人口大幅下降（译者注：应该是适龄儿童减少），已经迫使当地政府实行小班教学，以至于能最小规模地裁减教师。这样大幅减少了教师的工作量，从而也为课堂上学生活动创造了空间，这在大班教学中是不可能实现的。

中国已经形成了一个非常严谨的教学框架和体系。在基层，以学科为基础的"教研组"从事日常的教学研究和改进教学活动。例如，一个高二物理教研组的教师每周上12~15节课，只教这一门课（高二物理）。这个教研组会定期开会，通常会有实验室助教等相关人员参加，在教研会上会为下周的某一个专题制订详细的方案。教师们都要求按这个方案来制订个人更为详细的教案。

教案不仅仅是教师上课的依据，而且作为教师专业成果的重要文件。很多情况下，当考虑这个老师晋级职称或涉及奖励的时候，教师上课时都有学校校长或地区教育局领导来听课、观察。总之，中国教师认为上课不仅仅是一种展示，而把很多时间都用在为这标准的40分钟做准备上了。①

"教研组"是受每个学科教育局（农村或市辖区）"教研室"监督的，而"教研室"也同样受到省级或市级"教研室"的监督。从专业角度，所有的这些"教

---

① 课改把一节课的时间缩短为小学35分钟、中学40分钟。在其他大部分省份，一节课的时间是小学40分钟、中学45分钟（Ding, 2010）。

教育系统中的成功者与变革者
美国从国际学生评估项目中学什么？

研"都在中央政府教育部基础教育二部的指导下进行部署。基础教育二部负责整个国家所有的课程开发、教材编写、教育提高和学校管理的事情。在某种程度上，中国的教学系统要比其他的系统组织得更加集中。

在教学过程中，教师们可以相互听课（比如，由于课程改革带来的新的教学主题），新教师听课可以向经验丰富的教师学习，老教师听课来对新教师进行指导，校长听课是进行指导或者出于学科建设和学科发展的目的。有时，教师要上示范课（公开课），然后许多其他老师进行评论。因此，中国的这种教学结构组织不仅仅是为了管理，而且是专业发展的重要平台。

这种教学规范遍及中国，无论是偏远的农村还是繁华的城市。这种实践在教学中也被认为是理所当然的基本规范。观察者可能认为这是一个质量保证的问题，实际上是专业发展和教学提高的基础目标。这些措施是为了帮助教师专业发展。

作为他们专业地位的象征，中国教师分为四个等级。从一个级别晋升到下一个级别往往需要进行公开示范课、指导新教师、在教育教学类杂志上公开发表文章等。当然，有很多方面是中国教育体系所特有的，但教学规范或许与之最相关。

中国教育图景的另一个侧面就是几乎所有的政府教育机构中的官员，无论市级还是区级，都是从教师开始做起的。在他们大部分的履历中，其身份都是杰出的教师或校长。这或许能解释在行政琐事和政治事务中，他们为什么那么钟情于教和学。在保持以教学为中心的同时又凭借着一种战略眼光，使得他们能够掌控教育之外的政策。

持续的课程改革

从更为宏观的角度洞察中国教育改革背景，正在进行的改革可以算是另一个维度。20世纪80年代以来，中国发起了一系列的改革。的确，改革是教育中的一个持续的概念。如前面提到的，主要的里程碑包括：1985年的财政和管理权下放的全国性改革；1988年鼓励地方编写教材（而不是全国统一教材）的举措；1999年高等教育的迅速扩张，以及同年的高校招生考试改革；2002年立法鼓励私人办学；2006年缩小教育财政支持差距的重大举措。

最近一个全国性的整体运动就是在下一个十年提高教育的质量，2010年7月颁布了《国家中长期教育改革和发展规划纲要》。它为2020年前的教育发展制定了计划。其中一个远大理想就是在全国开展的学前教育。考虑到这个国家的多元背景和早期儿童发展的概念，这可能成为新的挑战。该战略还强调需要克服教育不公平、尊重多样性和个性需求的重要性。这通常被认为是步入质量、公平和个性化时代的一项战略计划。

考试已经成为任何一个试图改革中国教育的焦点问题。尤其是在中学阶段，教和学主要是由考试大纲决定的，这个层面上的学校活动都以考试准备为导向。如音乐、美术，甚至体育等学科都被从课程表中移除，因为考试内容不包括这些。学校每天都延长学生的学习时间，工作日延长到周末，主要是有以考试为任务的班级。如前所述，大部分以牟利为目的的私人辅导班遍地开花，几乎成为学生的家庭必备。在过去的二十年里，国家政策议程已经开始寻求让这种体系远离考试，但是收效甚微。沿着这条改革路线，最近呼吁减轻学生负担，这被当做未来十年教育发展的一个主要任务来抓。

考试压力对教育工作者、父母和决策者来说都是一个主要问题。一些省份禁止周末补课。普遍认为过分看中考试危害年轻人的真正发展，不利于整个国民素质的提高，但是几乎没有什么措施能有效减少或缩小考试压力。教育工作者开玩笑地描述当下的情况："高呼推进素质教育，扎扎实实准备考试。"

然而，致力于改革的人士继续做出巨大的努力，在全国进行课程改革。2001年颁发的一个主要文件呼吁如下变革（Ministry of Education, 2001）：

（1）改变以纯粹知识传授为目的的教学，转向培养学生的学习态度和价值观；

（2）改变过于强调学科本位知识，转向综合而全面的学习体验；

（3）改变以纯粹书本知识为主的学习，转向提高对该课程相关知识的学习和兴趣的培养；

（4）改变机械学习、死记硬背，转向增加学生参与、现实生活体验、交往能力和团队合作、获取新知识、分析解决问题的能力；

（5）改变过分强化考试甄别与选拔的功能，转向强调生成和建构的功能；

（6）改变中央集权，留出空间以因地制宜、满足地方需要。

具体的变化，包括淡化具体的学科结构，这样就能根据生活的现实意义和学习的进展情况来重新组织内容；在自然科学和人文科学之间引入了跨学科的综合课程；设立艺术模块作为必修课程；改变考试形式，从事实的记忆到分析解决现实问题；等等。

显然，这种改革的话语方式是一种"学生的学习"，这种话语也同时被新加坡和中国香港的类似改革所认同。这种改革深受"建构学习"概念的影响。这不仅是对现有常规课程的一种提高，而且从根本上弄清了课程的概念，因此，它对教育和课程的基本假设提出了挑战。这意味着不能做那些传统上已经做过的，而是要做得更多、更好、有所不同。因此，这才是真正意义上的课程改革。

不难理解，这种做法受到该学科学术领域顶级科学家的强烈反对。他们认为这种课程会破坏学科的完整性，从而不利于本国产生新的科学家。学习的建构性解释也在教育研究者和政策顾问之间引起了争论。有一些人士把建构学习当做了纯粹经验主义的经验，这剥夺了学生从早期学习成果中的学习。有一些人认为建构学习是人类唯一的有效学习方式，因而坚持认为这应该成为课程改革的核心。

最终的结果是课程改革取得了进步，但是它的发展遭到了一线教师的反对，他们发现新课程很难使他们的学生在考试中取得优异成绩。然而，改革还是稳步推进了。

下面针对中国的两个主要城市——上海和香港来讨论教育和学习。两者都是经济实力雄厚，并且在过去的二十年里进行了主要的综合教育改革。虽然两者传承了相同的文化和教育，但这两个城市还是在不同的政治和意识形态框架之下的。以学生的学习为中心是他们改革成效的共同话语，但是对政府不同作用的设想导致他们采用不同的方法途径。

上海：改革的领头羊

上海是中国最大的城市，人口2 070万，其中常住居民是1 380万，暂住人口540万。此外，还有约150万人是流动人口（家不在上海；上海市统计局，2010）。上海是四个直辖市（其他还有北京、天津和重庆）之一。2009年，上海人均国内生产总值是11 563美元。

虽然人口和土地分别只占到全国的1%和0.06%，但对中国财政的贡献却占到了全国的1/8（上海市信息办公室和上海市统计局，2010）。2009年上海市服务业对上海经济增长的贡献占60%，居全国之首。

虽然北京是中国的政治中心，而上海不可否认是商业中心。上海还是中国最具有国际化和最开放的城市。这要基于1949年以前的繁荣和殖民地地位。它还是19世纪中期被迫开发的第一个港口。[①] 1978年之后，中国改革开放实行市场经济（社会主义市场经济），上海几乎在所有的领域里都走在前列，也包括教育。

普及教育遥遥领先

上海是中国大陆国际化程度最高的城市，但是文化传统对教育的影响仍然深远。对教育的普遍支持意味着它在发展普及教育方面很少遇到阻力。然而，上海也承受着过多的考试压力，这在整个教育改革日程中仍是一个主要问题。

上海是第一个实现普及小学和初中教育的城市，还率先实现了高中阶段的普及教育。根据2009年的《上海年鉴》（上海市政府，2010年），义务教育的年龄段的入学率是99.9%以上，高中阶段的入学率为97%（包括普通和职业教育）。值得注意的是，学前教育的入学率是98%，已经超过了国家制定的2020年的学前教育的新目标。

统计显示，上海有超过80%的高等教育适龄人群通过一种或两种渠道接受高等教育（全国是24%；Ding, 2010）。换句话说，只要愿意都可以接受高等教育。2009年上海就有61所高等院校，另外还有一些得到官方承认的私立（高等）学校。如果只考虑上海本地人口的话，高等教育就供过于求[②]，但上海的高校从全国各地招生[③]。上海或许一直是仅次于北京的高等教育的首选之地，吸引了全国各地的佼佼者。

如果上海高等教育没有名额限制的话，会吸引更多的来自全国各地的学生。无论他们的生源地是哪里，从上海的高校毕业之后就可以留在上海工作。由于这个原因，许多"教育移民"来到上海为的就是使自己的子女接受更好的教育。[④] 当然，也有许多上海的学生到外地去读大学，通常是北京。

上海是中国教育的枢纽，对潜在的考生来说也有很高的激励作用。这样加强了上海高等教育机构的竞争力。然而，需要指出的是，即使对本市招生的配额很多，

[①] 这是来源于中国在鸦片战争失败后的，于1842年签订的《中英南京条约》。
[②] 与韩国和日本相比，那里的高等教育人数要超过高中毕业生人数。
[③] 上海的高校分为市属高校和中央直属高校，它们资金来源也不一样。相应地，它们在当地和全国的招生比例也有所不同。
[④] 为了遏制教育移民，国家规定在所在城市（比如上海）就读的外地考生必须回到生源地参加高考。换句话说，他们不能占用上海的名额。

教育系统中的成功者与变革者
美国从国际学生评估项目中学什么？

这种竞争仍然十分激烈。改革者曾认为如果这个系统不再这么强调甄别与选拔，竞争压力就会减少。

这种现象有多种解释，这在亚洲国家非常普遍。其中之一就是中国人把社会分为几个垂直的等级①，尽管都能接受一般的高等教育，他们还是想进入最好的大学。的确，各大学在父母心中早有定位。同样，父母也都希望自己的孩子在班级里名列前茅，没有十成把握就不行。②另一种解释是，文化传统重视刻苦学习，"学习"（传统上的"读书"）是他们的"责任"。家长和老师都喜欢让他们的学生整天忙着学习，如果学生学习用的时间较少，他们就会不开心。因此，尽管上大学的机会增加了，上海与中国其他地方的考试压力还是一样。

文化遗留因素也有积极的一面。上海是许多实验项目的大本营，可以看到许多改革先行者在发展素质教育和反对考试压力。其中一个例子就是"成功教育"（专栏4.1）

专栏4.1

成功教育

上海市闸北区的特征是犯罪率高和教育落后。1994年，刘静海成为闸北区第八中学的校长。该校是全区表现最差的学校之一。刘先生采用他多年研究得出的"成功教育"战略，鼓励教师给表现不佳的学生以自信，让他们相信自己有潜力在学业上取得成绩。这一项目让第八中学在全区30所学校中名列第15，大约80%的毕业生考入大学，而全市的平均比例才56%。2005年，上海教育部门请刘先生协助，通过"委托管理"来帮助其他10所表现不佳的学校扭转局面，运用"成功教育"的管理和教学实践经验，第八中学的教师和伙伴学校共同努力。

考试改革

上海决定改革考试方式和内容来服务于其课程和教学改革。按中国的说法，统考（译者注：尤其是高考）是指挥棒，指挥着整个乐队（教育体系），现在我们不

---

① 这种文化假设被马林诺夫斯基的学生、中国第一位著名的人类学家费孝通演示出来了。根据费孝通的观点，中国的社会是一种垂直结构的"等级分配"，这与西方认为的"关联分配"相反。1947年的"乡土中国"系列最能反映这一点。

② 史蒂文森（Stevenson）和斯蒂格勒（Stigler）也持相同的看法。

要拿走这个指挥棒，而是想办法让它改变指挥方法以便演奏出优美的曲子。

1985年，上海获得了其管辖之下的大学的高等教育入学考试的自主权。自那时起，在改革考试和评估方面做了大量的努力。总体来说，考试的变化要与对课程和教学改革的期望相匹配。例如，综合试卷要求打破学科界限，测试学生运用知识解决实际生活问题的能力。再如，试题提供给学生教学大纲中没有的内容，来测试学生运用其所获得的信息解决新问题的能力，考试还取消了单项选择题题型。

学生的参与

中国文化传承中的一个重要影响是学生对学习的投入程度。上海的课堂比较典型，学生要全身心投入课堂，不允许精力不集中。在本研究的一次数学课堂（是关于初中二年级的学生学习抛物线的一堂课）观察中发现，这堂课绝对可以称得上独特。学生在座位上要做15道相关的题目，还要挑选同学到黑板上演示。这与其他文化里的课堂有很大不同，在别国，学生不会被要求整堂课都要全身心投入。而在中国则被认为这是学生应该做的，是学生的责任。

学生的学习远远不仅限于课堂之内。家庭作业是他们学习活动的重要组成部分，某种程度上也决定了学生放学回家后的生活。家长希望学生每天晚上做功课，并愿意把家庭生活都奉献给学生的学习，这也是一个古老的传统。家庭作业的负担如此之重，以至于中国许多当地机构都规定了学校允许布置的家庭作业的最高限度（以小时计算）。上海是最早实施这种限制并把它当做一项政府政策来执行的城市。

学生的补习远远超出了学校的规定。一些补习学校开设内容全面的"补习班"，迎合了准备考试的需求。①据不完全统计，超过80%的家长都把孩子送到补习学校。这些学校大多以营利为目的，往往采用小组的形式，在每天课后或周末上课，主要补习某特定的学科。家长认为，这种补习学校有助于让学生成功地通过考试。教师也不完全反对这种学校，因为他们也认为通过考试是学生学习的主要目标。为了保险起见，甚至那些反对临时抱佛脚的家长们也把孩子送到补习学校。来补习的学生并不都是成绩较差的学生，甚至成绩非常优秀的学生也来补习，从而确保在考试中取得更高的分数。

除了"补习班"之外，还有校外机构的"特长班"②，许多年轻人可以学习音

---

① 原上海市市教委主任张民生在一次采访中简明指出这一点。
② 同上。

教育系统中的成功者与变革者
美国从国际学生评估项目中学什么?

乐、美术、体育、武术（功夫）和各种学校没有开设的课程。其中最受欢迎的是钢琴、笛子、芭蕾舞、中国书法和中国画。父母们都愿在这些收费不菲的活动上花钱。

学生也被各种学习活动所淹没。他们被要求参加各种活动（参见专栏4.2）。比如上海的学校，上海市要求每个学生每天至少参加1小时锻炼。从早上课前的早操开始，上午还有"课间操"，放学后还有体育活动。有的学校开展"眼保健操"，学生对眼部基本穴位进行按摩以防止视力下降。学生还从事体育和艺术方面的各种课外活动，希望能够培养组织能力和领导能力。比如，学生轮流"值日"，打扫班级和附近的走廊。学生要参加保持校园清洁的团队活动。他们还被组织起来参观访问农村或者社会落后的群体，作为一次社会学习和服务学习的活动。所有这些活动都是由教育主管部门来协调的。

> **专栏4.2**
>
> **东方绿舟**
>
> 东方绿舟是一项宏伟工程，是上海市教委建的教育基地。这个巨大的教育主题公园占地60 000英亩，包括身体挑战区、军事训练区、博物馆、别墅、宾馆和会议中心。别墅和宾馆按照地球村的概念设计，每个区都是一个特定国家的风格。上海的每一个小学生和中学生都被学校组织至少参观一次。它很有趣，许多家长还可以自费预约让孩子再去参观。学生们把它看做娱乐公园。

学生经常奔忙于各种活动，无论是校内还是校外的。这就是为什么国家2020年规划文件呼吁"减轻学生负担"。上海好像比中国的其他地方更加意识到这一点，许多好学校禁止在夜晚和周末上课，家长们也不得额外施压。

与其他地方相比，上海的年轻人，在更广意义上来说更多地投入到了学习上。虽然他们所学的东西以及如何来学习一直存在争论，可逻辑上的结论使他们学到了很多东西。批评家们认为年轻人是被"喂养"的，因为他们几乎不是基于自己的选择来学习。比如，他们很少直接接触自然，也很少直接经历社会。虽然他们学会了很多东西，但他们可能还没有学会如何学习。上海市政府正在研究新的政策来减轻学生的负担，重新关注学生学习经历的质量而不是数量。从广义上看，变化了和变化中的社会挑战，在紧张的参与和真正学习之间保持着一种张力。

课程改革

上海一直被视为教育改革的先驱，其中课程改革是中心。如前所述，上海的课程改革是在国家改革的总体框架之下进行的。但在课改向全国推广之前，上海有权进行课程改革试验。自1989年以来，上海已掀起了两次课程改革的浪潮。其实质是克服学校的"以考试为中心"的做法，打造素质教育（Ding，2010）。[①]

课程改革的第一阶段始于1988年，尝试让学生根据个人兴趣选择课程。课程建设包括三个板块的内容：必修课程、选修课程和课外活动。与之相应的教科书和教材被引入。

1998年，课程改革进入第二阶段，整合了自然科学和人文科学、国家课程和校本课程、知识的习得和主动探究。其目的是把学生从知识的被动接受者转化为学习的积极参与者，以提高他们的创造性和自我发展能力，实现其潜力的充分发展。传统学科被重新组织成为八个"学习领域"：语言与文学、数学、自然科学、社会科学、科技、艺术、体育和实践活动。鼓励学校根据自己的具体情况开发校本课程。博物馆和其他"青少年教育基地"（如东方绿舟）现已成为实施新课程的重要基地。

新课程有三个组成部分：基础课程，所有学生必须学习，主要是通过设置必修课程实施；辅助课程，主要是通过选修课程发展学生的潜能；探究课程，主要是通过课外活动实施。探究课程要求教师为学生提供支持和指导，让学生基于自己的经验确立研究主题。我们希望通过独立的学习和探索，学生可以学会学习，学会进行创造性的思考和批判性的思考，参与社会生活，促进社会的健康发展。自2008年以来，新课程已在全市范围内实施。

整体来说，课程改革拓展了学生的学习经验，通过把他们和更广泛的人类和社会问题联系起来，加强了学科之间的联系，集中于学生的"能力发展"，而不是单纯的信息和知识的积累。这些在考试改革和教学改革中都有体现。

彻底的课程改革受到教师教育和专业发展变化的支持。近年来，教师资格准入的门槛显著提高。二十年前，小学教师在相当于高中水平的初等师范学校接受培训，初中教师都是大专学历。不到二十年的时间里，所有的小学教师都必须有大专学历，所有的中学教师都有（本科）学位和相应的资格证书，许多还有硕士学位。

---

① 以下三个部分的内容均来自丁钢（2010）发表的论文。

教育系统中的成功者与变革者
美国从国际学生评估项目中学什么?

上海是中国第一个需要教师持续专业发展的地区。要求每位教师在五年里用于促进专业发展的时间达到240小时。

为了便于共享课程设计、开发和实施的有益实践,他们建立了一个网络交流平台①并在2008年投入使用。网站上的资源包括课程开发和学习、课程实施的成功例子和关于教和学的研究论文。上海2020年教育改革与发展规划纲要草案曾广泛征求意见,它呼吁开发校本课程和在高中阶段建立学分制使得学习更具个性化和灵活性。

课程改革同时带来了教学实践的变化。这些变革目的在于改变班级现状以更好地促进学生的学习。最近几年实施的一项非常重要的变革就是通过"把课堂时间还给学生"来实现的。这相对于教师的讲解来说,需要增加学生的学习时间。原来的一堂精品课就是以老师讲解得好和设计展示得好为典型特征,现在这一观念已经发生了根本变化。原来示范课堂录像仅仅关注教师的活动,现在示范课堂有两个镜头来录像,其中一个记录学生的活动,教师的表现要根据学生参与的时间和学生活动组织的好坏来评价。简单的口号就是"每个问题的答案都不是唯一的"。这对教师所教授知识的权威构成了挑战。

这些变化促使课堂教学发生了翻天覆地的变化。使用口号是中国的一个传统,所提倡的变革成了一种运动。精心制作的标语用以抓住变化的本质和能被基层的教师容易理解和执行。这对农村地区非常有效,那里大部分理论思想都是国外的。教学改革中口号的使用也是基于中国所谓的"建设性整合"。也就是说,教师是不介意模仿其他教师的良好教学活动的,的确,创造性的教学活动就是准备被模仿的。这与其他地方的创造性的意义有很大的不同,比如在美国,被叫做创造性实践的都是与众不同的。

重新设计考试是上海改革的另一关键因素。如前面提到的,1985年,上海获得授权开始实施独立的高等教育入学考试。这种进步具有两大重要意义。第一,高等学校招生是全国范围内极其复杂的一年一次的大考,创立独立的地方考试是统一制度下的一个个案。上海的实验确实引领了考试的地方分权,这是地方课程的一个核心。第二,上海把统考(这里指高考)看做设计任何新课程的核心。脱离全国统一的高考使得上海得以在课程改革上建立一个综合平台。

自从2001年开始,高考采用"3+X"模式:语文、数学和英语三门主要科目,

---

① http://wljy.sherc.net/kgpt/.

加上"X"是指每个学校所要求加试的其他科目。"X"的考试可以采用笔试、口试或实践技能测试等。考试内容可以涉及一个学科、一种能力或者几个学科或几种能力。每个学校决定三门主干课程和"X"课程的比重。比如，以上海理工大学为例，三门主干课程占到总分的40%，"X"占到60%。

2006年，复旦大学、上海交通大学和六所高等职业学校开始组织自己的入学考试，并设定自己的入学要求。这两所大学通过自己组织考试录取了578名新生。2007年，另外三所职业学校组织了自己的入学考试（上海市教育委员会，2008）。高等学校招生考试的总体趋势和意向是入学考试的多元化，以减少统考的压力。为了进一步降低考试的压力，上海已经开始允许高校结合高中学校推荐和高考录取两种途径来招生。其他被选定的学校，想必有过之而无不及，被赋予自主设定录取标准和进行招生考试的权力。最近，学生们可以自我推荐被高等学校录取。

克服差距与不公

中国近年来已经加入了国际社会，中国已经认识到克服教育中的差距和不公的重要性（整个社会的确如此）。这具有重要意义，因为整个改革的成功是基于打破"文化大革命"中所盛行的极端平均主义。改革开放的总设计师邓小平带来的突破是允许"少数人先富起来"。那时的差距被看做促进国家财富增长和解决贫困的刺激因素。

中国长期以来都存在"重点学校"的概念。重点学校是由教育主管部门选定的，被给予了更多的资源和更好的教师。现在全国重点学校很少见，但省或（直辖）市级重点学校，县、市、区重点学校依然存在。还有一些重点大学拥有特权资源，虽然这个名词不再用来描述他们。重点中学招收好学生，他们有更多的机会进入更高层次的重点学校或大学。一所重点高中可能会有100%的毕业生能进入好的大学，而处于底层最差的非重点的学校可能没有任何学生进入这样的学校。这个理念，如前所述，在一个等级社会里被视为当然。父母们不去过问这种制度的存在，却只想着让他们的孩子在进入重点学校的竞争中获胜。

1982年，国家政策旨在消除小学阶段的"重点学校"标签，但该标签在初中和高中依然存在。小学阶段的"实验"学校或有其他标签的学校，虽然没有了重点学校的标签，但享有更多的资源和更好的教师。

由于重点学校体系的要求较高，小学毕业之际的统考具有很高的选拔性显得很有必要。通过统考向各种不同层次的中学分配学生，初中毕业之际的考试也是如此，也要给各层次的高中分配生源。这就解释了各部门、各层次考试所带来的压力。

就近入学

1994年，上海在全国首次实行小学和初中阶段的"就近入学"政策，要求学生在当地学校就读，以消除这个阶段的"重点学校"的概念。这是对社会的一个挑战，引起家长的不安，他们担心自己的孩子不能通过竞争进入更好的学校。社会压力是如此之大，最终达成妥协：学生可以通过支付赞助费的方式选择在其他地方的学校就读。这往往被称为中国版本的"择校"，它在美国是一个热点问题。家长认为额外的费用是公正的，因为不这样的话，家长就会利用政治权力和人际关系。

"就近入学"也引起了教师的担心，一些教师不习惯于给学生能力等级参差不齐的班级上课。然而，现在教师似乎为自己能够教授不同背景、不同能力的孩子而感到骄傲，他们认识到学校内部的多样性和差异性是当代社会的普遍特征。就近入学不再需要小学毕业考试，小学教育不再有考试压力。这一政策的直接影响是创新和创造性在小学阶段的蓬勃发展。政策制定者通常认为这是上海在课程与教学改革中遥遥领先的重要因素。

农民工子女

"就近入学"政策在农民工子女的入学问题上面临着挑战。农民工子女在20世纪90年代后期成为一个重大的全国性问题。20世纪80年代，农民工从农村大量涌入城市工作。大部分是工厂的低收入劳动者，而另一些工人在建筑工地做临时工，还有一些在城市里做起了小生意。农民工促进了中国的经济快速增长，但他们的孩子和教育已成为一个全国性问题。

到目前为止，全国大约有3 000万适龄儿童是农民工子女，这占基础教育阶段所有学生的20%。换言之，每5个孩子中，有1个来自农民工家庭。其中，约2 000万与他们的父母生活在城市，其余1 000万留在农村，没有父母照顾。这两类农民工子女构成严重的教育和社会问题，已经成为政府工作日程的主要问题，这也是在2020年教育规划中承诺要解决的一个重大问题。

上海因其工业和商业比较活跃而成为农民工的主要集散地之一。2006年的统计数字显示，80%的流动儿童到了入学年龄，在上海就读的学生占上海基础教育学生整个数量的21.4%（Ding，2010）。自2002年以来，国家政策出台两份报告文件（"两个主要"的政策）[①]，即"流动人口子女的教育是接收城市的主要责任"和"农民工子女主要在公立学校接收教育"。当接收城市不想把当地纳税人的钱花在农民工子女身上，当公立学校的家长不想让自己的孩子与农民工子弟待在一起时，这些政策成为强制性的。不同的城市对此政策有不同的解释。

上海是以理性和同情心来对待农民工子女的城市之一。上海惊人的经济增长速度，有很多要归因于农民工的贡献，农民工的孩子应该受到优待。该研究的受访者们也解释了上海实施这种农民工子女教育政策的原因：

上海在历史上一直是一个移民城市。流动人口的子女现在留在上海，最后成为上海真诚的市民。他们今天受到什么样的待遇，将决定他们将来对上海的感受和对上海的贡献。[②]

一本深受教师欢迎的杂志《上海教育》最近的一篇文章指出，农民工子女对城市儿童有积极影响。流动儿童带来了节俭和坚韧不拔的优良品质，而城市的孩子多是独生子女，思维敏捷，知识面宽广，但他们被宠坏了。因此，文章提倡进行"双向整合"，这样城市儿童和流动人口的子女会彼此受益。

在某种程度上，上海已经建立了这样一种观念：农民工子女就是"我们自己的孩子"，我们要建设性地把他们纳入我们的教育发展体系之中。同时，在制度层面，公立学校接纳农民工子女有助于解决本地常住居民适龄儿童数量所产生的问题。

加强薄弱学校建设

上海的另一个重大任务是完成一些"薄弱学校"向优质学校的转型。20世纪80年代以来，在学校中实施了多次尝试创新改革来确保学校的物质环境运行良好。20世纪90年代中期，人口开始出现下降迹象，这给政府提供了一个很好的进一步改善学校的契机（Jin，2003）。1999年，上海掀起了第二次学校改革浪潮，主要根据"标准化项目"来改善校舍和基础设施。一共有1569所学校被重组或关闭，占上海全部学校的3/4。改造学校的第三次浪潮始于2002年，上海1/3的初中从中受益。第二轮和第三轮改革还包括其他措施，如加强教师队伍建设或选拔杰出

[①] 该项政策在2012年实施，已被广泛采用。
[②] 根据上海市教育科学研究院原副院长、特级教师、数学教育改革专家顾泠沅的采访整理。

教育系统中的成功者与变革者
美国从国际学生评估项目中学什么？

的校长。

随着经济的发展，上海市政府开始致力于提高家庭的能力来支持教育儿童。自2006年起，所有接受义务教育的学生免收学杂费。2007年以来，所有义务教育阶段的学生可以免费获得课本和练习簿（上海市教育委员会，2009）。尽管基础教育是免费的义务教育，但学校的质量参差不齐，也影响到儿童所受教育的质量。事实上，上海的公立学校一直因其参差不齐而受到批评。

为了减少这种差距，上海市政府已经采取了一系列措施。[1]

第一个策略，如前所述，是学校革新。政府对学校的基础设施和教育质量进行评估，把学校分成A、B、C、D四类。A类学校达到政府规定的基础设施和质量的标准，而D类学校两个方面都没有达到标准。随着学校的适龄儿童人数的降低，有一部分C类和D类学校被关闭。其他的被合并到A类或B类学校，或在第二、第三次改革中被重组。2005年，第三次改革浪潮结束的时候，C类和D类学校被取消了，所有公立学校被分为A类或B类，有64%的公立初中是A级。

第二个策略被称为财政转移支付，这是对公共资金的积极运用。统计数字显示，农村学生人均支出只有城市的50%~60%。农村学校的平均资金也远远低于市区的学校（上海市教育局，2004）。当时的战略是在不同层次上设立每个学生的最低支出标准，把公共资金拨给贫困地区。2004年至2008年，超过5亿美元资金被转移到农村学校，以帮助他们建立和更新基础设施和实验室，购买书籍和音像材料，提高教师工资。

第三个策略是在城市和农村之间的教师互相借调。农村学校往往很难招聘到教师，教师流动性很大。例如，据报道，在青浦区的一个农村地区，在1997年至2002年期间，在一个相对贫困的初中学校里有160位经验丰富的教师辞职。[2] 为了扭转局势，政府把大量的城市公立学校教师调到农村，其中不乏一些非常优秀的校长（上海市教育委员会，2008年）。与此同时，年轻的和中年的农村学校校长和教师被调到城市的学校，希望他们带着从城市学校里学到的经验返回农村学校。

第四个策略是将富裕的城区和农村地区结对子。2005年，九个市区教育主管部门和九个农村地区的教育部门签订了三年协议。有关机构交流并讨论了他们的教育发展规划，携手应对诸如教师能力建设的问题。这些机构下属的教师专业发展机构

---

[1] 这些内容均来自丁钢（2010）发表论文。
[2] 这些内容均来自丁钢（2010）发表论文。

能够分享他们的课程、教材和好的做法。此外，91所学校联手为姐妹学校，而且有大量的教师在他们的姐妹学校里进行着交流活动（上海市教育委员会，2009）。第一轮为期三年的"结对"项目于2008年结束，第二轮正在开展。

第五个策略较新颖（就是所谓的委托管理），但是已经受到越来越多的重视。在这项计划中，政府会委派"好"的公立学校来接管"薄弱"的学校。根据这项计划，"好"的公立学校任命经验丰富的领导（比如副校长）来当该"薄弱"学校的校长，并且把一批经验丰富的教师派去领导那里的教学。都认为这种好学校的校风、管理方式和教学方法等，可以通过这种方式传递给"薄弱"的学校。

2007年，上海市政府要求市区10所好学校和其他教育中介机构来负责10个农村地区和县里的20个学校的义务教育工作。这些好的学校或机构和农村学校签署了为期两年的协议，要求前者派遣高层领导和有经验的教师到后者那里，市政府来承担这种费用（上海市教育委员会，2008；上海市教育委员会，2009）。这种安排不仅使较弱的学校受益，而且为好学校促进和激励教师提供了空间。[②]

第六个策略就是建立一些集团化学校，里面有强校和弱校、老校和新校、公立和私立学校，但以强校为核心（专栏4.3）。

专栏4.3

七宝教育集团

七宝位于上海郊区。七宝中学成立于1947年，众所周知的是它"以人为本"的价值观已渗透到学校生活的各个方面。它也因为考上重点大学毕业生人数之多而闻名。七宝有些毕业生已直接被哈佛大学录取。自20世纪60年代以来，七宝中学就被确定为"实验学校"或"示范学校"，因为它有效的领导，而且在科学教育、体育、艺术和音乐、技术领域都相当出名。在校长邱中海的领导下，以七宝中学为核心的七宝教育集团在2005年成立。迄今为止，它的规模已经达到六所学校。其他三个公立学校被七宝教育集团收购又重新命名，另外两所学校——一个高中、一个初中是七宝集团新建的学校。事实证明，这六所学校在七宝集团的领导下都已经获得了连续的提升。

来源：七宝教育集团行政人员的小组讨论，2010

---

① 对著名公立学校领导的集体访谈。

教育系统中的成功者与变革者
美国从国际学生评估项目中学什么？

上海教育的成就与挑战

外部观察者可能看到上海的教育发展和实践是富有成效的。2009年，上海参加了PISA测试，取得了非常骄人的成绩（表4.1，OECD，2010）。虽然这些结果在这个研究报告中还没有呈现出来，但是一些受访者（见本章末）对教育的积极发展，包括在提升学生成绩方面达成了共识。当地专家认为，这证明了改革的成功，现在的学生有了更广泛的知识基础，能够整合他们的知识和解决现实生活中的问题。学生习惯了基于自己兴趣的问题，并进行开放式的探索。所有这些变化都明显不同于中国传统的，以学科为中心、死记硬背的学习方式。

表4.1 上海PISA测试成绩（阅读、数学和科学）

	PISA 2000	PISA 2003	PISA 2006	PISA 2009
	平均分	平均分	平均分	平均分
阅读				556
数学				600
科学				575

来源：OECD（2010），PISA 2009 结果报告，第1册，《学生知道什么，能做什么：阅读、数学和科学成绩》，OECD 出版。
http://dx.doi.org/10.1787/888932366674.

然而，所有的受访者都对上海教育体系的质量表示不满。正如一位资深教育工作者颇有洞察力地说："学生学习的转变，主要是通过有组织、有计划、自上而下的改革进行的，要么通过考试改革，要么通过政策转变来实现的。"[①] 这些措施可能是精心设计过，但学生在学习中仍然没有太多的自主权。很有特色的学校依然很少见，考试压力仍然盛行。

与滥用权力或者金钱方面的不公平相比，考试成绩被看做"科学"、"可靠"的。人们也不会期望这在不久的将来会有所改变。然而，一位受访者说，考试几乎没有给学生自己的学习留下什么时间和空间，学生成长的空间太狭窄。他们并没有为将来的生活和工作做好准备。这被看做一个很深的危机，而独生子女家庭面临的危机则更大。

[①] 据对全国著名教师和研究人员、上海教育改革资深专家顾泠沅的采访。

第四章　上海和香港：中国教育改革中的双城记

香港的教育体系：一国两制

香港最初只是一个小渔村，中英鸦片战争（1840—1842）后，1842年，清政府将香港岛割让给英国。在随后的一系列不平等条约中，中国政府又陆续将九龙半岛和新界"租借"给英国，租期99年。第二次世界大战后，中国政府废除了所有与其他国家签订的不平等条约，但香港却一直维系它的英国殖民地身份。1997年，九十九年的租借时间终于到期，邓小平和英国首相撒切尔夫人进行了会晤，商讨归还香港事宜。终于，香港于1997年7月在"一国两制"构想的前提下回归了中国。

在一国两制的政治体制下，中国恢复了对香港行使主权。除军队和外交之外，香港在《香港基本法》框架下享有高度的自治权和独立的管辖权。作为特别行政区，香港有独立的立法机关、货币及财政政策，并相对独立于中央（北京）政府。例如，在教育领域，香港保持了其自身的教育系统，接受香港教育局的领导，而香港教育局与北京的教育部没有直接联系，只向香港政府和它的纳税人负责。同时，香港还可以与其他国际组织在财政、商业、教育和文化等方面自由参与，或加入相应的国际组织。香港的教育系统与大陆有很大的不同，它拥有自己的历史、结构和改革轨迹。

香港人口大约700万，而面积只有1000平方公里。人均GDP为42 000美元，在世界各种排行榜上，香港都可以排在世界富裕国家或地区前十位。[①]服务产业占据了香港经济增长的92%，而在中国内地，大约有80万人受雇于来自香港的投资者。

香港的居民主要是华裔。西方国家的白种人尽管为数不多，却主要就职于很有影响力的跨国公司。香港的华人源于历史上不同时期的移民活动。渐渐地，涌入香港的来自内地的华人，要么到港旅游，要么暂住。此外，为数不多但也不容忽视的是来自印度尼西亚和菲律宾的华人，这些人一般都是到香港从事家政行业。一直以来，南亚的居民主要是来自印度的商人、巴基斯坦的劳力或服务人员，以及来自尼泊尔的吉尔卡人。香港的人均寿命（无论男女）在世界上都是最长的。

香港的教育系统囊括了大约1 100所学校。然而由于人口急剧减少，学校的数量

---
① 国际货币基金组织的统计是42 749美元（第7位），世界银行的统计是43 957美元（第4位）。

教育系统中的成功者与变革者
美国从国际学生评估项目中学什么？

也出现下降。每个年龄段的人口数量已经从20世纪80年代早期的9 000人左右，下降到近年来的4 000人左右。人口生育率为大约每名妇女0.9个孩子，这一生育率远远低于人口更替标准水平——每名妇女2.1个孩子。

香港的教育系统深受英国殖民的影响。学校系统依然保持着英国制的五年中等教育，毕业后会发中学会考证书，这份证书对学生的未来非常重要，它是学生求职或深造的必备之物。中等教育之后是两年制的预科教育（六、七年级），这一阶段专门为申请高等教育之用的A级考试而设（图 4.2a）。然而，现行的教育系统面临着重大调整，下面将会讨论到。

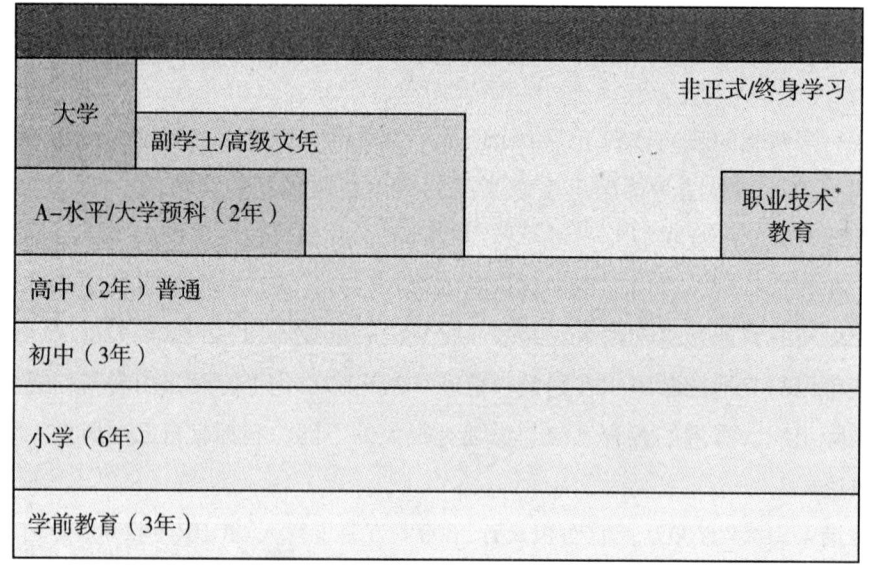

＊技术与职业教育与培训

图4.2a　香港教育体系的组织（2012年以前）

战后精英教育制度的建立

1905年废除科举制后，中国内地才开始建立学校教育系统。而此时香港早就建立了自己的学校并且没有受到内地的任何影响。香港的精英学校基本模仿了英国的"公学"（私立学校）体制。虽然如此，尤其是第二次世界大战后，由于香港的人口一直以华人为主，学校也吸收了中华文化，这也得到了英国殖民政策的支持。因此可以说，香港的教育系统是中华文化和英国传统的混血儿，而且还吸收了双方的精华。

第二次世界大战后，香港依然保持着精英教育模式，直到20世纪60年代。那时全香港只有一所大学——香港大学，每年只招收100～200名学生。后来，严格的小学毕业考试演变为中学入学考试，由此带来了初等教育巨大的考试压力，尽管当时香港的小学教育已经得到了普及。第二次世界大战后的生育高峰使得学生入学率迅速增加，然而中学依然保持高度的选拔性。

起初，香港并没有很多的公立学校。20世纪50年代以来，政府一直鼓励非政府机构（主要包括教会、慈善组织和其他团体）办学，将其纳入公立学校体系。许多非公立学校以前的办学条件极其简陋（有的学校甚至在公用房屋的顶楼办学），不过这些学校在20世纪七八十年代终于获得了自己的校园和校舍。现在，这些学校已经拥有了最先进的教学设备。总之，香港政府向公立学校提供资金和常规办学费用，但同时也希望那些非政府办学团体可以经营这些公立学校。办学团体要遵守与政府达成的资助条例。某种程度上讲，香港的"援助学校"类似于美国的"特许学校"，二者的不同在于香港的资助则更加注重对学校运作程序而不是学校表现的管理。

香港依然有许多精英学校，它的毕业生往往受到世界一流大学的青睐。值得注意的是，这些优秀的学生并不一定来自富裕家庭。不管你的家庭背景如何，只要努力就可以获得成功，香港的年轻人也例证了这一点。然而，香港的学校不仅具备良好的学术成就，它们还在体育和音乐方面有所建树。大多数毕业生都充满活力并积极参加学生团体，所以在高校里面成了领导者。可以说，香港的教育能够培养出有领导能力的人。

许多以营利为目的的私立学校在20世纪70年代发展迅速，这主要源于当时的学校稀缺。这些私立学校的教育质量很低，80年代公立学校扩招后，私立学校就逐渐消失。然而，世纪之交的香港私立教育出现了转机，与国外办学机构合作办学的精英私立学校开始出现，成为国际学校，尽管它主要还是在本地招生。

20世纪60年代以来普及教育的推动

1965年，新法案开始实施六年制的初等义务教育，实际上初等教育入学率已经接近了100%。[①]随之而来的是人们对是否应该在小学毕业后继续为学生提供三年的免费教育进行的热烈讨论。政府扩招的计划和社会日益上升的教育需求之间产生了张力，双方争论的焦点在于学校扩招的速度问题。为了给20世纪七八十年代香港经济奇迹的诞生注入强大的推动力，政府试图维系教育系统的"金字塔"结构以满足

教育系统中的成功者与变革者
美国从国际学生评估项目中学什么?

制造业的人力需求。这种金字塔结构是指较低的高等教育入学率、持续扩张的高中教育、普及的初中和小学教育。与此同时，社会上出现了社会平等目标，人们呼吁普及中等教育。迫于主要是关税贸易总协议（GATT）的压力，香港最终在1978年普及了九年制义务教育。[②]

改革的下一步是废除中等教育入学考试，这是将学校，至少是在小学阶段的学校，从正规统考中解放出来的历史性的第一步。然而，不同学校依然保持了不同的入学标准。取代考试的是"科学方式"的替代机制，把学校的内部评价（学校内部将学生分为5个能力等级）和电脑随机派位后的家长选择结合起来。最终，最优秀的学生还是会进入最好的学校。尽管考试取消了，但学校还是会设立各种测验以作为衡量学生表现的有形的尺度，这一情况直到后来的全面教育改革时才得以改变，下面将会讨论到这个问题。

民众对教育的期望并不满足于九年义务教育，这只是一个例子，体现了如何增加供应来促进需求提高。在缺乏政府干预的情况下，香港的中等教育在20世纪80年代末已经接近普及水平。这是由更加复杂的职业教育系统（为学徒、手工艺人和技术工人而设）推动的。1982年，香港成立了具有里程碑意义的职业训练局。

接下来的争斗主要围绕高等教育扩招展开。直到20世纪80年代早期，香港一直保持着1%~2%的高等教育低入学率，每年保持着3%的增长率。香港本土学生只能进入仅有的两所大学学习，而许多有能力支付大学费用的学生却选择了海外留学。尽管社会上存在着高等教育扩招的呼声，香港政府直到1988年才决定扩大招生。这一年，香港发生了一股移民外流的情况，主要是因为即将到来的回归中国的政权交接和其他政治因素。这种形势使得香港政府将高等教育招生比例扩大到适龄学生人数的18%。随之而来的政府政策与社会需求的争论集中在高等教育阶段。然而，20世纪90年代初，18%入学率的目标已经基本实现。

20世纪90年代至今：全面铺开的教育改革运动

从20世纪90年代末开始，香港教育界讨论的话题由教育扩招转变为"教育应该提供什么"的问题。全面教育改革始于1999年，改革动机源于社会各界对香港教育

[①] 1965年的毛入学率实际上超过了100%，因为上学儿童的年龄参差不齐。
[②] 此时香港法定劳动年龄是14岁，比国际规定的15岁少一岁，所以香港被排除在许多重要的贸易协定之外。实行九年义务教育的决定几乎一夜之间把香港从主要的贸易危机中解救出来。见 Cheng（1987）。

系统的强烈不满。家长对学校教育不满意，尤其是新成立的公立学校，并对子女不愉快的学校经历而感到沮丧。例如，学生通常要熬夜做那些仅仅起到反馈作用的作业。家长们不得不逼迫孩子面对激烈的竞争，然后进入更好的学校就读。而那些有经济实力的家长则将子女送到国际学校读书，这些学校往往可以自行设计其教育理念，学生的校园生活也比较快乐。反过来教师对他们的学生也不满意，他们认为学生的思维质量和学习动机都有所下降。雇主同样对从本土学校毕业的学生的质量和能力表达了不满，发现毕业生们显然没有为融入日益复杂的工作做好充分准备。因此，雇主们都愿意招聘海归人员。

这些对教育系统的不满可以用一些重要的因素来解释。首先，突然间由少数选拔转向普及教育，学校并没有做好准备。扩大招生后的学校系统中学生类型变得极其复杂，但教师却依然保留着精英教育的教学方式，在这种情况下，只有那些聪明的、能力较强的学生能够从学校教育中受益，而接受能力慢的学生则被抛弃。其次，实施义务教育后，学校的责任感发生了变化。当学生们通过激烈竞争才能进入学校时，学生往往会被说教；当义务教育实行时，尽管他们做了充分的准备，这种责备都转移到了教师身上。再次，尽管学校的课程改革和教学改革取得了一定的成功（例如，20世纪70年代在初中实施综合科学课程和在小学课堂上实行"活动教学法"），然而教育界的大环境依然是常规课程和讲授法教学。极具竞争性的统考、高等教育激烈的选拔过程都强化了传统式的课程和教学。最后，也许是最重要的一点，雇佣方式发生了很大变化。以前，一个具有九年教育水平的年轻人可以很容易地在制造工厂中找到一份无须技术的蓝领工作，受内地改革开放政策的影响，现在这些工厂纷纷将目光投向了中国南部地区，这些地方的劳动力价格要大大低于香港本土。而相应扩大的香港服务产业则期望劳动者具备更高的教育水平。

总的来说，20世纪末的香港教育体系面临着多重结构性危机，这既是由于学校扩大招生引起的，同时也源于社会各界对教育期望的变化。

从上述视角可以看出，当时香港教育明显失败的原因并不是由于政府没有能力或是管理不当，而是源于急速变化的社会与静态的教育方式之间出现的巨大鸿沟。这一问题的解决办法也不是要求学校要做得更多或更好，而是需要将教育放置到另一个不同的框架结构中。这就是1999年起持续至今的香港全面教育改革的出发点。

此次改革由一个教育政策的监理咨询机构——教育委员会来领导。委员会的核

教育系统中的成功者与变革者
美国从国际学生评估项目中学什么？

心由4人组成：主席（某重要国际银行的领导）、一名拥有全球教改经验的大学教授、一名富有洞察力的学校校长和一名致力于教育改革的常务秘书长。

改革始于"动员阶段"，800名社区领导受邀参会，并被征集他们对教育的看法。会议以一个名为"质问教育"的报告开始，报告中提到了100多个没有答案的教育问题。参与者们假定为家长、雇主和企业公民的角色，并表达了他们对当前教育的不满，要求教育委员会不要重蹈覆辙的愿望。随后的活动鼓励每一个学校都建立一棵纸质的"愿望树"，学生可以在上面悬挂小纸条，每个纸条开头都是"我希望教育应该是……"。

之后，改革进入设计阶段。首先，委员会发布了一份名为"教育的目的"的文件，文件描述了现代社会发生的变化以及一系列新的教育目标，而征集的建议超过了4万条。社会征集工作迅速发展成社区运动，这使得教育委员会可以更好地把握社会的变化及其对教育的意义。

与此同时，作为学习过程的一部分，教育改革委员会还进行了一系列的创新性咨询活动以协助他们制定决策。许多专业机构受访并发表他们的意见。一个典型的例子是来自会计师代表协会，该协会建议大学对待会计学最好的方式就是"不教"[①]。同时，另一份研究报告则将中小企业的人力愿望看做香港经济的中坚力量。这些研究对教育委员会而言是一个实实在在的学习过程，他们发现在社会上和工作场所中发生了根本变化，而教育设计却没有跟上相应的步伐。

教育委员会还研究其他领域的教育改革情况，以及经合组织国家的终身学习方式[②]和本地终身教育市场的供求情况。除此之外，委员会还考察了新近失业人员的再培训情况，参观工会以便更好地了解各个行业的就业趋势。

在这个阶段的最后，虽然本质上非常复杂，委员会将此次教育改革明确地概括成三个工作重点：教育系统结构、学校课程和教育评估，由此建立了不同的下属委员会来分管改革的不同事务。

2001年，作为教育改革的第一步，小学毕业统考被废除了，此举带来了立竿见影的效果。尽管统考的废除也给校长和教师们带来一些困惑，他们必须寻找新的教育质量参考标准。但这一措施对小学而言至关重要，它允许教师去开发更多的校本学习活动和改革教学课程，从注重考试向注重学生学习的方向转变。结

---

① 会计师代表协会指出，他们在大学里所学到的东西工作时根本没有用，毕业生不得不忘掉在学校里所学的，他们甚至宁愿没有学过会计，在工作的几个月中就可以学会。据2000年的采访。
② 包括2000年6月与OECD教育团队成员 Dr Albert Tuijman，开展专项研究。

果，在不到十年的时间里，中学的教师们发现最近的小学毕业生越来越积极，这些学生的阅读能力在国际比较中也得到了提高。例如，在国际阅读能力提升研究（PIRLS）中，香港小学生的阅读能力从2001年的第14位上升到了2006年的第2位（Mullis et al., 2006）；在中学阶段，国际学生评估项目（PISA）结果显示，香港中学生的三项成绩（阅读、数学和科学）都持续保持较高的水平（表4.2; OECD, 2010）。

表4.2 中国香港PISA成绩（阅读、数学和科学）

	PISA 2000	PISA 2003	PISA 2006	PISA 2009
	平均成绩	平均成绩	平均成绩	平均成绩
阅读	525	510	536	533
数学		550	547	555
科学			542	549

来源: OECD（2010），PISA 2009 结果报告，第1册，《学生知道什么，能做什么：阅读、数学和科学成绩》，OECD 出版。
http://dx.doi.org/10.1787/888932366674.

2002年，课程改革的重要文件《学会学习》出版（Curriculum Development Institute, 2001）。标题主要蕴涵两个含义：第一，课程教学要从"教师教学"到"学生学习"转变；第二，强调学习的过程，而不是对事实的记忆。这个文件，作为整个教育改革的基础参考，成为当代学习理论的基础。通俗地说，这些学习理论包括：[①]

（1）学习是学习者主动建构知识；
（2）学习是一个过程，从中获得学习经验；
（3）类似的经验也会导致不同种类的知识建构，即人与人的学习是不同的；
（4）学习是为了理解；
（5）理解表现为对知识的有效运用并得以构建；
（6）有效的学习经验往往需要对知识进行整合；
（7）在实际效果与现实生活的经验中学习将达到最佳效果；
（8）学习同样是一种社会行为，群体学习效果最佳；
（9）人类的学习是出于自我提高的愿望。

---

① 概括内容详见，Sawyer（2006）and Bransford et al.（2000）.

教育系统中的成功者与变革者
美国从国际学生评估项目中学什么？

以上只是建构学习理论的一般原则，香港的教育改革涵盖了学习理论共同的一般特征，而不仅仅是对特定的学校进行"建构"。

中等教育和高等教育的改革成果

尽管课程改革贯穿了各个教育阶段，但最有成效的还是高中阶段。

（1）中学课程设计依据学生所需要的学习经验，而不是经济上对劳动力的需求。

（2）中学课程设计不仅仅限于获得高校的认可，高校关心的是挑选最优秀的学生，而课程改革目标则是希望学生终身受益。

（3）中学课程是围绕8个核心学习领域（KLA）而不是学科来设计的：中文、英文、数学、科学和技术、社会科学和人类学、体育和艺术、实践学习（让学生获得现实生活工作场景的经验）和其他学习经验（包括服务式学习、参观工作场所和海外学习经验）。后两种学习对于学校和教师来说都是新鲜的。

（4）长期与高校协商后达成了一种妥协，那些准备上大学的中学生只考虑四个领域：中文、英文、数学和一个叫"通识学习"的新学科（参见下文），除此之外，高校和一些其他项目可能还要求学生掌握另一学科。这反映出高校在选拔学生上的变化，由看重学习科目的数量（好像这更能保障学生的学术表现）到理解学习较少的科目具有更丰富的学习经历的好处。

（5）通识学习已经成为香港中等教育中一项新的评估领域：它是一种学习经验，需在给定时间内完成，但没有教学大纲，只有广泛的学习主题。所以对它的评估也是很灵活的。事实上，教师要求学生自行制订学习计划，他们主要依据时事和非教材上的内容，以此培养学生的高层次或批判性思维。通识学习包括问一些明智的问题，找到分析、综合和形成概念的思路，提出假设或理论。

所有以上课程改革都是在学校系统结构改变的背景下实施的，在新的学校系统中，初中、高中和高等教育的年限从5年+2年+3年的英式教育系统，改为3年+3年+4年的教育系统，因此，学生需要学习4年而不是3年就可获得学士学位（图4.2b）。

目前高等教育主要关注如何利用这新增的一年时间。几乎所有的高校都决定，不在这附加的一年中增加新的学习内容，而是准备遵循中学课程改革的精神，为学生提供学习经历。这种学习经历包括新的普通核心课程、丰富多彩的实践学习和增加海外交流。

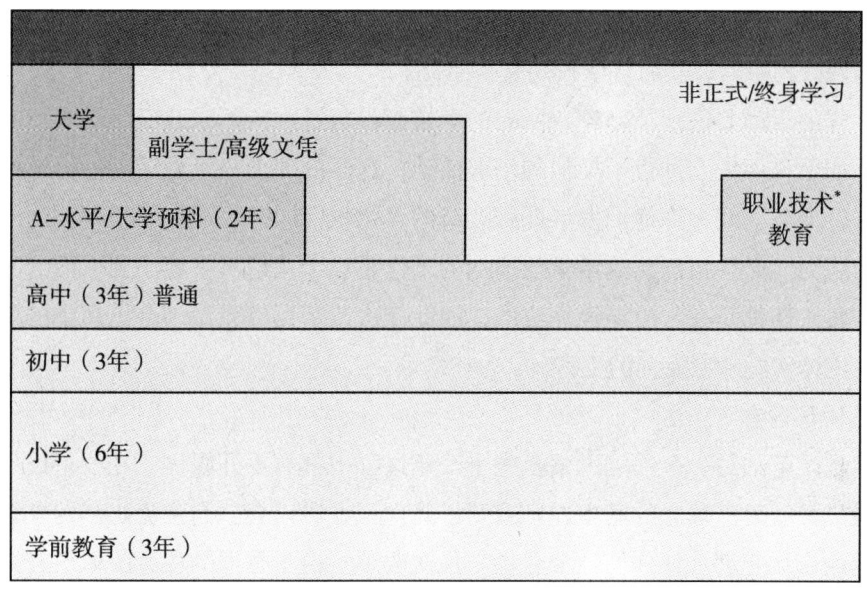

* 技术与职业教育与培训。

图4.2b 香港教育体系的组织（2012年以后）

可以预见，2012年后的高等教育将是另一番景象。经过多年的讨论与设计，新的高中（NSS）课程已经在2009年年底开始实施。因此2012年将会出现新的统考，而那时大学入学考试也将随之变化。正如本章开头所言，无论是中等教育阶段还是高等教育阶段都在忙着应对这种变化。

此次教育改革的重点是要设计一个全新的课程评价系统，以适应课程和教学改革的新变化。正在开发中的这一课程评价系统，同时也面临着能反映出新的学习理念和大学招生能获得国际承认的双重任务。

促进改革的关键因素

香港教育的成功归功于长时间的筹备、精心设计的准备工作以及良好的管理理念。

1. 准备工作

2005年开始，此时离新课程实施还有四年，香港政府就精心准备了一系列活动来帮助学校准备课改。在一个例行活动中，来自12个学校的代表们聚在一家宾馆中至少"藏匿"一整天。每个代表团都有六个成员：负责人、一名校董会成员、校长、副校长以及两名高级教师。闭门磋商通常以一名优秀的社区领导的讲话——

"社会变了"开始。随后课程发展处描述课程改革的情况,并要求各代表团讨论他们实施课改的策略,然后各学校间交换意见。

这样的活动共进行了45轮,所有的学校都参与过。接下来政府又对学校的中层领导,如学科主任,进行了类似的培训活动。这样的理念—管理活动使得学校容易接受这种变革,并允许他们发展课程改革的自主权,同时也减少了长期课改产生的不必要阻力。必须指出,这给学校增加的工作量和干扰绝对不容小视。而课改的大部分准备工作都是在学校层面完成的,因此此次改革可以看做结合了集中的设计、学校为主体实施和专业上的支持。

2. 管理理念

课程改革的另一个关键因素是整个改革过程中都离不开媒体。在改革设计的早期阶段,关于改革理念的基本原则召开了几次记者研讨会。与主流媒体的主编们进行持续的交流互动,请他们让公众参与这次改革。由于香港的教育改革已经持续了11年,政府和媒体的人事变动对维系这种关系有一种特殊的作用。

与媒体的关系只是改革"理念管理"的一个方面。多年的教育改革尽管各有侧重,但都有两个永恒的主题,即社会变迁和关注学生的学习。在教育改革咨询和设计的早期阶段,许多文件都会以"社会变了!"为开头。而各行各业的人们都关注这一主题。与此同时,强调学生学习以及持续的讨论也丰富了这一主题。召开过无数次的研讨会和会议,讨论过教育的各个方面,但这两个是永恒的主题。

然而,并没有改革实施的统一模式。的确,改革的核心正是要强调尊重学生个人需求,因此要增加学校的办学自主权。正是在这样的主题下,再加上公众和大学入学考试的推力,学校实施教育改革的过程也各具特色。然而,由于改革带来的变化,不同的学校也形成了自己的集体决策机制和分工,而这也尊重了独特的学校文化。

香港教育改革的成就与挑战

香港教育系统也历经变革,但人们一直都回避"改革"这个词直到最近的全面教育改革开始实施。总体而言,香港政府还是以其"积极的不作为"的管理理念而闻名,尽管近年来也受到了一些挑战。战后的二十年间,香港政府除了为学校提供津贴,从不干预学校内部事务。在随后的几年中,在政府对教育发展和改革的干预比较明显的时候,人们也普遍认为政府的干预应该降到最小。用福柯的话讲,政府的这种管理理念可以称作香港的"治理术"。①这种管理思想与其他地方的做法有本质区别，他们认为自己是学校内部一切事务的控制者。然而，这一管理理念却受到了评论家的挑战，他们开始不再相信这种理念，并且怀疑香港特别行政区政府是否真正实践了这种理念。尽管如此，"小政府、大市场"这样的模糊概念仍然是香港值得自豪的地方。

这种"积极的不作为"理念成为一种挑战，因为香港崇尚学校自治，并谴责任何对学校付出的努力进行轻描淡写的行为。不同的学校间也产生了巨大差异。另一个结果是，不同于中国上海和新加坡，"薄弱"学校会受到特殊的关照，香港特别行政区政府甚至不愿意给学校排名等。一些公立学校拿着规定的公共资金，然而给学生提供的教育服务却不达标，家长们认为这很不公平。然而，这种局面不能一下子改善，因为改善需要建立另一种不同的问责机制，而这需要政府的积极干预。

尽管如此，香港的全面教育改革得以进行，主要归因于他有一个坚定的理念，即社会根本变革需要以新的方式看待人类的学习。此次改革正是挑战了学生学习的基础和如何能够最好地实现这种学习。

上海和香港教育改革的经验

上海和香港代表了两种不同的教育方式，这有必要将其区别看待。尽管有所不同，这两个地方的学生在国际比较中一直表现不错，这一点在PISA的测试结果中已经得到了证明。比较一下两地的共同特征我们会发现有意思的现象：两者继承的文化都是重视教育，而学生也因此肩负着巨大的考试压力；尽管香港的时间更长一些，两者在过去都曾被殖民过；两者都是中国甚至整个亚洲重要的国际化大都市，它们的繁荣都归因于其受过高等教育的公民所创造的充满活力的文化。

然而在过去的六十年间，两个城市的发展道路却大相径庭。上海在中国政府的领导下成为中国东部重要的工业中心，后来，随着改革开放，上海的服务产业异军突起，取得很大成绩。在1997年之前，香港尚未回归中国，因此也就较少地受到内地政治波动的影响。它拥有全国最自由的市场，并发展成为整个亚洲的金融、管理中心。

---

① 这是福柯在他晚年发展的理念。详见www.policyaddress.gov.hk/08-09/eng/policy.html。

教育系统中的成功者与变革者
美国从国际学生评估项目中学什么？

两个城市几乎同时感到需要进行彻底的教育改革。只不过上海的教育改革是全国教育改革的一部分，而香港的教育改革则是出于当地教育系统的具体需要。

上海属于一个有组织的社会，也用有组织的方式进行教育改革。用自上而下的方式来描述上海的教育改革也许并不准确，因为基层也出现了改革明确和显著的举措。然而，市政府并不仅仅设计了教育改革，而且还对改革的过程进行有效干预，如办学并提高教学质量。

香港则正好相反。特别行政区政府为学校提供了一个平台，改革统一考试和大学招生考试，但是这整个过程都留给学校去做。学校的教师们也许会发现教育改革是如此举步维艰，因为他们传统熟悉的教学方式在课程改革和考试改革中将要被抛弃。但教育改革也推动了学校和教师采取一种专业的立场，锻炼专业自主和采取最适合他们学生的改革方案。

因此，两个城市的教育改革为我们提供了一个难得的观察两种不同教育系统的机会，他们均在国际比较中获得了成功，这体现了教育改革的可能性。

本部分将重点探讨前面没有提到的因素，这些因素因为不太明确，但是又被中国人自己认为是理所当然的，而这些因素对那些有兴趣学习中国经验的人而言则非常重要。

1. 立法保障

上海和香港在教育方面都雄心勃勃，这既是一个系统的目标也是为了满足个体的需要。两个城市都用说教的方法颁布教育声明来指导改革。20世纪90年代，上海提出了建设"一流的城市"的口号，随后又提出"一流的城市、一流的教育"。尽管"一流的城市"的定义存在着模糊性，但这一口号却推动了上海教育的发展，并使得教育成为政府工作日程中的重要组成部分。

香港在国际竞争方面一直存在着危机感，认为它的大部分竞争优势已经受到了内地和附近地区和国家的挑战，如新加坡、马来西亚和中国澳门等。因此香港为其未来发展设计了"六大支柱"，其中之一便是建立"教育枢纽"[①]。

相关文献对教育的持续强调吸引了全社会的目光并获得他们的支持。这支持着政府对庞大的教育资源进行分配，同时也有利于调动社会资源。就像优质教育不能仅仅依靠教师，教育改革文件呼吁全社会的支持。换而言之，一项稳定的连续运动创造并加强了教育发展的合法性。

---

① 这是2009年香港特别行政区长官的主要施政纲领之一。

最近的一则例子是，2010年教育部出台了《国家中长期教育改革和发展规划纲要》（中华人民共和国教育部，2010b），为2020年甚至更长远的中国教育描绘出蓝图。该纲要的草案在2010年2月得以公布，历经18个月的筹划。在制定草案的过程中，政府召集了数千名的教育专家，并召开23 000多场的研讨会和论坛，群策群力，最终形成了500多万字的报告。不仅如此，在这一过程中，政府还从全社会征集了210万条教改意见。

在2010年2月的草案发布后，对包括为教育改革的解释和实施而制订的一些临时方案作了进一步的讨论和修改。此项活动由国务院总理温家宝主持，历经国务院、中共中央和政治局的审批，目的在于确保此次改革在政治上的优先权。如此强有力的教育改革立法是很少见的，但这将确保教育改革运动的强大势头和动力。

然而，需要指出的是，在其他社会和制度下，合法性可能会具有不同含义。政府在建立并加强其政策合法性的方式上也有很多种途径。香港和上海的经验也许不能直接应用于其他国家或地区，但对确立教育合法保障的关注却是非常重要的。

2. 突破传统的改革

很难说教育改革中哪些因素是文化的传承，哪些因素是政治的干预，它们已经交织在一起，分不清楚了。然而，上海和香港都深受传统文化对教育的影响（如强调考试的重要性），这一影响已经被认为是一些问题，并且激发了为实现其现代化的反思：从精英教育向大众教育转变，从强调教学向强调学生学习转变，从记忆事实性知识向发展学习能力转变，经济需要向个人需要转变。在两者之中，整个教育的性质和导向的转变过程都涉及和传统教育理念的斗争。

因此，如果我们真想从香港和上海的教育改革中获取一些有用的东西，首先要认识到改革的意识是一场价值观的改革。上海和香港在事先并没有进行太多交流的情况下，几乎同时开始了教育改革。这种改革的意识也同样出现在新加坡（第七章），它的全面教育改革始于20世纪90年代末期。20世纪80年代后期，日本和韩国也出现了改革的愿望[①]。这些国家和地区教育改革的成就不尽相同，但改革传统文化的弊端是它们共同的特点。

3. 改革与改良

经验告诉我们改革不等于提高。"提高"意味着保持原有的系统形态，然后

[①] 韩国在20世纪80年代发起一系列旨在反对精英教育、呼吁中等教育公平和高等教育大众化的改革。见 Cheng 2010.

教育系统中的成功者与变革者
美国从国际学生评估项目中学什么？

在此基础上做得更好，而"改革"则包含了范式的转换。换句话说，改革需要人们保持这样一种意识：教育的长期发展并不仅仅是对以前教育系统弊端细枝末节的修补，它更需要对教育跟上社会发展这些基本问题有清晰的认识和了解。如果没有这种认识，任何对教育系统所进行的修补和提高都将会使人们在原有的错误上走得更远。这同样可能是其他教育系统、教育政策所存在的问题。通常，人们往往担忧那些可以看到学生表现的地方，比如学生的数学成绩和语言成绩，而对整个课程和教法都已过时的事实毫不关心。"提高"只意味着重复和增加那些过时的教育方法。

因此，一个国家可以自问这样一些合法性的问题：全民教育，目的何在？确保教育的质量，那么我们所期望的是什么样的质量？

4. 指导学习的重要性

两个城市教改取得成功的关键因素是它们都将学生学习作为改革的核心。这似乎听起来有点奇怪，要提醒教育学者和政策的制定者，学习应该是教育的核心和重点所在。然而，其他地区的教育改革往往只注重系统的规划或财政情况、学校的管理或认证，而忽视学生学习的原因、环境和过程。人们很容易忘记的一件事就是，除非对学生的学习指导和最终的学习结果产生影响，否则教育结构、教育政策、教育标准和教育财政等没有什么实质性区别。从这一点上说，香港和上海的教育改革应该得到祝贺，是成功的，因为它们都努力将教育从传统的为考试而教育中解放出来。

只有当人们意识到社会和经济变迁会对教育功能如何产生影响时，学习的核心地位才得以显现。在一个典型的工业社会中，教育的最重要功能是为社会准备人力资源并提供相应的文凭。一旦进入工作场所，个人就被工作中的命令、程序和规章制度所"保护"起来，不管这个人具有什么样的个人知识和特征。如今，这种功能随着金字塔结构的解体而消失了，取而代之的是较小的工作单元，个人需要直接面对客户、解决问题、设计产品、承担风险并面临着道德和伦理的两难境地。知识和个人特征逐渐占据了优势位置，因此教育也理应培养学生这方面的能力。

值得注意的是，对于香港和上海两个城市而言，关注学生学习并不是清教徒式的教育理念，而是一种满足社会未来需要的意识。关注社会变化和关注学生学习可谓一枚硬币的两面。因此需要再次重申，真正的教育改革源于对社会及其变化的分析。

出于同样的原因，两个城市都在了解人类的学习上下了很大工夫。这包括：① 关注"学习科学"的学者群体；② 基于学习的塑造课程框架；③ 以工作坊、论坛、会议和实验的形式在学者中间进行专业讨论，这样学习的理论就被转换成基础实践；④ 对基层教师实行的有效传播（如上海的口号）；⑤ 进行意识管理，以使家长和媒体信服这种变化的价值意义。所有的这些都必须是战略统筹和同步的，这反过来亦需要致力于这种信念的领导者。

由于人们通常会混淆学习、研究和教育三者的概念，因此分阶段实施教育改革就显得十分必要。一场运动的亮点是需要有里程碑和阶段性目标的，这样一来教育改革就不会变成行政程序，退化到官僚手中。这也可以用来解释为什么许多教育改革总是失败的，因为它们开始时往往声势浩大，但又很快回到了传统的道路上。

5. 着眼于整个系统和全体学生的改革

上海和香港都采取了全面的教育改革方法。

两个城市的教育改革并不只着眼于教育的某些方面。学生本身是复杂的个体，因此只有考虑到并且改变学生背后复杂的影响因素时，才能提高他们的教育成就。改革就把教育视为学生的整体发展、学生的学术成就与他们其他方面的发展（如生理的、文化的和精神上的），是分不开的。例如，在上海和香港的教育系统中，学生的课外经验被看做学生综合学习经验和整体发展的重要因素。

改革还设法动员社会各部门力量，并被视为努力关注到每一个人。正如之前提到的，这些教育改革都拥有不同的改革框架：上海的改革以"一流的城市、一流的教育"为出发点，将教育改革纳入建立世界一流城市的大目标之下，教育改革也增加了上海的国际竞争力。香港的教育改革起源于人们对"社会变了"的认识，并认为年轻人必须为一个全新的社会和未来发展而做好准备。这两个城市都将教育作为城市未来发展的核心因素。因此，在这种情况下，教育改革不仅在政府的日常工作中受到优先考虑，而且社会各个部门都要求参与和给予支持。

6. 一个具有权威性和合法行动的中心

在现有的有关教育机会和管理的文献中，权力下放成为了讨论的重点，但这个主题仍需要更加细致地看待。并非认为集权是一种优点，在中央和地方控制上找到平衡点，或者选择权力下放的程度，也许是所有政府都必须仔细权衡的问题。教育也不例外，这种教育的权力平衡也许只存在于社会发展的某些特定时代的具体环境和社会理念中。这反映在上海和香港这两个截然相反的体制里面。香港的一个简单的政府部门——教育局，负责管理全港的教育事务和1000多所学校。这种集中体制的优势在于政府可以比较平均地分配学校的研究经费以及用于学生的费用。与此同时，学校也并没有置之不理，放任其教育改革进展。而人口多于香港的上海被划分为不同的区域，每个区使用当地的经费来管理当地学校的运作。然而，上海市政府却保留了教育政策制定权和统筹管理权，同时也保持强势的调控管理以确保各校之间的公平。每一种做法都有自己的优势。

7. 统一考试：促进学习的积极方式

教育政策制定者和课程改革者都将公开统一考试视为学生更广泛学习的主要障碍。因此，正如之前所提到的，教育改革的目的之一就是要尽量降低统考的负面影响。

然而，不可否认考试可以为学生学习提供基础，尤其是在传授知识方面，如果取消考试，学校、教师和家长都将感到不知所措。因此，将公开考试视为洪水猛兽也许过于简单化，而探寻公共评价积极作用的道路可以尝试。PISA的实践和香港、上海、新加坡的公开考试改革都证明了以一种积极的方式来进行和对待考试的话，它将会促进学生的学习。

现在的问题是，如何修订教育评价系统作为一个系统来监测教育成果，并且同时确保学生学习的质量。例如，公开考试可以与以学校为基础的评价相结合，一次性考试可以通过综合的时效性的学生档案袋等形式来得到加强。不同的教育系统正在探索多种维度的教育评价，包括上海和香港。

8. 问责

问责这一术语在有关教育政策的文献中无处不在。有时它作为质量保障出现在每个政府的议程上。然而，人们通常将质量保障的程序作为质量的保障，这是一个极大误解。一是如前所述，定义质量以及人们所期待的质量标准时，应该首先确保实施的方法。换而言之，如果我们设定了较低的质量标准，那么这个质保机制也只能检测出较低的质量。二是质量保障只有在将高质量作为规范的文化中才能有效运行，这也是全面理解不同文化中教育质量保障的唯一方式。

上海和香港都拥有重视教育的社会规范，第一，在管理层面上，两者都存在质量保障系统，且不缺乏效绩指标和评价机制，也不畏惧采用这种保障机制。第二，两者的教育系统基本都是透明的。不同于西方国家的父母，香港和上海的家长们并不习惯于干预学校的事务。但他们却对学校具有强大的影响力，这主要通过择校和媒体对学校持续的报道（通常报道他们的差异）而实现。充满活力的网络社区同样对学校保持优质教育施加了很大影响。在上海，学校和家长的联系非常紧密，双方甚至可以通过手机进行相互的交流沟通。而在香港，主流报纸中都设有教育版面，报道一些在学校中发生的事件以及人们对教育政策的争论。

校长和教师们因此每天都要面对着行政问责、客户（家长）问责和专业问责的持续日常纷争。处理大环境中的种种问题被看做学校的分内事，并被认为是其专业责任的一部分。这种问责感已经融入师资培训计划、教师持续的专业发展和学校领导的培训中。因此和其他文化不同的是，作为社会期望、学校领导力的根本所在，以及教师专业化的重要组成部分，香港和上海并没有建立独立的教育问责机构，而是将教育问责制度建立在教育系统的内部。这样的教育问责无关于程序和指标。

结　　语

中国很晚才融入世界经济体之中，但却以惊人的速度在发展。在中国的某些地方，人们惊奇地发现什么都有，既可以看到前工业化时代的农业社会，也可以看到世界上最先进的工业生产基地。

本章反映的是一个被压缩的中国教育体制的历史发展进程（见第一章）。无疑，中国上海、中国香港两个城市相同的文化背景解释了他们的成功元素。尽管两者都发现了传统文化对其教育的一些不利影响，并以各自的方式探求问题的解决之道。两个城市在社会发展的许多方面都具有较高的目标和动力，他们繁荣的经济和财政也增强了他们这方面的信心。然而，两者都将人力资源看做唯一可以依靠的资源，因此他们都保持着对教育的巨大投资，而这也是一个良性循环。惊人的教育改革造就了同样繁荣的经济成就，而后者反过来又推动了学校教育质量的提高。文化的传承在这些成就上发挥了重要的作用，但是这种传承也在持续地现代化。

综上所述，中国的经验反映的是随着经济的全球化，教育行走于世界的每一个角落，但中国教育改革的速度却比世界上大部分地区快得多。

表4.3 中国上海和香港：数据概览

语言	官方语言：标准普通话（上海） 标准广东话和英语（香港）
人口	1 328万（2008）[①] 1 200万（2007）[②]（上海） 697.7万（2008）[③]（香港）
年轻人口	20.5%[④]（OECD 18.7%；全球平均水平 27.4%）
老年人口	7.9%[⑤]（OECD 14.4%；全球平均水平 7.4%）
人口增长率	0.62%[⑥]（OECD 0.68%；全球平均水平 1.19%）
在外国出生的人口	0.1%的移民[⑦]（2010）
人均GDP	USD 5 962（2008）[⑧] USD 11 361（2009）[⑨]（上海） USD 30 062（2008）[⑩]（香港）
GDP的经济来源	制造业、采矿业、公共事业和建筑业：48.6%；服务业：40.1%；农业、林业和渔业：11.3%（2008）[⑪] 制造业、汽车制造、化学加工、钢铁制造、生物医药（上海）[⑫] 制造业、金融业、贸易、其他服务业和其他部门（香港）[⑬]
失业率	5.7%[⑭]（OECD 平均水平 6.1%）[⑮]
教育经费	3.3% of GDP（OECD 平均水平 5.2%）[⑯] 3.3% of GDP*（香港）[⑰] 16.3%的政府总支出（OECD 平均水平 13.3%）[⑱] 23%的政府总支出（香港）[⑲]
早期幼儿教育入学率	44%（2008）（地区平均水平 49%）[⑳]
小学入学率	113（2008）（地区平均水平 110%）[㉑]
中学入学率	76%（2008）（地区平均水平 77%）[㉒]
高等[㉓]教育入学率	23%[㉔]（地区平均水平值缺失）
小学生上学的学校类型或入学形式[㉕]	公立学校：93.8%（OECD 平均水平 89.6%） 政府资助的私立学校：6.2%（OECD 平均水平 8.1%） 自立的私立学校（包括在"政府资助的私立学校"）（OECD 平均水平 2.9%）
初中生上学的学校类型或入学形式[㉖]	公立学校：92.9%（OECD 平均水平 89.2%） 政府资助的私立学校：7.1%（OECD 平均水平 10.9%） 自立的私立学校（包括在"公立学校"的数字中）（OECD 平均水平 3.5%）
高中生上学的学校类型或入学形式[㉗]	公立学校：85.9%（OECD 平均水平 83.2%） 政府资助的私立学校：14.1%（OECD 平均水平 13.6%） 自立的私立学校（包括在"公立学校"的数字中）（OECD 平均水平 5.5%）
大学生上学的学校类型或入学形式[㉘]	B类高等教育：数据缺失[㉙] 　（OECD 平均水平 公立学校：61.8% 　　　政府资助的私立学校：19.2% 　　　　自立的私立学校：16.6%） A类高等教育：数据缺失[㉚] 　（OECD 平均水平 公立学校：77.1% 　　　政府资助的私立学校：9.6% 　　　　自立的私立学校：15%）
教师工资	初中阶段教师的起步平均年薪：没有数据（OECD 平均水平 USD 30 750）[㉛] 初中阶段有15年经验（最小培训量）的教师工资相对于人均GDP的比例：没有数据（OECD 平均水平 1.22）[㉜]
高中教育毕业率	数据缺失（OECD 平均水平 80%）[㉝]

http://dx.doi.org/10.178/888932366674.

第四章 上海和香港：中国教育改革中的双城记

注：① OECD（2010），OECD Economic Surveys: China 2010, OECD Publishing.
② OECD（2010），OECD Economic Surveys: China 2010, OECD Publishing. Non-agricultural and total inhabitants（year of reference-2007）.
③ World Bank, World Development Indicators.
④ OECD（2010），OECD Factbook 2010, OECD Publishing. Ratio of population aged less than 15 to the total population（data from 2008）.
⑤ OECD（2010），OECD Factbook 2010, OECD Publishing. Ratio of population aged 65 and older to the total population（data from 2008）.
⑥ OECD（2010），OECD Factbook 2010, OECD Publishing. Annual population growth rate（data from 2007）.
⑦ 中国是一个移民输出国，据估计全球有3500万散居在世界各地（国际移民局，www.iom.int）。
⑧ OECD（2010），OECD Economic Surveys: China 2010, OECD Publishing. PPP（2008年的数据）。
⑨ National Bureau of Statistics of China, www.stats.gov.cn/english/。
⑩ In current US dollars, derived from World Bank national accounts data, and OECD National Accounts data files. World Bank, World Development Indicators.
⑪ OECD（2010），OECD Economic Surveys: China 2010, OECD Publishing. Percentage of GDP 2008.
⑫ 上海市政府。
⑬ Hong Kong Census and Statistics Department, www.censtatd.gov.hk.
⑭ OECD（2010），Employment Outlook 2010, OECD Publishing. Measured as a percentage of the estimated urban non-agricultural labour force（data from 2008）.
⑮ OECD（2010），OECD Factbook 2010, OECD Publishing. Total unemployment rates as percentage of total labour force（data from 2008）.
⑯ OECD（2010），Education at a Glance 2010, OECD Publishing（year of reference-2007）.
⑰ UIS Statistics in Brief: Hong Kong（China）SAR 2010（year of reference-2008）.
⑱ OECD（2010），Education at a Glance 2010, OECD Publishing（year of reference-2007）.
⑲ UIS Statistics in Brief: Hong Kong（China）SAR 2010（year of reference-2008）.
⑳ UNESCO-UIS（2010），UIS Statistics in Brief: China. Percentage represents gross enrolment rate for MF; 2008（regional average 49%）.
㉑ UNESCO-UIS（2010），UIS Statistics in Brief: China. Percentage represents gross enrolment rate for MF; 2008（regional average 110%）.
㉒ UNESCO-UIS（2010），UIS Statistics in Brief: China. Percentage represents gross enrolment rate for MF; 2008（regional average 77%）.
㉓ The OECD follows standard international conventions in using the term "tertiary education" to refer to all post-secondary programmes at ISCED levels 5B, 5A and 6, regardless of the institutions in which they are offered. OECD（2008），Tertiary Education for the Knowledge Society: Volume 1, OECD Publishing.
㉔ UNESCO-UIS（2010），UIS Statistics in Brief: China. Percentage represents gross enrolment rate for MF; 2008.
㉕ Data from UNESCO Institute for Statistics, Data from 2008, cited in OECD（2010）Education at a Glance 2010, OECD Publishing.
㉖ Data from UNESCO Institute for Statistics, Data from 2008, cited in OECD（2010）Education at a Glance 2010, OECD Publishing.
㉗ Data from UNESCO Institute for Statistics, Data from 2008, cited in OECD（2010）Education at a Glance 2010, OECD Publishing.
㉘ Data from UNESCO Institute for Statistics, Data from 2008, cited in OECD（2010）Education at a Glance 2010, OECD Publishing.
㉙ Data missing from Education at a Glance 2009（OECD, 2009）.
㉚ Data missing from Education at a Glance 2009（OECD, 2009）.
㉛ Starting salary/minimum training in USD adjusted for PPP, Education at a Glance 2010（OECD, 2010）.
㉜ Starting salary/minimum training in USD adjusted for PPP, Education at a Glance 2010（OECD, 2010）.
㉝ OECD（2010），Education at a Glance 2010, OECD Publishing. Sum of upper secondary graduation rates for a single year of age（year of reference for OECD average-2008）.

受访人员

（上海）

上海市教育科学研究院

陆璟，上海市教育科学研究院基础教育研究所和PISA研究中心副主任、副教授。

顾泠沅，上海市教育科学研究院原副院长、特级教师、教授，2003年被评为"上海市教育功臣"。

王杰，上海市教育科学研究院教师教育中心主任、副教授、博士。

中国浦东干部学院

沈祖芸，上海教育新闻中心主任。

王懋功，上海市徐汇区教育局局长。

尹后庆，上海教委副主任。

张民生，上海教委原副主任、教授。

张民选，上海教委副主任、上海PISA 2009负责人、教授、博士。

竺建伟，上海闵行区教育局局长。

上海市教委教研室

谭轶斌，上海市教委教研室PISA阅读专家组组长、特级教师、副教授。

徐淀芳，上海市教委教研室主任。

教师和校长

柏彬，上海市文来中学校长。

丁毅（音译），静安区教育学院附属中学副校长。

李啸瑜，七宝中学副校长。

仇忠海，七宝中学校长、特级教师、2008年"上海教育功臣"。

史菊，上海市文来中学数学教师。

王红，上海市文来中学语文教师。

徐峰，上海市文来中学副校长。

周明俊，上海市文来中学英语教师。

（香港）

程介明，香港大学教育学院院长，原副校长，现任副校长高级顾问，教授。

参 考 文 献

Bransford, J.D.(ed.)(2000), *How People Learn: Brain, Mind, Experience, and School,* National Academy Press, Washington, DC.

Bray, M.(2009), *Confronting the Shadow Education System: What Government Policies for What Private Tutoring*? UNESCO/International Institute for Educational Planning, Paris.

Cheng, K.M.(1987), *The Concept of Legitimacy in Educational Policy-making: Alternative Explanations of Two Policy Episodes in Hong Kong,* PhD Thesis, University of London Institute of Education, London.

Cheng, K.M.(1996), *The Quality of Primary Education: A Case Study Of Zhejiang Province, China,* UNESCO/International Institute for Educational Planning, Paris.

Cheng, K.M.(1997), *The Meaning of Decentralisation: Looking at the Case of China*, in W.K. Cummings & N.F. McGinn(eds.), *International Handbook of Education and Development: Preparing Schools, Students And Nations For The Twenty-first Century,* Pergamon, Oxford.

Cheng K.M.(2000), "Education and Development: The Neglected Dimension of Cross-Cultural Studies", in R. Alexander, M. Osborn And D. Philips(eds.), *Learning From Comparing: New Directions in Comparative Educational Research,* Vol 2: Policy, Professionals and Development, Symposium Books, Oxford, pp. 81-92.

Cheng, K.M.(2004), "Turning a Bad Master into a Good Servant: Reforming Learning in China", in I. Rotberg(ed.), *Balancing Change and Tradition in Global Education Reform,* Scarecrow Education, Washington, DC.

Cheng, K.M.(2007), "Reforming Education Beyond Education", in Y.M. Yeung(ed.), *The First Decade of the HKSAR,* The Chinese University Press, Hong Kong, pp. 251-272.

Cheng, K.M.(2010), "Developing education beyond manpower", in UNDP (2010), *Capacity is Development, UNDP, New York,* available at www.capacityisdevelopment.org/doccs/capdev_research/Developing%20Education%20Beyond%20Manpower.pdf

Cheng, K.M. and H.K. Yip (2007), *Facing the Knowledge Society: Reforming Secondary Education in Shanghai and Hong Kong,* working paper, World Bank, Washington, DC.

Curriculum Development Institute (2001), *Learning to Learn: The Way Forward in Curriculum,*

Curriculum Development Institute, Hong Kong, available at www.edb.gov.hk/index.aspx?langno=1&nodeID=2365.

Ding, X. (2010), *Educational Reform and Development in Shanghai*, paper commissioned by the Shanghai Academy of Education Research for this present study.

Elman, B.A. (2000), *A Cultural History of Civil Examinations in Late Imperial China*, University of California Press, Berkeley.

Fei, H.T. (1947), *Xiang Tu Zhong Guo* (Earth-bound China), reprinted 2006, Shanghai People's Press, Shanghai. English translation: G.G. Hamilton, and Z Wang (1992), *From the Soil: The Foundations of Chinese Society*, University of California Press, Berkeley.

Illich, I. (1971), *Deschooling Society,* Calder and Boyars, London.

Information Office of Shanghai Municipality and Shanghai Municipal Statistics Bureau (2010), *2010 Shanghai Basic Facts*, Shanghai Literature and Art Publishing Group, Shanghai.

Jin, Ke (2003), *The Project of Standardization of Primary and Secondary Schools was Completed in Three Years and 1569 Schools were Upgraded, in Chinese*, SINA, Beijing, available at *http://sh.sina.com.cn/news/20030102/08432422.shtml*

OECD (2010), *PISA 2009 Volume I, What Students Know and Can Do: Student Performance in Reading, Mathematics and Science*, OECD Publishing.

Min, W. (2008), "Higher Education Financing in East Asia: Policy Implications for China", in J.Y. Lin and B. Pleskovic (eds.), *Higher Education and Development*, World Bank, Washington, DC, pp. 41-46.

Ministry of Education of the PRC (People's Republic of China) (2010a), *National Statistics of Edu-cation Development in China* 2009, Ministry of Education, Beijing, available at www.moe.edu.cn/publicfiles/business/htmlfiles/moe/moe_633/201008/93763.html

Ministry of Education of the PRC (2010b), *National Outline for Medium and Long-Term Educatio-n Reform and Development* 2010—2020, in Chinese, Ministry of Education, Beijing, www.gov.cn/jrzg/2010-07/29/content_1667143.htm.

Ministry of Education of the PRC (2001), *Guidelines for Curriculum Reform in Basic Education*, draft, Ministry of Education, Beijing.

Mullis, I.V.S. et al. (2006), *PIRLS 2006 International Report: IEA's Progress in International Reading Literacy Study in Primary School in 40 Countries*, International Association for the Evaluation of Educational Achievement (IEA), Boston College, Chestnut Hill, MA.

Sawyer, K. (ed.) (2006), *The Cambridge Handbook of the Learning Sciences*, Cambridge University

Press, Cambridge.

Shanghai Municipal Education Commission (2004), *Shanghai Education Yearbook* 2004, Shanghai Educational Publishing House, Shanghai.

Shanghai Municipal Education Commission (2008), *Shanghai Education Yearbook* 2008, Shanghai Educational Publishing House, Shanghai.

Shanghai Municipal Government (2010), Shanghai Yearbook 2009, Shanghai Municipal Government, Shanghai.

Shanghai Municipal Statistics Bureau (2010), *Shanghai Statistical Yearbook 2010*, China Statistics Press, Shanghai.

Shao, S. (2010) "Social Stratification and the Education of Migrant Children: A Sociological Analysis of the Policy Decisions of "Two Mainly", *Research in Education Development*, November 2010, available at *www.cnsaes.org/homepage/html/magazine/jyfzyj/jyfzyj_jyysh/2674.html*

Solomon, R.H. (1971), "Confucianism and the Chinese Life Cycle", in *Mao's Revolution and the Chinese Political Culture*, University of California Press, Berkeley, pp. 28-38.

Stevenson, H.W. and J.W. Stigler (1992), *The Learning Gap: Why Our Schools are Failing and What We Can Learn from Japanese and Chinese Education*, Summit Books, New York.

Tsang, D. (2009), *Embracing new challenges*. Policy Address 2009-10, Hong Kong Government, available at *www.policyaddress.gov.hk/08-09/eng/policy.html*

UNESCO Institute of Statistics (2009), *Global Education Digest, 2009: Comparing Education Statistics Across the World*, UNESCO, Paris.

Yang, R. (2004), "Toward Massification: Higher Education Development in the People's Republic of China since 1949," in J. Smart (ed.) *Higher Education: Handbook of Theory and Research,* Springer, Dordrecht.

第五章
芬兰：循序渐进的改革，持续提升的成绩

在过去的十年中，芬兰中学生的学业表现一直稳居世界前列。令人惊讶的是，卓越的表现普遍存在于芬兰的每一所学校。每一名学生都能享有芬兰学校系统的福祉，无论其家庭背景、社会经济地位或能力的高低。本章试图洞察其成功背后的各种因素，包括：在政治上，贯彻教育普及化的共识；对具有不同社会经济家庭背景的学生，赋予无差别化的成绩期望；在教学上精益求精的执著追求；对学习上有困难的孩子，学校上下齐心协力，相望守助；在财政上，给予适度的资源支持，聚焦课堂及教育者与社会团体共同构建的诚信氛围。

概　　要

自2001年PISA结果首次公布以来，在国际范围芬兰教育的表现一直独占鳌头（OECD，2010，表5.1）。在过去10年所有的PISA测试中，芬兰一直都位居表现卓越国家中的前列。在表现上最令人印象深刻的是所有的学校都很卓越。在学习结果上，没有一个国家像芬兰那样学校之间的差别是如此的小，甚至几乎没有差别。学校内表现最好与表现最差学生在成绩上的差异也不大。每一名学生在芬兰都能受到学校所提供的优质服务，无论其家庭背景或社会经济地位如何。正是基于上述原

因，芬兰的学校成为各国游客的观光胜地。每年都会有成百上千的教育家、政策制定者光临赫尔辛基，讨教芬兰成功的秘密。

表5.1　芬兰PISA成绩（阅读、数学和科学）

	PISA 2000	PISA 2003	PISA 2006	PISA 2009
	平均分	平均分	平均分	平均分
阅读	546	543	547	536
数学		544	548	541
科学			563	554

来源: OECD（2010），PISA 2009 结果报告，第1册，《学生知道什么，能做什么：阅读、数学和科学成绩》，OECD 出版。
http://dx.doi.org/10.1787/888932366693.

2000年以前，芬兰很少会在世界性具有卓越表现教育体系的名单中出现。这一部分是因为尽管芬兰目前总能在国际性的素质测试中拔得头筹，但在1962—1999年间的5次不同的国际数学或科学的测试中，其成绩从来没有达到过平均水平以上。原因是芬兰奉行的教育改革及提升路径是循序渐进的，在过去40年中稳步前行。我们并不能把芬兰的成功归因于某一位特别的政治领导人或政党所推行的某项重大的变革计划，它的成功是建立在过去稳步而扎实的基业之上。

正如本章会介绍到的芬兰的教育改革是与该国第二次世界大战后的经济与政治发展相互交织的。其中文化显然是芬兰成功故事背后的一个重要因素。但这不可能是成功的全部理由。如果要探寻芬兰教育的成功就要去学习它的教育政策与实践。

许多国际观察家认为，芬兰的教育成功主要是基于该国的特殊历史与文化。他们并不确定对于其他学习或效仿者而言，这是否具有适用性。这些质疑者指出，尽管在赫尔辛基的新建学校中几乎一半的学生都是移民，但芬兰的文化还是具有同质性。他们只看到了芬兰繁荣的IT行业及总体的经济状况，却忽略了芬兰的生津费远远低于那些在教育上开支最大的国家，包括美国。他们注意到，在芬兰小学教师是当下年轻人心目中最为抢手的职业，吸引了无数的优秀毕业生踊跃加入到对教师培养计划的激烈争夺中。这些年轻的毕业生也不会顾虑这种"教师热"的现象是否会永远地持续下去，他们的国家是否会采取特别的措施来提高教师及教学的地位。

教育系统中的成功者与变革者
美国从国际学生评估项目中学什么？

芬兰教育体系的历史[①]

芬兰是一个相对年轻的国家，1917年脱离苏联独立建国。第二次世界大战期间为了获得独立，芬兰经历了长期的斗争。对于一个人口不到400万的国家，战争的损失是惨重的：9万人失去生命，6万人终身残疾，5万儿童成为孤儿。除此之外，依据1944年与苏联缔结的和平条约，芬兰被迫让出领土的12%，这意味着需要重新安置45万居民。苏联的军事基地就设立在赫尔辛基附近的一个半岛上，共产党享有合法地位。

1945年在战后第一次选举产生的议会中，社会民主党、中心党和共产党，这三个政党各自拥有数目大体相当的席位。20世纪50年代保守党获取了足够的影响力，也被纳入到主要的协商之中。多党体制下为了推动主要的政治议程，各政党需要达成政治共识。芬兰教育体系的重建和现代化是各项议程中的首要事项之一，并且在政党间达成了共识。

战后新议会所接手的教育体系仍然是不公平的，并且更多的不是适应现代工业化社会的需求，而是以农村为主导的农业社会的需求。直到20世纪60年代，战后城市化进程才刚刚起步，芬兰60%的人口居住在乡下，但在接下来的数十年间城市化进程加快，目前2/3的人口居住在城镇。

20世纪50年代，芬兰大部分的年轻人在完成了六年的基础教育之后便离开学校。只有那些居住在城镇或大都市里的青年会进入到中学教育。中学教育包括两种类型的学校：一类是由一些大城市筹办的市民学校，提供三年以上的教育，如果这些青年所居住的城镇规模够大足以支撑一所这样的学校，那么他们就可以接受更高层次的职业教育；另一类是文法学校，[②]提供五年以上的教育，通往学术类高中，然后是大学。在50年代的芬兰，大约只有1/4的青年能够上文法学校，2/3的文法学校都是民办的。

在下一个十年间，文法学校的学生人数呈几何式增长，从3.4万人增加到27万人。大部分的增长都发生在民办学校中。20世纪50年代，民办学校开始接受政府的补贴并且受到更多来自公众的监管。此种增长反映了普通芬兰人对他们子女所受教育及教育机会的更大期望。显然，国家的领导者也倾听到了这种民意。在战后的十年，议会先后成立了三个改革委员会。每个改革委员会都做了备忘录，致力于促进

[①] 这篇报告的史料大部分来自萨尔博格即将出版的著作。
[②] 学生在小学4年级或者5年级毕业之后可以申请就读这种学校。

公共支持和政治意愿，来构建一个更能满足所有芬兰年轻人日益增长的对教育机会更为均衡化的需求。

1945年成立了第一个委员会，聚焦小学教育课程，强化学校更为人文化、以孩子为中心的形象，与芬兰大部分学校奉行德国式的、以教学大纲为本的模式特征形成强烈反差。该委员会还在300多所学校开展了实验研究，为研究如何引导政策发展提供了范例。

1946年发布了第二个委员会，聚焦系统的组织，倡导建立服务于所有学生的共同学校（涵盖一至八年级）。然而，该报告引起了大学和文法学校教师的反对便很快偃旗息鼓。

10年后，在学校计划委员会的备忘录中此种建立共同或综合学校的倡议又被重提。这一次该项倡议获得了支持。委员会建议芬兰应该建立由市政府举办九年制（一至九年级）的综合学校，并且现有的文法学校和公共市民学校最终都要被整合进去（图5.1）。这个提议引发了人们对于核心价值观及信念的热烈讨论。难道每一名学生都要达到文法学校的学生那样的水平？所有的年轻人都要具有很高的教育水准，难道社会真的需要他们这样吗？所有的年轻人真的需要掌握除芬兰和瑞士语之外的第三种语言吗（文法中学的要求）？这种期望对于他们是否公平？在接下来的几十年间，争论还在继续。芬兰越来越想要在经济上具有更强的竞争力，在社会经济上谋求更大的公平，这对议会构成了压力，要求他们起草、推进备忘录的实施，筹建新的综合学校。1968年11月，议会获得了绝大多数的支持，终于实施了该项议案，创立了围绕涵盖一至九年级共同综合学校展开的新基础教育体系。

在这里花费一些篇幅来介绍提出建立综合学校这项倡议的政治进程是因为，在芬兰，大部分的分析家都把综合学校看做后续一系列改革得以开展的基础前提。国际流动与合作中心总干事，芬兰教育故事对外解读者帕思·萨尔博格（Pasi Sahlberg）说道：

"综合学校不只是一种学校组织的形式，它体现的是一种有关每一个孩子需要什么和应该得到什么的教育思想以及深层次的社会价值体系。"

从学校组织并置的形态转变为单一的综合体系是具有挑战性的，因此进程也是缓慢而谨慎的。1972年才推行，首先从芬兰的北部开始，然后逐渐推广到南方人口集中的都市和城镇。1977年南方最后一个直辖市完成了新综合体系的建立。

尤卡·萨尔亚拉（Jukka Sarjala）在担任芬兰国家教育委员会主任之前曾在教育部（1970—1995）工作了25年。当时教育部主要负责对新法律的计划与实施，他这

教育系统中的成功者与变革者
美国从国际学生评估项目中学什么?

样描述该项工作任务:

"我的挑战是要制订出一份计划,保证改革能够最终在芬兰的每一个社区得以顺利地执行。有许多市并不太愿意改革他们的体系,这也就是为什么合法的授权是非常重要的。这是一个很宏大的改革,非常大,对于那些已经习惯于旧体系的教师而言这是非常复杂的。他们已经习惯于教某一类型的孩子,如果在同一个班级中既有聪明的孩子还有不太聪明的孩子,这些老师便没有准备好该如何去应对。这需要若干年的时间,在一些学校,直到老教师退休了,这些改革才会被接纳。"(本报告采访)

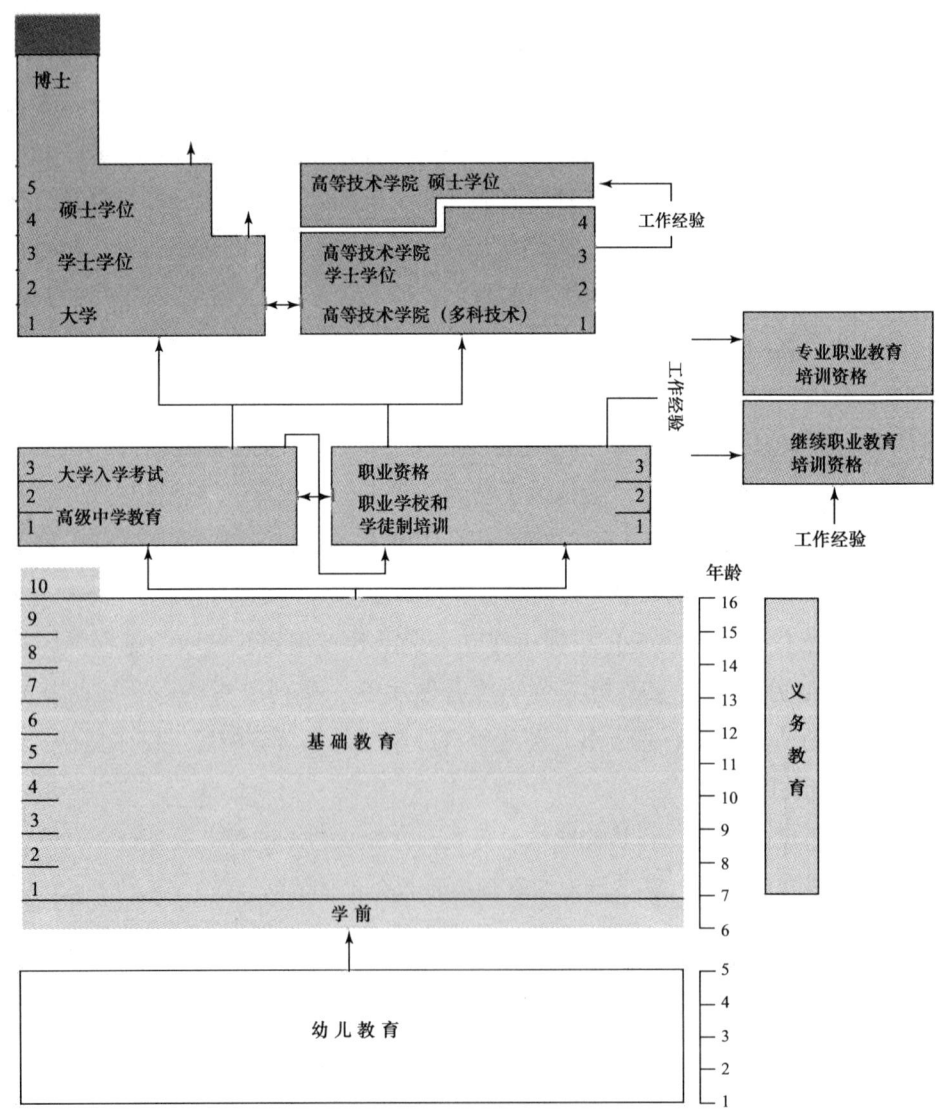

图5.1 芬兰教育体系的组织

要消除老教师的焦虑,解决从各类学校并置转变到综合体系,这一合并过程中遗留下来的一些问题,最主要的手段就是开发针对综合学校的、新的核心课程。课程开发的过程需要成百名教师的参与,五年为一个周期(1965—1970)。为了缓解人们对综合学校某些方面的不安,决定允许在高年级里采取一些差异化的方法来应对在学生身上发现的能力和兴趣上的差异性,尤其是数学和外语。学校会提供三种不同层次的科目课程:基础、中级和高级。基础水平的课程相当于市民学校所开设的课程,高级水平的课程相当于过去文法学校开设的课程。这种能力分组的形式一直沿用到了20世纪80年代中期才被最终废止。

也许综合学校所带来的最为重要且长久的影响就是促使人们形成一种共识,即构建一个能够公平服务于每一名学生(无论其家庭背景)的学校制度,并且要求教师具有高水平的知识和技能。正如帕思·萨尔博格所说:

"早在20世纪70年代政策制定者就认识到,如果我们成功实施了这项雄心勃勃的综合学校改革,把芬兰所有的学生都带入到相同的学校,希望他们掌握相同的课程,这不仅需要不同体系的支持,还需要每一名教师具有不同层次水平的知识及理解。"

此种认识致使一系列的改革席卷而来,大幅提高了新教师的入职要求,把教师准备从师范学院提升到了大学层次,并最终要求所有教师从学前到高中教育都要具有硕士学位。新教师准备计划的设计与内容会在后面详细介绍。芬兰在教师在职培训方面是具有传统的。随着国家课程的开发也实施了相应的改革。为了帮助教师更好地适应1972—1977年的新教育结构,芬兰发起了一项针对所有市所有教师的特别、综合的义务在职培训计划。

实施一至九年级综合学校所带来的另一个重大影响是极大地增强了人们对高中教育的需求。20世纪70年代,只有30%的芬兰青年具有高中及以上文凭。目前这一比例超过了80%,在24～35岁之间的青年中,这一群体的比例是90%。这种显著的增长部分是基于1985年所推行的一系列实质性的改革,传统学术类高中的设置结构被更加灵活化、模块化的结构所替代,这也为教育体系增添了更多的选择性。近年来,对学术类中学进行的现代化变革也体现到了职业中学(职业教育与培训或称之为VET)。职业教育的规模在扩大并得到了很大的加强。目前,职校学生中有42%是来自综合学校的毕业生。选择就读职业中学学生人数增加的另一个原因是,近年来芬兰创建了一批高等技术学院(多科技术学院),为职校学生接受高等教育提供了路径。现在,接受职业高中教育的学生也具有继续大学学习的资格。因此,对于接受职业教育与培训的学生而言,高等教育是完全开放的。职业教育与培训已成为

教育系统中的成功者与变革者
美国从国际学生评估项目中学什么？

一条值得信任的可通往高等教育的路径。在芬兰，43%的青年20岁接受高等教育，该比例位居欧洲榜首，远远高于OECD平均水平（25%）。此外，芬兰还致力于工作本位学习计划的开展，增强职业教育与培训同职业生活之间的联系。

经济发展与教育文化的塑造

过去二十年间，芬兰教育体系的沿革与其现代经济的发展是分不开的。20世纪70~90年代芬兰福利国家的发展，国家积极推动实现在社会和经济上更大的公平，综合学校正是在这样的背景下诞生的。然而，我们需要从经济上发生深层次的变化这个背景来看待过去二十年间芬兰教育体系中所出现的那些不太明显但却同样重要的变化。

20世纪90年代早期，发生了两个重大事件，引发了芬兰政府及私有部门领导者在经济发展战略制定上的转变。第一个是1994年启动了芬兰加入欧盟的进程。随着苏联的解体（主要的贸易伙伴），芬兰别无选择，只有使其出口战略变得多元化，开始改变对木业或其他传统产业的一贯依赖。第二个更具影响力的刺激是源于90年代早期由金融系统崩溃所引发的经济大衰退。这让人想起了美国所经历的银行业危机。芬兰的失业率达到了20%，国内生产总值（GDP）下降了13%，公共债务超过了GDP的60%。

政府利用了此次危机所带来的机遇，制定了新的国家竞争力政策，旨在扶持私有部门的创新并把焦点放在了通信行业的发展上，诺基亚就是主要的被扶持对象。惊人的是在很短的一段时间内，芬兰不仅成功地走出衰退并且还降低了对自然资源的依赖，把本国经济转变为以信息和知识为本的经济结构。在研究和开发上的投入刺激了经济的增长。1991年，1 000名芬兰工人中只有5名属于研发劳动力。到了2003年，这一数字增加到了22名，大约是OECD平均的3倍。到2001年，世界经济论坛的全球竞争力指数排名，芬兰从第15名跃居到了首位，并且自此排名开展以来一直保持领先的位置。

对创新和研发上的重视不仅促使了高等教育与产业界之间新的合作关系的发展，并且对学前和中等教育产生了重大的影响。芬兰的雇主向学校发出了强有力的知识、技能和态度的需求信号，帮助他们在新经济中成功。芬兰的产业领导者不仅加强了数学、科学和技术在正规课程中的重要性，并且还提倡要更加加强学校中学生创造力、问题解决、团队合作的能力以及跨课程的项目开展。尽管在20世纪90年代遭到了一些批评，但企业界的领袖们还是把此种信息传达给了学校。正如诺基亚公司一名高层经理在接受萨尔博格（Sahlberg）（他当时担任国家科学课程专家组组长）采访时所说的：

"如果我聘用了一名一点儿也不懂工作中所需数学或物理知识的年轻人，那么我还有同事可以很快地去教他这些知识。但如果我录用的是一名不知道如何与他人合作，如何以不同的方式思考，如何产生创意或害怕犯错误的年轻人，那么我束手无策。做我们必须要做的，使我们的教育体系与时俱进，不要把学生目前已经在综合学校中所具备的创造力和开放的视野拿走。"

诺基亚高层经理认为，综合学校已经注意到要培养学生在新经济中雇主所寻求的某些品质。实际上，很难想象，如果芬兰的学校没有预先培养出适合行业需求的那些具有灵活性和对创新持开放态度的毕业生，芬兰以信息和知识为主导的经济是否还会发展得如此迅猛。对这些品质的培养为学校的正规课程营造了文化和气氛。

芬兰在教育上的成功

在立法上的重大突破产生了政策框架，这使得芬兰学校在过去的十多年间达到了世界水准，这一点尤为重要。但这并不能对芬兰的成功故事做出完全的解释。毕竟，在北欧国家中芬兰并不是唯一的已经废除了分轨制并创建了联合的基本学校结构的国家。其他国家也对本国的教师教育进行了改革和升级，并且采取了与芬兰类似的措施来进行中等教育的现代化。那么，到底是什么造就了芬兰的成功呢？要寻找答案的一种方式就是让芬兰的观察家把综合学校最为突出的特征一一列出来并作为一项研究将其描述出来。

一种超越教育的体系

首先要注意的是，这些学校提供的不仅仅是教育。它们提供的是全方位的服务，包括向每一名学生提供日常饮食、健康与牙齿卫生服务、指导与心理咨询以及学生或其家庭所需一系列的心理健康和其他服务等。这些服务都无须接受家庭经济调查，这充分体现了芬兰在福利方面对所有孩子所做出的严正的社会承诺。

帮助有特殊需求的孩子

第二个特点是"特别需要教师"（special teacher）的职责。值得芬兰骄傲的是

教育系统中的成功者与变革者
美国从国际学生评估项目中学什么？

它对社会包容所做出的努力。8%的芬兰孩子被视作有特殊教育的需求，但只有不到一半的孩子被送到特殊学校。剩下的一半则与主流群体在一起学习和生活。芬兰教育家认为，如果学校能够加强早诊断和早干预，是能够帮助他们在常规课堂中取得成功的。在每一所学校配置接受过特别训练的"特别需要教师"是随时帮助这些困难孩子的主要机制。这些教师的工作是与班级教师紧密合作，找出需要更多帮助的学生，并以个人或小组的形式帮助他们跟上其他同学的进度。

此外，发现问题和提醒特别教师并不是常规任课教师一个人可以决定的事情。丽塔·阿蒂约（Riitta Aaltio）是赫尔辛基周边的一个自治镇克拉瓦（kerava）当地一所小学的校长，该学校有学生360名，他说，每一所综合学校都设有针对小学生的"全方位专业关怀工作小组"（multi-professional care group）。这个工作小组至少每个月要来两次，每次时间为2小时。工作小组由校长、特别需要教师、校护、学校心理师、社会工作者以及被关注学生的任课教师组成。在与被讨论学生见面之前会事先与他们的家长接触并要求他们出面。丽塔·阿蒂约校长这样描述工作小组的作用：

"每次见面我们通常会有充足的时间与班级教师一起讨论两个班级的学生以及出现的任何突发性严重事件。首先，我们会谈到班级大致的状况。如果在学习、教学、社会风气方面存在任何的担忧或个别学生出现问题，我们会尝试着决定提供何种方式的帮助。如果我们认为，学生需要超出学校范围的帮助时，我们会帮助他们的家庭获得此种援助，无论是医学上的还是心理或社会层面的帮助。

"只要需要，每一名学生都可以接受这些措施，无论他们的社会背景如何。因为医疗保健如同教育在芬兰都是免费的。这种功能性的支持体系是芬兰教育体系的重要组成部分。这有助于解释为何在成绩上学生的差异如此之小。"（本报告专访）

教师和学生的主要责任

班级教师（负责一至六年级）和学科教师（负责七至九年级）在专业决断和自主性上有很大的空间。在过去的二十年间，芬兰的国家核心课程不再那么条条框框，而是变得更为笼统。它更多地起到一个框架的作用，让教育提供者和教师自主决定教什么，如何教。比如，教师可以自主选择教科书及其他教学资料；对综合学校所进行的唯一的外在测评是通过抽样完成的，测试旨在对整个系统功能的了解；对芬兰学校的评价集中在课堂层面，教师依据国家核心课程和教材中的评价指南对他们的学生做出持续性的评价。然而，在课堂层面的关注点是帮助学生学习如何对他们自己的学习做出评价。在阿蒂约校长所在的学校，在学生一年级的时候就开始关注这方面的能力了。

观察家们对芬兰学校课堂的描述是"以学习者为中心"。对学生自我评价的重视表明：教师期望学生主动设计他们自己的学习活动；围绕项目以团队的形式开展合作；尤其重视那些跨越传统学科领域的项目。等到学生进入高中学习阶段（十至十二年级），期望他们能够有充分的自主性对自己的学习负责，设计个人学习计划。利用模块课程结构让每一名学生都能按照自己的进度开展学习。每一名学生依据自己的选择，制订属于自己的个人学习计划，包括涉及各类学科的不同课程。

关注如何帮助学生越来越多地对自己的学习负责，这种倾向性的出现绝非偶然，这反映了综合学校国家核心课程背后的重要价值观。

"学习环境必须要促进学生的成长与学习。无论在物理、心理还是社会层面，环境都必须是安全和促进学生健康成长的。目标是增强学生对求知的好奇心和动力，通过制造一些有趣的挑战和困难来提高他们的积极性、自我导向性和创造力。学习环境必须要引导学生去设定他们个人的目标并对自己的行动做出评价。必须要给学生提供机会去发展和构建属于他们自己的学习环境。"（序言 摘自《基础教育国家核心课程》，2004）

社会文化因素

与其他取得好成绩的教育体系一样，芬兰的成功是各种因素共同作用下的结果，构建了一个能够促进系统全面而持续进步的连贯性的途径。其中的某些因素是文化性的。正如帕思·萨尔博格（Pasi Sahlberg）所指出的芬兰的历史和地理位置，它介于西方王国与东方大帝国之间。这就迫使芬兰始终要把国家利益置于首位，不要让教育政策沦为党派政治的牺牲品。

"我们是一个小国家，世界上其他国家的人都认为这是一个奇怪的地方，在这里人们说着一种其他人都听不懂的语言。在过去的半个世纪里，我们发展了一种理解与认同，即教育每一位国民是让我们这个小且独立的国家得以存在下去的唯一方式。同时这也是我们与大国，与那些具有其他福祉国家竞争中的唯一希望。"（本报告专访）

一方面，芬兰非常戒备地捍卫着自己来之不易的独立，但在社会政策的许多方面则深受邻国和北欧诸国的影响，尤其是瑞典。正如上面所提到的，综合学校理念提出的宏大背景是20世纪60年代对社会及经济公平的诉求。在过去的二十多年里，芬兰效仿了瑞典福利国家体系的许多特征。其结果是，芬兰的学校被置于牢固的社会安全网之中，并对孩子的健康及全面发展履行切实的承诺。校长阿蒂约所描述到的学生关怀工作小组就体现了这一点。

芬兰社会对孩子做出切实承诺的另一体现是学校建设。在第二次世界大战后的一段时期芬兰各城镇开始了对学校的重建工作。大部分在芬兰上学的孩子就读的学校都很小，以至于学校中的所有员工都能认识每一名学生。（尽管超过50%的学生所就读的学校的规模都超过300名学生）校舍并不旨在展现建筑风格，它们明亮而通风且功能性强。规模小有利于个性化空间的发挥以及对每个学生的关注，这是芬兰教育的典型特点。

芬兰社会的另一个特征是社会融合和对政府的信任，这也是国家面积过小和文化同质性所带来的影响之一。不过，这也体现了国家所具有的气质。社会融合和对政府的信任是很难分离和被量化的因素。但很明显，这些因素能解释为什么在芬兰年轻人会如此钟爱教师，这个职业，至少与医学和法律具有同等的吸引力。芬兰小学教师教育计划能够吸引10名申请者争夺一个职位。

芬兰教育工会主席奥利·卢凯宁（Olli Luukkainen）在讨论有关教师地位时对信任这一因素做出了评论：

"芬兰的教师都非常独立。他们能自主决定绝大部分的事情：如何教，从基本（国家）课程中挑选出要教的内容以及在什么时候教授个别的主题。事实上，当年轻人要决定日后大学里修读何种课程计划的时候，这些具有自主性和备受人们尊敬的教师会影响到他们的决定。他们知道如果选择了教师教育，就意味着将会进入到一个在社会上拥有极大信任感和尊重的职业，并为国家未来的塑造做出重要的贡献。"（本报告专访）

优秀的教师素质

在芬兰社会，教师享有的公众信任得益于高质量的教师培训。教师向公众展示了他们使用专业支配和决断的能力，成功应对课堂并接受挑战，帮助每一名学生实现成功，因此获得了家长和社会更大范围的信赖。

教师素质和教学质量是芬兰教育成功的关键，是文化与政策共同作用的结果。政策方面，1979年决定把教师培训转移至大学从而严格性大大加强；20世纪80年代，政府决定把日益增强的教育权力和责任从教育部下放至各市级政府及学校。此种转变很大程度上反映了一种意识，即越来越怀疑西方在有关中央政府中的作用及在实践中确定典范能力上的认识。这些决策实际上极大地拓展了学校教育者的责任和增强了社会对他们的信任。

在权力下放之前，中央行政部门利用两大工具来管理和调控教育质量：国家核心课程（national core curriculum）和国家学校督学（national school inspectorate）。如上所述，国家核心课程不再是条条框框，变得更为笼统。比如，基础学校数学只有10页，并且现行的版本还承诺各市所采用的课程计划要把本地的发展优先纳入其中，还要体现社会团体的愿望和价值观。更令人惊讶的是，取消了督学，周期性地对六至九年级的学生进行抽样是中央行政部门评估和检测学校质量的唯一手段。尽管如此，在法律上各市级政府还是有责任对学校教育进行评价。

建立芬兰共同学校，负责该项改革的设计者似乎奉行这样的理念：

"如果我们能够吸引高素质的年轻人加入教师准备计划，为未来教师重新设计这些计划，让他们有能力去实现差异化教学，诊断学习问题和评价学生进度；如果我们能够为学校教师创造条件，在资料的选择和教学设计上允许他们能够自主行使其专业判断和权力，满足不同学生的需求；如果我们能够为学校教师创建一种校园文化，让他们共同担负对学生学习及健康成长的责任；如果我们能够建立学校机制，为那些最需要获得其他帮助的孩子及家庭提供支持；那么我们就有理由和信心实现让每一所学校中的每一名学生都能茁壮成长。"

上述改革理念的实现需要极大地依赖师资队伍的素质，因此我们把焦点转向芬兰的教师准备。

教师的招录与准备

尽管"教职"在芬兰是一个备受人们尊敬的职业，但直到1979年师资教育改革之后，人们才开始意识到教师需要高级培训。在高中毕业之后，未来要成为中小学教师的师范生在师范学院接受两或三年的实践培训，然后直接进入课堂。这是芬兰独有的模式。该模式的前提是只要学生在高中阶段具有扎实的学科知识基础，就可以通过两或三年的学习学到有关教育学、儿童发展、课堂管理的知识，使其成为有能力的教师。师范学院先对申请者进行甄选，确保他们在性格和个人特质上具备成为教师的基本条件。但是，相对于大学其入学条件相对宽松。

不过，随着师资教育从师范学院转移到大学，特别在要求小学教师在取得教职资格之前必须获得硕士学位的决定之后，一切都发生了改变。与创建综合学校的情况一样，这些决定也备受争议。大学里的领导者一开始就抵制教师只不过是一种半

教育系统中的成功者与变革者
美国从国际学生评估项目中学什么？

专业的想法，他们害怕其他半专业的支持者，如护士和社会工作者也会同样要求给予他们与培训计划同等的大学地位。而真正的担心是接收师范生会降低大学的学术标准，从而导致在地位上的损失。

随着师资教育计划在新大学的不断植入，这些担忧的问题都没有出现。实际上，目前大学里的师资教育计划是具有高度筛选性的，并且在筛选过程中教育科系下的各师资教育部门具有自主性。

2010年，超过6 600名申请者争夺8所大学提供的660个针对小学教育师资准备计划的名额。过程包括三个阶段。第一个阶段是资料的筛选，包括申请者的大学入学考试分数、高中记录、校外成就，通过了这一阶段筛选的申请者要参加第二阶段的笔试。他们被安排在一个与教学活动类似的环境中，然后观察他们的互动及沟通能力并对此做出评价。第三个阶段是面试，考查的是对教职工作的动力强度。

师资教育计划包括小学教师和高年级教师这两类，在结构上各有不同，但都同样的严格。选择小学师资教育计划的学生主修的是教育，但也要辅修至少两门的小学课程科目。这意味着，他们不是在教育学系学习数学，而是在数学系学习。高年级教师主修的是他们未来要教授的科目，但同时他们也要做大量教育方面的事务。要么选择五年的整合模式，要么选择先完成所教科目领域的学习再在第五年接受集中学习的模式。具有硕士学位的学生可以选择在教育学院修读一年的教育学来获得教师资格。

芬兰师资教育的四大显著特色是：

（1）以研究为本。准教师不仅要熟知有关教育和人才发展的知识，还要完成一篇研究型的硕士学位论文作为最终毕业的要求。高年级教师选择其学科领域的课题，小学教师研究有关教育学方面的内容。这样做是因为期望这些准教师能够在他们的教职生涯中参与系统的、严格的课堂探究。

（2）对教学内容知识的重视。传统的师资准备计划通常把好的教学方法普适化，比如，假设好的提问技巧适用于所有科目。在芬兰，师资教育计划由教师教育系部和学科院系共同负责，说明极为重视具体学科领域的教学知识。

（3）高质量的培训。训练每一名教师，使其能够对有学习困难的孩子进行诊断，并能够针对不同学生的需求和风格调整他们的教学及指导。

（4）极其重视临床实践的部分。美国知名学者、教师教育的实践家琳达·达林-哈蒙德（Linda Darling-Hammond）这样描述芬兰的教师准备：

"教师准备计划包括大量集中的课程，学习如何教——强调以最新实践为基础的研究使用，至少一年在学校的实习经验。这些示范性学校旨在开发和推广创新实践，促进在学习与教学上的研究……

"在这些示范性学校里，准教师参加问题解决小组，这是芬兰学校的共同特征。问题解决小组要参与计划、行动、反思与评价的一系列活动。这实际上是整个师资教育计划所强化的，并且也是教师为自己的学生制订计划的模式，他们希望学生也能在自己的学习中运用类似的研究与探究方法。其实，通过不同层面（课堂、学校、市镇和国家）的不断反思、评价和问题解决，希望整个体系得到完善。"
（琳达·达林–哈蒙德，2010）

总之，教师这个职业入职门槛的提高让这项生涯选择变得更具吸引力，并且使师资准备计划能够遴选到成绩优秀的中学毕业生。年限大幅延长和强化的师资准备使得准教师能够胜任政府所赋予他们的越来越多的专业自主性并能够应对挑战。教师所享有的自主性及信任提升了他们在社会中的地位。这种方式也确保了师资准备计划能够持续而稳定地吸引到一批高素质和具有动力的申请者。

1. 芬兰教师：自主性、质量保证及问责

对于芬兰的学校，最令人吃惊的事实是学生的学习时间比任何一个OECD国家都要少。这同样说明芬兰教师比其他OECD国家教师的教学时间少。在初中，芬兰教师每年的教学时间为600小时，800节课，按每节课45分钟或每天4节课计算。相比较而言，美国的中学教师的教学时间为1 080小时，按每节课50分钟，每天6节课计算。每天的教学时间部分取决于所在学校的教师数量和教学工作量，不同的教育水平会有所不同。尽管如此，芬兰学校的教学时间还是比其他许多国家的要少。先不去问芬兰是如何在三年或比三年还短的时间内让15岁学生，他们的成绩超越其他国家的学生的。另一个与之相关的问题是芬兰的教师不在课堂教学的时候他们在做什么？

在专业上，芬兰的教师享有很大的自主性，但这也使得他们要去承担更多的工作责任。对于其他教育体系的教师而言，很多工作都是以集权化的方式来完成的。其中最为主要的工作就是课程与评价。如上所述，国家核心课程并不是内容翔实的道路地图，而只是一个框架，留给教师足够的空间去解读框架，选择他们自己的教科书而不是课程资料，设计自己的课程，所有的一切都需要时间。在一些学校，课程的开发由教师小组共同完成，而在一些小学校，这个责任就要落到每一名教师的身上。

2004年国家核心课程为学生评价提供了一些宽泛的标准，但教师还是对体系的

教育系统中的成功者与变革者
美国从国际学生评估项目中学什么？

构建、学生进步的持续评价负有主要的责任。教师还需要与家长保持频繁的沟通，许多学校人员委员会的结构都十分周全，能够处理校园生活的方方面面。尽管在理论上芬兰教师被允许可以在非教学时间离开学校，但教职是一个全职性质的职业。

在芬兰，教师专业发展的状况因地域而不同。因为，芬兰学校主要是由各市来资助的。各市政机关对于教师专业发展的重视程度各不相同。要求各市资助每一名教师必须参加每年3天的专业发展，一些市会要求得更多。平均看，芬兰教师在专业发展上每年花费的时间是7天，其中一些时间是他们自己的。一些规模更大的市通常会为所有的学校组织统一的教师专业发展活动，一些市也会允许各所学校设计他们自己的计划。奥利·卢凯宁认为，在教师专业发展上芬兰各市之间很大的差异性是芬兰体系的弱点：

"我国教师的继续教育及专业发展体系并不够好。城市之间、教师团队之间的差异性很大。比如，在继续教育方面，职校教师能够获得比小学教师更好的支持。"（本报告专访）

近年来，工会、教育部及其他合作者共同开发了一项国家计划，旨在为教师专业发展提供更为均衡的通道。2010年，教育部拨款2 000万欧元来支持该项计划。

2. 对进度的监控

国家教育委员会周期性地对各年级进行抽样评价，除此之外芬兰没有设定任何国家机制来监控学校的表现。国家评估委员会更多关注的是对国家政策的评价而不是学习的表现。高中结束要进行国家高等教育入学考试（高考），但这也只是去证明学生知道什么，而不是去评价其所在学校的质量。也许芬兰政策制定者经常被问到的问题是，"在每年不进行外部评价和任何形式的外部督查的情况下是如何确保每一名学生都能接受到有质量的教育的？"许多来自其他国家的访问者，如美国和英国也会频频问到这个问题。这些国家在外部问责体系上的投入很大，希望通过此种方式来取得更为均衡的结果。尽管如此，与芬兰体系相比他们的表现仍然逊色。

显然，对质量保障这个问题是没有唯一答案的。芬兰之所以能够在取得好成绩的同时仍然使学校间及校内的差异很小，这是多方面因素作用的结果，如本章通篇都在阐述的文化、教育因素。校长阿蒂约提到的一个因素是芬兰对学生评价的极度重视。然而，芬兰人并不是出于学校问责的目的来进行评价的。在课堂层面他们做了大量的诊断和形成性评价。当被问到是如何知道学生在某门课上的学习表现的，校长阿蒂约的回答是在她的任期内并没有太多的评价数据。但如果教师没能教好他们的学生，她总是有办法知道的。她报告道，至少在她的学校，家长们密切关注学生的进步情况并且如果出现问题，还会提醒她。如上所述，学生关怀工作小组每个月两次的例会也会把课堂和个别问题拿到桌上来讨论。

3. 问责体系架构

芬兰的问责体系是自下而上的。根据教师候选人对芬兰公共教育核心任务的表达能力来对其进行筛选，此种信念是高度道德、人文、公民和经济的。师资准备计划旨在培养他们对学生学习和健康成长所负有的强烈责任感。

学校是问责体系的另一个水平层级。社会团体把信任延伸到了学校，使其对每一名孩子的成功负有强烈的集体责任感。芬兰每所综合学校都要向市政当局汇报，但在质量和监管力度上不同的权力机关存在较大的差异性。他们负责雇用校长，与校长签订一份6～7年的合同，但把每天管理学校的责任就交给了教育专家。确保学生进步的责任也是如此。

由于芬兰的学校享有很大的自主性，也许会有人认为体系也会同样关注对高素质校长的录用与培养，就好像如此关注师资准备一样。但几乎没有证据可以证实这一点。与许多国家一样，校长的职责在发生变化。芬兰于韦斯屈莱大学（University of Jyvaskyla）教授，芬兰PISA结果分析的主要研究者约尼·瓦利亚维（Jouni Välijärvi）指出，芬兰教师所具有的极大的独立性提出了一些特别的挑战：

"过去，芬兰的校长只不过是教师头目，相当于教职人员代表，他们多余的责任是代表系所面向社会。但随着学校预算走向分权化，校长的工作变得更具挑战性了，他们不仅要负责对学生的照料和他们的健康发展，还要承担财政责任。

"因为芬兰教师受教育的水平都很高并且也已经习惯于对自己班级的完全掌控，所以我们没有校长主动巡视班级，监管学校教学质量的传统。实际上，由于班级规模小，大部分校长每周都会上几个小时的课。因此，他们的职责是多样而混乱的，甚至有些时候从需求上看是相互矛盾的。"（本报告专访）

一些大学，包括约尼·瓦利亚维所在的于韦斯屈莱大学（University of Jyvaskyla）都在加强对校长的专业发展计划，似乎这不会成为主要的问题或需求。

芬兰教育体系未来面临的挑战

所有表现卓越的教育体系都会面临一个重大问题，即目前支持他们取得好成绩的政策与实践是否足够能让他们在日新月异的全球化世界中继续保持优势。芬兰

教育系统中的成功者与变革者
美国从国际学生评估项目中学什么?

对这个问题尤为感兴趣。因为许多观察家都把目前芬兰所取得的成绩归功于40年前的重大政策调整。与其他表现卓越的国家不同,芬兰的改革持续了几十年,进程缓慢而谨慎。尽管这期间发生了政府的更替,但仍然在政治上得到了持续而广泛的支持。在文化上,改革扎根于学校的日常生活中。改革并不是某个政府或政治领导提出的某项重大政策或行动倡议的结果。正如教育在芬兰,他们认为改革也是理所当然的。

基于芬兰的历史和发展,未来芬兰体系会面临什么特别的挑战呢?第一个挑战是如何把持续增加的移民子女接纳到学校,这个问题对于芬兰而言并不是太突出。但这是一个让很多欧洲国家头痛的事情,一些国家比另一些国家做得好。尽管在芬兰移民子女只占学生总人数的3%,但这个数字还在攀升。如上所述,在赫尔辛基的一些学校里几乎一半都是移民子女。直到现在,芬兰还向移民子女承诺可以为他们提供继续学习母语和教他们学习本国语言的机会。然而,这种做法将来会出现问题,正如约尼·瓦利亚维观察到的:

"过去,我们一直强调要在教学中让移民学生使用他们自己的母语。这样做是出于对我们自身历史的考虑。当我们从属于瑞典的时候,我们想要获得在教学中使用芬兰语的权利。甚至到今天,尽管瑞典人只占5%,但我们仍然赋予他们在学习中使用自己语言的同等权利。但如果语言的种类不断增加,这种权利就很难得到保证。更大的问题是在当下芬兰语发挥着重要作用的芬兰社会,如何去平衡你对于自己语言的尊重。瑞典坚持要把外来移民融入到瑞典社会,我们对于这样的做法持批评态度。但考虑到需要找到充足的教师用移民学生他们的语言来教他们,这方面所产生的费用和困难时,我们也只能被迫采取同瑞典一样的做法。"(本报告专访)

有关芬兰未来的第二个问题是能够不断从高素质的人才中选拔教师,芬兰体系高度依赖此种能力。有人能够想象得出如果"教职"开始对芬兰年轻人失去吸引力的情形吗?职业地位经历着周期性的变化,它们在社会中的相应位置有时上升或下降。正如一些观察家所担心的,设想钟摆开始回到加强集权化控制的教育体系。如果其他国家的PISA成绩或在其他对成绩的国际性测试中,他们的表现超越了芬兰,人们会要求教育部介入并采取更为强硬的调控手段来引导芬兰的教育吗?如果这种情况发生了,年轻人还会继续认为教职是具有吸引力的职业吗?

第三个问题是有关目前高中阶段普职分轨的未来。在高中阶段进行分轨,这似乎已经达成了强烈的社会共识。至少有一位德高望重的前教育官员设想过共同综合学校的理念也许某一天可以沿用到高中教育。尤卡·萨尔亚拉(Jukka Sarjala)问到未来接受学术或职业教育的学生，他们的需求是否真的如此的不同？

"如果我们设问在未来什么样的外语技能是年轻人所需要的，除了英语与瑞典语之外，奋战在各种工作岗位上的许多人还需要法语、德语或俄罗斯语。那么对数学的需求呢？所有人都需要高等数学吗？在允许学生设计他们个人学习计划的同时，在同一所机构里合并学术和职业课程计划有意义吗？"（本报告专访）

目前的教育政策极大地鼓励这两种类型高中教育展开合作，目的是为学生提供更宽泛、更灵活的学习选择。瓦利亚维认为在年轻人中提高接受职业教育学生的人数有可能会在市级层面增大压力，加强这两类学校间的合作。

"许多学术导向的高中学校在吸引生源上一直有困难。因为它们是根据就读学生人数来获取资助的。在一些更小的市区，这会严重影响到它们的生存。我们看到了存在这种情况的学校关闭了，这是我们体系中出现的新现象。与此同时，越来越多的优秀学生在离开综合学校，选择职业学习。因此，职业学校的数量在增加。在未来的几年里，这意味着除非学术类学校学习如何开展更为深入的合作，否则许多都会面临关闭。因为在我们450所高中学校中大部分学校的规模都非常小，在生源持续减少的条件下很难维持下去。"（本报告专访）

帕思·萨尔博格在一篇未发表的手稿中，在结尾处阐述了对所谓芬兰经验的担忧与挑战。萨尔博格的观点是过去几十年间的改革运动已被所谓的"伟大梦想"所渲染。在理念上人们达成了一致，即构建一个更为均衡的社会，在那里即使是就读于最为偏远山村学校的学生也能接受足够扎实的九年教育基础，为他们接受进一步的教育做准备；在那里来自各社会阶层的年轻人都具有共同的教育经历，为生活和工作做好了准备。现在我们需要新的共识吗？一个更能反映当今社会变化和未来年轻人需求的理念？一个足以伟大到能够引发下一轮改革的理念？

来自芬兰的经验

在认识芬兰所具有的规模、文化同质性和经济实力（近年来）的优势时，更重要的是要记住1970年只有30%的芬兰青年读完高中，1993年在经济上芬兰几乎崩溃。在教育表现上芬兰上升至前列的位置，这绝非偶然：从容谨慎的政策决断，落实到位的政策实施，稳步前行的改革进程和独特的文化、历史境脉。

教育系统中的成功者与变革者
美国从国际学生评估项目中学什么?

1. 对教育和孩子的承诺

对教育和孩子全面发展的承诺深深植根于芬兰的文化之中。这也是综合学校运动的基石所在。在芬兰改革的故事中,最令人印象深刻的就是,早在50年前人们就已经在政治上达成了共识,即孩子们应该在共同的教育体系中受教育。该共识历经数次政府的更迭,但始终都未改变过。

2. 文化上奉行全面的优秀

创立综合学校的理念是期望每一名学生都能达到高水平,无论家庭背景还是地域条件都不应该成为他们获得教育机会的障碍。值得一提的是,芬兰人对于"好成绩"的定义是较为宽泛的,它不仅仅指学生在两或三门科目标准化测试中的表现。令芬兰人为之骄傲的是,他们向每一名学生,包括在高中阶段选择职业教育的学生,提供涉猎广泛、内容丰富的课程。

3. 教师和校长素质

许多国家只是在口头上表示对吸引和稳定高素质师资队伍的重视。很少有国家会像芬兰那样把它一直作为追求的目标。通过提高入职门槛,在课堂和工作条件上给予教师比其他国家教师更大的自主性和控制力,芬兰成功地使"教师"这个职业成为吸引芬兰年轻人的生涯选择。其结果是"教职"成为芬兰具有高度选拔性的职业,国家上下到处都是训练有素的教师。师资队伍的质量似乎是芬兰各学校表现持续卓越的主要因素之一。直到目前,对于校长的录用、培训和持续发展,芬兰仍然没有给予如同对教师那样的关注。但很难想象在没有坚实的领导力,尤其是学校所享有的自主性程度下,芬兰还能表现得如何卓越。

4. 问责体系

在芬兰,问责显然是关系重大的。芬兰的问责体系完全是一个专业模式,其最强大的表现体现在芬兰学校如何承担集体责任,共同开展对困难孩子的支持与帮助。通过训练,芬兰教师能够辨别哪些孩子是存在问题和困难的,并在他们开始泄气,远远落后于其他同学之前进行干预。事实上,每一所学校都配有训练有素的干预专家——特别需要教师。这意味着普通班级教师能够很容易地得到支持,有困难和问题的孩子被发现的可能性很大,他们失败的可能性会变小。芬兰学校规模小是一个重要的因素。学生关怀专业小组就体现了在资源上的共同协作。这些要素的整合都有助于我们去解释为何与几乎其他所有国家相比,在芬兰无论是学校还是学生,在表现上最好和最差之间的差距是如此的小。

5. 经费使用

在OECD国家中,芬兰绝不是生津费最高的国家,所以金钱并不是解释芬兰成功的重要因素。教师薪资也处于OECD国家的中等水平。学校规模非常小，但是只产生少量的行政开销。就算在规模稍大的学校里，校长也要教学并且学校的资源都集中在课堂。由于他们奉行的是兼容模式，因此在特殊教育的开销上就显著低于那些过多依赖于隔离教室的国家。芬兰学校直属于市级政府，在各市与教育部之间没有学区教育机构和中间教育单位。因此，在芬兰除了国家教育行政开销外，几乎所有的资金都用于学校和课堂。

6. 教学实践

三十年前决定把师范教育移师到大学并提高师资教育的严格性和延长培养年限。这样做是为了应对共同学校中学生需求多元化所带来的挑战。如上所述，挑战之一就是培养教师具有诊断学习困难和及时设计干预手段的能力。1989年废除了分轨制之后，更大的挑战是帮助教师学习如何充分地实现差异化教学，让每一名学生都能参与到异质性分组的教室中。从所有的报告看来，芬兰的师资准备计划强化对教师上述技能的培养，如在大学模式的学校中以师徒带教的方式拓展师资培养的临床实践部分。

7. 学校组织

这当然是过去几十年间推动芬兰改革议程的中心思想。几乎所有的观察家和芬兰的政策制定者都认为，自芬兰1917年独立以来所做出的最为重大的教育决策就是，创建一个服务于各阶层学生的、共同的、不分轨的综合学校体系。

从这个基于组织的决策开始，在过去的几十年间其他的政策帮助芬兰实现了在教育领域跃居世界前列水平的巨大进步。显然，单凭综合学校结构的创建并不能保证进步与完善。新结构稳步而全方位地落实才是芬兰学生在成绩上取得卓越而均衡的主要保障。尤其值得注意的是，综合学校背后所蕴涵的师资培养理念，在对教师录用和培养上所付出的巨大努力，在能力上对教师满足学习者多元化需求的培养。

8. 改革与经济发展的联系

从很多方面看，芬兰最为独特和令人印象深刻的是教育体系与其经济、社会结构间关系的紧密程度。如上所述，不能脱离20世纪60年代福利国家发展，70年代高科技、信息经济的时代背景讨论芬兰教育改革发展的故事。在本报告第一章所提到的发展（经济变迁）连续体中，芬兰位于最远的一端。在创新和研发上的持续投入是其经济的主导；在成绩上位居高端表现的高中毕业生是芬兰教师的储备力量；教师是具有高级专业知识水平的劳动者并享有同等的社会认同；问责完全是出于职业的，这一点可以从监管的弱化和外部测评的缺乏来得到证实；课程框架及教学指导旨在鼓励培养学生探究性的学习模式。

9. 培养适应知识经济的行为

芬兰学校致力于培养年轻人具有创新者的性情与习惯：创造力、灵活性、主动性、敢于冒险和把知识应用于新情景的能力。一些猜疑者会把芬兰在PISA测试中持续卓越的表现归因于PISA"素养"观与芬兰教育体系所奉行的价值观及目标间关系的紧密程度。显然，此种观察具有一定的真实性，但这并不能构成对芬兰教育体系的批评。为学生进入以创新和创业精神为主导的经济时代做好准备，芬兰人无须为这一关注点做出辩护。创新和创业精神将成为实现持续进步的动力。

结　语

最后两点结论体现的是芬兰教育体系对文化特征的反映及其匹配度。第一个发现是芬兰教育改革的本质特征。大多数政府是通过发起新计划，如缩小班级规模、强化外部测评和促进专业发展等来实施教育改革的。诸如此类的改革是不会触碰或破坏到体系基本特征的。相比较而言，芬兰的改革，尤其是综合学校的建立，创建出了一个功能完全不同的领域。这是一个新领域或部门的形成，而不是中央政府计划倡议的延续，这才是芬兰成功的原因。一位评论观察员表示芬兰从来就没有改革战略，他的意思是政府没有试图通过体系推行任何重大的行动计划，但如果从长远看或更多地从部门或领域的视角出发，就会发现芬兰确实有帮助他们名列前茅的战略计划。对于改革，其他国家也许可以从这个角度受益。

第二个发现与信任的重要性有关。当然，信任是无法被法律化的。对于想要学习芬兰的国家，尤其是把信任看做深化机构改革前提条件的国家，综合学校的发展就体现了这个方面。那么这种经验对于这些国家而言是有用的。谈到教师与社会的关系，有人认为，信任至少是重大决策的结果，也是其前提条件。在历史上，芬兰的教师就享有社会对他们极大的尊重，因此信任构建的基础十分牢固。然而，上面所提到的更为严格的准备，决策权力的下放，如课程与评价等，这些因素都使得教师能够行使与其他专家一样的专业自主性。政府所给予的信任，通过高选拔性计划实现的大学生的身份地位，这些也都增强了教师行使其专业的能力及权威。同时，这种方式也加深了家长及社会团体所赋予他们的信任。事实上，芬兰对于评价和外部问责机制的建立并不感兴趣，但这却是许多OECD国家改革战略的特征，如英国和美国。这也许就是教育者与社会团体之间具有深厚信任的最好例证。这也是其他国家想要学习的。

第五章 芬兰：循序渐进的改革，持续提升的成绩

表5.2 芬兰：数据概览

语言	芬兰语和瑞典语①
人口	5 326 000②
年轻人口	16.8%③（OECD 平均水平 18.7%）
老年人口	16.6%④（OECD 平均水平 14.4%）
人口增长率	0.43%⑤（OECD 0.68%）⑥
在外国出生的人口	3.8%⑦（OECD 平均水平 12.9%）
人均GDP	USD 35 918⑧（OECD 平均水平 33 732）⑨
GDP的经济来源	电子、机械、汽车和其他需要设计的金属产品、林业和化学制品、服务业：70.6%；工业和建筑工业：24.6%；农业、林业和渔业：4.9%⑩
失业率	6.4%（2008）⑪（OECD 平均水平 6.1%）⑫
青年失业率	15.7%（OECD 平均水平 13.8%）⑬
教育经费	5.9% of GDP（OECD 平均水平 5.2%） 　3.7%用于小学、中学和中学后的非高等教育 　1.9%用于高等⑭教育⑮（OECD平均值分别为3.5%和1.2%） 12.5%的政府总支出⑯ 　7.9%用于小学、中学和中学后的非高等教育 　3.9%用于高等教育⑰（OECD平均值分别为9%或3.1%）
早期幼儿教育入学率	48.2%⑱（OECD 平均水平 71.5%）⑲
小学入学率	95.5%⑳（OECD 平均水平 98.8%）㉑
中学入学率	87.2%㉒（OECD 平均水平 81.5%）㉓
高等教育入学率	42.6%㉔（OECD 平均水平 24.9%）㉕
小学生上学的学校类型或入学形式㉖	公立学校：98.6%（OECD 平均水平 89.6%） 政府资助的私立学校：1.4%（OECD 平均水平 10.9%） 自立的私立学校：没有数据㉗（OECD 平均水平 2.9%）
初中生上学的学校类型或入学形式㉘	公立学校：95.7%（OECD 平均水平 83.2%） 政府资助的私立学校：4.3%（OECD 平均水平 10.9%） 自立的私立学校：没有数据㉙（OECD 平均水平 3.5%）
高中生上学的学校类型或入学形式㉚	公立学校：86.1%（OECD 平均水平 82%） 政府资助的私立学校：13.9%（OECD 平均水平 13.6%） 自立的私立学校：没有数据㉛（OECD 平均水平 5.5%）
大学生上学的学校类型或入学形式㉜	B类高等教育： 　公立学校：100% 　政府支持的私立学校㉝ 　自立的私立学校：没有数据㉞ 　（OECD 平均水平 公立学校：61.8% 　　　　　　　　　政府资助的私立学校：19.2% 　　　　　　　　　自立的私立学校：16.6%） A类高等教育： 　公立学校：89.3% 　政府资助的私立学校：10.7% 　自立的私立学校：没有数据㉟ 　（OECD 平均水平 公立学校：77.1% 　　　　　　　　　政府资助的私立学校：9.6% 　　　　　　　　　自立的私立学校：15%）
教师工资	初中阶段教师的起步平均年薪：USD 32 513（OECD 平均水平 USD 30 750）㊱ 初中阶段有15年经验的教师工资相对于人均GDP的比例：1.15（OECD 平均水平：1.22）㊲
高中教育毕业率	93%（OECD 平均水平 80%）㊳

http://dx.doi.org/10.1787/888932366693.

注：① "Population according to language and the number of foreigners and land area km² by area". *Statistics Finland's PX-Web databases*. Helsinki: Statistics Finland. 2008-12-31.
② OECD（2010），*OECD Economic Surveys*: Finland 2010, OECD Publishing. Data from 2009.
③ OECD（2010），*OECD Factbook* 2010, OECD Publishing. Ratio of population aged less than 15 to the total population（data from 2008）.
④ OECD（2010），*OECD Factbook* 2010, OECD Publishing. Ratio of population aged 65 and older to the total

population (data from 2008).
⑤ OECD (2010), *OECD Factbook* 2010, OECD Publishing. Annual population growth rate (data from 2007).
⑥ OECD (2010), *OECD Factbook* 2010, OECD Publishing. Annual population growth in percentage, OECD total (year of reference–2007).
⑦ OECD (2010), *OECD Factbook* 2010, OECD Publishing. Foreign-born population as percent of the total population (data from 2007).
⑧ OECD (2010), *OECD Economic Surveys*: Finland 2010, OECD Publishing.
⑨ OECD (2010), *OECD Factbook* 2010, OECD Publishing. Current prices and PPPs (data from 2008).
⑩ OECD (2010), *OECD Economic Surveys*: Finland 2010, OECD Publishing.
⑪ OECD (2010), *OECD Factbook* 2010, OECD Publishing. Total unemployment rates as percentage of total labour force (data from 2008).
⑫ OECD (2010), *OECD Factbook* 2010, OECD Publishing. Total unemployment rates as percentage of total labour force (data from 2008).
⑬ OECD (2010), *Employment Outlook*, OECD Publishing. Unemployed as a percentage of the labour force in the age group: youth aged 15–24 (data from 2008).
⑭ The OECD follows standard international conventions in using the term "tertiary education" to refer to all post-secondary programmes at ISCED levels 5B, 5A and 6, regardless of the institutions in which they are offered. OECD (2008), *Tertiary Education for the Knowledge Society: Volume* 1, OECD Publishing.
⑮ OECD (2010), Education at a Glance 2010, OECD Publishing. Public expenditure presented in this table includes public subsidies to households for living costs (scholarships and grants to students/households and students loans), which are not spent on educational institutions (data from 2006).
⑯ OECD (2010), *OECD Economic Surveys*: *Finland* 2010, OECD Publishing.
⑰ OECD (2010), *Education at a Glance* 2010, OECD Publishing. Public expenditure presented in this table includes public subsidies to households for living costs (scholarships and grants to students/households and students loans), which are not spent on educational institutions (data from 2006).
⑱ OECD (2010), *Education at a Glance* 2010, OECD Publishing. Net enrolment rates of ages 4 and under as a percentage of the population aged 3 to 4 (data from 2008).
⑲ OECD (2010), *Education at a Glance* 2010, OECD Publishing. OECD average net enrolment rates of ages 4 and under as a percentage of the population aged 3 to 4 (year of reference– 2008).
⑳ OECD (2010), *Education at a Glance* 2010, OECD Publishing. Data from 2008 on net enrolment rates of ages 5 to 14 as a percentage of the population aged 5 to 14.
㉑ OECD (2010), *Education at a Glance* 2010, OECD Publishing. OECD average net enrolment rates of ages 5 to 14 as a percentage of the population aged 5 to 14 (year of reference– 2008).
㉒ OECD (2010), *Education at a Glance* 2010, OECD Publishing. Net enrolment rates of ages 15 to 19 as a percentage of the population aged 15 to 19 (data from 2008).
㉓ OECD (2010), *Education at a Glance* 2010, OECD Publishing. OECD average net enrolment rates of ages 15 to 19 as a percentage of the population aged 15 to 19 (year of reference–2008).
㉔ OECD (2010), *Education at a Glance* 2010, OECD Publishing. Net enrolment rates of ages 20 to 29 as a percentage of the population aged 20 to 29 Data from 2008. This figure includes all 20–29 year olds, including those in employment, etc. The Gross Enrolment Ratio (GER), measured by the UN as the number of actual students enrolled / number of potential students enrolled, is generally higher. The GER for tertiary education in Finland in 2008 is 94%, compared to the regional avg of 70% (UIS 2010).
㉕ OECD (2010), *Education at a Glance* 2010, OECD Publishing. OECD average net enrolment rates of ages 20 to 29 as a percentage of the population aged 20 to 29 (year of reference–2008).
㉖ OECD (2010), *Education at a Glance* 2010, OECD Publishing. Data from 2008.
㉗ 因为范畴不适用，所以数据不适用。
㉘ OECD (2010), *Education at a Glance* 2010, OECD Publishing. Data from 2008.
㉙ Data is not applicable because category does not apply.
㉚ OECD (2010), *Education at a Glance* 2010, OECD Publishing. Data from 2008.
㉛ 因为范畴不适用，所以数据不适用。
㉜ OECD (2010), *Education at a Glance* 2010, OECD Publishing. Data from 2008.
㉝ 大小微不足道或者为零。
㉞ 因为范畴不适用，所以数据不适用。
㉟ 因为范畴不适用，所以数据不适用。
㊱ OECD (2010), *Education at a Glance* 2010, OECD Publishing. Starting salary/minimum training in USD adjusted or PPP (data from 2008).
㊲ OECD (2010), *Education at a Glance* 2010, OECD Publishing (year of reference–2008).
㊳ OECD (2010), *Education at a Glance* 2010, OECD Publishing. Sum of upper secondary graduation rates for a single year of age (year of reference–2008).

> 受访人名单位核对人员
>
> 丽塔·阿蒂约（Riitta Aaltio），芬兰克拉瓦小学校长。
> 萨卡里·卡尔亚莱宁（Sakari Karjalainen），来自芬兰教育部教育和科学政策司。
> 汉纳·拉科索（Hanna Laakso），芬兰国家教育委员会国际访问高级顾问。
> 蒂莫·兰金恩（Timo Lankinen），芬兰国家教育委员会总干事。
> 奥利·卢凯宁（Olli Luukkainen），芬兰教育工会主席。
> 雷·马歇尔（Ray Marshall），美国德克萨斯大学奥斯丁分校经济和公共事务名誉教授。
> 帕西·萨尔博格（Pasi Sahlberg），芬兰国际交流与合作中心总干事。
> 尤卡·萨尔亚拉（Jukka Sarjala），原芬兰国家教育委员会主任。
> 约尼·瓦利亚维（Jouni Välijärvi），芬兰于韦斯屈莱大学教育研究所。
> 海娜·沃坤宁（Henna Virkkunen），芬兰教育部长。

参考文献

Aho, E., K. Pitkanen and **P. Sahlberg** (2006), "Policy Development and Reform Principles of Basic and Secondary Education in Finland since 1968", prepared for the *Education Working Paper Series*, World Bank, Washington, DC. http://www.pasisahlberg.com/downloads/Education%20in%20Finland%202006.pdf.

Burridge, T. (2010), "Why Do Finland's Schools Get the Best Results?" *BBC News* [Online] 7 April, Retrieved from http://news.bbc.co.uk/2/hi/8601207.stm.

CIA World Factbook (2010), *Finland: Country Background Information*, [Online] Retrieved from www.cia.gov/library/publications/the-world-factbook/geos/fi.html.

Darling-Hammond, L. (2010), *The Flat World and Education*, Teachers College Press, New York.

Eurydice (2008), *Organisation of the Education System in Finland*, Education, Audiovisual and Cultural Executive Agency (EACEA P9 Eurydice), Brussels.

Eurydice (2009), *Finland*, National Summary Sheets on Education Systems in Europe and Ongoing Reforms, Education, Audiovisual and Cultural Executive Agency (EACEA P9 Eurydice), Brussels.

Eurydice (2010), *Structures of Education and Training Systems in Europe*: *Finland*, Eurybase, Brussels.

FNBE (Finnish National Board of Education) (2008), *Education in Finland*, FNBE, Helsinki, available at www.oph.fi/download/124278_ education_in_finland.pdf.

FNBE (2010), Structures of Education and Training Systems in Europe, FNBE, Helsinki, available at http://eacea.ec.europa.eu/education/eurydice/documents/eurybase/structures/041_FI_EN.pdf.

Gamerman, E. (2008), "What Makes Finnish Kids So Smart?", *The Wall Street Journal*, Feature Article, 29 February.

Gardner, W. (2010), "Are Quality and Quantity Possible in Teacher Recruitment?", *Education Week* [Online], 26 February, available at: http://blogs.edweek.org/edweek/walt_gardners_reality_check/2010/02/are_quality_and_quantity_possible_in_teacher_recruitment.html.

Grubb, W.N. (2007), "Dynamic Inequality and Intervention: Lessons from a Small Country," *Phi Delta Kappan International*, Vol. 89, No. 2, available at www.pdkintl.org/kappan/k_v89/k0710gru.htm.

Hargreaves, A., G. Halász and **B. Pont** (2007), School Leadership for Systemic Improvement in Finland, OECD, Paris, available at www.oecd.org/dataoecd/43/17/39928629.pdf.

Kaiser, R. (2005), "In Finland's Footsteps", The Washington Post [Online], available at www.washingtonpost.com/wp-dyn/content/article/2005/08/05/AR2005080502015.html.

Kupiainen, S., J. Hautamäki, and **T. Karjalainen** (2009), The Finnish Education System and PISA, Ministry of Education Publications, Helsinki University Print, Helsinki.

Meisalo, V., et al. (2010), ICT in Initial Teacher Training, Country Report: Finland, OECD Publishing. http://www.oecd.org/dataoecd/4/43/45214586.pdf.

Ministry of Education, Finland (2008), *Education and Research 2007-2012: Development Plan*, Helsinki University Print, Helsinki.

Ministry of Education, Finland (2009), *Finnish Education System in an International Comparison*, Ministry of Education Policy Analyses, Helsinki.

OECD (2010), *PISA 2009 Results: What Students Know and Can Do: Student Performance in Reading, Mathematics and Science* (Volume I), OECD Publishing.

Sahlberg, P. (2007), "Education Policies for Raising Student Learning: The Finnish Approach", *Journal of Education Policy*, Vol. 22, No. 2, pp. 147-171.

Sahlberg, P. (forthcoming), *Finnish Lessons, What can the world learn from educational change in Finland?*, forthcoming.

Sahlberg, P. (2006), "Raising the Bar: How Finland Responds to the Twin Challenge of Secondary Education?", *Revista de Curriculum y Formación del Profesorado*, Vol. 10, No. 1.

第六章
日本：持久的卓越

　　自从开展该项教育调查以来，日本的排名一直处于或接近国际顶尖水平。本章介绍了日本在教育领域一直领先的原因，以及可供其他国家借鉴的地方。日本教育体制对儿童的成长负有深切的承诺，且具体而持久。本研究将日本教育成就归因于学校一流的师资队伍、来自学生家庭的大力支持、集中资源促进教学的方式，以及鼓励学生在校刻苦攻读、学习高难度课程的激励机制。日本的学校课程体系极为连贯，围绕核心主题精心设计，目标明确，培养学生对概念的深层理解。其学术课程的设置遵循逻辑顺序，对高水平认知提出挑战。尽管课程体系在全国是统一的，但日本教师在具体实施课程教学时具有明显的自主性。教育者具有共同的信念，认为最能体现学生学业成绩的是其付出的努力，而并非其能力。日本学校没有实行分轨，班级多样化，没有学生因为个人能力高低而留级或升级。日本的教育体制一贯对学生家长、同辈和其他方面高度负责。尽管入学考试成绩的高低对进入高等学校学习极为关键，但有趣的是，在学校，教师问责制并不基于学生的反馈和评价。这些因素共同造就了世界上最优秀和高效的师资群体之一。

教育系统中的成功者与变革者
美国从国际学生评估项目中学什么?

概　要

与经合组织（OECD）其他成员国比较，日本学生在数学和科学方面的表现令人印象深刻。尽管他们在PISA阅读中的成绩并不拔尖，但同样令人难忘（见表6.1）。自PISA测试进行以来，日本的成绩一直很卓越，位于或接近世界排名的首位。[①]

表6.1　日本PISA成绩（阅读、数学和科学）

	PISA 2000	PISA 2003	PISA 2006	PISA 2009
	平均分	平均分	平均分	平均分
阅读	522	498	498	520
数学		534	523	529
科学			531	539

来源: OECD（2010），PISA 2009 结果报告，第1册，《学生知道什么，能做什么：阅读、数学和科学成绩》，OECD 出版。
http://dx.doi.org/10.1787/888932366712.

据一些经验丰富的观察家的报告，进入大学的日本普通高中毕业生，就他们的知识认知和实践能力来看，毫不逊色于美国普通大学生。甚至还有少数宽容的观察家评论，他们丝毫不逊色于美国已完成2年学业的大学生。其他观察家还注意到，许多日本高中毕业生对其他国家地理、历史知识的了解甚至多于本国学生。

从表面上看人们很容易得出结论，经过比较后，日本的教育成果之所以如此显赫，是因为这只基于日本一小部分精英学生的成绩。但事实并非如此，该年龄分组中95%的学生都完成了高中学业。

日本社会中的日常生活也深受教育的影响。日本的报刊文章通常认为，读者能看懂复杂的统计表，能理解有关高科技的话题。在工厂管理人员派发给团队的手册中也包含微积分的内容，而团队成员就包括应届高中毕业生。

对任何一个国家而言，高水平的知识和技能，无论对提高公民素质还是促进经济发展，其影响都是无可估量的。本章的问题在于，日本是如何做到这一点的？由此引申出另一个问题，抛开任何文化上的差异，其他国家能从日本的经验中学到什么？

[①] 比如，可参照Mullis et al.（2008）。

日本的教育体制：历史和社会背景

日本是一个多山的岛国，可耕土地面积与人口的比例在工业化国家中水平最低。无论在山谷还是沿海地区，到处居住着拥挤的人群。在日本，定期的灾害频发，比如台风和地震，经常带来作物减产、谷物歉收。因此，这些岛屿上几乎没有可随时萃取的天然资源。然而，教育体制却给日本带来了巨大成功。

在处处充满挑战的时代背景下，日本悠久的历史给日本文化带来了深远的影响。人与人之间发展了牢固的合作关系，形成了一种集体生存体制。日本社会很早就意识到，自然资源的缺乏意味着必须开发人力资本，这是获得成功的最佳途径。长期以来，形成了一方面崇尚教育和技能，另一方面重视群体和社会关系的日本社会文化。人们也早已达成共识，只有个人为团体不倦地工作，才能得到团体的回报；如果无视团体，社会对其则无以回报。下面介绍日本教育理念的历史渊源。

德川时代：1603—1868年

德川时代之前的日本，武士文化一直大行其道。在相当长的历史时期内，武士阶层在国内处于最高的社会地位。进入德川时代后的大约250年之后，直到19世纪中期，日本社会一直处于和平状态。从19世纪中期开始，武士阶层一边维护他们的社会地位，一边弃武从文成为管理国家的士大夫。在基本与外界隔绝的条件下，日本社会蓬勃发展，文化日益繁荣。截止到1850年，尽管日本在科技和财政方面仍落后于欧洲，但至少1/4的日本人都已接受过教育，与欧洲的情形一致。

到德川时代末期，日本政府深受地方政府腐败和无能的困扰。1853年，美国海军上将马修·派瑞（Matthew Perry）率领他的"黑船"（Black Ships）舰队入侵日本，并迫使日本接受利于西方的条款，开放本国贸易。日本政府对此完全手足无措。1868年，当时处于社会下层的皇族公爵不满政府的无能，发动叛乱，反抗摇摇欲坠的政权，最终推翻了德川幕府政权。直到明治维新天皇，皇位才得以恢复。

明治维新时期：1868—1912年

在编写此报告时，来自日本文化协会的罗伯特·菲诗（Robert Fish）曾在对其的访谈中描述了日本明治时代的领导目标：

教育系统中的成功者与变革者
美国从国际学生评估项目中学什么？

"明治政府决心尽其所能同曾入侵日本的西方国家建立平等关系。新政府派出一支庞大的代表团前往西方各国，重新签订不平等条约。当新政府中的近半数领导人来到海外，他们为眼前的一切感到吃惊。他们意识到，西方工业国家正是凭借先进的教育和科学技术才迫使日本向其开放。回国后，他们决定学习赶超西方的教育和科技成就，加强军事力量。"（本报告专访）

在日本各界领袖几乎全部达成共识后，日本人下决心实现国家的现代化以立足世界民族之林。在教育领域，为满足国内的迫切需求，日本寻求西方理念并加以修改。直到今天，日本继续在与其竞争对手进行较量，可以说，制定这样的国家基准是日本教育取得巨大成功的最重要原因之一。在德川幕府统治末期，所谓的"寺子屋"（temple schools）遍及日本。同时，明治政府还为武士和士庶子弟建立起精英学校，为新领导人实现他们追求的世界一流的教育体制打下坚实的基础。

明治天皇为建立新的教育体制，借鉴了法国以高度集中和条理有序为特点的行政规划，吸纳了德国围绕全国几所精英高校建立起的教育体制。英国以强烈的国家道德准则为基础建立学校，如伊顿公学和哈罗公学，也为日本提供了典范。集哲学家、心理学家和教育改革者于一身的大教育家杜威，他的学说在美国产生了影响深远的教育范式。这与日本人的观点"学校应负责孩子的全面发展"（Dewey，1902）不谋而合。

新政府致力于迅速建立现代化国家，颁布了全国统一的义务教育政策，并废除了教育体制中僵化的阶级差别，他们认为阶级差别曾削弱旧的政权，要求每一位公民尽可能接受良好的教育。因此，日本的教育体制中便排除了通过能力或社会阶层对学生进行跟踪调查或分离的做法。事实证明，这是一个关键性的决定，为建立世界上顶尖的精英社会奠定了基础。

教育敕语的颁布实施：1880—1940年

19世纪80年代，明治政府借鉴实施国外教育理念的做法遭到一些人的反对，并引起人们深深的不安，深恐会因此失去日本的民族精华。1890年，明治政府颁布教育敕书，明确宣布了日本价值观在推行的新义务教育体制中的根本地位。敕书强调了儒家效忠、谦虚的美德以及自我克制，要求人们尊长重友，在家庭中与配偶和其他成员和睦相处，让自己充分接受教育，遵守宪法和其他法律。自此教育敕书颁布以来，日本的教育政策一直牢牢固定于两个基准，一方面坚定以日本传统的价值观为根本，另一方面始终追求建立世界顶尖教育体制。

第二次世界大战至今：强调美德和价值观教育

第二次世界大战结束后，日本在美国的占领下实行了九年制义务教育（见图6.1），资助有教育需求的学生完成学业，让每名高中毕业生都能够参加大学入学考试。此前，仅有数量有限的特殊的高中毕业生被允许参加这种考试。这些政策的实施进一步推动了已启动多年的精英教育体制。

年龄	年级	教育机构			
3-4		幼儿园			
4-5					
5-6					
6-7	1	小学（义务教育）			特殊教育
7-8	2				
8-9	3				
9-10	4				
10-11	5				
11-12	6				
12-13	1	初中/初级中等学校（义务教育）			
13-14	2				
14-15	3				
15-16	1	高中/高级中等学校		技术学院	
16-17	2				
17-18	3				
18-19		大学－本科	高等专门学校	社区学院 职业学校	
19-20	大专				
20-21					
21-22	学士				
22-23		大学－硕士			
23-24	硕士				
24-25		大学－博士	医药学校		
25-26			兽医学校		
26-27	博士		牙医学校		
27-28	博士		药科学校		

图6.1　日本教育体系结构

如前所述，或许是日本富有挑战性的环境和生活条件使得他们视群体福利高于个人福利，重视团队和谐（White,1988）。在日本，人与人彼此之间的这种融洽，被称做"wa"。在日本社会里，这是一个极其重要的概念。"wa"与人生每个阶段的幸福都息息相关：它始于与母亲的融为一体，日后发展为与家人的和睦、读书时与朋友的友好、工作后与同辈和上司的和谐。

在这个大环境下，倘若一个人的所作所为被群体认可，就会获得尊重；倘若个人行为破坏团队和谐，就会受到广泛的抨击，社会谴责也随之而来。人失去一个团队的尊重，与其他团队建立和谐的关系就变得难上加难。这种社会因素说明了日本人努力与自己所属团队保持良好关系的原因，同时也是日本教育的优秀表现之所在。

教育系统中的成功者与变革者
美国从国际学生评估项目中学什么？

在日本，一个学校的声望高低取决于学生的学习成绩和行为表现。日本社会认为，学校在这两方面都应对学生负责，这在西方没有并行的方式。比如，如果学生触犯法律，执法当局将传唤该生的班主任、母亲和所有教员并因此而道歉。因此，日本学生通常会养成对教职员工的强烈的责任感，在学业上努力学习，出色表现，走出校门后遵纪守法。事实上，在学校，学生也持同样的态度与他人相处。自己失败，会让团队受辱。因此，社会上绝大多数人会尽可能地努力工作，实现更高目标，因为这是获得一定的社会地位，被他人接受的重要途径。

同样的价值观也渗透进职场。人们常说，在日本，努力工作主要是为了赢得同行的尊重和赞赏，为谋取团体的利益，而并非为自己赢得荣誉。在日本，工人工作时从不偷懒，并非因为老板的监控，而是因为有同辈和下级职员的注视。员工对公司做出贡献，公司会如家庭一般对员工以回报。日本公司时常给员工发放房费、交通费、教育费甚至丧葬费，作为薪酬福利的一部分。

许多观察家发现，在其他一些国家，工作的晋升主要依靠关系和宗派。日本却一直坚持任人唯贤（Stevenson and Stigler, 1992; White, 1988）。据统计，在日本，虽然富裕家庭的子女与普通家庭的子女相比似乎更可能获得高薪职位，原因很可能是富裕家庭在子女身上投入了更多的教育资金，而并非由于社会关系。举个典型的例子，人们高中或大学毕业后致力于同一家公司并为此毕其终生，尽管如今这一现象也已经开始有所改变。一个人受雇于某家公司，通常与加盟公司之前他所就读的中学或大学有关。反过来，他所就读的中学或大学完全依据学生的入学成绩来决定是否录取该生。

判断一个母亲是否成功，要看她是否鼓励孩子接受教育。实际上，评判一个母亲做得如何，首先要看她的子女所在的中学，其次是子女考入的大学。现在社会的趋势正在发生变化，但仍然仅有极少数的母亲像西方国家的母亲一样在外工作。根据社会学家们的描述，日本社会期望孩子的母亲们放弃外面的工作，为教育子女做出牺牲，这样一来，她们的子女也有望在学校里出色地表现（White, 1988）。

日本的社会进步既得益于其自身值得肯定的方面，又得益于其考试制度。考试并非完全有效的检测方式，因为这种方式并不能测量出人的其他重要技能。考试强调对事实的记忆、积累和精通，并不重视分析性思考和创造力的考查。然而，考试又确有其效，因为最让日本雇主们感兴趣的是员工们的智慧应用、学习能力、努力工作和面对困难的坚忍不拔。

通常，日本公司认为，他们将长期雇用员工，因此会对员工的继续教育和培训进行大量投资。新招募的大学毕业生一进入公司,就被派往国外进修研究生课程,或在国外分支机构见习,这在日本十分常见。有研究显示,日本公司十分看重的毕业生并非智商很高,但都做好了继续"充电"的准备。

日本雇主在招聘时不仅观察应聘者是否聪明,而且更注重应聘者能否学以致用。日本的考试是为了发现学生对所学知识的掌握数量和应用程度,没有长时间刻苦的学习,是不可能考出好成绩的。这需要自律和毅力。许多国家讨论"学会如何学习"的重要性,日本也谈了很多,但做了更多,并以此为中心建立了它的教育体制。

综上所述,从历史和社会的背景看,日本教育背景框架的建立得益于以下三点。

(1) 社会一贯坚持任人唯贤,通过高中入学考试和大学入学考试是获得日本社会地位的敲门砖。

(2) 日本人普遍相信,一个人的考试水平,更多地取决于其自身学习是否努力,而不是天生智力。

(3) 一个人在考试中取得成功,不仅体现了个人的能力,还反映了母亲、其他家庭成员和老师的努力。他们共同承担失败的责任,这同时也催生了要取得成功的压力。

以此为背景,本章将更加深入地剖析日本教育体制的具体特征,从更多的线索来解释日本卓越表现背后的原因。

当今日本教育体制的主要特征

国民教育课程的规范化和高标准

日本国立教育政策研究所国际研究部主任渡边亮(Ryo Watanabe)认为,"日本学生在PISA测试中的表现如此之好是得益于日本课程的设置。日本制定了国民教育课程标准,或称为学习的课程,这些课程规定了不同年级和科目的教学内容,并每隔十年重新修订。全国范围内教师的教学都是围绕国家课程标准来进行。"(本报告对渡边良的采访)

理论上,日本的课程是由日本文部科学省负责制定,同时采纳中央教育审议会的意见。事实上,制定课程的关键人物来自大学教授和政府议员。由文部科学省规定的课程仅仅作为指南,各辖区(介于省和县之间的政府单位)会在文部科学省的

教育系统中的成功者与变革者
美国从国际学生评估项目中学什么?

资助下紧紧围绕指南制定具体课程。课程指南内容多而细,所以文部科学省会同时出版解读指南的小册子,根据学校层次分学科介绍,并定期对课程计划进行修订。

直至现在,日本的学校课程几乎没有什么灵活性,也没有时间开展政府规定的国民教育以外的任何课程。在大多数日本高中学校里,学校时间的70%都用于学习五个科目:母语、社会学、数学、科学和外国语(主要是英语)。剩余的时间学生可以健身,学习音乐和艺术或其他的选修科目。

近期,日本课程开始了一定的自由化进程(见"日本教育体制正在发生何种改变"一节),但与任何一个西方国家的基本情况相比较,日本学生自己选择学习课程的余地也较小。这种课程模式,加之日本学生学校学习时间较长的事实,决定了他们比西方国家的学生有更多的时间深入研究这些核心科目。因为无须在辅助科目上花费精力,他们能够专注课程体系中核心科目的学习。

日本对课程本身的要求十分苛刻。课程的衔接极其连贯,学期间课程的更迭按内在逻辑逐渐增加难度,学生每年必须集中掌握几个主题,为理解来年所学的知识材料打下基础。学校为学生学习基本科目安排了大量的时间,精心研究设计开发每个主题。学习数学和科学,始终重视清晰明确地解释基本概念。日本中学生所学的数学和科学主题通常都超过了其他国家的中学生。课程的设置以少而精为特色。

课程大纲要求所有水平的学生都要掌握大量的事实材料,诸如煤矿的不同种类,位于地球另一端的国家内的河流位置,或很久以前在日本之外重大事件的发生时间,等等。

日本的课程体制在全国上下得到了全面的贯彻实施。每个人也更加认识到,这个体制要为实施的效果负责。它要求所有的学生都要深刻领会这个极富挑战的课程体系,这同时又增加了其透明性。

与其他工业化国家的同类教科书相比,日本的教科书十分精简和压缩。每一学期学生都有独立成册的课本,每本课本不超过100页。这些教科书的中心任务就是关注课程学习基础阶段的主要概念。教师不能挑选部分内容进行讲解,必须教授整本书的内容,最好的标志就是确保学生完成学习任务后达到同样的标准。直到最近,日本文部科学省才不得不放开日本各个学校对教科书的自主选择权。近年来,教材的统一管理在教材评价方面的作用受到了明显的限制,仅仅是确保了课文的内容不失偏颇,为每个年级确立恰当的学习主题。但是,鉴于对日本课程体系明确、具体、连贯的本质的考虑,教材出版社在出版教科书时仍旧紧扣国家课程大纲也就不足为奇。

教学方法：重视学生参与

乍看之下，日本的教学方法违反了最普通的常识。根据西方的标准，日本实行大班授课制，每个班有35～45名学生不等，大多数的教学活动面对全班进行。课堂中教学技术和教具的使用也少于其他国家。学生并非按能力差别分组，既没有针对资赋优异者的特殊班级，也不会根据一次或几次成绩就认定某些学生极其聪明而额外助其上进。同样，学生如有学习困难也不会遇到阻力。许多需要接受特殊教育的学生也会被指定去各种常规教室学习。教师的工作就是想尽办法确保所有的学生能够跟上课程进度。教师们常常聚在一起，就学习困难的学生展开讨论，并在常规教学日的时间内对这些学生给予个别关注。如有学生某些科目学得不够好，放学后得到额外指导的情形也常见。

一些世界顶尖的学生成绩就出自这些教室。他们是怎么做的？日本教师的首要目标就是让学生参与课堂。许多外国人想象日本的学校是安静的、紧张的，学生会安安静静地将教师的授课做成笔记。但事实并非如此。据参观过日本小学的访问者描述，日本教室的噪音水平不低于西方国家。学校里充满了欢声笑语和激烈讨论。经常会听到学生为解决问题而兴奋地互相讨论。走在学校的走廊里，访问者会经常看到有学生表演话剧，独自一人或合奏乐器，或者表演茶道。

在日本，课堂上学生参与得越多，参与的学生越多，教师就越兴奋。人们不禁要问，在世界上其他的很多地方，教授一个水平大体一致的25人的班，想使学生都融入课堂也不是一件易事。而在日本的教室里，学生参差不齐，多达35人甚至更多，教师怎么可能让所有学生参与课堂？答案就是日本教育成功的主要原因。

在日本，最大化地促使学生参与课堂，是极为重要的教学方法。日本教师备课时要进行大量思考。比如，课程通过一个实际问题的展示来导入（见专栏6.1）。日本教师在课堂上很少进行讲解，且不安排课堂操练，学生可在家中或私塾学校完成练习。

专栏6.1

唤起注意

哈罗德·史蒂文森（Harold Stevenson）和吉姆·斯蒂格勒（Jim Stigler）在他们经典的且依然存有现实意义的《学习的差距》一书中，描绘了日本五年级的一节

教育系统中的成功者与变革者
美国从国际学生评估项目中学什么？

数学课的开始：

一位女老师走进来，带着一个大纸袋，里面装满了叮当作响的玻璃。她此举很不寻常。就在她把纸袋放在桌子上的一刻，学生们全神贯注地看着她。她开始把东西往外拿。她拿出了一个水罐和一个花瓶。一个啤酒瓶的出现引来了笑声和惊喜。她很快就把六个容器并排放在了桌子上。孩子们密切地注视着这一切，这时老师提出了一个问题："我想知道哪个容器可以装下最多的水？"

教室里，学生们对这个问题进行了认真的回答。他们认为回答这个问题的唯一办法是把容器装满东西，他们决定注水。于是他们把桶装满水。老师问接下来该做什么。最后有学生认为他们应该找一个小容器，装满水后往各个大容器里倒，看看如果要把各个容器都装满，分别需要倒几次。他们选定一只酒杯。老师将全班分成几个小组。每一组把自己的容器装满水，测量几次能把大容器灌满水。实验结果都被记录在笔记本上。然后老师在每只容器的下方按相同比例画条形图记录实验结果。当她完成所有容器的记录结果，就得到了一个柱形图。她自始至终都没有定义术语，也没有在课堂上举例说明已写在黑板上的概念或过程。

史蒂文森和斯蒂格勒这样写道：

"课程通常始于一个实际问题（或是刚刚描述的这类问题）或者在黑板上写下的一个应用问题。常常会见到老师仅仅围绕一个问题组织整堂课。教师带领学生识别已知知识和未知知识，并引导学生的注意力至问题的关键部分。教师们试图让所有学生都能理解问题，甚至诸如在学习机械学需要进行数学运算的时候，也以解决问题的背景来教授。下课之前，老师回顾总结课堂所学内容，并将其运用在上课之初提出的问题上。"

在日本，教师提出问题的目的，不在于让学生得到正确答案，而是让学生进行思考。授课的目的不是应对考试内容——也没有考试——而是激发学生真正地思考。

来源：Stevenson, H. and J. Stigler（1992），The Learning Gap, Summit Books, New York.

日本教学的另一重要特点是对待错误的方法，这对参与国际学生评估项目（PISA）的各国教学也有启示。在多数西方国家，错误是要避免的。快速给出答案的学生会得到奖励，反之，学生则被忽视或批评。

在日本，教师提出一个问题，并要求学生努力解决它。学生在解决问题时，教师会在学生座位旁走来走去，观察学生为解决老师提出的问题而采用什么方法。过一会儿，教师请几名学生到教室最前面的黑板上写下他们的答案。其中一些学生能给出正确答案，其他一些则不然。接下来，教师请全班学生对黑板上学生写下的解决方法提出自己的看法。如果有学生认为答案错误，则被要求给出原因和经过数学推理后的答案。学生会发现，一些答案错误的原因很有趣，然后再对这些原因进行细致的讨论。有时候学生会发现解决问题的办法不止一种，他们会探讨为什么一些方法比其他方法更有效，而其他的这些方法或许更有趣。通过对问题的解决，学生能够更加深刻理解数学问题，并且更加熟练地使用数学去解决问题。

家校联携

日本学生的校园生活由班主任进行管理，班主任每日在指导教室工作一小时，指导教室就是学生学校里的家。小学生班主任教授除了音乐、工艺等专业科目以外的所有科目。班主任通常跟班若干年。学校要求他们定期走访学生家庭，学生也经常在教师生日时去老师家庆祝。到了高年级，教师还要为学生提供学业、职业和工作方面的建议。

小学阶段，学生每天往返家校都要携带家校手册，教师与学生家长就通过家校手册保持联系。即使学生学业上没有问题，教师也会就所学内容与家长沟通，以期家长在家里为孩子提供适当的帮助。如果这还不足够，教师会建议父母向市政厅的有关机构进行咨询。

这一整套家校联携的做法基于这样一种观念，即最能评价学生成绩差异的是学生付出的努力，而非能力。学生学习落后于他人的原因，并非因为其不擅长学业，而是因为其学习不够刻苦。这套家校联携的办法能够提供改变这一状况的办法。同时，社会上还存在这种观点，包括学生本人在内的许多人都应对学生不佳的表现负责，这种表现也反映了周围人对学生教育得不够。因此，家长和教师都会千方百计尽其所能确保学业不佳的学生重归正轨。

第二次世界大战后美国占领日本期间，日本人被要求建立在美国常见的家长教师会。接下来的几年里，这些组织在美国发展势头减弱，而在日本却日益强大，家长们在制定教育政策和当地的教育实践中拥有了真正的话语权。不仅有校级家长教师会，各县和全国也各有不同级别的这类组织，在中英教育委员会中还有一席之地。

教育系统中的成功者与变革者
美国从国际学生评估项目中学什么？

充裕的课堂与课外学习时间

充裕的学习时间是日本学生获得优秀学习成绩的重要因素。长期以来，日本公立学校学生一周学习六天。不但如此，每天完成作业也需要几个小时。他们的暑期只有六周，与世界其他地区相比时间偏短。学生常常利用假期做些研究工作。大多数日本学生在完成常规的校园学习后还花费大量的时间接受各种形式的私人辅导。这些私人学校帮助落后生上进，提供公立学校里所没有的更高级的研修，或者为了实现这些目标，组织课外活动，进行一对一的或小组式的辅导。

额外学习带来的综合效应，是日本学生在高中毕业时比典型的美国学生多接受几年的学校教育。而且更短的暑期使得日本学生在开始新学期时对学过的知识记得更牢。

然而，日本学生并非只学习不玩耍。他们的业余时间并非都用来学习。观察家们发现，与其他很多国家的学生相比较，日本学生在课堂上看上去更加投入，原因之一是他们有更多休息的时间（见Stevenson & Stigler, 1992）。一天之中，学生们要多次进行户外活动，游戏、运动、释放自己。尽管如此，他们比其他国家的学生学习起来更用功，这一点十分明显。

教师素质

毫无疑问，对日本教育质量而言，最重要的关键因素之一是教师素质。在许多工业化国家，教师的职业介于专业工作和蓝领技术工作之间。如果有家人从事教师职业就意味着这个家庭实现了从下层中产阶级到中产阶级的突破。

日本自明治维新之后，政府实现了教育制度的现代化，多数教师是来自日本上层社会武士学校的武士。儒家文化尊师重教。进入现代社会，日本首次建立起不分阶层的学校，有数量众多的上层人士做教员。在此后的日本，教师就一直成为令人心仪的职业。

在对佐藤贞一（Teiichi Sato）的专访中，他提到："第二次世界大战结束后，全国各个行业的工资都开始增长，政府便担心公众会减弱对教师的尊重。田中首相决定提高义务教育阶段的教师工资，高于其他公务员工资水平的30%。即使后来工资上涨的趋势慢慢减弱，教师的工资水平也与其他政府公职人员持平。从那时起，教师素质有了显著变化。"法律上，教师一直是日本公务员中收入最高的阶层。他们从开始就职，就获得与新入职工程师一样的优待。但吸引年轻有为的人加入教师队伍的原因并非高薪水，更主要的是日本社会对教师的高度尊重。在日本，教师是令人极其羡慕的职业，同一岗位通常会多达七人竞聘。

在日本，学生要从事教师职业，必须接受综合大学或专科学校的政府认证师资培训。日本有众多的全国教师培训学校，并辅之以师范院校，为新入职教师提供见习场所。所有教师培训项目中都包括教学实践这一部分。

如同其他企业雇主，日本各都道府县长官已经准备对新入职教师进行大力投资，以确保他们掌握必要技能胜任教师职业。在他们看来，前来应聘的新职员自身具备了必需的聪明才智，但未必掌握规定的工作技能。因此，各都道府县长官效仿其他企业雇主，先搭建师徒学习的平台，不断为见习教师提供机会，向经验丰富的特级教师学习，再上岗进行独立授课。新入职教师的入职教育长达一年整，他们的导师也必须全年脱产进行督导。一旦成为正式的教职员工，就必须按照法律要求，工作十年后进行一定的额外培训。教师还可以申请带薪假去研究生院攻读硕士学位。政府在国家培训中心为各都道府县的培训师提供各式各样的培训方案。

关于教师发展，最有趣的一面体现在教师正式入职之后。教师如何设计课程，在日本教育中举足轻重。同时，教师如何"学习课程"对教师职业发展也至关紧要。

"（日本教师在其职业始终）被要求通过与同行的互相学习和交流不断完善教学方法……有经验的（教师）担负着建议和指导年轻教师的责任。学校教头（校长）组织教师召开会议研讨教学方法……这种会议每个学校都有，同时还有非正式的地区范围的学习团体作为补充……（教师们集体进行课堂设计）每完成一项课堂设计，都由团队成员中的一位教师据此进行授课，而其他教师进行课堂观摩。之后，教师团队成员再次就授课教师的表现进行评估并提出改进建议……其他学校的教师也有机会被邀请来到学校观摩课堂教学，由访客对课堂教学进行评估，授课最佳者为优胜者。"（Stevenson and Stigler, 1992）

这种教育评价过程与私人企业中的团队工作方式如出一辙。这也反映出日本人注意依靠团队力量共同完成工作，教育实践也深受其影响。这也是实现教育实践持续不断进步的最佳途径。这种做法打开了教师课堂教学的闭塞之门，以接受同行的指正和批评。日本社会盛行教师问责制，这并非形同于对官僚机构的正式问责，而是对同事真正关切的责任感。原因是，所有人都不希望团队失望。他们努力开发优质教案并进行最佳呈现，展示过程中团队成员会对展示者提出各种合理有效的意见和建议以完善教案。

精心设计的财政投入

相比OECD其他成员国，日本的教育投资偏少，而教育成果却偏好。其中一个原因是各国教育支出的方式各不相同。按照政府的设计，日本的学校外观朴素但功能强大。学校建筑绝非令社区引以为荣的标志性建筑，也缺乏其他发达工业化国家里学校建筑的独特之处。学校行政管理层通常包括校长、助理校长、警卫和保育员各一名。学校里不设餐厅，学生们从学校供餐中心领餐，回到教室后分发给教师和同伴。同时，学生也负责清扫教室。如前文所述，日本的教科书皆为平装本，制作简单，比其他工业化国家的教科书小很多。任何时候，日本民众都要确保他们的子女教育开支用于教师和教学。因此，日本在这些方面的教育开支远远低于其他国家也就不足为奇。（Stevenson and Stigler, 1992）

关注公平

上文已提到，日本学校不记录儿童过去的成绩。每个班级内的学生水平各异，没有人会因为学习能力高低被降级或升级。不仅如此，所有学生都要掌握同样高要求的课程，这是实现教育成果公平的有力准则。令人印象更深刻的是，这种预期的结果并非基于最低的共同标准，在全球范围内可能取得的教育成果中也是标准最高的。

日本社会普遍认为，这些政策的实施使最大数量的民众最大化受益，结果证明的确如此。在这种制度下，优等生可以在团队中、教室和学校里为后进生提供帮助。研究资料表明，所有学生都因此方法而受益于他人。因为无论为别人讲授知识，还是倾听别人讲授，几乎都能得到同样的收获（Cohen et al., 1982）。这种方法与日本社会的价值观相吻合，对促成日本学生普遍获得优异成绩的现状有极大的推动作用。

在日本，各都道府县要把学校教师和校长重新分配到不同的学校。这样做的原因很多，其中之一是为了确保最优质的教师资源在学校间分配得公平和公正。罗伯特·菲诗在采访中谈到，"每隔几年，教师和管理人员就需要定期地进行调换，避免同样的人员长期就职于同一个学校，使得很多学校发展不够均衡。"

所有这些方面，还有包括学校资金支持在内的诸多其他因素，促成了日本教育的高度公平、公正。

另类的问责及考试制度

西方正规的问责制在日本无用武之地。日本文部科学省顾问渡边亮解释说,直到几年前日本才开始进行全国性考试。当时日本担心在教育素养方面会被韩国和中国赶超,便设立了由六年级和九年级学生参加的全国性测试,但只抽取部分考试样本进行管理以监测测试的实施。

高中和大学入学考试是日本学生参加的为数不多的考试。一切都取决于学生在这些考试中的表现。由于日本报纸的定期公布,所有人都熟知这些院校的排名,以及每所义务教育中学的学生毕业后进入高中和大学的去向情况。报纸上满是各个学校的统计信息,数据之翔实如同介绍世界其他地方的热门运动队的资料。杂志也刊登文章,介绍院校排名的变化,并分析变化的意义及原因。也有文章讲述成功的学生如何在考试中克服重重困难,而有的学生却做不到。

但这仅仅只是一个方面。如前所述,在日本社会,学生命运的重担部分落在父母、教师、全体教员以及同辈身上。教师在同行中的声誉也依赖于学生所取得的成就,这在许多西方国家里是绝无仅有的。

班主任制度带来了问责制另一层面的问题。因为班主任实行跟班制,与学生课外生活密切相关,并与家长时时进行交流,他们以独特的方式对家长负责。这在不实行跟班制的其他国家里是无法复制的,在这些国家里,班主任只对学生的一门或几门课程负责。

"这种测试关注学生正在学什么,并对此达成共识,通过对学生的测试表现进行有意义的评价,对己负责,对学生负责。"吉姆·斯蒂格勒(Jim Stigler)在采访中如是说。这套系统不乏问责,但并非来自上层管理的问责。

一些国家采取有力的激励措施鼓励学生在校研修高难课程并刻苦攻读,其他国家则完全不同,还有一些国家的做法介于两者之间。日本属于第一阵营的引领者。观察家认为,这是日本在国际教育排行榜拥有一席之地的重要原因。

日本的教育体制对学生获得的优秀学业成绩进行明确的、有力的、切实的奖励。短期看,这些奖励来自父母的赞赏,孩子们对此十分看重。中期看,能够被优秀中学或大学录取,对学生本人和其家人也同样重要。最后一点,在精英云集的社会,雇主和整个社会对学生的学业成就极为重视,这也是获得社会回报的体现。

所有这一切,都是形成"考试地狱"的重要原因。所谓"考试地狱",是日本年轻人在考试期间所必须忍受的重重压力。世界其他地方的人们认为经历"考试地

教育系统中的成功者与变革者
美国从国际学生评估项目中学什么？

狱"的日本年轻人自杀率很高，因此立誓永远不组织如此高压的考试。日本人自己也声称他们不喜欢这种考试，希望能取消。

然而，与日本相比，美国高中学生的自杀率明显更高。在OECD对各国学生进行的调查中，日本学生告诉研究人员，他们比其他大多数OECD成员国学生的幸福感更强。结果显示，在大多数其他国家的印象中，日本学生承受了巨大的压力才获得如今的学业成就，但在此过程中他们失去了童年时代。但日本学生自己却对此不为苟同。似乎的确可以建立起这样一种教育体制，使学生在享受愉快的校园生活的同时，积极主动地追求成功。

日本教育制度如何应对当今挑战？

世界上没有一个国家的教育制度能够长时间地一成不变。纵观过去二十年，批评日本教育制度的呼声也越来越高，尤其是对缺乏鼓励培养创新能力的担忧，以及日本能否在国际教育联盟学生学业排行榜中保持首屈一指的地位。其余的关注围绕道德观和群体价值观的侵蚀。下面将对这几个问题依次进行论述。

创造力、群体与个人

1995年，第三届国际数学和科学研究大会显示，日本是东亚少数几个荣登榜首的国家（Mullis et al., 1998）。之后不久，西方国家的众多专家纷纷访问日本，学习日本成功教育的经验。但日本却担心这种表现或许尚未转化为商业领域的成功。他们问，日本的诺贝尔奖获得者在何处？能够有点突破性创意，新建一个崭新的像微软或苹果一样的公司，或新产业的日本人在哪里？日本人想了解他们能否发现西方国家培养创新能力的做法。

然而，日本与西方国家的差异并非在于他们如何或是否培养人的创造力，而是西方国家更重视个人发展而不是团队建设，这与日本大相径庭。

重视个人发展是西方社会创新力旺盛的原因。很多亚洲人听到这种观点或许会心生不悦。一方面，亚洲人非常重视社会秩序，难以接受许多西方国家的高犯罪率和普遍的社会无序。另一方面，许多西方人士又不情愿像亚洲国家那样，为实现学生的高水平表现而放弃"个人自由"。

这种分析或许过于简单和肤浅。或许亚洲人在取得突破性成就、为产业发展设定新的路线甚至创造新的产业方面，的确不如西方人。这很可能是因为亚洲人通常在公众面前遵从长辈和上级，即使是对权威的判断有个人想法也保留。他们不喜欢公开批评权威，在公众场合下总是耐心等待直到尊者离去；他们不会大声讲出他们的成就，而是保持谦虚态度；他们更看重群策群力，而不是自我表现。正如亚洲的俗语："枪打出头鸟"。

尽管如此，日本国内培养出的劳动力群体，也位于世界上受过最好教育的、最灵活可塑的、接受知识最迅速的、整体素质最高的劳动力之列。日本在不断改进产品和工艺方面一贯表现出色，有能力进行高品质、大规模的生产。偶尔的突破创新，和几乎全方位的持续进步，哪一方更重要，谁又能说得清楚？

我们应该进一步摒除日本缺乏创造力和创新力的假定。根据最新报告，日本位列全球创新指数排名前列，仅次于韩国和美国（INSEAD，2010）。

不管怎样，日本以要求学生创造优异的学业成绩来回应批评，通过对学生成绩进行测试证明，PISA能更大限度地测试学生的创造创新能力。

维系学生参与社会的热情

过去的十几年里，日本重视创新问题，但也意识到这并非教育面临的唯一挑战。其他的问题集中在日本社会新出现的迹象方面，原本强烈的家庭观和群体价值观正逐渐淡化。部分受关注问题描述如下：

……如今年轻一代无视社会的趋势日趋蔓延。这种忽视社会的趋势与当今年轻人与社会生活的日益脱节不无相关。这可以部分地追溯到过分强调个人自由和权力的社会潮流……孩子在家庭中有私人的空间……使用手机和其他信息设备使得他们脱离了与家庭成员的密切联系……似乎他们与同伴在室外活动的时间越来越少，更多的时间用于在家中玩电子游戏。孩子们参与社交活动越来越少的这种现象，会导致年轻人渐渐失去对规则和榜样的尊重，进而加重他们对社会的忽视，退入"孤独的世界"。（文部科学省，2002）

这些关注的问题，以及社会认为的家庭教育功能在惊人地衰退，都导致了学校里各种情况的发生："异己灭"（欺负弱小同学）、课堂混乱、学生旷课甚至校园暴力。尽管与西方国家相比，这些学生行为发生较少，但事态的不断出现已经引起了日本的注意。

其他关注的问题如下：

因为泛滥的教育平等和对学生进行过多知识的填充而导致的教育标准化，往往会将定位于培养儿童个性和能力的教育推向一边……导致思维敏捷的学生对课堂感到厌倦,而需要更长时间思考的学生觉得困难。(文部科学省,2002)

终于,当日本在研制和开发先进技术方面的世界主导地位遭遇威胁时,日本人顿感震惊。他们注意到,虽然日本学生在数学和科学学习的国际比较中仍旧一如既往地表现出色,但随着他们学习的继续,他们对科学学习的兴趣却落后于同类国家的学生(文部科学省,2002)。

21世纪新的改革议程

上述国民担忧的问题,最终促成日本在21世纪早期实行了重大的新教育政策。其中包括一项大规模的冠以"生存能力"的教育改革立法,以及2006年通过的新基础教育法,这是过去六十年以来的首次修订。[①]

日本过去坚决主张对教育进行自上而下的、统一的、单一的管理。这场改革将部分文部科学省的职能移交给下级政府,将必修学分从38降至31,增加选修课时,把每周上学时间从6天改为5天(周六学校照常开放,组织课外活动或为需要者提供额外学业),减少强调机械学习和记忆的课程,鼓励学生开展实验、发现问题和解决问题。

日本实施教育改革后,佼佼者可以在高中阶段就提前进入大学研修大学课程,允许使用联考结果以外的标准来决定能否进入高等学校。

学校在经费预算和人员聘用方面拥有国家赋予的自主权,并采取新的措施对教师工作进行评估,值得一提的是,一方面,对优秀教师进行表彰和奖励,另一方面,把有不良表现记录的老师调换至非教学岗位。

尽管整体上课程体系得到压缩,但所有学校都新添加了一类必修科目,即"综合课程时间"。这类科目的开设目的如下。

(1)培养学生独立发现问题,思考、判断和解决问题的能力和素养。

(2)使学生能够思考自己的生活方式,鼓励学生自主进行创造性、探究式学习,独立学习和思考,从而解决问题。为实现此目的,"综合课程时间"积极引入体验学习,通过自然体验和社会体验,以及观察、实验、田野研究调查和解决问题的方法,对儿童进行环境教育、国际理解教育、信息教育、福利与健康教育等综合型课程和其他儿童感兴趣课程的教育。(文部科学省,2002)

[①] 这项立法起源于1996年日本教育部的一项报告《面向21世纪的日本教育》,强调必须培养学生的问题解决能力,使其主动思考和自觉行动。

为了保持学生学习数学和科学的热情,日本人认为有必要:① 通过观察、实验和专题研究等方式,更加重视体验式学习和解决问题;② 向大学、研究机构和博物馆寻求帮助,增强科学对学生的吸引力;③ 通过顶尖科学家和工程师的形象树立和感召力,引发学生对自身未来职业定位的思考。

总体上,被许多人视为极其严格的日本教育制度有了普遍的松动。然而整体的教育体制结构却恰到好处,追求更多教育自由化的改革在谨慎地进行。

日本公众担心不仅日本学生,包括担负着国民教育重大责任的日本家庭在内,都表现出日本价值观的淡化。为解决这一担忧,日本政府对日本教育基本法进行了改写。1947年出台的首部教育基本法提出了四项原则:

(1) 教育必须以陶冶人格为目的;

(2) 教育机会均等,男女平等;

(3) 学校实行民主的单轨制管理;

(4) 实行免费的六三学制义务教育(六年小学,三年中学)。

这些原则的实施持续了许多年,但正如先前描述,改革的效果备受称赞。2006年通过的《新教育基本法》反映了自上次教育基本法颁布以来,日本发生的巨大变化:男子的平均寿命从50岁提高到79岁,女子的平均寿命从54岁提高到85岁;人口出生率从4.5降至1.3;高中入学率由43%提高至98%,大学入学率从10%攀升至49%。新教育基本法中还提到,旧教育基本法实施前有49%的劳动力从事农业生产,30%的劳动力从事手工业和相关产业,而实施后从事农业的劳动力不足总量的5%,而从事手工业和其他相关产业的劳动力则超过了67%。

《新教育基本法》展示了日本社会的巨大变化,同时又重申了日本的民族价值观仍保持不变。为实现这一目标,《新教育基本法》还提出种种举措,发挥教育政策的作用,使日本能够适应新世纪发展的要求。这一法案还重申了曾在明治维新时期名噪一时的独具日本特色的改革途径,即学习实行最优教育制度的国家的做法,加以本土化以适应日本社会变化中的需求;在忠于日本民族价值观的前提下,吸取先进理念,并加以改进以适应日本国情。

日本实行的新教育政策能否实现预期目标还待时日来检验。他们一如既往地担忧其他国家会赶超自己,他们担心日本在OECD PISA测试中会降级。当有类似的迹象发生时,就有批评家站出来要求废止教育改革,但同时也有人呼吁社会耐心以待。

教育系统中的成功者与变革者
美国从国际学生评估项目中学什么?

日本的经验

本报告旨在发现具有普遍指导意义的教育原则和实践。学习不同教育制度理念面临的最大风险,是众多的制度特性以独特的方式在发挥作用,以满足各国不同国情的需求。同样延长学校时长,在落后的教育体制中取得的效果远不如拥有高效教育实践的制度下产生的结果。同样引进优秀教师,如果工作环境令人压抑,也难以留住人才。问题诸如此类。

考虑到各种警诫,人们对日本的教育经验进行了研究并将结果展示如下。的确,其他一些东亚国家和日本的教育制度有许多共同点,尤其是同样受到儒家思想影响的国家。然而,日本教育制度有其独到之处。日本教育实践的可取之处有助于进行分析研究,但同时也容易掩盖日本教育制度的重要特点。日本教育体系更深层次的目的似乎不仅为了发展学生的认知能力,而是为了培养社会所需人才,拥有高尚的道德行为,促进英才发展,增强社会凝聚力。整个教育体制不仅是针对培养学生考高分,也是为了实现最珍贵的国家价值观。

1. 教育是一个国家未来发展的关键,这是共同的信念

日本教育中对儿童的所有承诺不只是夸夸其谈,而是一个具体的、长期的优先考虑事项。所有的个体和国家联合起来,愿意为实现这一承诺做出切实的牺牲。正因为这个主要原因,日本才能拥有世界一流的教学力量,日本学生才能够得到家庭的鼎力支持,学校才能实力雄厚、设备精良。这种承诺是日本教育制度的根基。

2. 始终如一的国际标准

日本致力于维持教育制度的国际标准。从明治政府到现在,日本教育在国际上一直遥遥领先。这是因为,日本一直关心世界最优教育的进展,继而进行本土化改革,合二为一,构筑统一强大的整体。

3. 激励机制功不可没——不仅为了教师,更为了学生

日本学生从小到大,直到结束整个职业生涯,一直拥有强烈的动机,主动学习高难度课程并为之不辞辛苦。要获取一份好工作,成绩优秀是首要要求。从某些方面看,这是日本教育制度的精髓之处。如果日本过去不实行这些激励机制,结果将会大相径庭。值得注意的是,也有国家同样对学生提供了强有力的激励机制,鼓励学生在校学习高深课程,努力学习,但并未使学生们像日本学生那样感受到快乐。

为了就业，也为了享受学习过程，日本民众都向往终身学习。

4. 课程设置连贯，重点突出

日本比其他国家更关注国民教育课程的细节，并一直强调实践中的课程教学也应如此。整个课程体系的设置连贯一致，精心聚焦核心话题并进行深层概念挖掘，按逻辑进行排序，最大程度开发学生的认知能力。其结果是，日本高中生对学习科目的掌握可与一些西方国家的大学毕业生相匹敌。

5. 努力与期望

与大多数东亚人一样，日本教育者相信，优秀的学业成绩主要依靠后天的努力，而非天然（基因赋予）的能力。因此，他们认为人人都需努力拼搏，并对所有学生寄予厚望，期望人人有所成就。

6. 资源分配优先权

日本用于教育的经费少于其他的工业化国家，但却收获颇丰。其中原因之一是日本人对教育经费的精心分配使用。与其他先进的工业国家相比，日本将教育费用更多地投资于师资，而不是学校的建筑、设施、非教学人员、中央事务所的专家和行政人员、全彩光面的教科书等。

7. 教学的组织

与世界其他地方的教师不同，日本教师认为至少在进行某些学科的教学时，大班授课学生会有更佳表现。这是因为在大班环境里，可能会有更多学生提出更多解决问题的方法，因而使他人受益。而学生们提出的多样的观点会激发课堂热烈的讨论。比如在科学课堂上，广泛的实验结果可用来激发学生探索问题解决的策略，促进对问题的深层思考。同时，教师也有可能拥有更多时间备课、与同事交流、对需要单独辅导的学生提供一对一的帮助、设计教案，这一切工作又会提高学生的成绩。

8. 对不同能力水平的学生一视同仁，给予厚望

与多数东亚国家一样，日本有大约一半学生接受的是特殊教育，这种情况在西方国家如出一辙。西方一些人士谴责这种做法，认为没有给予需要额外帮助的学生足够的关注。在某些情况下或许事实的确如此，但也有迹象表明，西方许多学生尽管接受了更多的特殊教育，但收效甚微，原因仅仅是教师对他们的成绩期望较低（可参照 Gartner & Lipsky, 1989）。

上述对日本课堂教学方式的描述清楚地表明，与众多东亚教育体制下的教师一样，日本教师力求做到因材施教。他们心里都有基本的假设，就是所有的，或几乎所有的学生都能按高标准来要求自己的学习。在许多西方国家看来，学生成绩的取

教育系统中的成功者与变革者
美国从国际学生评估项目中学什么？

得是天生学习能力作用的结果。一些本应成绩更佳的学生之所以成绩不理想是因为他们接受的课程过于松散。对于接受特殊教育的学生，这种情况更是极端。

9. 教师的专业发展是提高学生水平的强大推动力

日本如同一个实验室，不断实践着优化教学实践的理念。这种理念在日本学校里的具体实践就是课例学习。毫无疑问，这样的实践为日本学校实现高质量的教学提供了重要的途径。

10. 悉心关注学生从学习到工作的转变

日本拥有一套既高效又非同寻常的体制，目的是帮助学生实现从学生到员工的转变。雇主们认同终身雇佣制，因而认为对刚毕业入职的年轻人进行大力投资，进行继续教育和培训是值得做的。这样一来，年轻人失业率较低，而工作往往很出色，因为他们早已适应了勤奋工作。同时，这套体制也培养了彼此忠诚、团结协作、守时而能够按时完工的工人。在这套体制下，学生懂得如何学习、渴望学习，就业前便获得了大量整套的技能。对员工发展感兴趣的国家可以对这套体制的工作原理进行深入研究。

11. 终身导向的道德教育

日本人一直以来多次宣称，他们教育体系中最重要的是道德教育，即人们如何规范自身行为，如何与人交往。日本整个课程体系都体现了政府的道德教育计划。尽管小学开设了道德教育的课程，但这项国家课程的道德教育内容远不止如此。即使是在没有专门开设道德教育课程的中学，国家课程体系也要求所有学校活动应将道德教育考虑在内。在学校里人们为以下情景付出的努力处处可见：奖励辛苦的工作和坚忍不拔；赞赏勇于挑战的学生；教育学生服务学校，服务同伴，视帮助他人为己任；奖励谦虚之人，对工作出色的人予以认可和赞扬。学生通过不同的方式学习如何尊敬老人，尊重师长，依义而行，条理有序。不难想象，关注普通道德标准会对社会生活的方方面面，如从商业伦理到卫生保健，从可持续发展环境到犯罪活动产生怎样的影响。一些国家对此进行了明确规定，也有国家含蓄地指出，忽视儿童的道德教育会给一个国家带来怎样的后果。

12. 社会资本，一种强大的问责机制

一些外界观察人士或许认为，因为日本没有通过国家测评来实施责任追究制度（基于测评的问责制），所以在日本没有正规的问责制。然而，日本的确存在严厉的问责制。学生对教师和家长非常负责。由于在每所学校里，所有教师参与课程的共同准备，彼此了解教学水平的高低，因而能够互相负责。在日本所有人都了解高中和大学的国内排名，因此懂得如何对各类机构、高中和大学入学辅导教师进行分等。学生的入学考试成绩会公布于众，意义重大。

日本在教育发展进程中的位置

显而易见，日本是世界上最先进的工业化国家之一，在最先进技术体系的应用和发展方面也处于世界领先地位。这是明治维新时期日本设定的发展目标之一。明治维新的改革者从最开始就意识到，没有一流的、兼容并包的、有力的精英教育体制，就不可能实现这些既定目标。

日本的教育历史并非一脉相承，这一点在第一章中已有描述（图1.1）。它没有经历过缓慢提升教师质量的特殊阶段，而是继承了源自江户时期的武士阶层充当教员的体制。日本教育的历史上也缺少这样一个典型的缓慢发展阶段，在一般封建秩序基础上建立起来的学校组织体制直接进入了全民皆有机会接受精英教育的时代。

日本教育具有现代工业化作业组织形式的某些特征，并在此方面领先于其他很多国家，尤其是教师如何通过团队协作提高教学质量，而且教师行为受到专业规范的约束。

一方面，日本并不像其他一些国家积极下放对学校的管理权。它发现，与其他国家相比较，要建立起能够培养独立创新学生的学校困难更多。这或许反映了日本两种需求之间的冲突，一方面，高度崇尚发挥个体首创精神的创新性文化，另一方面，个人观点的深入必须遵循与团队观点的一致。日本已经寻求到一条特色之路，既符合价值观的要求，又能确保实现经济和社会发展的目标。

尽管日本教育体制中仍存在许多无奈之举，但却经得起细致的考究，有助于实现国家教学和学术的高水平发展。与其他国家相比，日本学生更热爱学校。同时，日本劳动力的受教育水平和工作效能也位居世界领先水平。日本的犯罪率极低，社会井然有序，国民对复杂的政治问题了如指掌并进行积极地参与。在日本，家长辅助教师，高度关注子女教育。日本建立的课程体系也位于最令世界赞赏之列。日本的教育体制仍在继续修订，建立这套体制的方法可为其他国家获得同样成绩提供借鉴。

教育系统中的成功者与变革者
美国从国际学生评估项目中学什么?

表6.2 日本:数据概览

语言	日语(国家语言,非官方语言)
人口	127 567 900[1]
年轻人口	13.3%[2](OECD 平均水平 18.7%)
老年人口	22.1%[3](OECD 平均水平 14.4%)
人口增长率	0.06%[4](OECD 平均水平 0.66%)[5]
在外国出生的人口	1.7%(OECD 平均水平 12.9%)[6]
人均GDP	USD 34 9132[7](OECD 平均水平 33 732)[8]
GDP的经济来源	服务业:63.9%;制造业:18.6%;其他:14.3%;农业和林业:3.8%(2008)[9]
失业率	4.0%(2008)[10](OECD 平均水平 6.1%)[11]
青年失业率	7.2%(2008)(OECD 平均水平 13.8%)[12]
教育经费	3.4% of GDP(OECD 平均水平 5.2%) 　2.5%用于小学、中学和中学后的非高等教育 　0.6%用于高等[13]教育[14](OECD平均值分别为3.5%和1.2%) 9.4%的政府总支出[15](OECD 平均水平 13.3%) 　6.8%用于小学、中学和中学后的非高等教育 　1.7%用于高等教育[16](OECD平均值分别为9%或3.1%)
早期幼儿教育入学率	86%[17](OECD 平均水平 71.5%)[18]
小学入学率	100.7%[19](OECD 平均水平 98.8%)[20]
中学入学率	98.3%[21](OECD 平均水平 81.5%)[22]
高等教育入学率	58%[23](OECD 平均水平 24.9%)[24]
小学生上学的学校类型或入学形式[25]	公立学校:98.6%(OECD 平均水平 89.6%) 政府资助的私立学校:没有数据[26](OECD 平均水平 8.1%) 自立的私立学校:1%(OECD 平均水平 2.9%)
初中生上学的学校类型或入学形式[27]	公立学校:92.9%(OECD 平均水平 83.2%) 政府资助的私立学校:没有数据[28](OECD 平均水平 10.9%) 自立的私立学校:7.1%(OECD 平均水平 3.5%)
高中生上学的学校类型或入学形式[29]	公立学校:69.2%(OECD 平均水平 82%) 政府资助的私立学校:没有数据[30](OECD 平均水平 13.6%) 自立的私立学校:30.8%(OECD 平均水平 5.5%)
大学生上学的学校类型或入学形式[31]	B类高等教育: 　公立学校:7.3% 　政府资助的私立学校:没有数据[32] 　自立的私立学校:92.7% 　(OECD 平均水平 公立学校:61.8% 　　　　　政府资助的私立学校:19.2% 　　　　　自立的私立学校:16.6%) A类高等教育: 　公立学校:24.6% 　政府资助的私立学校:没有数据[33] 　自立的私立学校:75.4% 　(OECD 平均水平 公立学校:77.1% 　　　　　政府资助的私立学校:9.6% 　　　　　自立的私立学校:15%)
教师工资	初中阶段教师的起步平均年薪:USD 27 545(OECD 平均水平 USD 30 750)[34] 初中阶段有15年经验(最小培训量)的教师工资相对于人均GDP的比例:1.14[35](OECD 平均水平:1.22)[36]
高中教育毕业率	95%(OECD 平均水平 80%)[37]

http://dx.doi.org/10.1787/888932366712.

注：① OECD（2010d）. Data from 2008.
② OECD（2010d）. Ratio of population aged less than 15 to the total population（data from 2008）.
③ OECD（2010d）. Ratio of population aged 65 and older to the total population（data from 2008）.
④ OECD（2010d）. Annual population growth rate（data from 2005; data not available for 2006–2007）.
⑤ OECD（2010d）. Annual population growth rate（data from 2005）.
⑥ OECD（2010d）. Foreign-born population as percent of the total population（data from 2007）.
⑦ OECD（2010d）. Current prices and PPPs（data from 2008）.
⑧ OECD（2010d）. Current prices and PPPs（data from 2008）.
⑨ OECD（2009）. Measured as percentage distribution of workers.
⑩ OECD（2010d）. Total unemployment rates as percentage of total labour force（data from 2008）.
⑪ OECD（2010d）. Total unemployment rates as percentage of total labour force（data from 2008）.
⑫ OECD（2010e）. Unemployed as a percentage of the labour force in the age group: youth aged 15–24.
⑬ OECD沿用标准的国际惯例，用tertiary education指代所有中等教育以后国际教育标准分类中5B、5A和6级的教育方案，不管这些教育方案由哪些机构提供（OECD, 2008）。
⑭ OECD（2010f）. Public expenditure presented in this table includes public subsidies to households for living costs（scholarships and grants to students/households and students loans）, which are not spent on educational institutions（data from 2006）.
⑮ OECD（2010f）.
⑯ OECD（2010f）. Public expenditure presented in this table includes public subsidies to households for living costs（scholarships and grants to students/households and students loans）, which are not spent on educational institutions（data from 2006）.
⑰ OECD（2010f）. Net enrolment rates of ages 4 and under as a percentage of the population aged 3 to 4（data from 2008）.
⑱ OECD（2010f）. OECD average net enrolment rates of ages 4 and under as a percentage of the population aged 3 to 4（year of reference–2008）.
⑲ OECD（2010f）. Net enrolment rates of ages 5 to 14 as a percentage of the population aged 5 to 14（data from 2008）.
⑳ OECD（2010f）. OECD average net enrolment rates of ages 5 to 14 as a percentage of the population aged 5 to 14（year of reference–2008）.
㉑ EDStats *http://web.worldbank.org/*, gross enrolment ratio（data from 2008）.
㉒ OECD（2010f）. OECD average net enrolment rates of ages 15 to 19 as a percentage of the population aged 15 to 19（year of reference–2008）.
㉓ EDStats *http://web.worldbank.org/*, gross enrolment ratio（data from 2008）.
㉔ OECD（2010f）. OECD average net enrolment rates of ages 20 to 29 as a percentage of the population aged 20 to 29, year of reference 2008. This figure includes all 20–29 year olds, including those in employment, etc. The gross enrolment ratio（GER）, measured by the UN as the number of actual students enrolled/number of potential students enrolled, is generally higher. The GER for Japan in 2008 is 58%.（UIS）.
㉕ OECD（2010f）. Data from 2008.
㉖ Data is not applicable because category does not apply.
㉗ OECD（2010f）. Data from 2008.
㉘ Data is not applicable because category does not apply.
㉙ OECD（2010f）. Data from 2008.
㉚ Data is not applicable because category does not apply.
㉛ OECD（2010f）. Data from 2008.
㉜ Data is not applicable because category does not apply.
㉝ Data is not applicable because category does not apply.
㉞ OECD（2010f）. Starting salary/minimum training in USD adjusted for PPP（data from 2008）.
㉟ OECD（2010f）. Data from 2008.
㊱ OECD（2010f）. Data from 2008.
㊲ OECD（2010f）. Sum of upper secondary graduation rates for a single year of age（year of reference for OECD average–2008）.

教育系统中的成功者与变革者
美国从国际学生评估项目中学什么？

> **受访人员**
>
> 罗伯特·菲诗（Robert Fish），日本文化协会教育专家。
>
> 史蒂夫·海尼曼（Steve Heyneman），美国范德堡大学（Vanderbilt University）国际教育政策专业教授。
>
> 佐藤贞一（Teiichi Sato），前任日本文部科学省行政副部长，现任日本文部科学省顾问。
>
> 安德烈亚斯·施莱克尔（Andreas Schleicher），经合组织（OECD）教育司指标与分析处处长。
>
> 吉姆·斯蒂格勒（Jim Stigler），美国加州大学洛杉矶分校教授。
>
> 渡边亮（Ryo Watanabe），前任日本文部科学省行政副部长，现任日本文部科学省顾问，日本国立教育政策研究所国际研究部主任。
>
> 书面访谈:
>
> 大卫·詹尼斯（David Janes），美日国际交流基金会主任，总统助理。

参 考 文 献

Arani, M. and **T. Fukaya** (2009), *Learning Beyond Boundaries: Japanese Teachers Learning to Reflect and Reflecting to Learn,* Child Research Net website, *www.childresearch.net/RESOURCE/RESEARCH/2009/ARANI.HTM.*

Auslin, M. (2009), "Can Japan Thrive – or Survive?", *American Enterprise Institute for Public Policy Research* (AEI), Vol. 1, No. 2, AEI, Washington, DC.

Channel News Asia (2010), *Japan Ruling Party Banks on Firebrand Female Minister for Votes,* Channelnewsasia.com, 8 July 2010, *www.channelnewsasia.com/stories/afp_asiapacific/view/1068283/1/.html.*

CIA (Central Intelligence Agency) (2010), *Japan: Country Background Information,* CIA World Factbook (online), Central Intelligence Agency, Washington DC, available at *www.cia.gov/library/publications/the-world-factbook/geos/ja.html.*

Cohen, P.A., J.A. Kulik and **C.L.C. Kulik** (1982), "Educational Outcomes of Tutoring: A Meta-Analysis of Findings", *American Educational Research Journal,* Summer 1982, Vol. 19, No. 2, pp. 237-248.

Crowell, T. (2010), "Japan's New Prime Minister Faces the Voters", *Asia Sentinel*, 6 July 2010.

Dewey, J. (1902), *The Child and the Curriculum*, The University of Chicago Press, Chicago.

Gartner, A. and **D. Lipsky** (1989), *The Yoke of Special Education: How to Break It,* monograph, National Center on Education and the Economy, Rochester, New York.

INSEAD (2010), *Global Innovation Index Report* 2009—2010, INSEAD Business School and the Confederation of Indian Industry, INSEAD, Fontainebleau, France.

Ito, H. and J. Kurihara (2010), "A Discourse on the New Kai'entai: A Scenario for a Revitalized Japan", *Cambridge Gazette*, Politico-Economic Commentaries No. 3, 17 March, Cambridge, MA.

Jansen, M. (2000), *The Making of Modern Japan,* Harvard University Press, Cambridge, MA.

Kaneko, M. (1992), "Higher Education and Employment in Japan: Trends and Issues", *RIHE International Publication Series* No. 5, Research Institute for Higher Education (RIHE), Hiroshima.

Kaneko, M. (1997), "Efficiency and Equity in Japanese Higher Education", *Higher Education,* No. 34, pp. 165-181.

Lehmann, J. (2010), "Corporate Japan is a Little Lost in Communication", *Taipei Times* 17 April, available at *www.taipeitimes.com/ News/editorials/archives/*2010/04/17/2003470763.

Ministry of Education, Culture, Sports, Science and Technology (2002), *Educational Reform for the 21st Century,* White Paper, Ministry of Education, Culture, Sports, Science and Technology, Tokyo.

Mizukoshi, T. (2007), *Educational Reform in Japan: Retrospect and Prospect,* Osaka University, Osaka, available at *http://unpan1.un.org/intradoc/groups/public/documents/apcity/unpan011543.pdf.*

Ministry of Economy, Trade and Industry (2010), *The New Growth Strategy: Blueprint for Revitalizing Japan,* METI Cabinet Decision, 18 June, 2010.

MEXT (Ministry of Education, Culture, Sports, Science and Technology in Japan) (2005), *Redesigning Compulsory Education: Summary of the Report of the Central Council for Education,* National Education Policy, MEXT, Tokyo.

MEXT (2010), *Elementary and Secondary Education,* MEXT website, *www.mext.go.jp/English/shotou/index.htm.*

Monahan, A. (2010), "Japan Data Show Fragile Economy", *Wall Street Journal, 9 July,* available at http://online.wsj.com/article/SB10001424052748703636404575353664100091340.html.

Mullis, I.V.S., *et al.* (1998), *Mathematics and Science Achievement in the Final Year of Secondary School: IEA's Third International Mathematics and Science Study* (*TIMSS*)*,* TIMSS & PIRLS International Study Center, Boston College, Chestnut Hill, MA.

Mullis, I.V.S., et al. (2008), *TIMSS 2007 International Mathematics Report: Findings from IEA's Trends in International Mathematics and Science Study at the Fourth and Eighth Grades,* TIMSS & PIRLS International Study Center, Boston College, Chestnut Hill, MA.

Newby, H. et al. (2009), *OECD Reviews of Tertiary Education – Japan,* OECD Publishing.

OECD (2008), *Tertiary Education for the Knowledge Society*: Volume 1, OECD Publishing.

OECD (2009), *OECD Economic Surveys*: Japan 2009, OECD Publishing.

OECD (2010a), "Japan: Country Note", *Economic Policy Reforms: Going for Growth,* pp. 122-123, OECD Publishing.

OECD (2010b), "Japan – Economic Outlook 87 Country Summary", *OECD Economic Outlook,* No. 87, OECD Publishing.

OECD (2010c), *Supporting Japan's Policy Objectives*: *OECD's Contribution,* OECD Publishing.

OECD (2010d), *OECD Factbook 2010,* OECD Publishing.

OECD (2010e), *Employment Outlook,* OECD Publishing.

OECD (2010f), *Education at a Glance 2010,* OECD Publishing.

OECD (2010g), *PISA 2009 Volume I, What Students Know and Can Do: Student Performance in Reading, Mathematics and Science,* OECD Publishing.

Qi, J. (2009), "Globalization, Citizenship and Education Reform", paper presented at the Annual Meeting of the *American Educational Research Association,* San Diego, 13-17 April, 2009.

Rohlen, T. (1983), *Japan's High Schools,* University of California Press, Berkeley.

Siegel, A. (2004), "Telling Lessons from the TIMSS Videotape: Remarkable Teaching Practices as Recorded from Eighth-Grade Mathematics Classes in Japan, Germany, and the U.S.", in W. Evers and H. Walberg (eds.), *Testing Student Learning, Evaluating Teaching Effectiveness,* Hoover Press, Stanford, CA.

Stewart, D. (2010), "Slowing Japan's Galapagos Syndrome", *HuffPost Social News* website at *www.huffingtonpost.com/devinstewart/ slowing-japans-galapagos_b_557446.html,* 21 July, 2010.

Stevenson, H. and **Stigler, J.** (1992), *The Learning Gap,* Summit Books, New York.

White, M. (1988), *The Japanese Educational Challenge: A Commitment to Children,* The Free Press, New York.

Wieczorek, C. (2008), "Comparative Analysis of Educational Systems of American and Japanese Schools: Views and Visions", *Educational Horizons,* Vol. 86, No. 2, pp. 99-111.

Wong, A. et al. (2010), *Japanese Science and Technology Capacity: Expert Opinions and Recommendations,* RAND Technical Report, RAND Corporation, Santa Monica, CA, available at *www.cgi.rand.org/pubs/technical_reports/TR714/.*

第七章
新加坡：强劲表现后的迅速提升

在亚洲，新加坡是取得巨大成功的典型之一，仅仅用一代人的时间就完成了从一个发展中国家向现代工业经济体的转型。在过去的十年中，新加坡的教育体系一直在世界主要的教育系统排名中名列前茅。本章将探讨在地图上的这个"小红点"为何能取得如此优异的成绩并发展得如此之快。

在新加坡，教育自始至终被视为经济和国家建设的核心。其战略目标是把人力资本作为推动经济增长的动力。政府能成功地匹配教育和技能的供需，这是新加坡竞争优势的主要来源之一。造就新加坡成功的因素还包括：清晰认识并坚信教育在学生和国家发展中的核心地位；政局稳定，政策与实践协调一致；通过培养师资和领导能力来建设、推动学校层面的改革；高标准，严要求；不断完善的文化并把具有世界水平的教育实践作为榜样及未来的取向。

概　　要

新加坡面积狭小（约700平方公里），于1965年取得独立，当时经济落后，是一个自然资源匮乏的热带小岛，淡水资源稀少、人口增长迅速、住房也不达标，经常产生种族和宗教冲突。那时没有实行义务教育，只有少数的高中、大学毕业生和

教育系统中的成功者与变革者
美国从国际学生评估项目中学什么？

技术工人。如今，新加坡是一个重要的全球贸易、金融和交通枢纽。仅用一代人的时间就完成了"从第三世界到第一世界"的转型，这是亚洲伟大的成功范例之一。（Yew, 2000）

新加坡共有360所学校，所有的儿童都必选其一，接受至少10年的教育。新加坡学生的数学和科学成绩在1995、1999、2003和2007年的国际数学与科学教育成就趋势调查（TIMSS）中都名列前茅。在2006年的国际学生阅读素养研究（PIRLS）中，排在第四位。2009年，第一次参加PISA测试就成为成绩最好的国家之一（表7.1），这进一步表明了他们的卓越之处。在2007年的麦肯锡教师研究中，新加坡教育系统入选最佳行列（Barber and Mourshed, 2007），在2007年IMD世界竞争力年鉴中排名第一（IMD, 2007），原因是其教育体制能最大化地满足竞争型经济的需求。在高等教育领域，新加坡国立大学在2010年的《泰晤士报高等教育副刊》排名中全球第34位，亚洲第四位（Times Higher Education Supplement, 2010）。正如新加坡人对他们国家的描述一样，这个地图上的"小红点"，在甚至不到50年的短短时间内，是如何把一个经济落后的穷乡僻壤变成经济和教育的世界领袖之一？新加坡采用了什么样的教育政策和实践？新加坡的教育经验能否为其他国家所用？本章试图寻找这些问题的答案。首先介绍新加坡的背景。

表7.1　新加坡PISA成绩（阅读、数学和科学）

	PISA 2000	PISA 2003	PISA 2006	PISA 2009
	平均分	平均分	平均分	平均分
阅读				526
数学				562
科学				542

来源：OECD（2010），PISA 2009 结果报告，第1册，《学生知道什么，能做什么：阅读、数学和科学成绩》，OECD出版。
http://dx.doi.org/10.1787/888932366731.

1819年，当时还在英国殖民统治下，从那时起新加坡就逐渐开始发展成为马六甲海峡的一个主要港口，成了英国、印度和中国之间的航道。在此期间，吸引了主要来自中国南部、印度和马来群岛的大批移民。1959年新加坡摆脱英国统治而获得独立，到1965年从马来西亚分离，除了其深水港口之外没有其他的资产，没有实体经济，没有国防，与邻国还保持一触即发的紧张局势。此外，它大部分的食品、水和能源都要依赖进口。新加坡共和国似乎是不太可能具备条件成为一个世界级的经济和教育重地。

新加坡在诞生之初就面临着重重危机，面对世界大国和全球变化，其政治经济意识脆弱、危机产生的紧迫感对政策制定的影响至今犹在。新加坡首任总理，内阁资政李光耀（Lee Kuan Yew）设置了两个总体目标：建立一个现代经济体和创建新加坡的国家认同感。他执政早期就招募一批杰出人才，寻求促进经济增长，创造就业机会。20世纪60年代，重点引进劳动密集型的外国制造业，吸引低技能的劳动力就业。20世纪七八十年代，技术密集型产业的转向引发对技术领域的重视。从20世纪90年代中期开始，新加坡一直寻求成为全球知识经济体的一员，鼓励进行更多的研究和建立创新密集型产业，并设法吸引来自世界各地的科学家和科技公司。政府的经济政策成果令人惊叹，即经济快速增长，达到发达国家水平。根据目前的市场价格估计，2009年人均收入大约为5.2万新元（3.9万美元）。作为亚洲四小龙之一，新加坡是一个市场自由、方便营商和全球导向的经济体，这是由政府的积极干预来完成的。

新加坡政府是一个高效、廉洁和灵活的经营管理机构，极其看重综合的战略规划和详细的行政细则。"梦想—设计—实现"恰如其分地描述了政策制定和实施的特征。新加坡面积狭小、政局稳定（自从独立以来都是人民行动党在统治新加坡），这使其一直都有成为世界都市的视野，同时也能够应付快速变化的环境。由于国内市场较小，新加坡已经高度融入全球经济之中。为适应全球经济的衰退和始终存在的不稳定性，它必须不断地进行创新。

早期的种族骚乱使李光耀的第二个国家建设的目标是致力于建立一个多种族、多民族的社会。独立之初，新加坡有多个宗教群体（佛教、穆斯林、道教、印度教和基督教）；多个民族（新加坡的人口中约74%是华人，13%是马来人，9%是印度人，其他占3%）；没有统一的语言，也没有共同的学校体制和共同的课程。后来政府采取了一系列的措施来实现新加坡的誓言："一个不分种族、语言和宗教的团结的民族。"自1978年以来，英语是政府的工作语言和学校的教学语言[①]，但至今新加坡承认并使用四种官方语言，即汉语、英语、马来语和泰米尔语。为了团结不同的民族群体，政府实施了两年制的国家义务兵役制，同时政府制定政策，修建住房，供各个民族共同居住，促进民族融合，这就避免了使许多国家困苦已久的种族和民族隔离。学校在灌输新加坡价值观念方面发挥了主要作用，尤其是公民道德

---

① 使用英语是家长的选择，而非政府的规定。

教育。诚实、追求卓越、团队合作、纪律、忠诚、人文精神、民族自豪感和强调共同利益已经深深植根于政府和整个社会之中。

由于缺乏自然资源，人力资源在过去和现在一直都被认为是这个岛国最宝贵的财富。教育从一开始就被认为是经济和国家建设的核心任务。它的工作就是发动人力资本引擎，促进经济增长，创造对新加坡的认同感。经济务实的教育政策强调高度关注科学技术领域。新加坡的教育体系在过去的40年里也随着经济的变化而不断演化。

新加坡的教育系统：学习型国家的成长之路

在过去的40年里新加坡的教育水平正从发展中国家水平上升至经合组织国家中的最高水平。它目前尚未完善，但是随着不断调整，已经适应了不断变化的环境和观念，发展历程可分成三大主要阶段。

生存导向阶段：1959—1978年

根据当时的总理李光耀所说，新加坡教育的初期目标是"培养好人，培养有用的公民"。这第一阶段的教育，被称为"生存导向"阶段。20世纪50年代末，国内生产总值的70%来自港口和仓储活动，但这不足以维持国家生计，随着人口和失业的激增，发展经济更无从谈起。政府决定，有必要扩大工业基础，但由于国内市场规模小，所以它主要以出口为导向。它还试图吸引那些技术含量要求较低（如纺织品、服装、木制品）的外国制造商，提供就业机会，并获得专业知识和先进技术。

在独立之前，只有富人才能接受教育。独立之初，新加坡200万人口中大多数是文盲和非技术熟练工人。因此，这种"生存"期间的重点是尽快扩大基础教育。学校迅速建成，大规模招聘教师。由不同族群建立的各类学校划归至统一的新加坡教育体系中。双语政策的出台，使所有儿童可以学习自己的母语，也可以学习英语。创立的教材中心为学生提供教科书。后来新加坡的教育发展是如此之快，在1965年就普及了小学教育，20世纪70年代初达到普及初中教育。到"生存导向阶段"的末期，新加坡已经创造了一个全国的公共教育系统。

然而，当时教育的质量不是很高。20世纪70年代初，每1000名进入小学一年级的学生中，10年后只有444人升到中学四年级。同时，只有350人（占总数的35%）

通过O水平考试（O-level examinations）。著名的荷兰经济顾问艾伯特·温塞缪斯（Albert Winsemius）博士的报告称，1970年至1975年之间，新加坡每年的工程师和技术工人缺口分别是500名和1000名，且具有管理技术的人严重缺乏（Lee et al., 2008）。1973年的石油危机和其他亚洲国家低技术产业、劳动密集型产业的增加使他们日益认识到，新加坡的比较优势正在减弱，需要发展技术含量高的经济。然而，大量的政策变化和教育部长的更迭引起了混乱局面。教师士气低落，人员减少。虽然曾尝试扩大职业教育，但职业教育的地位较低并被当作"垃圾堆放地"。1979年的一项教育报告凸显了当时较高的辍学率和较低的教育标准，成为新加坡教育发展的一道分水岭，开创了下一阶段的改革（Goh, 1979）。

效率导向阶段：1979—1996年

这一阶段的教育重心发生了转移。政府的经济战略把新加坡从一个第三世界、劳动力密集型的经济体系，变成第二世界、资本和技术密集型的国家。因此，1979年1月，引进了一个新的教育系统。新加坡抛弃了先前的过于单一的教育途径，为学生创造多种途径，减少辍学率，提高产品质量和生产技术熟练的劳动力，以满足实现新的经济目标的需要。学业上引进分流机制，从小学就开始实行，目标是"使所有的学生最大限度发挥潜能，同时要认识到学生的学业成绩发展并不同步"（何鹏，Ho Peng，本报告专访）。比如，学生有了更多的时间来完成不同阶段的学习。多种途径包括：① 学术型高中，为升入大学做准备；② 理工综合类高中（多科技术），主要提供高级的职业和技能培训，也可以升入大学；③ 技术培训机构，主要为排名在后1/5的学生提供职业和技能培训。新加坡成立了课程发展署，为各个方向的教育开发高质量的教科书和教学材料。分流机制引进之初并不受欢迎，实际上，辍学率直线上升：到1986年，有6%的学生毕业时接受的教育不到10年。[①] 提高标准的广泛努力也产生了成果：在O级（O-level）英语考试中，原来的不及格率为60%，到1984年通过率达到90%，到1995年，新加坡的数学和科学在国际数学与科学教育成就趋势调查（TIMSS）中占据领先优势。

因为新加坡正在寻求吸引具有更高端技术基础（如硅片、计算机）的公司，第二阶段的主要目标是培养各级技术工人。考虑到蓝领工作的地位低，从1992年开始，新加坡在工艺教育学院（ITE，专栏7.2）方面的投资显著增加。随着城市周围建立起大量的校园，工艺教育学院（ITE）的技术和职业教育质量有很大提高，具

---

① 这个数字2000年降为4%，2006年为2%，2009年为1.2%。

有高科技的设施和设备，与其他地方的现代大学相比并不逊色。每一个技术领域都采纳该工业部门的建议，以与不断变化的需求和新的技术保持同步。想落户新加坡的跨国公司可以建设一些新项目，这对工艺教育学院（ITE）的学生有很强的市场需求，优秀的毕业生也可以进入到综合性理工院校或者大学。由于这些变化，职业教育的形象和吸引力也大大提升。在最高端技术工人那里，大学或工艺大学的数量在此期间也增加了不少，壮大了科学家和工程师队伍。

能力基础，理想导向阶段：1997年至今

到20世纪90年代初，效率导向的教育系统已取得了明显成效[①]。但是，由于1997年的亚洲金融危机期间，世界经济明显出现向全球性的知识型经济的转向。国家竞争力的框架被重新定义，民族进步将越来越多地由发现和应用新的市场化理念来确定。全球知识经济的发展需要新加坡的教育系统进行一个革新、创造和研究的范式转变。

新加坡作为全球知识经济导航的一个重要工具，政府的科学技术研究局（A*Star）提供大批资金用于科研和吸引顶尖的科学家和科技公司。在新加坡的跨国公司和高等教育部门工作的、具有科学和技术或管理技能的外国公民有100万之多。新加坡的三所大学，尤其是新加坡国立大学和南洋理工大学，与世界各地的一流大学，在包括生物信息学、信息科学和医疗技术在内的重点特定领域确立了研究上的合作伙伴关系。

在学校层面，新加坡创建新的教育理念，即"思想的学校，学习的民族"。总理吴作栋（Goh Chok Tong）的信念："一个国家在21世纪的财富将取决于其人民的学习能力"（吴作栋，1979），在新加坡的教育之旅中被认为是一个里程碑。"思想的学校代表一种学校的愿景，它可以培养创新思维能力、终身学习的热情、国家对年轻一代的希望。学习的国度是一种视野，学习作为一种国家文化，创造力和创新思维在社会的各个层面都会蓬勃发展。"（Lee et al., 2008）

"思想的学校，学习的民族"多年以来都有一系列的方案去使教育适应学生的能力和兴趣，给学生提供更多的、灵活的选择，改变教育的结构。教师的职业道路和激励措施被重新修订，教师教育升级，这些稍后会详细介绍。课程和评价方式的转变引导人们更加重视课题研究和创造性思维。对资源的诉求转化为了信

[①] 五个推动因素是领导能力、人员管理、战略规划、资源和学生的集中。四项成果分别来自学生的全面发展（包括学术成果）、员工福利、行政和管理，以及参与同伴和社区的合作。

息通信技术（ICT），涉及三项连续性的总体规划，实现自我导向、合作型学习。为学生设计了题材广泛的课程，鼓励不同类型的学校以及对许多独立的学校进行组合，尤其是在艺术、数学、科学、体育方面。当时的教育部长尚达曼（Tharman Shanmugaratnam）解释说，"我们需要大批卓越的人才，而不只是一个天才，鼓励所有的年轻人满怀激情地继续奋斗"（Lee et al., 2008）。

2004年，李显龙总理在"思想的学校，学习的民族"的理念下，推出了"少教点，多学点"的理念。该理念的提出旨在打开更多的课程上的"空白"来鼓励学生进行更深的思考。尽管这个系统被普遍认可的，但是学习者仍然太被动，内容太多，负担过重，被迫执行，还未必受启发。"少教点，多学点"旨在"通过促进不同的学习方式来触摸学生的心灵、鼓励他们进行思维，而较少地依赖死记硬背、重复考试和教学，更多地鼓励学习、通过经验去发现、分化教学、终身技能的学习、通过创新和有效学习的途径和策略来打造学生的品格"（何鹏，本报告专访）。2008年，在这个方向采取了进一步的行动，发起2015年的课程构想。新加坡教育部教育署署长何鹏（Ho Peng）这次审查后断言，新加坡的教育系统有较强的掌控权，在阅读、数学和科学方面有很大的优势，这些应该保持。然而，它需要在软技能上做得更好以促进今后更好地学习。此外，"信息超载已经给批判性的分析能力造成负担。跨文化的工作将需要语言表达能力和更广的全球视野"（Ng, 2008）。

2009年对小学的审查重点放在如何可以利用学生与生俱来的好奇心和爱玩的天性来驱动每个孩子的学习问题。艺术、音乐和体育也在课程设置上有所加强。最后，2015年的课程规划重新强调，教育必须植根于价值观："没有道德和伦理的指导，所有的学习都将化为乌有。我们必须重新调整课程内容，使技能和性格发展，实现更全面的教育。"（Ng, 2008）

目前的体制结构

今天在新加坡的教育体系中，学生接受6年小学教育，4至5年的中学教育，然后是2年的初级学院、工艺学院或工艺教育学院的教育（图7.1）[①]。

[①] 理工教育为期3年，可获得文凭；工艺教育根据职业要求为期2到3年。

教育系统中的成功者与变革者
美国从国际学生评估项目中学什么？

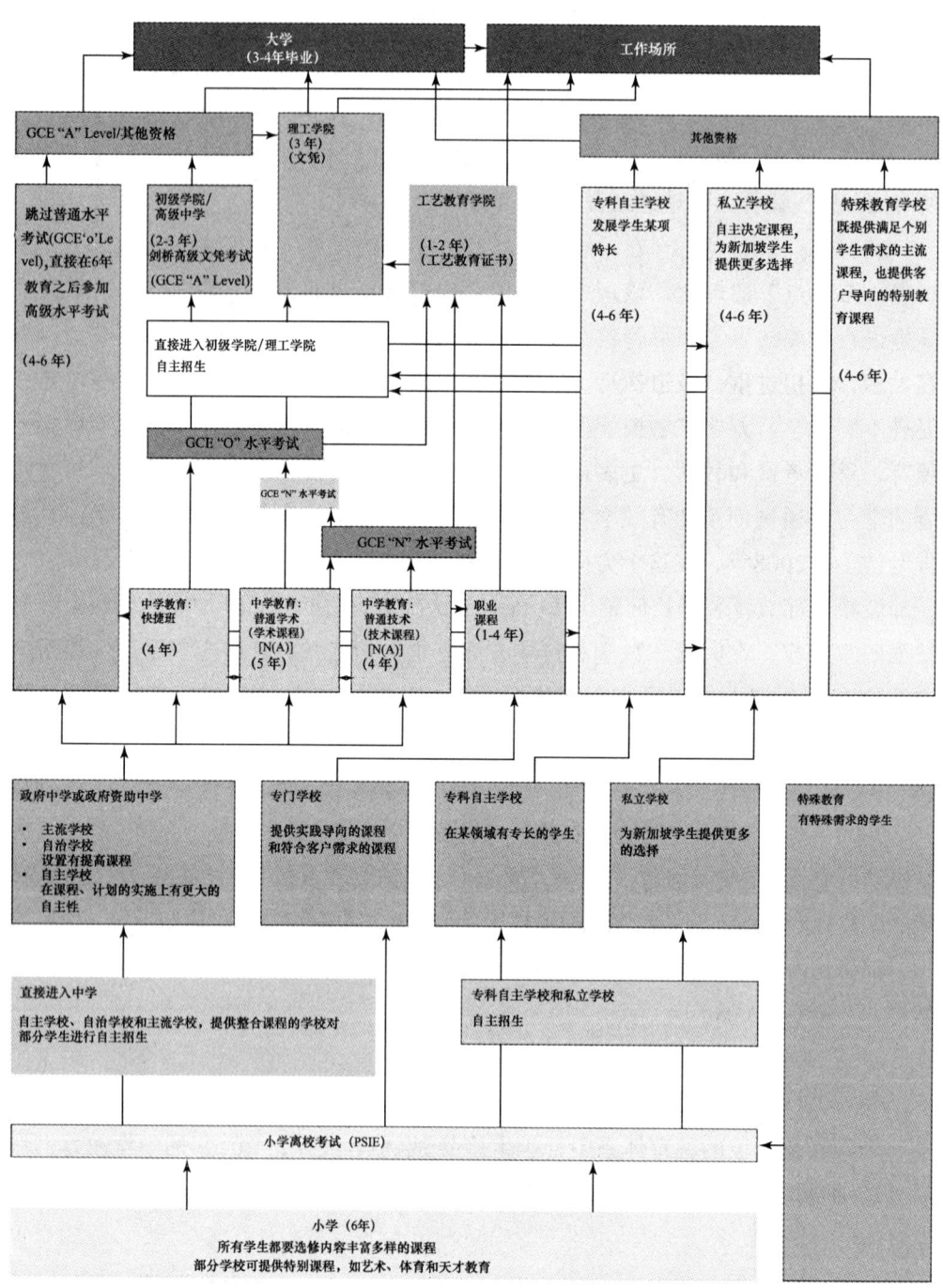

图7.1 新加坡教育体系构架

小学教育包括一个为期4年的基础阶段，在此期间，所有学生都学习一个共同的强化英语、母语和数学的课程。科学是从小学三年级开始，小学阶段的其他科目还有公民道德教育、社会科学、卫生、体育、艺术和音乐。

分流机制是新加坡教育系统的一个主要特点，旨在让学生从小学5年级起按自己的步伐来学习。然而，2008年，分流机制被以学科为基础的捆绑课程所取代。在小学6年级结束时，所有的学生报考小学毕业考试，包括英语、数学、母语和科学。根据考试成绩，学生被分别录取到中学学习快捷课程（60%）、常规学术课程（25%）或常规技术课程（15%）。

在快捷课程的快捷班中，学生要学习4年，最终获得剑桥普通文凭考试证书（GCE"O"Level，下文均简称为O水平考试）。通过O水平考试获得会考证书。学习普通课程的学生在4年之后参加剑桥N水平考试（GCE"N"Level，下文均简称为N水平考试），成绩较好的可以在学习普通课程5年后参加O水平考试。学习正规学术课程的学生通过4年的学习达到了N水平考试后，可以接受高等职业教育，或者参加工作，或者进入高等工艺教育学院。近年来，中学生在O水平考试的科目和模块上有了更多的选择。选择大学入学途径的学生可以到综合技能学校学习，也可以跳过O水平考试；这种方案也让他们获得更广的学习经验，以便培养他们的领导潜力和创造性思维的能力。现在不同的课程之间具有更广泛的流动性，成绩比较好的学生可以在不同的学轨之间转换。随着学生所修科目的增加，转换学轨的比例也进一步增加，体育院校、艺术院校、数学和科学院校及小部分独立学校也可以相互转轨。

经过10年的普通教育，学生进入高等教育，或专科学校（31%），或理工学院（43%），或工艺教育学院（22%）。在此期间，偏向学术的学生，可以参加A水平考试，然后继续就读大学。学生也可学习理工学院的技术或业务科目的文凭课程。许多优秀的理工学院的毕业生还可以去上大学。会考成绩达到O或N水平的学生可以在工艺教育学院里获得以技能为基础的技术或职业证书，工艺教育学院的优秀毕业生也可以就读理工学院或大学。新加坡大约有25%（名额将在2015年上升到30%）的学生可以上大学，接受高等教育。许多学生还到国外的大学就读。

新加坡教育的成功

新加坡长期以来一直追求和奉行高质量教育系统的愿景，并且实现了各阶段性的改善。新加坡取得如此成功的主要因素是什么？

一个前瞻性、综合性的规划体系

在现代新加坡，教育一直是经济和国家发展的根基。正如总理吴作栋有句名言说的："一个国家的财富在于其人民。"

新加坡没有自然资源，自从国家成立以来，教育在经济发展和社会凝聚力方面被赋予了很高的意义，这在新加坡高层领导的言论中是显而易见的。但是，"培育每一个孩子"，不只是政治言论，在教育的每一个阶段他们一直都伴有对教育的大量投资，2010年教育支出占国内生产总值的比例上升到3.6%，约占政府开支总额的20%，仅次于其国防开支。

教育与经济发展之间联系紧密，而且受政府高层驱动。因为新加坡的经济在港口和仓储活动的基础上发展而来，先是低工资、劳动密集型产业，然后到资金和技术密集型产业，最后到目前知识密集型的产业群，一步步发展而来，新加坡期望教育系统能提高教育质量，并能提供能增强国际竞争力的技术。

新加坡具有独特的规划整合系统。人力部与各经济部门（如经济发展局）协作，负责促进特定产业集团的发展，确定主要人力需求和规划未来技能需求。然后，再反馈到职前培训和继续教育部门。在其他国家，劳动和教育市场进行这些调整会很慢，但新加坡政府认为其人力资源规划可以帮助学生更快地转移到需求日益增长的部门，迅速改善需求下降地区的供过于求问题，高等教育公共基金定位更加高效。教育部和高等教育机构，特别是大学、理工学院和技术学院，它们以此来调整自己的教育规划。

总之，政府有能力成功地干预教育和技能的供求是新加坡竞争优势的主要来源。新加坡正在寻求成为一个全球的科技中心，汇集政府的各个部门，包括财政部、经济发展局、人力部、教育部、城市和环境规划局、住房和移民局，这些为新加坡的经济增长创建了一个平台。

新加坡的政策和实施之间具有高度的一致性。访问新加坡时，最引人注目的事情之一就是，无论到哪里，人力资源、国家和社会发展部，或者教育部门、大学、科研机构或学校，人们都能清晰地听到新加坡人所关注的结果，即重视实施与评价，面向未来。"里程碑"式的课程汇集了来自各部门的高级官员，形成了对国家目标的共同理解。高效的实施是整个政府关注的焦点。正是基于对人力资源开发的重视以及它与经济发展之间关系的理解，新加坡政府很清楚教育中需要什么。这就意味着教育部能够设计出满足教育愿景的政策并付诸实践。

政策执行者、研究者和教育工作者之间的紧密联系

在体制层面,教育部、国立教育学院(NIE,全国唯一的教育培训机构)与学校之间的三重紧密关系使政策具有连贯性和执行上的一致性。教育部负责政策制定,而国立教育学院进行研究和为教育工作者提供职前培训。国立教育学院的研究反馈给教育部,用于政策研究(专栏7.1)。由于国立教育学院的教授定期参与教育部的讨论和决策,所以对国立教育学院的工作来说很容易与教育部的政策保持一致性。国立教育学院是新加坡唯一的准教师培训机构,但教师在职专业发展中,除国立教育学院之外,还需要其他多种机构和资源。

专栏7.1

综合行动

有一个例子能证明三方密切合作的好处,即新加坡如何从一个纯粹的知识传输的教育模式转变成强调创造力和自主学习的模式("思想的学校,学习的民族"和"少教点,多学点")。这是通过教育政策指令、每月召开群体负责人和校长的例会,并通过提供频繁的教师专业发展的机会来实现。政府还在国立教育学院成立一个长期的教学与实践研究中心,来检测当前的课堂教学实践、试行新的办法,并反馈到教育部进行必要的修改。近日,国立教育学院已更新了具有21世纪素养的教师教育模式(Low, 2010),并创造实现学生发展的学习环境。改变教学法固然困难,但政策和课堂实施方面的差距、预期与实际课程之间的差距,在新加坡要比在其他国家少得多。

政策及其实施途径

根据国立教育学院的高级研究员大卫·霍根(David Hogan)在本报告专访时说,新加坡的体制规范程度在全球范围内是极不寻常的。新加坡是一个"紧密耦合"的系统,其中教育部的领导机构国立教育学院和学校共同承担责任和问责。其非凡的实力在于每一项政策的颁布都有满足其能力建设的计划。虽然学校内部表现有变化,但学校之间却很少有差异。相比之下,在一个更加松散的系统里进行改革就比较困难,典型的是有许多新事物出现、有时政策相互矛盾、没有相应的能力建设来满足他们。大学里的教师教育也与改革政策并不一致。因此,从业者变得冷嘲

教育系统中的成功者与变革者
美国从国际学生评估项目中学什么？

热讽、静等连续的改革浪潮过去，至于改革进展得如何，不同的学校之间也有很大的差异。

近年来，新加坡的"紧密耦合"有点松弛，给予了学校更多的自主权，以鼓励他们进行更多的创新，国立教育学院在现代研究型大学中有了适当的独立性。然而，在课程、考试和评估之间仍然有较强的一致性；激励学生努力学习；教师和校长的问责措施。不像在美国，过于松散的体制使得实施难以进行。在新加坡的体制下，政策的制定和实施都更加容易、更加有效。

规模小的优势

要想了解新加坡的成功，明白其狭小的国土面积同样重要。新加坡的国民教育体系更像是一个城市或一个小国，约有52.2万名学生和360所学校。国立教育学院主任，李星港（Lee Sing Kong）教授，把它比作"小皮艇而不是一艘战舰"。政府的稳定和教育目的上的广泛共识，使它有可能看到所追求的长期政策是否奏效。

诉求公平与优质

新加坡已经表现出了对公平和任人唯贤的不懈追求。任人唯贤从一开始就是李光耀政府的基本理念。他认为这是政府运行的最有效方式，只有这样，才能创造一个和平的多民族社会。殖民时期的教育系统是高度精英化教育，种族和宗教分开；他试图用带有普遍性的国家体系取代它，只有在这种体系下，才能和勤奋才能凸显。

在独立之时，华裔人口比例之大、成就之高与泰米尔人和马来人形成鲜明对比。这些差距威胁到新加坡的政治稳定以及其经济的发展。在教育的第一阶段，生存期，教育快速发展，导致20世纪70年代初普及了小学和初中教育。在第二阶段，引进了分流机制来降低辍学率；虽然颇具争议，但它是成功的。今天，随着中学毕业率达到了98%（十年级），受教育程度的差距已大大降低。然而，还有更多的工作要做。例如，在国际数学和科学研究趋势（TIMMS）的测试结果中，新加坡在数学和科学中的平均成绩非常高，但成绩分布上也存在不少问题。其他方面也是一样，社会经济地位对成绩有显著的影响。

据李星港教授的说法，新加坡已经采取措施来减少社会和教育上的不公平，认为像单亲家庭这样的社会结构是引起低成就的原因，新加坡已在当地城镇和社区形成一个制度，来认定需要帮助的家庭并提供包括财政支持在内的一系列援助。此外，各个族群都有社会自助团体——马来回教社会发展理事会（the Malay

Mendaki)、印度人发展理事会（Indian Sinda）和华裔的华人发展援助理事会（CDAC）。这些组织是由各个社区成员组成来帮助需要帮助的孩子。

有趣的是，探索新加坡的住房政策对成绩差距是否也有影响。80%的人住在政府兴建的住房里面，但这些房产属于个人，各个民族被有意安排在一起混住。当为此事对他进行专访时，李教授说，他没有做任何实证研究，但认为如果一个群体对学术成绩有很高期望，它对孩子的整体发展会有积极作用，这似乎也很合理。

在教育方面，要在小学一年级开始时通过筛选测试确定阅读方面需要额外帮助的孩子。这些孩子在学习的援助计划小组（8~10个学生）里，由老师提供日常的系统干预，这样他们就不会落下很远。有12%~14%的儿童在阅读方面需要这种帮助。它的课程还包括语音和英语语言的发展，因为许多孩子在家说的是其他语言而不是英语。数学方面也存在这样的学习援助计划。此外，虽然在新加坡大多数幼儿园都是私人出资兴办的，但政府却提供资金支持，来满足低收入家庭的学生需要。

近年来，新加坡已经用学科绑定来取代了分流（轨）机制。这也为学生创造了更多的机会在中学阶段或者其他阶段能够相互转换。系统内部有了灵活性，以便发现那些"大器晚成"、后来居上者。新加坡教育系统的另一个显著特点就是不仅仅致力于高成就者的价值，还致力于低成就者的兴趣。关注"整体水平的提升"，这样低轨的学生就可以得到高质量的训练，体现了教育的"多途径"。（下一节关于工艺教育学院的部分会介绍）这些在职业和技术训练方面的投入是巨大的。新加坡的职业与技术教育体系也许是世界上最好的，这也是新加坡取得成功的重要元素之一。

教育系统的目标是培养每一个孩子，不管他们有什么样的能力或成就水平。生态教育改革依赖于这些共同的价值观。家长想为他们的孩子争取很好的机会、在高层社会流动，并提高收入水平。而政府已经成就了他们，所以大部分家长都认为这个体系是公平的。

我们在特权学校和大众学校之间的任何可见的教育标准上，已经避免了巨大差异。我们已经在各种能力上取得了很大进步，大部分新加坡人可以接受高质量的高等教育（Tharman Shanmugaratnam，前教育部长 Lee, et al., 2008）。

重点关注数学、科学和技术技能

新加坡一直专注于坚实的数学、科学和技术技能（专栏 7.2）的普遍发展。该国的所有学生在小学阶段的数学和科学方面的坚实基础似乎成为学生以后成功的关键所在。在小学和中学阶段，数学和科学是核心科目，每一个学生都必须参与学

教育系统中的成功者与变革者
美国从国际学生评估项目中学什么?

习,分别从小学的一年级和三年级开始。从小学高年级开始,学生就有了数学和科学的专职教师,而教师的安排是一个校本决策。尽管都会教英语、数学和科学,有些学校安排数学和科学学科的专职教师。从中学高年级开始,有一系列难度较大的专业数学课程,供有兴趣的同学学习。在高等教育层次,一半以上的项目都是针对科学和技术方面的。

> **专栏7.2**
>
> **重视技术教育:工艺教育学院**
>
> 在许多国家,技术教育是被看不起的,被当做最后的选择。其教育质量低,通常不能满足雇主不断变化的需求。但是,职业教育是新加坡教育取得成功的重要途径。1992年,新加坡在认真审视国内受轻视的职业教育之后,决定对其进行改造和重新定位,以便使它不再是迫不得已的最后选择。刘桑成(Law Song Seng)博士带领创建了工艺教育学院(ITE),此举改变了职业教育的内容、质量和形象。它的目标是建立一所世界一流的技术教育机构,促进"有效地满足知识型经济的需求"(Lee et al., 2008)。工艺教育学院(ITE)的创始人引进了具有广阔视野的领导和关心学生的员工。他们完全改变了课程和劳动力的认证体系,在新的工业领域开发课程,把现有的技术学校变成大型校园,具有成熟的技术基础,而且与跨国公司有密切联系。为了回应对社会对成绩较差学生的偏见,工艺教育学院发展并重新命名了一种"动手、动脑、用心"的实用学习。结果自1995年以来入学率增加了一倍,工艺教育学院的学生目前大约占大专教育人数的25%。超过82%的学生在2009年完成了他们的培训和工作安置。工艺教育学院毕业生的薪酬水平也较高,技术教育轨道现在被学生视为一个通往光明未来的可靠途径。技术教育在工艺教育学院取得成功的部分原因是学生在学术生涯的早期有了厚实的学术基础,使他们能够获得前沿雇主所需要的更复杂的技能。工艺教育学院获得了由哈佛大学肯尼迪学院艾什(ASH)政府治理与创新中心颁发的IBM创新奖,并已被确认在技术教育方面的全球领先地位。

新加坡学习数学的方法很独特,也因为新加坡学生的成功而闻名。20世纪80年代,新加坡国家数学课程在对世界各国数学进行研究的基础上进行开发,后来又历经几次提炼。它基于这样一种假设,即数学教师的作用是灌输"数学意识"。在新加坡的课堂上,关注的不是正确的答案,目的是帮助学生明白如何解答数学问题。

新加坡的"示范法"推广了直观教具和可视化教学，帮助学生理解数学。"具体—图像—抽象"的模型是基于了解儿童如何学习数学，而不是对语言的考虑。教师使用的材料远远少于许多其他国家，但涉及得较深入，即我们的目标是掌握数学概念（Hong et al., 2009）。在小学毕业数学考试的水平（六年级），大约超出美国大部分地区两个年级（Schmidt, 2005）。新加坡数学也没有明确代数和几何之间的区别，这些概念都融入基础数学教学中，直到学生升入高中才进行区分。新加坡的教师在如何教授国家数学课程方面均受过严格训练，并定期召开会议、微调练习和交流经验。

新加坡在小学和初中低年级的国家科学课程中主要通过三个领域的探究来重点培养科学意识：① 知识、理解和应用；② 技能和过程；③ 道德和态度。唤醒学生对科学作为一个有用的技能的兴趣，探究科学在日常生活、社会和环境方面所发挥的作用。设计一些联课活动，如数学和科学展览、比赛和学习创新（在户外设施上应用数学和科学），来培养学生的学习兴趣。在新加坡科学中心的DNA中心发展动手活动来学习生命科学，政府科学机构（A*Star）对学生公开正在进行的研究。

满足体制需要的人力资源管理

今天新加坡的劳动力，特别是从20世纪90年代以来，素质很高，这是教育政策完善的结果。从那时起，高素质的教师队伍和学校领导已经奠定了教育系统的基石，也成为其取得卓越成绩的主要原因。新加坡在教师和校长的选拔、培训、奖励和发展方面不是仅仅强调某一单一元素，而是已制定一个全面的制度，从而为教育的发展创造出了巨大的空间。该系统的关键要素有：

（1）招聘。准教师都是从中学毕业班成绩位列前1/3的学生中精心挑选出来的，还要通过包括校长在内的专门讨论。扎实的学术功底是必不可少的，因为这是专业上的需求，也是服务多样化的学生的要求。准教师按月领取津贴，与在其他领域的应届毕业生月薪形成竞争力，但他们必须承诺至少从教三年。教学兴趣在高中教学实习的早期就已培养；还有中途入职制度，这还可以给学生带来工作经验。

（2）培训。所有教师要在南洋理工大学国立教育学院（NIE）接受新加坡课程的培训。根据他们入学时的教育水平，要么获得文凭，要么获得学位。国立教育学院和学校在工作上的关系非常密切，所有新入职教师在最初几年里都要在这里接受培训、监督。由于国立教育学院的主要目的是培训新加坡所有教师，所以在艺术、科学和教育教师的培养上没有区别。因此，根据李星港的说法，困扰西方师资培训计划的那些相互冲突且需要优先考虑的内容其实并不是最重要的，他们更加注重教学内容。国立教育学院已制定了一套矩阵式组织结构，项目办公室（如教师教育办公室）与个人学术团体联络来制定师资培训项目。这意味着，这些方案制订时一直围绕教师进行考虑，而不是迎合各种学术部门的利益。因此，在每一个项目里都注重协调作用，尤其在教学内容和各个模块之间。

（3）待遇。教育部一直密切关注教师入职初期的工资待遇，并且不断调整新教师的工资，对刚毕业的学生来说，确保教学和其他职业相比较时，看上去有同样的吸引力。教师的工资在很长时间里并不像在私营部门的工资一样增长很快，但是教师在教育系统内部还有其他的工作机会，一年能工作12个月。除了有基本工资，优秀教师还可以获得大量的绩效工资奖金。

（4）认识到教师需要跟上全球日新月异的变化，并能够不断提高自己的教学实践，要从几个方面来促进教师的专业发展，时间是每年不能低于100小时。国立教育学院的课程主要关注学科题材和教学知识，并可获得更高的学位和高级证书。

（5）学校本位的教师专业发展、由教师指导员主导开展。他们的工作是确定校内教学上的问题，比如一组数学成绩；或者引进新的教学实践，比如专题学习或信息通信技术（ICT）的新应用。每所学校也有一个基金，用于支持教师成长，包括通过到国外了解其他国家的教育情况来形成新的观点和视角。师资网络和专业学习共同体鼓励同伴互助学习。2010年9月开放的新加坡师范学院进一步鼓励教师不断分享他们最佳的教学实践。

（6）绩效考核。和新加坡的其他行业一样，教师的表现也要有专门的一部分人对其进行年度考核，并分成16个不同的等级。这种加强业绩管理的系统中包括：教师对自己学生在学术和品格发展方面所做出的贡献；与家长和社会团体的合作；对同事和学校的总体贡献；杰出教师会得到不少的奖金。这种个人的考核制度适合高度重视优质教育的学校，因为在新加坡，每个孩子都有多个老师，包括在小学阶段。

（7）职业发展。在整个新加坡，人才是被发现和培养出来的，而不是一种侥幸。经过3年的教学，通过教师年度考核可以看出最适合他们的三种职业路径，即高级教师、课程或研究专家和学校领导。每种路径都会使工资增加不少，具有学校领导潜力的教师会被转移到中层管理人员队伍中，并接受培训，为自己的新角色做准备。作为中层管理者也要接受潜力方面的考核，来看看是否能成为副校长，甚至后来的校长。每个阶段都涉及一系列的经验和培训，以成为学校领导和创新能力的继任者。

（8）领导的选拔和培训。新加坡清醒地认识到高质量的教学和良好的学校成绩需要有效的领导。质量较差的领导能力，在许多国家是教师流失的一个关键因素（Ng，2008）。新加坡仿照大公司的领导方法。关键不只是培训，而是整体上认证和培训他们的方法。这与美国或英国的做法不同，例如，在美国和英国教师可以申请作为校长或领导的培训，然后在学校里申请一个职位。在新加坡，青年教师被不断评估他们的领导潜能，并且被给予机会来展示和学习，例如，先在委员会服务，然后年纪轻轻时就可以晋升为系主任，有些可能会到教育部门过渡一段时间。经过一段时间的监测，通过面试来选拔未来的校长，并通过领导能力情景训练。如果这些都通过了，那么他们会去国立教育学院进行为期6个月的带薪行政领导培训。这个过程全面而集中，包括国际考察和学校创新。每年只有35%的人被选择进行行政领导培训。当被问及为什么新加坡使用"选择来培训"而不是"培训后选拔"模式时，李星港教授说，虽然美国/英国的做法是可行的，但承载较高的风险。新加坡是非常有信心，他们一直为他们的学校准备着最佳领导人，而且对他们的选择有大量的投入。校长在学校之间定期轮换，这也是新加坡持续提升策略的一个组成部分。

通过投放大量资源招聘一线高素质人才、给予很好的培训和持续的支持，新加坡没有出现大量教师、校长等人力资源上的消耗和浪费，而这却困扰着世界各地许多的系统。教育已经成为一个有竞争力和被看好的职业。在新加坡"教师"现在也被看做一种荣耀。

最后，新加坡人力资源的另一个重要方面是行政部门。李光耀的管治理念是聘任高素质的人当公务员，新加坡的行政部门非常称职，包括教育部。高级公务员都是经过精心挑选的，训练有素（许多都是来自世界上最好的大学）、务实、勤奋，当然也高薪。他们都具有国际视野，关注世界各地的教育发展，并在决策过程中习惯于使用数据和证据。他们对新加坡教育系统的效率和有效性有明确的责任。

一个持续提升的体系

虽然新加坡最近几年发展了学校的权威性，但它仍然是一个集权政府体制。在许多国家，政府官僚政治僵化，但新加坡灌输的是持续提升的态度和发展机制。经济规划推动教育目标在三个阶段发生重大转变，除此之外，还有些变化看似较小，但在不断提升。

不像在一些国家，政府部门和大学高高在上、遥不可及，新加坡教育部和国立

教育系统中的成功者与变革者
美国从国际学生评估项目中学什么？

教育学院的官员经常探访学校，并对学校的发展提出一些非正式的想法。他们也极其关注一些数据，比如全国学校联网资料系统和学生中心数据系统（教育部内部数据系统）。

相对于国家面积来说，现在也有高层次的研究投资（Hogan，本报告专访）。随着政策文件颁布，1997年国家对"思想的学校，学习的民族"这一国家教育项目投入了5 000万新元。一系列不同类型的研究已广泛开展，这些研究设计都是由研究人员而不是政府来决定的。由国立教育学院教育与实践研究中心前系主任、现任的高级研究员大卫·霍根实施了一套重要研究方案，这为期6年的努力旨在了解新加坡的课堂把现代的教育实践运用到何种程度。它展示了如何从一个主要传授知识的教学模式转变为21世纪的教学模式，即学生进行复杂的知识建构。这项研究并没有被束之高阁，而是在教育部的审议中经常被提及。

新加坡也广泛使用国际基准作为提高教育的价值链工具。教育部、国立教育学院和学校的工作人员都要探访其他国家并探索国际最佳实践。通常情况下，出访和研究关注非常具体的问题，在实施具体政策时什么有效和什么无效。比如：

（1）新加坡的数学课程是在考察世界各地的数学研究和实践之后开发出来的；

（2）近期，教育部人员访问了美国和其他国家考察非母语的语言教学；

（3）教育部的工作人员还访问了许多国家和地区，包括中国香港、澳大利亚、苏格兰、瑞典，研究各种新的评价方式。

结果，新加坡的课堂采纳了各种教学风格。校长和高级教师还鼓励研究其他国家的创新，并探索如何能使之在新加坡的学校应用。几年前，华盛顿邮报记者采访了一组新加坡校长在弗吉尼亚州北部对几所学校的访问。她问道，"既然新加坡在世界上国际数学和科学评估（TIMSS）中是最好的，为什么还要参观弗吉尼亚州北部学校的科学课堂？"新加坡的回答是："世界上没有完美无缺的体制。很多地方都有它的优点、特长；关键是因地制宜、很好地落实。"

新加坡每每寻求创建一个新机构时，总定位于世界最高标准。如果新加坡不创建某个领域的世界级机构，它会尝试进行合作。例如，它最近与美国杜克大学结成伙伴关系，创建了一个新的医疗中心，并与耶鲁大学一起创建了文理学院。新加坡鼓励所有的教育机构，如从新加坡国立大学（一个以亚洲为中心的全球性大学）到个别学校，与世界各地建立联系，以培养"面向未来的新加坡人"。

新加坡教育体系未来的挑战

虽然所有这些特点都有助于使新加坡建成世界一流的教育体系，但什么制度都不可以故步自封。新加坡教育工作者当然也不会因此而自满。作为以信息和创新为核心的全球化经济体中的一个小国，它总是容易受到大国行为的影响。目前国家希望教育系统能培养21世纪经济发展所需的高技能创新和灵活的工人。考核制度是一个约束，它虽然制定了很高的标准，但却阻碍了创新。新加坡教育部认识到了变革的必要性，但是还没有一个一致的方案来检测21世纪各种复杂的技能。同样重要的是，对教师来说，他们本身受到教师主导的教育，很难从根本上改变他们的做法。新加坡领导人担心随着经济的不断增长和变化，以及对老师提出的新要求，可能更难招聘到支持新的学习方式的顶级人才来从教。最后，和其他许多国家一样，全球化带来的经济变革增加了新加坡的不均衡。虽然新加坡明显缩小了成绩差距，并侧重于提升最低成绩，但社会经济地位和成绩之间的相关性仍然很强，这是新加坡教育领导者所不愿见到的。

尽管如此，新加坡已经建立了这样一个体系：教师为学生做精心准备，一起创造高质量的课程，能够获得适当的物质支持和具有能够促进学生、教师和学校等持续学习的评价体系。（Darling-Hammond, 2010）

新加坡的经验

新加坡既是"快速改良"又是"持续高效"。对于那些认为在教育上实现大面积的变革是不可能的人来说，新加坡已经多次证实显著提升是可能的。新加坡高质量的教育体系反映在了教育的持续、质量和效率上。要成为并保持很高的成效，国家需要有一个政策基础，来驱动实施和培养教育工作者在学校的实施力，这两点新加坡都做到了。新加坡能有今天的成绩绝不是偶然。这是明智的政策和几十年间有效实施的结果。在国家改革模式的层面上，新加坡的教育目标全面而渗透，又受公共政策的驱动。

然而，新加坡教育系统规模较小和紧密耦合的特点使其做法看起来在其他地方并不适用。事实上，新加坡的面积只相当于其他国家的一些州、省或大城市。许多原则和做法在不同规模的国家和治理结构中是适合的，虽然可能会采取不同的形式来实施。从新加坡学到的一些主要经验如下。

1. 愿景与领导力

在社会和经济发展中对教育作用有宏大愿景的领导人是创建优质教育的关键。任何制度的变革都需要5~10年，其中有政治领导层的频繁变动，需要建立一个指导联盟来朝着这个愿景的方向不断前进，而不是随着领导人的更替而不断变换方向。

2. 教育体制和经济发展目标的一致性

新加坡教育与经济发展之间强有力的联系已经形成了对教育的优先投资，制定了非常务实的教育政策，提高了数学和科学教育的质量，打造了世界一流的职业和技术教育，这是大多数国家都失败的领域。同时还保持了教育的强劲动力，随着条件的变化而变化，而不沉溺于过去的成绩之中。虽然这种联系的紧密性在计划性不强的经济体中是不太可能的。紧密的联系能够汇聚经济和教育政策制定者、商业和教育领导者的智慧，从而对经济中持续的变化做出评估，以及教育如何与经济并肩作战，相互壮大。

3. 教育体制的连贯性

许多国家在学校层面上，政策和实施之间存在巨大的差距。在新加坡，制定或改变政策时，要关注很多实施的细节，从教育部到国家教育学院、监管群体、校长以及教师。其目的是确保实施和学校之间相对较少的差异。虽然在更广的且层次更多和比较松散的体制里需要不同的机制，但是在其他体制下寻找到一致性，让所有部分都能共同协作、课堂教学富有成效的途径才是最根本的。

4. 清晰的目标、严厉的标准和高风险准入

新加坡的教育体系是非常严格的。小学毕业考试和O水平、A水平考试的学术标准与世界上其他地方一样高。"严厉"成了一个口号，学生、老师和校长们都刻苦工作来通过这个关口。所有的学生在数学、科学和双语读写核心科目上的早期基础都非常扎实。

5. 满足标准的课程、教学和评估

新加坡不只是建立很高标准，然后留给教师去实现。对课程开发也极其重视，在数学、科学、技术教育和语言方面已经开发了很多强有力的方案，尤其是要确保他们的教师都受过了良好的教育。作为知识传播的教育体系曾经非常成功，新加坡现正致力于课程、教学和评估，这将引导人们更加注重高层次和复杂的技能。

6. 高素质的教师和校长

在更早的时候，新加坡经常出现教师短缺问题，并不总是能够吸引高素质人才从教。20世纪90年代，新加坡设立一个全面而深化的人力资源系统，来获得高素质的教师和学校的领导者，从而满足学生的需求。这个体制依靠积极招聘人才，辅以连贯的培训、认真和一贯的支持。今天，新加坡的教育政策较少关注它的结构，而更多关注保持和提高教师专业素质。2007年推出了成长的一揽子措施，包括促进教师的成长、认同、机遇和舒适。

7. 强有力的中央集权行动

新加坡教育部的工作人员都是学识渊博、务实、在世界上最好的大学受过教育。他们在一个持续提升的文化中发挥作用，用数据和实践经验来不断地评估什么有用、什么没有用。他们尊重学校专业人员，也受到了学校人员的尊重。虽然政府权威可能根据国家不同，有的在中央政府，有的在省级或地方，但无论是谁来负责开发战略和掌握权力，都会效仿新加坡教育部的权限和能力。

8. 问责

新加坡实行绩效管理。教师、校长、教育部和国家教育学院的工作人员以及学生，都备受激励而努力工作和学习。为了维持教师和校长的绩效，新加坡尤其注意设定年度目标，获得必要的支持以实现目标，并评估它们是否已经实现，包括学生的成绩数据，但也有一系列其他措施，如对学校和社区的贡献、多位资深从业者的评判。奖励和表扬系统包括荣誉和工资奖金。在创优学校计划的背景下进行单独考核。虽然没有一个国家认为它的责任制度是完全正确的，但是新加坡的系统使用了广泛的指标，包括一系列专业人员来对人们在这个体制里的表现进行判断。

9. 任人唯才的价值观

新加坡整个教育系统的基础是建立在一种信仰之上的，即不管学生的种族背景和能力范围，教育是进步之道，勤奋和努力终有回报。政府制定了一系列广泛的教育和社会政策来推进这一目标，对教育和职业进行早期干预并提供多种途径。政府经济和教育政策上的成功带来了巨大的社会流动性，形成了对国家使命的共同认识，在文化上使对教育的支持成为了一种普世的价值观。

李光耀最害怕的是新加坡这个小国，会成为种族和宗教对立的牺牲品，许多国家都为此受挫。他意识到在学校里发生的事情，可能是消解这种威胁的最有效的良方之一。因此，学校成为一个大舞台，在这里国家将尽一切可能给所有学生的成功提供所需的技能和知识，不管他们的社会、经济地位如何。新加坡确保每所学校都

教育系统中的成功者与变革者
美国从国际学生评估项目中学什么？

能平等地分享最好的老师，学习困难的学生也能分配到最好的老师。他们尤其擅长培训教师诊断学生面临的挑战，并找出如何成功地应对这些挑战。在新加坡，人们坚信成就是努力的结果，这也进一步延伸到了对教师素质的重视上。新加坡的教师在看待自己的责任方面堪称典范，所有的这些政策元素综合起来产生了一个非常优秀的教育体制。

10. 引进国外认可的优秀实践

新加坡教育系统的设计很多都是来自世界其他地区的经验。关注和普遍使用国际基准，特别最近，对研究投入大量资金，使得新加坡提升了价值链和培养了永不止步的文化。这个体制意识到了世界的瞬息万变，并且有能力也愿意从外界学习、吸纳。新加坡还培养了所有人的全球视野，包括教师、校长和学生都要有"全球意识和跨文化技能"，要"面向未来"。用新加坡国立大学校长陈祝全（Tan Chorh Chuan）的话说，新加坡必须做好"在变化的世界中上升到一个新高度"的准备。

虽然新加坡的教育体系的一些具体细节是新加坡独有的，但是它辉煌的教育经验具有一定的普遍性。成功需要有一个明确的愿景，相信教育在学生和国家发展中的核心地位；稳定的政治领导和政策实践上的一致性；关注学校层面上的教师和领导进行改革的能力；高且严厉的标准和评价；民众的广泛支持；不断进取的文化和以世界一流水平的实践为基准面向未来。

新加坡在教育发展进程中的位置

从教育发展进程看，正如本报告第一章（图1.1）中的描述，新加坡是一个"典范"。从1960年开始，新加坡这个小国，就向着它的目标稳步迈进，事实就是如此，它是一个世界领先的经济体，也有最先进和最成功的教育系统。正如本章所提到的，这并非偶然。新加坡领导人从一开始就决定不能只依赖于吸引廉价劳动力的外商投资模式，而是尽可能快速而广泛地提高收入。他们深知教育和培训一定是其战略中的关键要素。通过系统地建立世界上最好的基准，并在此过程中创建世界一流的教育体系，新加坡在推行改善教育和其他领域的政策中，比世界上任何其他国家都要积极得多。

第七章 新加坡：强劲表现后的迅速提升

表7.2 新加坡：数据概览

语言	英语（官方语言）；马来语（国家语言）；中国普通话；泰米尔语[①]
人口	4 987 600[②]
人口增长率	5.3%[③]（OECD 0.68%；全球平均水平 1.19%）[④]
在外国出生的人口	中国人：74%；马来西亚人：13.4%；印度人：9.2%；其他：3.2%[⑤]
人均GDP	USD 37 293[⑥]
GDP的经济来源	电子、石油精炼、化学药品、机械工程和生物医药科学产业[⑦] 制造业：26%（2005）[⑧]
失业率	3.2%（2008）[⑨]（OECD 平均水平 6.1%）[⑩]
青年失业率	女性（15～24岁）：11.1%；男性（15～24岁）：6.9%（2007）[⑪] （OECD 平均水平 13.8%）[⑫]
教育经费	2.8% of GDP[⑬]：（OECD 平均水平 5.2%）[⑭] 15.3%的政府总支出[⑮]（OECD 平均水平 13.3%）[⑯]，其中 　21%用于小学教育 　33%用于中学教育 　34%用于高等教育 　12%的用途未知[⑰]
早期幼儿教育入学率	没有数据（地区平均水平 49%）[⑱]
小学入学率	106.2%（2007）[⑲]（地区平均水平 110%）[⑳]
中学入学率	76.4%（2007）[㉑]（地区平均水平 7.7%）[㉒]
高等教育入学率[㉓]	没有数据（地区平均水平值缺失）[㉔]

http://dx.doi.org/10.1787/888932366731.

注：[①] "Republic of Singapore Independence Act". http://statutes.agc.gov.sg/non_version/cgi-bin/cgi_getdata. pl?actno=1997-REVED-RSI&doctitle=REPUBLIC%20OF%20SINGAPORE%20INDEPENDENCE%20 ACT%0A&date=latest&method=whole.

[②] Population (Mid Year Estimates) & Land Area. 2009. Statistics Singapore, www.singstat.gov.sg/stats/keyind. html#popnarea.

[③] Annual population growth rate, 2008, http://data.worldbank.org/country.

[④] OECD (2010), OECD Factbook 2010, OECD Publishing. Annual population growth rate (data from 2007).

[⑤] http://www.singstat.gov.sg/。

[⑥] Singapore. International Monetary Fund. http://www.imf.org/external/pubs/ft/weo/2010/01/weodata/weorept.aspx?sy =2007&ey=2010&scsm=1&ssd=1&sort=country&ds=.&br=1&c=576&s=NGDPD%2CNGDPDPC%2CPPPGDP% 2CPPPPC%2CLP&grp=0&a=&pr.x=43&pr.y=11.

[⑦] Gross Domestic Product by Industry (PDF). Singapore Department of Statistics. 2007. http://www.singstat.gov. sg/stats/themes/economy/ess/essa11.pdf。

[⑧] Gross Domestic Product by Industry (PDF). Singapore Department of Statistics. 2007. http://www.singstat.gov. sg/stats/themes/economy/ess/essa11.pdf。

[⑨] http://data.worldbank.org/country。

[⑩] OECD (2010), OECD Factbook 2010, OECD Publishing. Total unemployment rates as percentage of total labour force (data from 2008).

[⑪] http://data.worldbank.org/country。

教育系统中的成功者与变革者
美国从国际学生评估项目中学什么？

⑫ OECD（2010），Employment Outlook, OECD Publishing. Unemployed as a percentage of the labour force in the age group: youth aged 15-24, data from 2008.

⑬ UNESCO-UIS（2010），UIS Statistics in Brief: Singapore, data from 2008.

⑭ OECD（2010），Education at a Glance 2010, OECD Publishing.

⑮ UNESCO-UIS（2010），UIS Statistics in Brief: Singapore, data from 2008.

⑯ OECD（2010），Education at a Glance 2010, OECD Publishing.

⑰ UNESCO-UIS（2010），UIS Statistics in Brief: Singapore, data from 2008.

⑱ UNESCO-UIS（2010），UIS Statistics in Brief: Singapore. Percentage represents gross enrolment rate for MF; 2008（regional average 49%）.

⑲ http://data.worldbank.org/country, from UNESCO-UIS。

⑳ UNESCO-UIS（2010），UIS Statistics in Brief: Singapore. Percentage represents gross enrolment rate for MF; 2008（regional average 110%）.

㉑ http://data.worldbank.org/country, UNESCO-UIS（2010）。

㉒ UNESCO-UIS（2010），UIS Statistics in Brief: Singapore. Percentage represents gross enrolment rate for MF; 2008（regional average 77%）.

㉓ 不管其所在机构如何，经合组织都按照标准国际公约使用"三级教育"把所有国际教育标准分类中的大专课程分为5B、5A和6三个等级。见OECD（2008），Tertiary Education for the Knowledge Society: Volume 1, OECD Publishing.

㉔ UNESCO-UIS（2010），UIS Statistics in Brief: Singapore, data from 2008.

受访人员

何鹏（Ho Peng），新加坡教育部教育署署长。

大卫·霍根（David Hogan），新加坡国立教育学院高级研究员。

李星港（Lee Sing Kong），新加坡国立教育学院主任。

彭·伊丽莎白（Pang Elizabeth），新加坡教育部读写发展、课程规划和开发部项目主任。

翁秀红（Wong Siew Hong），新加坡教育部学校事务部主任。

来自经济发展局、建屋发展局、人力部、新加坡国立大学、国家发展部、新加坡国立大学科学和数学学院、维多利亚高中、崇福小学、圣升明径学校（Assumption Pathway School）、工艺教育学院、国立教育学院、A*Star、吉宝公司（Keppel Offshore and Marine）和马歇尔·卡文迪什以及在2010年1月来自北卡罗莱纳州教育委员会代表团成员。

参 考 文 献

Asia Society (2007), Learning in a Global Age: Knowledge and Skills for a Flat World, Asia Society, and New York.

Asia Society and Council of Chief State School Officers (2010), International Perspectives on U.S. Policy and Practice, Asia Society, New York, available at http://asiasociety.org/files/learningwiththeworld.pdf.

Barber, M. and Mourshed, M. (2007), How the World's Best-Performing School Systems Come Out on Top, McKinsey and Company, London.

Darling-Hammond, L. (2010), The Flat World and Education, Teachers College Press, New York.

Goh, K.S. (1979), Report on the Ministry of Education 1978, Singapore National Printers, Singapore.

Ng, E.H. (2008), Speech by Dr Ng Eng Hen, minister for Education, ministry of Education website, www.moe.gov.sg.

Hong, K.T., Mei, Y.S., and J. Lim (2009), The Singapore Model Method for Learning Mathematics, Curriculum Planning and Development Division, ministry of Education, Singapore.

IMD (2007), IMD World Competitiveness Yearbook, IMD, Lausanne.

Quek, G., et al. (eds) (2007), TIMSS Encylopedia: A Guide to Mathematics and Science Education Around the World, Vol 1, TIMSS, International Association for the Evaluation of Educational Achievement, Boston College, MA.

Lee, S.K., et al.(eds) (2008), Toward a Better Future: Education and Training for Economic Development in Singapore since 1965, The World Bank, Washington, DC.

Low, E. (2010), Educating Teachers for the 21st Century: The Singapore Model, National Institute of Education, Singapore.

National University of Singapore (2009), State of the University 2009, National University of Singapore, Singapore.

Ng, P.T. (2008), "Developing forward-looking and innovative school leaders: the Singapore Leaders in Education Program", Journal of In-Service Education, 34:2, 237-255.

OECD (2010), PISA 2009 Volume I, What Students Know and Can Do: Student Performance in Reading, Mathematics and Science, OECD Publishing.

Schmidt, W. (2005), "The Role of Curriculum", American Educator 23, No. 4.

Sclafani, S. and Lim, E. (2008), Rethinking Human Capital in Education: Singapore as a Model for Human Development, Aspen Institute, Washington, DC.

Stewart, V. (2010), Dream, Design, Deliver: How Singapore Developed a High-Quality Teacher Workforce, Phi Delta Kappa International, Bloomington, IN.

Times Higher Education Supplement (2010), Rankings of World Universities 2010, available online at www.timeshighereducation.co.uk/world-university-rankings/.

Yew, L.K. (2000), From Third World to First, Harper Collins, New York.

第八章
巴西：庞大联邦体制下
令人振奋的教育经验

在巴西，从殖民地时期就开始人民受教育权利一直被忽视，这种状况持续了很长的时间，如今却发生了很大的改观。本章提到，当代巴西的公立基础教育覆盖了全国95%的人口，用于评估学校发展的教育评估体系也引入了国际评价指标；创立了学生资助方案，并实现了对各州的公平教育资助；通过对贫苦家庭有条件地发放现金，鼓励其子女接受教育，从而摆脱贫困；敦促国家和各级政府改善完全独立的特许公立学校的教育条件。十五年来，巴西的政治经济形势十分稳定，发展了一系列的基础雄厚的工业，向世界各地出口。居民日常消费的增加又为巴西的经济发展增添了新的动力。

测试数据显示，在过去的十年间，巴西在PISA组织的各项测试中，其均成绩都有提高，尽管与OECD国家的平均成绩还相去甚远。很显然，巴西不在成绩优秀的国家之列，但这些成绩的取得证明了巴西联邦政策的高瞻远瞩，并且这种政策似乎正显示出不断的进步。如今巴西教育面临的挑战在于如何尽可能提高公民的受教育水平，以增强其在国际市场、商业和工业领域的竞争力。

教育系统中的成功者与变革者
美国从国际学生评估项目中学什么?

概　要

20世纪90年代早期,巴西在经历恶性通货膨胀的同时,也遭受了许多同样困扰拉丁美洲国家的经济问题。过去的十五年,巴西的经济秩序焕然一新,井然有序,巴西正崛起成为当今世界经济实体中的重要一员。

但与此同时,巴西教育质量的落后却成为其发展的绊脚石。直到20世纪90年代,有着1.93亿居民的这个发展中国家才开始认识到,仅仅小部分人接受高质量的公立教育是远远不够的。

这一局面的形成与经济的发展密不可分。随着巴西经济地位的提高,经济的发展无法再通过劳动力的廉价来实现。尽管公司能够对员工进行基本技能的培训,但实现经济形态从简单的商品交换到原料加工增值的改变,需要提高劳动力的教育水平。

从1995年开始,巴西开始制定教育政策,着力提高学生成绩。教育投资大幅增加,在GDP中的比例由2000年的4%提高到2009年的5.2%。新政策下的教育投资不仅在数量上剧增,在使用上也比过去更趋公平。与更富财力的几个州相比,财力贫乏的州向其所辖的学校提供了更多的联邦资助。

巴西在PISA阅读测试中的平均成绩从2000年的396分提高至2009年的412分;数学平均成绩从2003年的356分上升至2009年的386分;科学平均成绩从2006年的390分增至2009年的405分(表 8.1,OECD,2010)。这些成绩恰好位于OECD 500分的平均分数线之下,因此巴西就被排除在成绩卓越的国家之列。但巴西在PISA测试中的表现已经表明,巴西实施的联邦政策高瞻远瞩,这种长远的视野似乎正在带来不断的进步。

表8.1　巴西PISA成绩(阅读、数学和科学)

	PISA 2000 平均分	PISA 2003 平均分	PISA 2006 平均分	PISA 2009 平均分
阅读	396	403	393	412
数学		356	370	386
科学			390	405

来源: OECD(2010),PISA 2009 结果报告,第1册,《学生知道什么,能做什么:阅读、数学和科学成绩》,OECD 出版。

http://dx.doi.org/10.1787/888932366750.

第八章 巴西：庞大联邦体制下令人振奋的教育经验

本章旨在探究推动巴西学校制度改革的原因。当然，并非所有州的学校制度改革都取得了显著的进步，本报告将聚焦阿克里州（Acre）、塞阿拉州（Ceará）和圣保罗州（São Paulo），回顾它们进行改革的做法。本报告介绍了巴西历史的几个方面、改革进程中必须克服的阻力以及改革所取得的成绩。

巴西教育体制简史

400年的奴隶制和专政制度

1500年，葡萄牙探险家到达巴西时，当时大约有400万当地土著居民。但令人遗憾的是，相对于占领新殖民地，葡萄牙人对从殖民地获取利润更感兴趣。新定居的葡萄牙殖民者"举目无亲"，用管理公司的方法来治理社会，很少关注普通工人的生活。定居者们招募当地人砍树，并把木材运回欧洲兴建他们的庄园。100年过去后，有一半的印第安人死去，于是殖民者就开始从几内亚、尼日利亚和安哥拉等国输入非洲黑奴进行耕作和开采黄金。

1822年巴西宣布脱离葡萄牙获得独立，奴隶几乎没有任何自由。接下来的19世纪，又有100万的奴隶被运送到巴西，直到1888年废除奴隶制才停止。巴西成为美洲最后一个废除奴隶制的国家。因此，巴西脱胎于奴隶制为基础的农业制度，在这种制度下，只需要培养占人口10%的精英即可满足治理国家的需求。

19世纪末20世纪初，500万欧洲移民从德国、日本、意大利、波兰、葡萄牙和西班牙来到巴西并在沿海地区集中定居下来。奴隶制废除后，一些大地主为了增加从事农业的劳动力，不惜把一些土地免费送给部分移民，没有分得土地的移民中有一部分成了契约佣工，在种植园做苦力。在当今的1.93亿人口中，53%的是欧洲后裔，39%的是欧洲、非洲和美洲印第安人的混血后裔，6%的是非洲后裔，0.5%的是亚洲后裔，0.5%的是印第安人后裔，剩下的1%是来自其他地区的后裔。

教育体制的开端：1930—1980年

1930年，巴西首次建立了联邦文化教育部。从此，学校交由联邦、州和市共同管理。在当时，虽然要求全国7~10岁的儿童必须接受教育（Schwartzman, 2004），但是，大多数孩子却没有入校。巴西第一所州立大学于1934年在圣保罗诞生。事实上，早在1822年巴西国内就存在法学院、医学院和工程学院，直到1937年，位于里

教育系统中的成功者与变革者
美国从国际学生评估项目中学什么？

约热内卢的一些学院联合起来组建了第一所联邦大学。这一时间落后于很多其他国家几百年。尽管能够接受高中教育的学生寥寥无几，但文化教育部依然设立了高中课程，为学生进入大学学习做准备。在以原材料加工和小商品交易为基础的经济状况下，几乎所有人都认为，大多数学生在完成几年形式单一的社会实践之后，就不必再继续接受教育。

20世纪50年代，占巴西64%的人口依然生活在乡村地区，其中一半以上是文盲。在接下来的五十年里，整个国家的人口几乎增加了三倍，许多人从乡村来到城市，但巴西整体的教育质量却未见起色。1972年，巴西扩大了强制性教育的范围，要求所有7至14岁的儿童都必须接受教育。

民主制度的建立：20世纪80年代至今

20世纪目睹了巴西独裁与民主统治的交迭。1964年至1985年的军事独裁镇压政治对话，使得许多知识分子背井离乡离开了巴西。在独裁统治的末期，工人阶层、知识分子与政治家和商人联合起来，在1988年共同创立了宪法，重新建立起拥有独立的执行委员会、立法和司法部门的民主政体。费尔南多·哈达德（Fernando Haddad）描述了现行的教育部的目标是建立一个公平公正的社会，消除贫困和地区差别，减少地区间的不平等，消除任何歧视，为所有人谋福利。新宪法规定了八年强制性教育，并赋予所有7~15岁的儿童免费接受教育的权利。宪法呼吁，要扩大地方财政自主权和学校自主权。宪法还规定了教育经费的底限，州市税收的25%以及联邦税收的18%都要用于教育。然而，各个学校每天只能进行3~4小时的授课，而且还要实行两班倒或三班倒，这一切都是为了充分利用极其有限的教育资源。

巴西经济自给自足的状态一直持续到20世纪90年代早期，这时巴西受到全球一体化的冲击。政府制定政策鼓励发展新技术，而新兴产业要求提高工人的教育水平。随着巴西对外开放贸易，竞争和教育引发的社会流动性增强，原来仅有小部分精英受到高等教育，而大众接受教育不足的状况已经不能满足时代的要求。

然而，巴西现任教育部基础教育司司长玛利亚·比拉尔（Maria Pilar）在本报告访谈中指出，20世纪90年代早期的经济问题导致巴西教育经费每年缩减110亿（BRL），因此没有足够资金来扩大大众的受教育机会。能够提供给文化程度低的人的工作也十分有限。一些失业者和没有接受过教育的人移民到日本、葡萄牙、美国和英国，去寻求更好的机会。她还说，最近许多移民别处的人又折返回来，开始给政府施压，要求巴西政府学习他国，实施素质教育。然而，这部分人员数量极少，难以对整个教育体制产生影响。

费尔南多·恩里克·卡多佐（Fernando Henrique Cardoso）于1994年当选总统，部分地由于他先前就任财政部长时制订的经济计划，抑制了通货膨胀的局面，使通货膨胀率从2000%下降至不足20%。就任总统后，他的首个行动聚焦在如何让经济发展重回正轨。卡多佐要求国有企业私有化，并拿出部分资金来推动急需的社会变革，尤其是教育改革。到1995年为止，7岁进入小学学习的儿童比例达到90%，但其中只有一半能读完八年级。因为留级和高辍学率，平均每个儿童要用12年才能完成八年级的课程。结果，到2000年为止，仍有13.6%的成人完全是文盲，有近75%的人是功能性文盲。这意味着他们不识字，看不懂文章，不会对比，不会推断和综合，不会解决数学问题，看不懂地图和图表。

巴西回归民主政权统治后面临着巨大的挑战。实行联邦制使偌大的国家改革举步维艰。全国范围内存在的留级现象意味着班级内学生的年龄跨度会高达六年。这样一来，日常教学就变得更加困难，而改良教育成果也变得更加复杂。当然，经济的发展的确需要有更高层次教育背景的劳动力，仅仅重视教育的数量而忽视提高教育质量，无法提高巴西与世界其他发达国家相抗衡的竞争力。

改革背景：贫困、教育质量低下与课程落后并存

在这种背景下，从20世纪90年代中期开始，整个巴西从国家到各州市，教育改革都被提上了重要日程。尽管国家领导者将改善教育质量放在优先发展的地位，但大多数家庭优先考虑的是如何得过且过。家长们一方面希望孩子接受更多教育，另一方面又经常想让孩子趁早就业以补贴家用。宪法规定，16岁以下的儿童不允许做童工，但实际上这种现象普遍存在。2005年，联合国教科文组织（UNESCO）报告声称，年龄在5～15岁之间的群体中，有88%的儿童在学校接受教育，没有出去务工。但是，有8.4%的儿童边读书边务工，务工时间高达平均每周19个小时。其余的或务工，或呆在家里。巴西的东北部、北部和南部童工的比例最高，主要从事农业劳动。

2004年，在一项对中学年龄段的孩子进行的调查中，当问及他们为何不去上学时，大多数的回答很简单，不想去学校（Neri and Buchmann, 2007）。巴西一位资深的政治学者西蒙·施瓦兹曼（Simon Schwartzman）解释说，学生离开学校，并非因为工作的诱惑，而是由于教育质量的低下和课程的落后。留级是其中的一个重要

问题。每年伊始，7～14岁的学龄儿童统一入校，但从第二个学期开始，学生就开始离校，因为他们发现根本没有升级的机会。国家教育研究所（INEP）的前任主席玛利亚·海伦娜·吉马良斯·德·卡斯特罗（Maria Helena Guimarães de Castro）和圣保罗州前教育厅长评论说留级是真正的问题所在。根据巴西全国家庭普查（PNAD），对巴西主要乡村和城市的调查数据显示，辍学的现象始自六年级。14岁的学生如果不能进入相应适当的年级就读，他们就开始离开学校。

即使学生上学，他们的父母由于缺乏或没有任何受教育经历，也很难了解教育质量的好坏。因此，虽然有越来越多的父母将子女送入学校，他们对教育质量的好坏却几乎没有任何要求。国际教育促进联合会的前任主席雷纳尔多·菲尔南德斯（Reynaldo Fernandes）声称，在20世纪90年代晚期，提高教育质量的最大压力来自国内的精英人物，虽然他们并没有子女在公共学校里念书。这些精英人物相信，未来国家的发展依赖受过良好教育的劳动力和公民。但美州国家对话组织教育振兴计划的杰弗里·普里尔（Jeffrey Puryear）指出，如果社会对提高教育质量有更高的要求，就会组织教育家制定教育政策，而他们容易就以此为生，更有可能拒绝改变，维持现状，而不会迫于提高学生成绩的要求努力进行变革。

改革逐渐成形

1994年卡多佐被选举为巴西总统，为巴西教育政策的真正改变创造了条件。其联邦教育部长保罗·雷纳托·索萨（Paulo Renato Souza）开展了一系列的重要改革。1996年，在教育家和其他利益相关者的共同参与下，出台了全国教育方针与基础法（LDB）。这部法案的出台明确了市、州和联邦教育体制的角色。联邦政府有责任监管教育体制，各州对本州的教育质量负责。同时，每个市有责任开办学校和一至四年级的课程（初小），国家应负责开办五至八年级的课程（高小）和高中课程（见图8.1）。因为校长都由政府任命，通常不考虑是否接受过专门的教育知识，因此全国教育方针与基础法呼吁实行学校管理的民主化，包括社区参与校长的选择。这部法律还确保了学校在资金决策、提升教师资格和灵活设置课程方面的自主权。

第八章　巴西：庞大联邦体制下令人振奋的教育经验

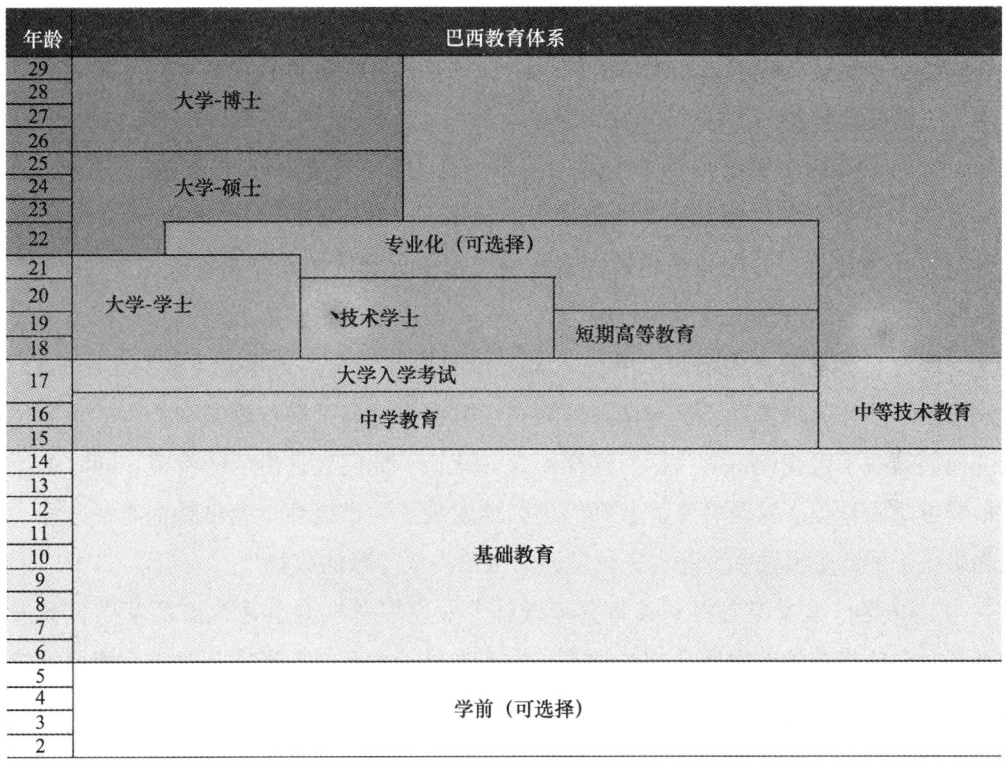

图8.1　巴西教育体系构架

增加学校资金

1996年，第14号宪法修正案成立了基础教育与教师专业发展基金会（FUNDEF）。这个重要举措一方面保证州和市获得公平的资金支持。它改变了过去大多数资金留存大城市，小部分资金留给小城市及其学校的做法。对资金匮乏的州增加联邦资助后，提高了小学阶段培养每个学生的最低成本拨款。许多政治家担心一些学校为了得到更多拨款而多招学生，因此联邦政府建立了一套数据系统来收集和监控各校的入学人数。在额外资助下，位于北部和东北部的贫困州得以开设更多的课程，走向普及的初等教育。不仅如此，联邦政府为BRL（181）提供了10亿（BRL）资助，感谢贫困州对基础教育与教师专业发展基金会所做的贡献，支持其中等学校发展。在泛美开发银行的帮助下，卡多佐政府创立了PROMED，总计8.5亿（BRL）的基金用于对支持中等教育发展的各州进行补贴。

基础教育与教师专业发展基金会改革的另一方面是提高初等教育教师的工资，要求初等教育拨款的60%应用于支付教师工资。全国教师工资平均增长了13%，但

教育系统中的成功者与变革者
美国从国际学生评估项目中学什么？

是在贫穷落后的东北部的教师工资增幅却高达60%。因此，基础教育与教师专业发展基金会在延长教师的入职准备时间、增加从教人员的数量和提高乡村地区的入学率等方面成绩显赫。

针对家长们宁愿把孩子送去做工而不愿送去学校的问题，卡多佐政府于2001年设立了一个有条件地发放助学金的方案（Bolsa Escola），对把子女送进学校读书的家长进行收入补贴和必要的健康体检。这个方案限制在年龄在7～14岁的儿童家庭，这遭到了许多人的批评，因为这个年龄段里绝大多数的儿童已经在校。事实上，施瓦兹曼的研究表明了助学金方案并没有提高学生的入学率（Schwartzman，2005）。所有人都赞同，这部法案的真正影响在于提高了最贫困家庭的生活水平，使他们摆脱了勉强糊口的生活。这样一来，就给了他们改善生活的希望，同时也让他们更愿意让孩子接受教育。教师们也因此发现了一个提高学生出勤率的好办法：如果孩子的课堂出勤率下降，家长就面临取消发放津贴的威胁。

2006年，国家议会将基础教育与教师专业发展基金会改建为巴西基础教育发展基金会，将关注的问题从初等学校和中等学校扩大至包括早期儿童教育和校外的青年和成年人教育。一些有社会公德心的集团支持的大型公共运动，和立法机构一起，使这个改建得以通过。1996年巴西基础教育与教师专业发展基金会的成立将每年用于教育的资金拨款从352亿（巴西雷亚尔）增加至507亿（巴西雷亚尔）。卢拉总统在位期间，在已增加联邦捐赠的基础上，再次提高捐献数额，从2006年的3.14亿（巴西雷亚尔）增加到2009年的45亿（巴西雷亚尔），教育捐赠总额达到550亿（巴西雷亚尔），占巴西GDP的5.2%。根据费尔南德斯（Fernandes）的说法，巴西政府对教育的支持非常坚定，以至于如果没有财政部长警告这样增长的教育资助会引起通货膨胀，立法机构还会继续增加教育投资。

2004年，卢拉政府把助学金方案与家庭津贴（Bolsa Família）方案中的若干关于健康营养的现金补贴项目合并，提高了可提供的资金资助总额。据估计，到2002年为止，有5 700万个家庭参加了该项目。如今的数字已经增长至1100万，这个项目已经帮助4 000万人口摆脱了最低收入水平。经济的增长也提高了最低工资和更高薪金水平。家庭津贴项目增加了给15～17岁儿童的奖学金项目，旨在鼓励更多儿童进入中等学校学习，提高入学率。家庭津贴和基础教育发展基金的共同实施使得中等学校教育在供需方面都成了优先的考虑。

第八章 巴西：庞大联邦体制下令人振奋的教育经验

应对教师素质问题

巴西教育中的关键问题之一是150万教师的素质问题。因为面对全体学生的自由的公共教育最近已经开始发展，但教师职业尚未经历发达国家在过去200年所经历的发展。全国各地的教师本身仅仅接受过中等教育，在其他的一些国家情况也是如此。国际教育促进联合会前任主席雷纳尔多·费尔南德斯说过，由于教师职业的低收入、低标准和低地位，吸引中产阶级和上等阶级背景的见习教师加盟教师队伍非常困难。教师工作条件包括一日两班倒，往往还是在两个不同的学校。教师严重缺乏的部分原因与交通有关，不管是在城市还是乡村，从一个学校到另一个学校都非常困难。

自从国家议会设立基础教育与教师专业发展基金会以来，随着教师工资水平的提高，教师这个职业越来越引人瞩目。尽管老师的工资少于那些有中等学校教育背景或更高学历背景的人，但收入超过了巴西工人平均工资的50%。然而，更高的薪金给政府和各市带来了双重的经济问题：教师工资的费用和养老金的费用都增加，这个数额是十分巨大的，因为男女教师工作各满30年和25年后就开始领取养老金。据2000年的推测，教师养老金在一些州的教育预算中所占比例将高达50%。

公立大学视教育为缺乏社会地位的学科，只在最无竞争力的专科学校设立该专业。大多数的教育课程都是理论，同时还给教师灌输集中的思想，让教师们确信，社会问题，而不是低劣的教学，是学生失败的主要原因。

1996年的全国教育方针与基础法（LDB）强制要求，到2006年为止，所有的教师都应拥有大学文凭。该法律提出了教师入职要求，同时免费提供职前和在职教师培训。然而，大多数在职教师的培训质量低下，只是通过电视教学或其他形式的远程教学或有联邦政府资助的私立专科院校来进行。为了获取更多的职业认可，没有学位的在职教师不得不选择获取更多的证书文凭。但是，教师通过证书文凭获得了什么样的知识和技巧却不明确。1995年到2000年期间，没有中学以上文凭的外行教师的数量减少了40%。圣保罗州教育厅长索萨声称，2010年，在圣保罗州有近一半的教师是临时教师，不能满足入职签约要求。

教师素质问题一直是个重要问题，也是政府优先考虑解决的问题之一。教育部长哈达德正尽力创立基于证书和考试的职业生涯标准，其中考试内容涵盖教学内容和教学法。候选教师必须通过考试才能获得认可成为教师。现在已入职的教师并不

教育系统中的成功者与变革者
美国从国际学生评估项目中学什么?

需要参加这种考试,但入职考试这一做法有利于未来形成优秀的教师团队。政府部门还与联邦大学合作,资助十万大学的教师职位,特别是数学和科学教师。然而由于大学里学术自由的传统,联邦政府仍旧无法对教师入职的教学法标准予以规定。国际教育促进联合会前任主席费尔南德斯期望新的考试会帮助这个项目逐步摆脱哲学和传统思想的束缚,转而关注成功课堂所需的知识和技能。国家教育研究所主席卡斯特罗相信,随着教师培训课程的改变,教师职业会得到更多的拓展空间。

创建课程标准

联邦政府从1996年开始关注课程质量的提高,建议为所有八年制初等教育、早期儿童教育、青年和成人教育设立课程参数。具体的每个年级学生应该了解什么、能做什么都留给各个州和市自己决定。联邦政府提供的新学术(普通)高中课程标准占总课程的75%,剩下的25%由地方非学术领域来决定。在高中阶段,联邦政府规范了各州的发展方向,结束了学术和技术分离的教育,因为技术项目并没有培养学生的就业能力,而仅仅成为学业成绩较差学生的大本营。相反,州级创设了面向所有学生的综合高中,为学生或成人在高中期间或毕业之后提供短期技术课程。虽然联邦政府极力建议,但最终还是要靠各州来改建目前的高中,或者根据需要来建立新的高中。

提升高中普及率

尽管1996年的教育修正案呼吁普及高中教育,但是直到2006年,十一年的强制性教育才得以实施(现在是12年,因为在一年级之前还有一年的学前班)。不幸的是,虽然许多学生名义上接受的是九年教育,但实际上只能达到八年级水平,因为不得不重复一年的内容。1996年立法之后,国家鼓励各州发展高中教育。但是估计要用9~12年才能完成8年的教育内容,这就不难解释为什么大部分人都不能坚持到最后。高中的入学率达到了70%,甚至还为15~17岁的学生提供家庭补贴。大约有30%的学生没有完成基础教育,一半没有完成三年的高中教育。在巴西有许多基金会,尤其是艾尔顿塞纳研究所(Instituto Airton Senna)和罗伯特马里尼奥基金会(Roberto Marinho Foundation),与州政府一起致力于加快中学和高中阶段教育的发展。这些项目主要针对超龄学生,确保他们在离开学校之前掌握基本的学术技能、工作技能和公民基本技能。许多州在九年级已经建立了类似的项目来强化干预,提高学生的技能,以达到高中阶段的成功要求。

第八章　巴西：庞大联邦体制下令人振奋的教育经验

关注质量

国家教育研究所（INEP）前主席雷纳尔多·费尔南德斯说，在过去二十年中有两个主要的教育运动：1988年宪法后主要关注学生入学和避免留级；21世纪的工作重在提升质量。21世纪参与的拉丁美洲学生国际比较评估和PISA测试清楚地显示，巴西学生的成绩较差。卡多佐总统在任期间的国家教育研究所的主席，卡斯特罗描述了1999年卡多佐总统决定是否参加国际数学与科学教育成就趋势调查（TIMSS）和PISA测试的过程。他认为巴西在PISA的测试结果排名中很可能会垫底，但是巴西会从参与评估中受益，它可以测试学生使用校内外所学知识的能力。作为一名精明的政治家，他明白，最终的价值是动员整个国家追求更好的教育。

卡多佐是对的，巴西在2000年PISA测试中的结果排名最后，在墨西哥之后。超过一半的学生得分在一级或更低，优秀段学生的比例不到1%。因为留级的原因，15岁的孩子有可能在五至十一年级的任何一个年级，国家教育研究所分析的15岁学生的成绩，应该是九年级结束时的成绩，这样才可以看出是否有所提高。测试还发现，九年级结束时，15岁的学生在阅读方面达到了三级或更高的学生只占25%，而韩国是76%，西班牙59%，墨西哥30%。2003年的测试结果也没有提高，在数学方面，得分在二级以上的不到30%。

最大的问题是缺乏全日制的学校。虽然每学年共有200天，但每天只有4个小时学习，许多学校还要两班或三班倒。教师确实没有足够的时间去教一个年龄差距大、异质化程度高的学生群体，也没有时间关注个别学生，而这正是许多学生需要的，尤其是有留了一两级背景的学生。基础教育发展基金为每个全日制学生增加了25%的基金，但是不能用于支付扩大教学基础设施和聘任其他教师。有些州试着发展全日制学校，但正如哈达德部长所讲的，在全国范围内发展全日制学校不得不说是下一个十年计划的重点。对基础设施和人力资源开发进行投资现在尚不可行。

设立问责制度和教育目标

1996年改革中最重要的一点，就是把国家教育研究所变成了一个独立的统计组织，来负责全国教育的评估。创建了全国质量保障计划，使结果得以透明，让地方、州和国家的教育工作者，以及家长、社区成员和商业团体都了解教育成绩。修改了早期的评估系统，设立基础教育评价体系（SAEB）来对四、八和十一年级进行

教育系统中的成功者与变革者
美国从国际学生评估项目中学什么？

评估，还在十一年级设立了全国中等教育考试（ENEM）来帮助学生确定选择进一步深造还是就业。

基础教育评价体系（SAEB）也一直在变，原来是对一组学生代表进行抽样调查，现在是进行一种称作"证明巴西"的普测，要求所有的城市公立学校四年级和八年级同学参加。只有十一年级的学生参加抽样，所以只有十一年级的总成绩可以向州、区和国家各级报告。在每个学校都要使用升级率来避免通过学生留级或者辍学来提高平均成绩。基础教育评价体系（SAEB）确保学校、市和州能够得到相关数据，以了解他们的学生在联邦政府设立的葡萄牙语和数学课程标准中的表现如何。在一些州，如圣保罗州，教师接受相应的培训之后就可以用考试结果来分析班级、年级以及学校成绩，从而开发提高教学和学习效果的策略。

2005年，教育部长哈达德发起一场全国性运动，召开全国和地方会议，动员教育工作者、州长和市级官员来关注学生成绩的提高。哈达德部长在他的教育发展计划中增加了教育经费，规定了教师基本工资、建立学校管理准则、落实评价体系以提供个别学校成绩水平的相关信息。强制入学要求扩展到了九年级，但是更重要的是，所有的市都签署了一个由国家教育研究所（INEP）创建和管理的教育指标。基础教育发展指标（专栏8.1）跟踪公立学校四年级和八年级的参与"证明巴西"项目的学校的成绩，私立学校四、八和十一年级，以及公立学校十一年级的基础教育评价体系（SAEB）成绩，以及每所学校每个年级的升级率。每个学校的领导了解自己的目标，然后与教师、社区以及市级监管人员讨论提升的策略。只有当他们形成了自身发展的策略后，才能有效使用附加资源来实现其目标。

专栏8.1

基础教育发展指标：问责制度的关键举措

巴西的教育工作者认为，把2005年设立的基础教育发展指标看成提高教育问责的一项关键举措，可以有力地推动全国学校进一步提升。1999年，在技术的支持下，基于样本的学生评估体系（SAEB）建立起来。在此基础上，联邦政府实施了基础教育发展指标，对四年级和八年级学生葡萄牙语和数学成绩进行全国普测评估。这些学习结果是十一年级评估数据和巴西20万所学校学生的流动数据（升级、留级和毕业率）的结合。每所学校指标分数范围都是从1到10，这与PISA成绩也相一致。使用成绩和升级率这两种因素可以确保学校避免学生留级或辍学。目的就是在2021年,在巴西独立200周年前,达到PISA测试的平均成绩。

实施基础教育发展指标,为全国每所小学单独设定目标,从2005年开始,创立学校发展记录,理论上要求学校在2021年达到PISA测试的平均成绩。中学阶段的基础教育发展指标只在州一级汇总,因为十一年级的评估是抽样进行的。教育工作者都能接受这个系统,因为他们认为,与每年为学校随意设置一个目标相比,对比一个学校的现状和历史,更为公平。和其他许多国家不一样,巴西在公立和私立学校里都有基础教育评价体系——证明巴西测试和基础教育发展指标的目标。小学阶段(一至四年级)的全国成绩在2005至2009年间已经从3.8提高到4.6,超过了4.2的目标;中学阶段(五至八年级)从3.5提高到4.0,超过了3.7的目标;高中阶段(九至十一年级)从3.4提高到3.6,超过了3.5的目标。更多关于基础教育发展指标的信息见国家教育研究所。

根据国家教育研究所主席若阿金·何塞·苏亚雷斯·内托(Joaquim José Soares Neto)的说法,真正加速巴西学校发展的催化剂是通过基础教育发展指标为每所学校设定目标。通过使用基础教育发展指标,联邦政府可以在每一所学校原来成绩基础上制定两年目标规划,其依据是从2005年开始到2021年结束时期望达到的经合组织PISA测试的平均成绩(专栏8.1),这个目标要综合考量升级率和基础教育评价体系中葡萄牙语和数学平均成绩,得分范围是从1到10。这也是每一所学校的责任,要与市级合作,受州级监管,形成一个战略改进计划来提升发展速度,来迎接学校目前所面临的挑战。

基础教育发展指标的成绩在学校、市、州和全国范围内都公开,所以,家长、社区成员都能了解他们学校的情况。通过对比每所学校的既定目标与实际表现,就可以看出哪些学校出色完成了目标,这就为学校发展增加了公共压力。教育部基础教育司司长玛利亚·比拉尔(Maria Pilar)讲述了访问里约热内卢一个困难学校的情况,看到1 000名家长和社区成员正在庆祝基础教育发展指标的公布。对于取得巨大进步的学校,给予更大的自主权,然而持续表现不佳的学校,会受到额外的照顾和援助。2008年,教育部优先考虑对1 827所市级最薄弱学校提供资源和技术援助。

教育部执行秘书何塞·恩克里·派姆(Jose Henrique Paim)解释说,基础教育发展指标的使用改变了教育部和市、州之间的关系。州一级必须诊断薄弱学校的问

教育系统中的成功者与变革者
美国从国际学生评估项目中学什么？

题所在，形成发展计划提交给教育部，该计划要总结市级学校发展的需要，并确定需要从教育部得到的技术和财政支持。多数情况下，技术的援助重点关注学校管理和教师培训。

根据教育部的要求和需要提供额外资源的申请，联邦大学要展开对市级薄弱学校的评估，评估个别学校的需要和提供相应的教师培训和技术援助。教育部还通过提供设备、材料、交通服务和技术来援助农村地区的学校，通过开放大学的形式来对教师进行培训。虽然开放大学的课程对于没有接受过高等教育的人是开放的，但是小学教师有优先权。

农村学校的学生约占全国学生的15%。只有一两个班级的农村学校，即那些所有年级加起来不多于30人的学校，目前还没有参与测试和问责。然而，根据派姆的说法，有一些学生参加了2009年的测试，这帮助联邦政府对一些最小的农村学校的教学质量有所了解。

派姆认为，基础教育发展指标使教育部第一次对全国教育情况有了一个宏观的了解，可以从中找到薄弱之处，从而提供技术和资金援助。教育部可以跟踪每个州的进步情况，进而认定最佳实践模式，以供其他各州分享。如同在美国，各州是教育政策和实践的实验基地。各州的教育厅厅长与教育部部长每月都要召开例会，在论坛上讨论普遍性的问题和创新性的解决办法。问责的范围扩大到了各州的教育厅厅长，当他们管辖州的基础教育发展指标、基础教育评价体系和"证明巴西"的结果没有得到提升时，他们会被联邦教育部长约谈。

基础教育发展指标的公共性质激励各州使用有效策略，提高学生成绩。而且，也让家长明白教育哪些方面在进步，哪些方面没有进步。因为巴西的公立学校别无选择，薄弱学校的家长们可以向学校施压以促其发展。

如果基础教育发展指标显示成绩较低，又没有公立学校可供选择，大部上层和精英家庭的家长愿意选择私立学校。在巴西，有12%的学生在私立学校学习，其中高中阶段最多，因为要准备参加大学入学考试。在人均收入最高的联邦行政区，富裕地方的私立高中比例还要高，比如在巴西利亚（巴西首都）占到20%。

为了满足需求，私立大学继续发展，现在占到高等教育机构的90%，占高等教育招生比例的75%。虽然还在扩张，但是只有15%的学生能够进入大学学习；因为基础和中等教育阶段准备不足，只有10%的可以毕业。这就是它难以激励高中生努力奋斗的另一原因。

第八章 巴西：庞大联邦体制下令人振奋的教育经验

产业化视角下的巴西教育

在如今的巴西经济中，最具有创新性和国际竞争力的公司主要集中在航空、石油化工、天然气、采矿、钢铁、造纸、酿酒和肉制品等行业。他们的劳动力，平均接受九年教育（包括在职教育）。那些不出口产品、不懂创新的企业竞争力不强，劳动力平均受教育时间少于7年。在制药行业，根据巴西克里斯塔利亚药业集团董事长奥格里·帕切科（Ogari Pacheco）的说法，生产线上的工人在接受公司的培训之后就可以参加工作。然而，他们的挑战是如何拥有那些能够创造目前从中国和印度进口的化合物产品的科学家。

安博威公司（巴西航空工业公司）是喷气式飞机制造商，1999至2001年间是巴西最大的出口商，2002至2004年间是第二大出口商。2009年，其员工达1.6万人，其中95%是巴西人。安博威公司人力资源部的尤尼斯·里奥斯（Eunice Rios）对刚进入公司的毕业生比较乐观：

新聘任员工的背景更为宽广和坚实、受过先进的技术训练、具有更宏观的全球视野。他们能顺应世界潮流，展示出对工作、对职业生涯的更大热情，还表现出了更远大的志向、旺盛的精力和实现目标的决心。（本报告专访）

巴西航空工业公司设立了内部各级员工培训项目。对于工科毕业生来说，要接受18个月的专业培训才能成为初级航空工程师。从2001年开始，共有1.1万人完成了培训。当被问及大学培养的毕业生是否能够引领创新时，她表示尽管这已经被大学提上日程，但在这个领域尚需提高。最后，里奥斯指出，在全球竞争中，教育与发展对巴西的未来至关重要，目前的现状还不能满足国家发展的需要。

各州教育改革案例

在过去的五年中，阿克里州、塞阿拉州和圣保罗州的基础教育发展指标（IDEB）取得明显进步，这一进步取决于他们是在联邦政策的基础上制定的本州政策和服务。虽然基础教育与教师专业发展基金会（FUNDEF）的基金，尤其是基础教育发展基金（FUNDEB），已经提供了他们所要的资源，但是每个州都意识到，如果要提高学生成绩，必须建立以学校为基础的教学系统、教师培训和问责制度。

三个州秘书处主要职位上的领导人办事效率都非常高。有些时候，他们会根据政治上的要求，维持以前的状况。三个州的教育政策和领导都已持续稳定多年，如

教育系统中的成功者与变革者
美国从国际学生评估项目中学什么?

阿克里州11年、塞阿拉州16年、圣保罗州8年,它们都从中受益匪浅。并非所有的州都有专业化的教育系统,许多州还是在任免的基础上选择教育官员,而市和州级的学校就任其自便,因为各州有权设立自己认为合适的教育系统,而联邦政府无权干涉。联邦政府可以为基础教育发展指标成绩较低的市提供帮助,但是无法再派设高效的州立秘书处。

阿克里州

阿克里州是巴西最小的州之一,位于亚马逊森林的西北偏远一角,共有69万人,两个城市(里奥布朗库和南克鲁塞罗)人口占据总人口的一半以上。剩下的都住在小城市和偏远地区。20世纪早期,巴西东北部的居民逃避干旱移居在阿克里州(原玻利维亚的一部分,1903年,通过外交手段划归巴西)。它早期的发展是因为固特异公司发现可以用橡胶制作轮胎,直到今天,这还是它的主要商业领域之一。由于其他国家的竞争,橡胶需求减少,发展渐渐放慢。1962年,阿克里成为巴西的一个州,在过去的48年里,阿克里一直致力于可持续发展项目,以及作为主要资产之一的亚马逊森林的升值来建设自身的经济。

1999年以来,一直在秘书处工作的阿克里州教育部长,玛丽亚·科雷亚·达·席尔瓦(Maria Correa da Silva)说,她作为基础教育主任加入政府之后,就把教育作为优先发展的事业。1999年,阿克里州在全国教育排名中倒数第一位,没有学校改善计划,校舍简陋,22个市中只有14个设有高中教育,只有27%的教师有大学学历。

教育工作小组从提升教师质量开始:和教师共同协作,设计职业计划,教师起始工资提高到每月1200雷亚尔(680美元),这比全国最低起始工资高出26%。在阿克里联邦大学开发了一个教师教育项目,首先对农村,然后对小城市和城镇教师进行培训。基础教育与教师专业发展基金会(FUNDEF)的基金用于提高没有高等教育背景的教师教育水平,关注基础设施建设。他们没有资金来新建或重建所有的学校,但是他们确定了城市、农村的学校建筑和土著地区学校建筑以及设备的标准,这样就可以进行估计和工作预算。最终,他们保证所有市里的所有学生都有机会接受高中教育、青年和成人教育。2000年阿克里州的文盲率还是25%,现在已经降至不足14%。

2004年,该小组重组了更加适合学校的秘书处,按功能分为三个部分:教和学、资源及管理。州政府按每个学生提供预算,并要求学校提供基金分配计划。负责一至五年级的一些市也同时下放基金,但是该州只能对其所管辖下的学校,比如高中六至九年级,发号施令。该州与里约布兰库市一起致力于教师教育,由非政府机构为他们的学校教师提供培训。因为阿克里州一半的学生都在里约布兰库,所以整改难度较大。随着教师培训的进行,该州开始关注课堂教学的质量。扩大稍大一点学校的教师队伍,增加管理和教学协调人员,这样校长就可以领导学校的教学队伍,和教师一起开发一至五年级的课程"适时学习",关注一、二年级学生读写能力的发展。新课程的目标之一就是给学生打下坚实的基础,减少留级现象。这个课程成为教师培训的一部分,督导人员也通过此课程对教师进行检测。因为秘书处一开始就和教师一起工作,所以很少受到抵触。外部评价结果显示,学生学到了更多的东西,这样就为改革提供了最有力的证据。

高中阶段五至八年级的学生有多种留级现象,背景极其复杂。为了促进他们的学习,阿克里州与罗伯特·马里奥基金(Roberto Marinho Foundation)在两个特殊项目上进行了合作。PORANGA项目提供的课程和教学材料关注基本技能、工作技能和公民技能。此外,还编制了《阿克里州文化读本》,使用本州居民的史志、诗歌、图片等,让学生了解自己的文化。对于偏远农村地区的学生,他们开发了从幼儿到高中的教材《森林人的翅膀》(the Wings of the Forestinzenship)。阿克里州的基础教育发展指标从2005年的3.4提高到了2009年的4.3(四年级);从2005年的3.5提高到2009年的4.1(八年级);从2005年的3.2提高到2009年的3.5(十一年级)。教育部长把成绩都归功于1999年以来政策上的连续性,与市级的密切配合,一直关注班级、教师和课程。

塞阿拉州

塞阿拉州在巴西虽然面积排第17位,人口(800万)上却是巴西第八大州,位于东北部海岸,经济不发达。塞阿拉州的经济发展靠的是养牛业,这也为农业生产提供可以耕地的动物,北部海滩生产食盐。到了20世纪80年代,新的投资使得塞阿拉州把350英里长的海滩、沙丘以及高山峡谷开发成巴西主要的生态旅游胜地之一。今天有超过3/4的人口生活在城市里,工业人口占35%;包括旅游业在内的服务业的比例大于55%。还生产皮革制品,出口到世界各地。经济虽然还在发展,但塞阿拉州的资源却难以为继。

至于教育方面,塞阿拉州曾经是全国表现最差的州之一。虽然它在过去的16年里一直在努力追求一种统一构想,即需要做些什么。但是直到2005年通过基础教育发展基金(FUNDEB)获得联邦基金后才实现它的目标。在2005年之前,共有七

教育系统中的成功者与变革者
美国从国际学生评估项目中学什么?

个州没能够向每个学生提供联邦规定的最低基金,塞阿拉州是其中之一,因为它没有足够的资金。1994至2002年间的教育厅长在2003年成了州长,他又任命他原来的副手玛丽亚·伊佐利达·切拉·德·阿鲁达·科埃略(Maria Izolda Cela de Arruda Coelho)为教育厅长。她引进了评估、问责、课程以及专业发展方面的专业知识。她说,塞阿拉州是1993年率先与教育部合作开发学生评估系统的州之一,但是没有整合到管理改革之中,影响不大。2005年以来,她一直用联邦的测试结果来指导管理改革,为学校设置改进目标,并提供所需的支援服务。

为了支持学校工作,科埃略制定了5个轴心工作,与联邦大学的评估和教育发展中心合作,她预备和认证了100名专业人员,与教师和校长一起努力整改。科埃略意识到一年级开始时的留级现象,所以她和市里一道设立"适龄学习"方案,来确保一至二年级的学生能得到读写和计算能力方面的教育。所有的市都与教师签署协定,使用课程、教案和促进这些年级有效教学的评价。塞阿拉州聘用一家评估机构测试该州所有二年级的阅读水平,从2007年的基准测试开始,每年都进行测试。此外,一年级的教师要接受与二年级评价相一致的形成性评价的指导。该州还设立了构建幼儿中心的配套基金项目,对于市建的每一个中心,该州要再建一个;对于较穷的市,这种配套需求要低得多。

在此经验的基础上,该州与下属各市进行合作,扩展课程范围,增强培训力度。具体包括:采取一些激励措施增加教师工资;基于个人能力而非政治任免权公平地选择校长;支持更有效的学校团体,包括小学校里的多年龄段班级教学。科埃略强调,这种伙伴关系并没有干涉市级学校对一至四年级的自主管理权。

科埃略说,塞阿拉州高中学校过去的成绩一直不好,曾经一度更糟,九年级的学生不会用葡萄牙语阅读和翻译课文,所以科埃略开始采取措施培训九年级各科教师,关注他们的阅读理解和词汇方面的发展。有的老师认为学生在升入九年级之前必须具备这些技能,他们也意识到没有这些技能,他们可能不会取得什么进步。对于薄弱学校,科埃略会聘用新的校长,并把这所学校过去表现的档案袋给他们,新的校长就会与学校教学小组一起制订一个计划,然后提交部长批准。秘书处的监管人员每两个月都要审查一下该计划的进展情况。

科埃略采取了一项"学习第一"的举措,去解决高中一年级高辍学率和高复读率问题。为了缩小具有不同背景知识学生间的差距和提高阅读和计算能力,秘书处和联邦大学的教授们一起,开发了跨学科的课程,这些资源可以帮助学生打造阅读理解、抽象思维和解决问题方面的基本技能。塞阿拉州的所有高中都在教育部的资助下，接受教师指导和不同学科的学生学习单元。

了解到在很多高中里，教师和学生的工作学习环境都有问题，科埃略使用基金关注基础设施建设，包括原来不可使用的实验室和运动场地。她还结束了在职教师的集中培训，支持学校自身的教师培训模式，这样能更有效满足个别学校的需求。

虽然高中仍然实行双轨制，2008年以来科埃略已经在塞阿拉州建立了59个全日制（7:30—17:00）职业学校。学术（普通）类和职业类学校都使用综合课程，学生可以选择自己的职业领域。为了保证高中年龄段学生的在校率，她还计划再建设52个这样的学校。作为一种激励方式，达到一定成绩的学生还予以奖励电脑。科埃略认为这是弥补贫困学生技术空白以及保持他们学习动机的一种方法。今年这种首届毕业生将会进行为期6个月的工业实习，最低工资的一半是政府提供的，这也给雇主们一个机会，他们可以低价增加员工，为将来的全职员工提供在职培训。实习结束时，学生可以选择全职工作，如果愿意也可以继续接受高等教育。

为了鼓励提高成绩，科埃略设立了一个刺激计划，基础教育发展指标（IDEB）成绩最高的前150所学校会受到奖励，会得到额外的基金，这些基金可以在秘书处的规定下随意使用，学校只要提交一份如何使用这些基金的计划。此外，要想得到这份奖励基金的最后1/3，这些学校还必须与薄弱学校结成帮扶对子。对于成绩最差的150所学校，她还设立了一个援助计划，薄弱学校会从该州得到额外的培训：技术援助和教学资源。

在过去的10年里，许多变革都需要立法核准，但是由于州长的坚定支持，也没有遇到麻烦。科埃略说，教师工会原来在州一级并不活跃，在市级也没有引起重视，质量问题原来也不是讨论的中心，但是教育改善措施改变了这一切。2008年，她扩大评估范围，覆盖所有年级、所有学生，2009年，州和全国两级结果已证明有所提升。然而，科埃略认为，按照巴西和塞阿拉州的资源，他们取得的结果应该比现在还好。他们的问题仍然是与管理程序和问责制度相关。塞阿拉州的基础教育发展指标（IDEB）从2005年的3.2提高到2009年的4.4（四年级）；从2005年的3.2提高到2009年的3.9（八年级）；从2005年的3.3提高到2009年的3.6（十一年级）。事实上，塞阿拉州在全国比较中已经超过了许多州，从最差的几个州中摆脱出来，在巴西的27个州中，上升到第14位。

圣保罗州

圣保罗州是巴西最有名和最富裕的州，原来以生产和出口咖啡为主，现在已经

教育系统中的成功者与变革者
美国从国际学生评估项目中学什么？

是一个现代化、工业化的地区金融枢纽。圣保罗州的首府是圣保罗市，市中心居民1 100万，大都市区人口2 000万，是南美洲最大的城市。该州一半的人口都居住在首府圣保罗市。

在教育方面，圣保罗州在过去十年中一直保持稳定发展。过去的三任教育厅长要么是教育部长内阁成员，要么是保罗·雷纳托·索萨（Paulo Renato Souza）内阁成员，2009年以来是索萨本人。索萨厅长是经过培训成长起来的经济学家，在1984—1986年间曾任厅长，现任州长何塞拉（José Serra）要其返回，完成任期。他说，尽管办公室和家具都还是老样子，但是机会大大增多，因为公众需要更优质的教育，以及他任教育厅长时联邦政府的举措。他和两位前任厅长都有相同的看法，他们在圣保罗州教育厅工作的八年间，圣保罗州教育的发展是虚假的。他们没有完全清楚他们的前任的作为，而是每个人都把成就建立在对方之上。

2003年第一项任务就是为所有学生提供入学机会。因为九年级之前的教育是强制性的，15～17岁的教育都有家庭补助，所以高中入学需求就急剧增多，但是没有足够的学校容纳他们。许多学生在学校建成之前，不得不利用晚上在小学校园里上课，这就成了第三类的学校。在过去的15年里，圣保罗成为了为数不多的、创立足够多数量的学校，以供有兴趣的高中生使用的州之一。

第二项优先权是进一步采纳基础教育发展指标（IDEB）的概念，设立圣保罗州的评估和指标体系，在PISA和国家标准基础上，为每所学校每两年设置一次目标。虽然国家目标是在2021年前达到PISA测试的平均水平，但是圣保罗州的目标更为严格，因为他们根据四类学生所占的百分比来评价学校成绩，这四类分别是基本以下、基本、充分和高级。这可以向家长和公众提供更好的信息去了解学校的教育质量，但是这也给地区和州提供了更好的信息，即他们的学校要在哪方面提高。如果平均成绩尚可，但是达不到基础水平的学生也较多，那么该州便要考虑如何对这个学校进行技术援助。

2007年，玛丽亚·海伦娜·吉马良斯·德·卡斯特罗（Maria Helena Guimarães de Castro）成为教育厅长，在原有基础上进行一系列改革。在卡多佐（Cardoso）总统任职期间，她是国家教育研究所（INEP）主席，州长塞拉非常关注教育质量，尤其是每所学校都设立自己的课程而不评估对学生成绩的影响，这很难使成功的教育经验在学校之间推广。德·卡斯特罗的行为理论部分是基于教学管理体系，它可以使其他的国家提升教育系统：课程标准、统一的教学材料、体系下的教师培训，以及能够测出学生进步与否的基于课程的评价。此外，德·卡斯特罗通过咨询美国的有效学校研究发现，学校是提升的单元，而且有效学校的校长必须是一个教学领导者。

德·卡斯特罗与教师和大学教授一起合作，在学生评估的基础上，为每个年级开发了一个定义清晰的普通课程；教师在有效实施中接受培训。她招聘了1.2万个教学副校长，使每个学校都有一个专家帮教师们改善教学实践。她还修改了圣保罗州教育成就评价体系（SARESP）来反映课程要求，所以教师们能够了解课程的重点，让学生为考试做好准备。通过圣保罗州评价和指标体系，她把学生成绩的数据告知学校，使教师们能够看到他们所付出的努力影响如何，找到需要提高的薄弱环节。其中重要的一点就是培训他们，使他们学会分析这些数据。

德·卡斯特罗还关注学校管理。她知道学校必须有良好的管理，这需要校长的选拔要基于专业知识而不是政治任命。此外，为了让家长和公众知情（这样他们才能有见地地参与孩子的教育），学校每两个月都要出台学生学习情况报告。

最后，由于认为教师需要对学校成绩负责，德·卡斯特罗设立了全校性的激励制度，对每一个实现提升目标的人予以奖励。学校成绩越好，给予越大的自主权。对于没有实现目标的学校，他们提供额外的技术帮助、设施资源和教师专业发展。2007年，她为认定的1 000所最差学校提供技术援助、设定教师发展目标和额外的学习资源。一年后，最差学校中的95%实现了目标，两年后98%的学校实现了目标。

课程项目不是没有受到批评。课程并不是简单说明教什么和学什么，每个学校都给予教学资源：给教师提供包括具体策略、明确的课程单元的教师手册；每周为教师教案提供笔记本、学生活动笔记本。虽然推荐老师使用这些材料，但是并不强制。至于四年级、八年级和十一年级学生结束时学生应该学到什么，还需要制定相应的课程标准。这些是学生葡萄牙语、地理、历史、数学和科学方面教育成就评价体系（SARESP）评估的基础。德·卡斯特罗说，圣保罗州教育教师工会对此表示反对，但是大多数教师员工、社会团体对此方案表示支持。圣保罗州教育工会主席，玛丽亚·伊莎贝尔·阿泽维多迪·诺罗尼亚（Maria Izabel Azevedo Noronha）在接受本报告访谈时反驳说，课程计划无论在教什么和如何教方面都太具体，这就消解了教师教学策略上的自主性，降低了教师作为专业人员的价值。这是系统内部经典的讨论，其中管理人员认为有些力量较弱的教师需要结构性援助以规范其教学，然而，工会认为这是在照本宣科，"防范教师"的材料降低了教师的价值，甚至使得教学失去了吸引力。的确，有效的教师可能不需要也不想要这样的材料，但是圣保罗州有40%的教师持有的还是临时资格证。

德·卡斯特罗与工会争论的第二点是教师的缺勤率问题。她非常关注的是无论

教育系统中的成功者与变革者
美国从国际学生评估项目中学什么?

在哪一天，23万名教师中都有1.2万人旷课。每个教师每年200天中可以旷课40天，不需要事先允许或病假。虽然受到工会的反对，德·卡斯特罗还是让立法机关把没有病假的缺勤天数降到了每年6天。

她提升了教师培训质量、升级了教师资格要求、提高了教师工资标准，设立全校范围内的激励措施，对实现既定提升目标的学校予以奖励。每个人都可以分享到这份奖金，相当于其1至3个月的工资不等。至于联邦制度，她为每个学校设立单独的目标，要与本校的过去进行纵向对比，而不是与其他学校横向对比。然而，工会认为在这种目标下，教师会因为本身的不可控制因素而受到惩罚。德·卡斯特罗不同意这种观点，她认为薄弱学校只有受到大力支持和干预才能进步。

德·卡斯特罗和索萨以及工会主席诺罗尼亚女士都认为教师的整体素质太低，他们的分歧在于如何解决这一问题。诺罗尼亚指出，圣保罗州有40%的临时代课教师，他们没有终身合同。最近，为了提高教师素质，该部要求他们进行学科和教学方面的考试，有5.6万人通过，但是由于预算方面的限制，只有1万个职位。如果目前10万个临时教师职位可以让这5.6万人中的成绩优秀者来顶替的话，诺罗尼亚认为圣保罗州的教学质量将会大大提升。

索萨也一直关注教师质量。他觉得起始工资每月1 830雷亚尔（约1 000美元）和从教32年之后的最高工资3 270雷亚尔之间的差别太小，这样就不能吸引教师和维持教师队伍的稳定。因此，他促使立法机构通过了《教师职业法》，这部法规制定了合乎逻辑的职业发展途径。要想晋级，教师必须在学科和教学评估中达到一定的等级，以及要高于平均出勤率、在某个学校必须至少工作3年。共分5个等级，每升一个等级，工资增加25%，升至最高级时工资就增加了一倍。该方案允许教师每年申请晋级，但是每一个教师每三年内只有一次晋升机会。晋级对考试成绩的要求为，晋升第二级要位于总成绩的40%，而晋升第五级要位居总成绩的10%。这主要是鼓励教师提高他们的学科知识和技能，以及他们的教学策略。

当问到工会作用的时候，索萨说他们是圣保罗州的一支政治力量。他解释说，自己经常和工会一起讨论问题，但是当他向工会提交教师职业计划时，工会拒绝了他。工会主席诺罗尼亚解释说，通过晋升门槛的教师人数有上限，每年最多不超过4.4万人（占整个师资力量的20%），这就拒绝了其他称职教师的晋升机会。索萨除了逐步提高教师工资之外，确实没有其他选择。

结果是圣保罗州基础教育发展指标（IDEB）：从2005年的4.7提高到2009年的5.5（四年级）；从2005年的4.2提高到2009年的4.5（八年级）；从2005年的3.6提高

到2009年的3.9（十一年级），这种显著进步使得圣保罗州遥遥领先于其他的州。

巴西的经验

1. 对教育和儿童做出的承诺

联邦政府和几个州政府已经开始了探索高质量的教育。在过去两届总统的任期内，大众普遍认为增加了教育投入，资金贫乏的州也因此得以进展迅速。然而，教育质量低下成为经济发展的瓶颈。哈达德部长认识到了教育和经济发展之间的关系，正在努力调整教育政策，计划提高劳动者的受教育水平。教育部长希望在未来的10年里对教育的投资能增加到GDP的7%，主要用于扩大全日制的学校教育。

2. 在文化上支持成绩的全面提升

原以为没有必要对土著居民和输入的奴隶进行教育，而现在，巴西在这方面已经取得了不少进步。总统卡罗佐和卢拉都关注所有人的教育，但无论是公立学校还是私立学校，学生的水平都比较低，这表明要想取得很高成绩还是个问题。很明显，必须由上而下提高对教育的支持。卡罗佐和卢拉都提供这种支持。然而，一个国家必须提防给它的国民制造混乱的思想。卢拉本人只读到四年级，他自己就是一个鲜活的例子，即对下等民众来说，一切皆有可能。另外，这也说明对于成功来说，教育并不总是必要条件。他还提醒受过良好教育的精英们，他有能力成为总统，就连管理国家时也没有用到高水平的教育。然而，卢拉是全民教育的先锋，在任总统期间，联邦政府对基础教育发展基金（FUNDEB）的贡献大大增加。他的目标是使每个孩子获得大专以上学历或者职业技术证书。他明白高等教育是巴西发展的关键，但是挑战是巨大的，因为高中毕业生在同龄人中所占的比例只是30%多一点。

3. 基准化

巴西的教育改革，向我们展示了在教育比较薄弱的国家，如何用国内和国际基准建立相应的工具提升教育系统。以美国教育进展评估（NAEP）和PISA为模板，巴西创建了一个国际基准系统，即基础教育发展指标（IDEB），它为每个学校设置了目标而且监测目标的实现情况。巴西重视师资质量、问责制度和学校管理，这与成绩优异国家的最佳实践相一致，也为其他准备在这方面起步的国家做出了典范。

在阿克里州和圣保罗州，教育厅长对全面教学系统的发展予以高度评价。该系统采用联邦标准，扩大到课程、教学材料、教师培训和评价。因为目前水平较低，所以标准、课程和评估都要依据学生的起点，尽力往更高的认知层次发展。其他国家的各州和省可以使用这种策略作为模型，把联邦一级的课程框架转化成教师所需，来改变他们的实践和实施相应的教学系统。

4. 体制的连贯性和一致性

在一个联邦体制下实现连贯的体制非常困难，尤其是一国诸州具有不同的经济社会状况。但是，巴西的经验可以为联邦国家借鉴：

（1）制定相应政策形成系统的教育方法，给各个州提供基金来鼓励它们实施相似的政策；

（2）为每所学校建立类似于IDEB的综合指数；

（3）公布成绩，展现每周、每所学校的成绩水平，给没有起色的州和学校施加公共压力；

（4）认定和公布一些州已经使用的可行措施，作为可能的提升策略与诸州的领导人分享；

（5）召开成绩较差的州的教育部长会议，要求他们制定改进计划。

5. 教师和校长素质

从巴西学到的最重要的经验就是，改善教育时，重视师资力量和教师素质。改革之前，教师教育的标准和教师准入门槛都比较低，教师教育机构重视教育理念而不是成为优秀教师所需的知识和技能，在职教育的基础设施非常落后。不解决这些问题，一个国家的学生成绩就不可能有迅速提升。最近，教育部长和圣保罗州的秘书处做了诸多努力，为从何处开始提升师资力量树立了典范。教育部长提议为新教师设立评价系统，即建立职业准入标准。哈达德部长希望职前教师考试可以作为影响大学教师教育项目的策略。此外，1996年的全国教育方针与基础法要求各州和市要设立教师职业路径。有的州设立的职业路径把工资和专业知识相连，有的发展奖励计划。圣保罗州的新职业路径体系包括考试。

各州用自己不同的策略来解决师资问题。有的与联邦大学和非政府组织一起进行在职教师培训。塞阿拉州和圣保罗州组织专家在课堂上用它们州的教材对教师进行指导，来帮他们改善教学实践。阿克里州通过提高教师工资来与其他的州竞争师资力量，已经吸引了许多教师来该州从教，达·席尔瓦（da Silva）部长认为，阿克里州已经开始提升教师绩效。

6. 问责体系

巴西为联邦体制下如何建立问责制度树立了榜样，它已经在学校、市和州级建立了问责制度。教育部已经使用公开声明、计划文件、公关措施等在基础教育发展指标结果中形成公共利益，作为提升当地学校教育质量的措施，工商业界都对此表示支持，当地社区希望他们的学校能在排名中取得很好的成绩。

7. 教学实践

巴西教学实践调查表明，主要的教学模式仍然是教师在前面讲，所有的学生同时从事同一种活动，许多国家都是使用这种策略来使学生达到基本的读写水平。然而，考虑到不同年级学生的能力和年龄分布不同，这不可能是推荐给别人的最佳策略。在所有的成绩较差国家，第一个挑战是提升教师的学科和基本教学知识。巴西各州的举措表明，改进教学的实践可以也正在解决：

（1）阿克里州关注小学课程，由监管人员提供培训；

（2）塞阿拉州在小学阶段实行结构性教学计划；

（3）圣保罗州请专家帮助教师实施课程、教学计划和教学材料。

8. 教师标准

没有高标准的专业实践，很难推进教育系统的进一步发展。巴西试图改变目前体制的若干方面而不是一次改变整个系统。证明这个方法有效，还是致力于首先建立相应的标准，然后进行调整（The Framework for Good Teaching–El Marco para la Buena Enseñanza, see OECD, 2009a）的方法有效，尚待时日。哈达德部长提议要进行教师入职考试，这是建设更高质量教师队伍的第一步，所有的州和市都制定职业生涯规划，把专业技能和待遇结合起来。全国适用的考试对较小的州和市有所帮助，它们还没有初级教师入门考试。圣保罗州索萨部长的职业生涯规划涉及对教师的学科知识和教学知识的评估，这为希望提升职业的人设置了标准。而且，临时教师资格考试标准会不断提升，直到他们能适合每一个岗位。

9. 公平分配资源

巴西的经验表明，单纯靠增加资金不足以改善教育，巴西国内生产总值的5.2%、政府总预算的16%花在公共教育上，这与大多数经合组织国家一样高或者更高，所以资金不足不是问题得不到解决的关键。教育系统的效率和效果才是挑战，其中较高的教师退休金占据一部分，为政府教育开支的30%～50%，这也反映了在许多国家公务员的退休金都是个问题的状况。不同教育阶段资金不均是另一问题，巴西发现其公立大学生人均资金标准高出基础教育系统许多。2010年经合组织发表的《教育概览》（Education at a Glance）注意到，巴西的高等教育学生支出（不包括研发）比基础教育阶段高6倍，高出经合组织国家平均近30%（OECD, 2010b）。这使得公立学校的毕业生很少能够进入大学。

虽然巴西建立的高等教育要比基础教育和中等教育水平高，但是它树立了一个榜样，即如何使用联邦法定权限使基础和中等教育的资金分配更加公平。基础教育与教师专业发展基金会（FUNDEF）已经规定联邦、州和市政税收的一部分要用于基础和中等教育。这为教育支出奠定了坚实的基础，由联邦政府追加资金补助，确保每个市至少有一个最低教育基金。为了分配这些基金，基础教育与教师专业发展基金会从基于人口密度（对大城市的偏见）的分配到基于生均最低分配，这为像阿克里和塞阿拉这样的州提供了必要的资源，以改善教育系统。

10. 激励学习

迄今为止，巴西还在尝试激励措施。通过家庭补助激励家长让孩子留在学校学习，并且进行定期体检。然而，家庭补助不能激励学生勤奋刻苦、成绩优异。阿克里和圣保罗州和其他的州和大城市一样，学校是改善的单元，已经建立了学校激励措施来提高成绩水平。唯一能让学生勤奋刻苦、激励他们学习较难课程的动力是进入公立大学的希望，因为他们在入学考试中已经脱颖而出。事实上，大多数学生的受教育水平无法使他们脱颖而出，进入公立大学的希望十分渺茫。因此，适度的激励可能会鼓励学生达到一个更高的水平。

巴西在教育发展进程中的位置

巴西的混合型经济仍然以商品为基础，很多部门都严重依赖非熟练劳动力。然而，未来经济的发展将会日益依赖原材料增加了多少劳动力附加值。作为一个国家，巴西很清楚，它必须培养更多的技术工人。这也是培养更多受教育工人和提升教育质量的要求。从增加技术工人的数量方面看，要延长受教育时间和提高高中毕业生的比例。从提升教育质量方面看，是要提高国家在PISA测试中的平均成绩。对于一个目前经济发展刚刚起步的国家来说，这些目标既宏远又切实（见图1.1）。

在巴西的许多市，你会发现在每个培养阶段教师数量都很多，因为国家致力于教师队伍的教育和专业化。大部分教师的职业生涯才刚刚起步，尤其是填补空缺的临时教师。因此，许多州都开发了具有明确的教学策略的课程材料，以及可以让学生独立学习的学生材料。

和其他在现代工业发展早期阶段的国家一样，巴西还在尽力提高大部分学生的基本读写能力。留级现象增加了班级的复杂性，不同年龄、不同背景的学生聚在同一个班级里，而教师在这种环境下不一定有能力进行有效教育。在公立学校里，学生都来自有良好教育背景的家庭，学生和老师都能够把重点放在较复杂的学习上面。

有些州把关注学校管理作为一个改革关键领域。他们明白一个专业校长的重要性，其可以领导团队齐心协力实现持续提升。校本决策是1996年教育法规的一部分，但是，在教师流失和流动性高、能力水平低的地方很难实现。事实上，在这个舞台上，目标远远超过了能力。

结　语

世界银行拉丁美洲地区首席教育专家，巴巴拉·布伦斯（Barbara Bruns）认为，在过去的15年里，巴西已经改变了它的教育系统，在公共管理框架下，公共基础教育已覆盖了95%的人口；使用国际基准指数建立评估体系，描述每所学校的进展；创建了以学生为基础的集资方式，在州内公平分配资金；有条件地向贫困家庭进行现金转移支付，通过教育来改变下一代的贫困；鼓励州和市采取措施提高个别学校的教育质量。在过去的15年里，巴西经济、政治形势都非常稳定，这使得它能够发展实业，向世界出口。其公民消费不断上升，这也继续推动其经济发展。目前的挑战是提高公民教育水平，使之能够在全球工商业市场上形成竞争力。

虽然教育部所有的专家和部长都认为巴西的教育水平仍然很低，但是他们正努力在建立优质学校的目标下来改变这个体系。改革的重点是教学系统，提升教师的储备、职位要求、工资标准和培训质量；依据目标界定、明确最佳实践，来为薄弱学校提供支持，使之开始有所作为。在这三个州中的任意一个，和巴西作为一个整体，他们都已经超越了目标，而且他们认为这只是他们成功旅途的第一步。我们用哈达德部长的话来结束本章，"为了实现这个目标，我们比以往任何时候都更团结。对巴西来说，20世纪是一个失败的世纪，因为我们的国家没有解决教育改革的问题。也许是第一次，我看到了全国都在动员，目标设立后得到所有人的赞同，没有人反对我们的国家教育计划。我想我们面前的工作很艰巨，但是巴西正在抓住机会解决这个领域的难题。"

教育系统中的成功者与变革者
美国从国际学生评估项目中学什么?

表8.2 巴西[①]：数据概览

语言	官方语言：葡萄牙语
人口	191.9（2008）[②]
	646 962（百万2005）[③]（阿克里州–北部）
	8.1（百万2005）[④]（塞阿拉州–东北部）
	10.9（百万2006）[⑤]（圣保罗州–东南部）
年轻人口	26.4%[⑥]（OECD 平均水平 18.7%）[⑦]
老年人口	6.6%[⑦]（OECD 平均水平 14.4%）[⑧]
人口增长率	1.04%（OECD 0.68%）[⑧]
在外国出生的人口	0.04%的移民[⑨]（2010）[⑩]
人均GDP	USD 10 466（2008）（OECD 平均水平 33 732）[⑪]
GDP的经济来源	服务业：65.3%；工业（包括建筑业）：28%；农业：6.7% of GDP（2008）[⑫]
失业率	7.3%[⑬]（OECD 平均水平 6.1%）[⑭]
青年失业率	18%[⑮]（OECD 平均水平 13.8%）[⑯]
15~17岁的啃老族	10.7%（2007）（北方部）
	10.3%（2007）（东北部）
	8.7%（2007）（东南部）
	9.6%（2007）（总计）[⑰]
教育经费	5.2% of GDP（OECD 平均水平 5.2%）
	4.0%用于小学、中学和中学后的非高等教育
	0.8%用于高等[⑱]教育[⑲]（OECD平均值分别为3.5%和1.2%）
	16.1%的政府总支出（2007）[⑳]（OECD 平均水平 13.3%）
	12.2%用于小学、中学和中学后的非高等教育
	2.6%用于高等教育[㉑]（OECD平均值分别为9%或3.1%）
早期幼儿教育入学率	49.7%（2008）[㉒]（OECD 平均水平 71.5%）[㉓]
小学入学率	96.6%（2008）[㉔]（OECD 平均水平 98.8%）[㉕]
中学入学率	76.4%（2008）[㉖]（OECD 平均水平 81.5%）[㉗]
初中和高中15~17岁学生的入学率[㉘]	男性39.1%；女性36.2%（2007）（北部）
	男性42.8%；女性34.5%（2007）（东北部）
	男性23.5%；女性58.7%（2007）（东南部）
	男性31.1%；女性47.9%（2007）（合计）
高等教育入学率	21.1%[㉙]（OECD 平均水平 24.9%）[㉚]
小学生上学的学校类型或入学形式[㉛]	公立学校：88.4%（OECD 平均水平 89.6%）
	政府资助的私立学校：没有数据[㉜]（OECD 平均水平 8.1%）
	自立的私立学校：11.6%（OECD 平均水平 2.9%）
初中生上学的学校类型或入学形式[㉝]	公立学校：90.3%（OECD 平均水平 83.2%）
	政府资助的私立学校：没有数据[㉞]（OECD 平均水平 10.9%）
	自立的私立学校：9.7%（OECD 平均水平 3.5%）
高中生上学的学校类型或入学形式[㉟]	公立学校：86%（OECD 平均水平 82%）
	政府资助的私立学校：没有数据[㊱]（OECD 平均水平 13.6%）
	自立的私立学校：14%（OECD 平均水平 5.5%）
大学生上学的学校类型或入学形式[㊲]	B类高等教育：
	公立学校：16.9%
	政府资助的私立学校：没有数据[㊳]
	自立的私立学校：83.1%
	（OECD 平均水平 公立学校：61.8%
	政府资助的私立学校：19.2%
	自立的私立学校：15%）
	A类高等教育：
	公立学校：29.3%
	政府资助的私立学校：没有数据[㊴]
	自立的私立学校：70.7%
	（OECD 平均水平 公立学校：77.1%
	政府资助的私立学校：9.6%
	自立的私立学校：15%）
教师工资	初中阶段教师的起步平均年薪：数据缺失（OECD 平均水平 USD 30 750）[㊵]
	初中阶段有15年经验的教师工资相对于人均GDP的比例：数据缺失
	（OECD 平均水平1.22）
高中教育毕业率	63%[㊶]（OECD 平均水平 47%）[㊷]

http://dc.doi.org/10.1787/888932366750.

第八章 巴西：庞大联邦体制下令人振奋的教育经验

注：① 曾有一团体在现场直播的镇压运动中将一个3岁儿童放在财政部长的腿上，使得这位部长无法抨击早期儿童教育。
② OECD（2009），*Economic Survey of Brazil* 2009, OECD Publishing.
③ 来自2005年的巴西人口普查，经济学人智库，2008，巴西国家概况。
④ 来自2005年的巴西人口普查，经济学人智库，2008，巴西国家概况。
⑤ Estimate, Economist Intelligence Unit, 2008, Brazil Country Profile.
⑥ OECD（2010），*OECD Factbook* 2010, OECD Publishing. 15岁以下儿童占总人口的比率（data from 2008）。
⑦ OECD（2010），*OECD Factbook* 2010, OECD Publishing. Ratio of population aged 65 and older to the total population（data from 2008）.
⑧ OECD（2010），*OECD Factbook* 2010, OECD Publishing. Annual population growth in percentage, OECD total（year of reference-2007）.
⑨ 来自2005年的巴西人口普查，经济学人智库，2008，巴西国家概况。
⑩ 国际移民组织，www.iom.int，人口的分解结果，54%有欧洲血统，39%是混合民族，6%是黑人，5%是本土印第安人。
⑪ OECD（2010），*OECD Factbook* 2010, OECD Publishing. Current prices and PPPs（data from 2008）.
⑫ OECD（2009），*Economic Survey of Brazil* 2009, OECD Publishing.
⑬ OECD（2010），*OECD Factbook* 2010, OECD Publishing. Total unemployment rates as percentage of total labour force（data from 2008）.
⑭ OECD（2010），*OECD Factbook* 2010, OECD Publishing. Total unemployment rates as percentage of total labour force（data from 2008）.
⑮ 国际劳工组织对部分城市地区进行调查得出的青年失业率。这些数据来自官方的国家数据发布（劳动力调查），是基于国家的解释。http://laborsta.ilo.org。
⑯ OECD（2010），*Employment Outlook,* OECD Publishing. Unemployed as a percentage of the labour force in the age group: youth aged 15-24.
⑰ Percentage of 15-17 year olds who are neither in employment nor education and training *Pesquisa Nacional por Amostra de Domicílios* 2007（PNAD-National Household Survey）.
⑱ OECD提出的"高等教育"是沿用的标准的国际惯例，来指代国际教育分类标准中中学以后的项目5B级、5A级和6级，不考虑教育体制的差异。OECD（2008），*Tertiary Education for the Knowledge Society: Volume 1,* OECD Publishing.
⑲ OECD（2010），*Education at a Glance* 2010, OECD Publishing. 本表中的公共事业支出包括对家庭生活开支的公共补贴（提供给学生或家庭的奖学金和补助金以及学生贷款），这笔款并未用于教育开支（data from 2006）。在巴西，这个数字仅是提供给公共机构。
⑳ OECD（2010），*Education at a Glance,* OECD Publishing. Public Institutions only.
㉑ OECD（2010），*Education at a Glance* 2010, OECD Publishing. 本表中的公共事业支出包括对家庭生活开支的公共补贴（提供给学生或家庭的奖学金和补助金以及学生贷款），这笔款并未用于教育开支（data from 2006）。
㉒ OECD（2010），Education at a Glance 2010, OECD Publishing. 3～4岁人群中4岁及以下儿童的净入学率比例（data from 2008）。"4岁及以下儿童"的数字估计得过高。有多数儿童年龄低于3岁。3～5岁之间的儿童大约占100%。
㉓ OECD（2010），*Education at a Glance* 2010, OECD Publishing. OECD 3～4岁人群的平均净入学率（year of reference-2008）。
㉔ OECD（2010），*Education at a Glance* 2010, OECD Publishing. 5～14岁人群的平均净入学率（data from 2008）。
㉕ OECD（2010）*Education at a Glance* 2010, OECD Publishing. OECD（year of reference-2008）。

㉖ OECD（2010），Education at a Glance 2010, OECD Publishing. 15～19岁人群的净入学率（data from 2008）。

㉗ OECD（2010），*Education at a Glance* 2010, OECD Publishing. OECD 15～19岁人群中的平均净入学率（year of reference–2008）。

㉘ Enrolment ratio of 15-17 year olds, *Pesquisa Nacional por Amostra de Domicílios* 2007（PNAD–National Household Survey）.

㉙ OECD（2010），*Education at a Glance* 2010, OECD Publishing. 20～29岁人群中的净入学率（data from 2007）。这个数字包括20～29岁的所有人，也包括在职人员。联合国测量的总入学人数（总入学人数=实际入学人数/潜在入学人数）更高一些。2008年巴西高等教育的总入数比例占34%，地区平均值为38%（UIS 2010）。

㉚ OECD（2010），*Education at a Glance* 2010, OECD Publishing. OECD average net enrolment rates of ages 20 to 29 as a percentage of the population aged 20 to 29（year of reference–2008）.

㉛ OECD（2010），*Education at a Glance* 2010, OECD Publishing. Data from 2008.

㉜ 数据不适用，因为类别并不适用。

㉝ OECD（2010），*Education at a Glance* 2010, OECD Publishing. Data from 2008.

㉞ 数据不适用，因为类别并不适用。

㉟ OECD（2010），*Education at a Glance* 2010, OECD Publishing. Data from 2008.

㊱ 数据不适用，因为类别并不适用。

㊲ OECD（2010），*Education at a Glance* 2010, OECD Publishing. Data from 2008.

㊳ 数据不适用，因为类别并不适用。

㊴ 数据不适用，因为类别并不适用。

㊵ OECD（2010），*Education at a Glance* 2010, OECD Publishing. Starting salary/minimum training in USD adjusted for PPP（data from 2008）.

㊶ 这个数字只包括一般项目，不包括职前和在职项目。

㊷ OECD（2010），*Education at a Glance* 2010, OECD Publishing. Sum of upper secondary graduation rates–in general programmes–for a single year of age in 2007（year of reference for OECD average–2008）.

受访人员

巴巴拉·布伦斯（Barbara Bruns），世界银行拉丁美洲地区首席教育专家。

玛丽亚·海伦娜·吉马良斯·德·卡斯特罗（Maria Helena Guimarães de Castro），巴西国家教育研究所（INEP）的前任主席，也是前任圣保罗州教育厅长。

雷纳尔多·费尔南德斯（Reynaldo Fernandes），巴西国际教育促进联合会前任主席。

玛丽亚·伊佐利达·切拉·德·阿鲁达·科埃略（Maria Izolda Cela de Arruda Coelho），巴西塞阿拉州教育厅长。

费尔南多·阿达德（Fernando Haddad），巴西教育部长。

> 席拉·卡瓦略·里拉（Sheyla Carvalho Lira），来自巴西国际教育促进联合会PISA研究中心。
>
> 若阿金·何塞·苏亚雷斯·内托（Joaquim José Soares Neto），巴西国家教育研究所主席。
>
> 玛丽亚·伊莎贝尔·阿泽维多迪·诺罗尼亚（Maria Izabel Azevedo Noronha），巴西圣保罗州教育工会主席。
>
> 奥格里·帕切科（Ogari Pacheco），巴西克里斯塔利亚药业集团董事长。
>
> 何塞·恩里克·派姆（José Henrique Paim），巴西教育部执行部长。
>
> 玛利亚·比拉尔（Maria Pilar），巴西教育部基础教育司司长。
>
> 西蒙·施瓦兹曼（Simon Schwartzman），巴西里约热内卢工作和社会研究所，政治学者。
>
> 玛丽亚·科雷亚·达·席尔瓦（Maria Corrêa da Silva），巴西阿克里州教育厅长。
>
> 保罗·雷纳托·索萨（Paulo Renato Souza），巴西圣保罗州教育厅厅长。
>
> 尤尼斯·里奥斯（Eunice Rios），来自安博威公司（巴西航空工业公司）人力资源部。

参 考 文 献

Anderson, L.G., *et al.* (2006), "Competitiveness and Science and Math Education: Comparing Costa Rica, El Salvador and Brazil (Recife) to Sweden", *Hifab International* for IDB, Vol. I, June, Sweden.

Arboleda, R. (2006), "Latin America's Educational Challenge", paper presented to the *Democracy and Competitiveness in Latin America Task Force*, Center for Hemispheric Policy, University of Miami, September-December 2006.

The Brazil Institute (2007), "Basic Education in Brazil: What's Wrong and How to Fix It", Thinking Brazil No. 25, February, Woodrow Wilson International Center for Scholars, Washington, DC. *www.wilsoncenter.org/topics/pubs/ThinkingBrazil_25.pdf*.

Brooke, N. (2008), "Educational Accountability in Brazil", *Revista Iberoamericana de Evaluación Educativa*, Vol. 1, No. 1.

Cárdenas, M. and C. Henao (2010), *Latin America and the Caribbean's Economic Recovery,* The Brookings Institution, Washington, DC.

Castro, C. (2004) "Brazilian Technical Education: The Chronicle of a Turbulent Marriage", in C. Brock and S. Schwartzman (eds.), *The Challenges of Education in Brazil, Symposium Books, Oxford.*

De Castro, M. and S. Tiezzi (2004), "The Reform of Secondary Education and the Implementation of ENEM in Brazil", in C. Brock and S. Schwartzman (eds.), *The Challenges of Education in Brazil,* Symposium Books, Oxford.

De Castro, M. (2007), "Institutional Problems in Public Education" *Braudel Papers,* No. 41, Fernand Braudel Institute of World Economics, São Paulo, Brazil.

De Castro, M. (2010), *Estudo de Caso: Mudanças no Ensino Médio Paulista: Currículo, Avaliação e Gestão por Resultados* (Case Study: Changes in the São Paulo Schools: Curriculum, Assessment and Management for Results), Inter-American Development Bank, Washington, DC.

Council on Competitiveness (2007), *US-Brazil Innovation Summit – Delegation Background Resource,* Council on Competitiveness, Washington, DC.

The Economist (2010), "Brazil's Presidential Campaign: In Lula's Footsteps", *The Economist,* 1 July 2010, *www.economist.com/node/*16486525.

Erlick, J. C. (ed.) (2007), "Brazil: The Search for Equity", *ReVista: Harvard Review of Latin America,* (Spring), The David Rockefeller Center for Latin American Studies, Harvard University, Cambridge, MA.

Evans, L. (2002), *How Brazil Beat Hyperinflation,* Latin America Center, UCLA International Studies and Overseas Programs, Los Angeles, *www.econ.pucrio.br/gfranco/How%20Brazil%20Beat%20 Hyperinflation.htm.*

Gall, N. (2007), "The Struggle for Better Schools, São Paulo and New York", *O Estado de S. Paulo,* 29 April, 2007, *www.estadao.com.br.*

Ganimian, A. (2008), *Despite Major Obstacles, São Paulo Aims High on Education,* Inter-American Dialogue, Washington, DC.

General Atlantic (2010), "Brazil: Opportunities in Latin America's Largest Economy", *Thought Leadership,* General Atlantic Global Growth Investors, São Paulo, *www.generalatlantic.com/en/news/ article/*1324.

Hanushek, E. and L. Woessmann (2009), "Poor Student Learning Explains the Latin American Growth Puzzle", Vox, 14 August 2009, www.voxeu.org/index.php?q=node/3869.

Herrán, C. and A. Rodríguez (2000), "Secondary Education in Brazil: Time to Move Forward", *Inter American Development Bank Report* BR-014 and *World Bank Report* 19409- BR, Washington, DC.

Inter-American Development Bank (2006), "Competitiveness and Science and Math Education: Comparing Costa Rica, El Salvador and Brazil (Recife) to Sweden", *HiFab International,* Sweden, *http://idbdocs.iadb.org/wsdocs/getdocument.aspx?docnum=1028382.*

Inter-American Development Bank (2010), *Country Profile: Brazil,* IADB website, *www.iadb.org/research/LatinMacroWatch.*

Lavy, V. (2010), "Do Differences in School's Instructional Time Explain International Achievement Gaps in Math, Science, and Reading Evidence from Developed and Developing Countries", *Working Paper,* No.16227, National Bureau of Economic Research, Cambridge, MA.

Martinez-Fritscher, A., A. Musacchio and **M. Viarengo** (2010), "The Great Leap Forward: The Political Economy of Education in Brazil, 1889-1930", *Harvard Business School Working Paper* No. 10-075, Harvard, Cambridge, MA.

Mello, G. de (2005), "Teachers for Quality in Education" in Reimers, et al. (eds.), *Teacher Involvement in Educational Change,* UNESCO Regional Bureau of Education for Latin America and the Caribbean, Santiago, pp. 25-37.

Menezes-Filho, N., R. Fernandes and **P. Picchetti** (2002), "Rising Human Capital but Constant Inequality: The Education Composition Effect in Brazil", *Revista Brasileira de Economia (RBE),* Vol. 60, No. 4, pp. 407-424, Rio de Janeiro, *www.scielo.br/ scielo.php?pid=S0034-71402006000400005&script=sci_arttext.*

Ministry of Education (2007), *The Plan for the Development of Education: Reasons, Principles and Programs,* ministry of Education (MEC), Brasilia.

Murillo, J. (2005), "An Overview of the Teaching Profession in Latin America", in Reimers, *et al.* (eds.), *Teacher Involvement in Educational Change,* UNESCO Regional Bureau of Education for Latin America and the Caribbean, Santiago, pp. 52-59.

Myers, J.P. (2008), "Democratizing School Authority: Brazilian Teachers' Perceptions of the Election of Principals", *Teaching and Teacher Education* No. 24, pp.952–966, Elsevier Educational Research Programme, Maryland Heights, MO.

Neri, M. and **G. Buchmann** (2007), "Brazil Country Case Study", Country Profile commissioned for the EFA Global Monitoring Report 2008, *Education for All by 2015: Will we Make it?,* UNESCO, Paris.

OECD (2009a), *Evaluating and Rewarding the Quality of Teachers: International Practices,* OECD

Publishing.

OECD (2009b), *OECD Economic Surveys: Brazil 2009,* OECD Publishing.

OECD (2010a), P*ISA 2009 Results Volume I, What Students Know and Can Do: Student Performance in Reading, Mathematics and Science,* OECD Publishing.

OECD (2010b), *Education at a Glance: OECD Indicators,* OECD Publishing.

Oliveira, J. (2004), "Expansion and Inequality in Brazilian Education", in C. Brock and S. Schwartzman (eds.), *The Challenges of Education in Brazil,* Symposium Books, Oxford.

Palamadessi, M. and **M. Legarralde** (2006), *Teachers' Unions, Governments and Educational Reforms in Latin America and the Caribbean: Conditions for Dialogue,* Regional Policy Dialogue Inter-American Development Bank, Washington, DC.

Partlow, J. (2008), "Brazilian Companies Step in to Educate Future Workforce", *The Washington Post,* 9 December 2008, *www.washingtonpost.com/wp-dyn/content/article/2008/12/08/AR2008120803747. html.*

Puryear, J. and **T.O. Goodspeed** (2008), "Building Human Capital: Is Latin American Education Competititve", in J. Haar and *J.Price* (*eds.*), *Can Latin America Compete? Confronting the Challenges of Globalization,* Palgrave Macmillan, New York, pp. 45-62.

ReVista (2007), "Brazil: The Search for Equity", *ReVista,* David Rockefeller Center for Latin American Studies, Harvard University, Cambridge, MA., *www.drclas.harvard.edu/files/2007_Spring_-_ReVista_Brazil-The_Search_for_Equity.pdf.*

Rodrigues, P. (2009), "Brazil's Education Market", US Commercial Service, US Department of Commerce, Washington, DC, available at *www.focusbrazil.org.br/Events/Event-US-ExpoBelta2010_Report.pdf.*

Rodríguez, A. and **C. Herrán** (2000), *Secondary Education in Brazil: Time to Move Forward,* World Bank and Inter-American Development Bank, Washington, DC.

Reuters (2008), "Education Woes Haunt Brazil's Economic Revival", *ABC News* online 26 August 2008, *www.abc.net/news/* stories/2008/08/26.

Schwartzman, S. (2004), "The Challenges of Education in Brazil", in C. Brock and S. Schwartzman (eds.) *The Challenges of Education in Brazil,* Oxford Studies in Comparative Education, London.

Schwartzman, S. (2005), *Education-oriented Social Programs in Brazil: The Impact of Bolsa Escola.* Instituto de Estudos do Trabalho e Sociedade, Rio de Janeiro.

Schwartzman, S. (2010), "Benchmarking Secondary Education in Brazil", paper prepared for the *International Seminar on Best Practices of Secondary Education* (IDB/OCED/ministry of Education), Brasilia.

Soares, F. (2004). "Quality and Equity in Brazilian Basic Education", in C. Brock and S. Schwartzman (eds.), *The Challenges of Education in Brazil,* Symposium Books, Oxford.

Souza, P. and M. de Castro (2000), "Education in Brazil: Reforms, Advances and Perspectives", paper presented at the *IDB Brazil Seminar: Brazil 500 Years: Social Progress and Human Development,* Washington, DC, April.

Souza, P. (2010), "IDESP: São Paulo's Educational Development Index", presentation given at the *International Seminar on Grading Teachers of Basic Education,* Cesgranrio Foundation, São Paulo.

Stein, E., et al. (2006), *The Politics of Policies: Economic and Social Progress in Latin America,* David Rockefeller Center for Latin American Studies, Harvard University, Inter-American Development Bank, Washington, DC.

UNESCO (2000), *National Education for All Evaluation Report-EFA 2000,* UNESCO, Paris, www.unesco.org/education/wefl countryreports/brazil/rapport_1.html.

UNESCO (2009), *Youth and Adult Literacy in Brazil: Lessons from Practice,* UNESCO, Brasilia Office, http://unesdoc.unesco.org/ images/0016/001626/162640e.pdf.

Uribe, C. (1999), "Colombia: Teacher and School Incentives", *David Rockefeller Center for Latin American Studies Newsletter,* Spring, Harvard University, Cambridge, MA.

US Diplomatic Mission to Brazil (2010), *Joint Communiqué of Brazilian Minister Haddad and the US Deputy Secretary Miller on Education,* Embassy of the United States, Brazilia, Brazil, http://brazil.usembassy.gov/joint_education.html.

Vaillant, D. (2005), "Education Reforms and the Role of the Teacher", in Reimers, *et al.* (eds.), *Teacher Involvement in Educational Change,* UNESCO Regional Bureau of Education for Latin America and the Caribbean, Santiago, pp. 39-51.

Vegas, E. and J. Petrow (2008), *Raising Student Learning in Latin America: The Challenge For the 21st Century,* World Bank, Washington, DC.

Vieira, F. H., J. Kovaleski, and A. de Francisco (2006), "Functional Literacy Numbers in Brazil- Potential Losses for Industries", paper presented at the *XII ICIEOM Conference,* Fortaleza, CE, Brazil, 9-11 October 2006, www.pg.cefetpr.br/ppgep/Ebook/ebook2006/ Artigos/38.pdf.

Weinberg, M. (2008), "Interview: Maria Helena Guimarães de Castro: Reward for Merit", *Veja,* 13

February 2008, São Paulo, *http://veja.abril.com.br/130208/entrevista.shtml.*

Woodrow Wilson International Center for Scholars (2007), "Basic Education in Brazil: What's Wrong and How to Fix It", Thinking Brazil, Brazil Institute, Washington, DC, *www.wilsoncenter.org/topics/pubs/ThinkingBrazil_25.pdf.*

The World Bank (2008), *Looking Forward: The Challenge of Raising Education Quality in Brazil,* Brazil Country Management Unit, Human Development Unit, Latin America and the Caribbean Region, World Bank, Washington, DC.

The World Bank (2010), *Edstats: Country Profiles: Brazil,* World Bank, *http://web.worldbank.org.*

Worldfund (2010), *Education Gap: The Realities of Education in Latin America,* Worldfund, New York.

第九章
德国：曾经的落后激发全国致力于迅速提升的强势改革

长期以来，德国公众及决策者都一致认为德国拥有世界上最高效、最公平和最有效的学校体系。直到2000年他们才发现，事实并非如此。与参加PISA测试的国家相比，德国的成绩位列平均水平以下。现在，21世纪已经走过了10个年头，德国在PISA中的排名已持续提升。本章探讨为何德国会对本国教育体系的质量产生了误判，为何在几十年间每况愈下，它又做了什么来改变这种不利的处境，其他国家可以从中学到什么。德国把这种强力重振背后的因素归结为：中学结构的改变，高素质的师资队伍，使学生在离校前获得工作技能的双元制，标准、课程、评价、研究能力的发展以及相应的监测机制。

概　　要

今天主要工业国家的教育体系大约在一个世纪之前已形成。有多种可借鉴的理念来源，但最突出的就是德国。德国是第一个从国家层面上决定为全体国民提供免费基础教育的国家。德国也是第一个首先建立了现代研究型大学的国家。德国还创设了文理中学（Gymnasium）模式，为要进入现代研究型大学的学生做准备。德国还发展了实科中学（Realschule）和后来的双元制（Dual System），这两种最具影响

教育系统中的成功者与变革者
美国从国际学生评估项目中学什么?

力的模式为德国提供了各领域紧缺的高素质人才。

在此种背景下就不难理解德国及其决策者的想法了,他们认为在世界教育系统中德国已赢得了声誉,因为他们拥有最高效、最公平和最有效的学校体系。直到20世纪结束时才发现事实并非如此,德国的学生在参与PISA测试的国家中,成绩排名在平均水平以下。

现在,21世纪已过去了10年,德国的PISA测试成绩持续上升。本章旨在探讨德国如何误判了本国的教育体系质量,如何在几十年间每况愈下,它又做了什么来改变此种不利的处境,其他国家可以从中学到什么。

表9.1 德国PISA成绩(阅读、数学和科学)

	PISA 2000	PISA 2003	PISA 2006	PISA 2009
	平均分	平均分	平均分	平均分
阅读	484	491	496	497
数学		503	504	513
科学			516	520

来源: OECD(2010),PISA 2009 结果报告,第1册,《学生知道什么,能做什么:阅读、数学和科学成绩》,OECD出版。
http://dx.doi.org/10.1787/888932366769.

历史的视角

成型于19世纪和20世纪早期的德国教育体系

正如现代日本教育体制的出现是源于美国海军上将马修·派瑞(Matthew Perry)率领的"黑船"舰队(Black Ships)所带来的耻辱(第六章),一些历史学家认为现代德国教育体制的诞生也起源于普鲁士战争的失败和拿破仑于1806年的占领(在耶拿之战中战败德国其他的州)。普鲁士的物质和精神都被摧毁了,出现了要重新崛起、战胜拿破仑、重新维护普鲁士在欧洲秩序中核心地位的决心。在接下来的7年中,斯坦(Stein)、哈登伯格(Hardenberg)和其他人开始重建普鲁士的军事和精神。直到那个时候,官员一直被极少数的德国贵族所占据,生活奢侈腐败。但新的领导人认为他们需要更多的人才。为了达到目的,必须扩大贵族教育的规模。

这被证明是德国教育的一个酝酿期。新的领导人向政府引进了洪堡(Wilhelm von Humboldt),他被认为是开拓现代德国教育体制,创立德国文理中学的教育之父。在现代研究型大学创立的过程中,洪堡也是一位关键人物。

第九章　德国：曾经的落后激发全国致力于迅速提升的强势改革

洪堡思想的形成与当时他与德国启蒙运动第二届领导人的往来有关，如席勒（Schiller）、歌德·费希特（Goethe Fichte）、赫尔德（Herder）等。他们认为世界并不是按照既定规则运转的一部机器，人在其中没有自己的决定权；相反，他们认为这是一个人为的世界，无论好与坏，而人的最高责任就是道德。他们认为学校的责任是帮助个体实现自我，并创建一个人人自由的文明国度。这是德国理想主义的信条和德国哲学的浪漫主义学校。建立在德国文艺复兴基础上的这种世界观强调教育的一种愿景，就是所谓的反工具理性。它的目的是创造理想主义的"人"。这具有理想和道德的愿景，远非智力导向。所以它反对把教育的目的看成创造有谋生能力和有教养的人。

洪堡用"人格修养"（bildung）这一扩大了的教育概念来整合这些概念。在这个概念中，教育或者教化，是一个依赖人类教育的个体发展过程。它主要从内部审视个体的、有机的、历史的个体构成。在这个发展过程中，对历史的学习发挥了一个特别的作用，洪堡把它看成个体自我定义过去，尤其是经典的过去事件和思想的方式。

洪堡特殊的贡献不在哲学层面而在实用层面。就职仅一年，在1809年至1810年间，他颁布了最终能把这些思想转变成全国教育体制的程序。这些思想被简要描述为一种模具，用来设计一种新的文理学校——中产阶级的中学。就读该类学校的学生在人文学科上具有一定的基础，他们都要参加国家高中毕业考试（Abitur）。这种文理中学的模式于1812年在普鲁士实施，到1871年在整个德国全面推开。当时，没有通过毕业考试的学生不能在普鲁士上大学，不通过毕业考试，也不能做公务员或者从事与学术有关的职业，比如法律等。

唯一能够获得毕业考试资格的机构是重建的文理中学。国家对课程有非常详细的规定，只有通过了毕业考试并且读过大学的人才能在文理中学任教。事实上，立法明确规定未来的文理中学教师要在大学里所修的核心课程。毕业考试就是这样设立的，也因此而闻名于世并成为最受仰慕的考试。

创建这个体系的法律明确规定教育的目标是国家的目标。所有的学校，包括私立和教会学校，都受国家和法律的约束。

德国教育体制发展中的另一重要人物是教育家格奥尔格·凯兴斯泰纳（Georg Kerschensteiner），他的职业生涯从19世纪后半期一直持续到20世纪前半期。凯兴斯泰纳出生于上层社会的贫困家庭。他把自己的一生都看做工人阶级，倾其毕生精力于工人阶级教育。作为一名爱国者，他认为最好的教育是让年轻人通过工作为国家

教育系统中的成功者与变革者
美国从国际学生评估项目中学什么？

做出贡献，而能够为年轻人提供相应工作的最佳方式是创建一种教育体系，关注工作中的教育和师徒制。

在此之前，19世纪70年代，德国政府摒弃给予手工业者在经济上的特殊地位和保护。凯兴斯泰纳在重新修订该项政策中发挥了重要作用，重建了德国手工业者的特殊地位，创建了一个新的职业教育体系，最终在德国工业技术中发挥了重要甚至决定性的作用，创造了德国制造业的辉煌，使它的手工制造业闻名于世。不仅它的师徒制使德国在经济上领先，而且这个体系强调一流的手工制造业。

在凯兴斯泰纳诸多著作中，下面这一段尤为著名：

教育的价值在于让广大的民众受益，它不在于对智力的极大发展，而是不断增加个人内心的价值，养成对于其他事物不自私的性好和对工作任务的责任心。（Hahn, 1998）

很难想象应该用何种辞藻来描绘针对贵族子女洪堡所设想的精英教育愿景。

德国20世纪的大众教育

随着19世纪的结束和20世纪的到来，德国已经形成向所有6~10岁儿童提供小学阶段的义务教育（四年的基础教育）。这表明德国承诺的是公立的基础教育，随着小学阶段义务教育的结束，学生被分流到三种类型的学校：

（1）国民学校（Volksschule）——能力普遍较低（大多数）的学生被分流到国民学校，后来叫主流学校（Main School）或者职业预校（Hauptschule），学生接受几年的教育之后可以获得一种资格，用来申请培训以便寻找工人阶级所从事的工作；

（2）实科学校（Realschule）——能力较高的学生被分流到实科学校，他们会被授予一种资格，但可以申请更多培训，以便可以从事更有声望和体面的工作，比如文秘、技工和基层公务员；

（3）文理中学（Gymnasium）——能力最高的学生被分流到文理中学，他们在人文学科领域接受广泛的培训，准备参加高中毕业考试，这也是通往职业、从教和其他上层公务员的唯一道路。

这种学校分流机制与联邦德国社会阶层的划分相匹配。文理中学是贵族和上层阶级的子女学校，这些阶层诞生于第一次工业革命，由商人、中高级的国家公务员、艺术家等组成。实科学校是中下层阶级子女的学校。国民学校以及后来的职业预校是给德国的工人阶级——人民大众准备的。生效之后，除了每个人接受几年的基础教育之后,每一个社会阶级都有自己的学校,虽然中学阶段的义务教育到1918年才实行。北欧其他国家也有类似的地方,但是,正如我们所看到的,他们最终都放弃了这个系统,然而德国却保留了下来。

除了在希特勒第三帝国时期,德国各州都设计和实行自己的教育系统。此外还发展了对所有职业和专业进行规定和限制的系统,虽然由联邦管理但并不由联邦执行。每种职业都对应于一套标准,要通过了笔试或者实践测试才能获准。根据法律,没有通过相关考试达到相关标准的人员不得从事该行业。

到了1918年,大工业者协会和商业协会创立了在职培训制度,通过设立规则在法律基础上对职业进行调控。一战后的几年里,中央政府设立标准管控雇主草拟的职业。政府在学校里引进了师徒制义务日。

自1969年起,行业标准由联邦政府联合雇主和贸易协会来制定。经国家政府监控、批准和发布这些标准。联邦政府、雇主和协会协商从业标准的地方是联邦职业教育培训机构(BIBB),和联邦各国共同制定双元制学校部分的课程。

凯兴斯泰纳所做的就是把两个互不相干的系统——一边是学校,一边是职业联系在一起,形成一个整合的合作机制。后来被称作"双元制"(专栏 9.1)。这只是对行业师徒制基础的延伸,学生想从事相关行业的工作时必须先做学徒,待遇很低(有时候只提供住宿),来换取行业的入门指导。培训结束后,要参加相应的考试,年轻的工人称为"学徒期满的职工",可以从事相关行业,但是工资待遇一般。学徒期满的职工没有成为师傅时不准雇用其他人,要想成为师傅必须通过另一个或者更多的考试。

> **专栏9.1**
>
> ### 德国的"双元制"
>
> 德国的双元教育体系之所以被称为"双元",是因为它把公司里的学徒制和职业学校里的职业教育结合起来形成了一个系统。学徒一边在公司里接受实践培训,一边在职业学校学习理论。在德国大约有60%的年轻人都在这种双元的职业教育和培训体系下学会从事某种职业(UNESCO,2010)。大约有350种国家承认的职业,比如木工、汽车修理工和维修房顶工等。培训过程持续2~3年,最后通过国家考试。在此期间,学徒会有经济上的报酬,接受这种培训不需要与特定学校的证书挂钩。
>
> 虽然公共教育系统由各个州来指挥和操作,但是双元制在联邦政府的支持

教育系统中的成功者与变革者
美国从国际学生评估项目中学什么？

下与各州的经济部门和当地商会共同运作。

莱因霍尔德·魏斯（Reinhold Weiss）认为，对年轻人来说"双元制"很有吸引力，因为这是通向就业的捷径。在德国，如果没有一个正式的证书，那么找到好工作的机会就比较低。虽然不能保证你做出一番事业，但至少能保证你可以得到学校培训和有一份工作。现在更多的短期学徒都能把工作经验与大学学历和经济支持结合起来。并且完成文理中学的学生也可成为学徒，然后继续上大学。

德国的雇主们意识到了这种体制的价值，他们考虑的不是文化因素，而是从经济利益出发开始招收学徒。比如，像其他国家一样，德国的正式工人一旦录用不得随意辞退。然而，在双元制下，学徒期满之后，雇主不一定雇用他们。这给雇主以时间来决定学徒的去留。德国法律规定，雇主支付给学徒的实际劳动工资可以低于市场价格。分析家发现，学徒工资和正式工人工资的差别使得学徒成为雇主的一个经济筹码。学徒在实际工作中创造的价值要超过雇主雇用他们的开支。对雇主来说，这种经济收益同样可以在具有相似经济政策的其他工业国家使用。

可以从中受益的不仅仅是雇主。对学生来说，大多数学校里的学习方法都比较枯燥无趣。当付诸实践时，学习仅仅是一种参与。事实上，只有要解决所发现的问题时，学习才成为必要。基于问题的学习是我们离开学校进入成人世界之后的主要学习方式。正是基于此种意义，"双元制"才是教育制度的重要组成部分。虽然学生的工资低于市场水平，但是他们有了就业的机会，否则，这些公司甚至不会对他们感兴趣，是雇主花钱让他们学到了重要的技能。对于文理中学想读大学的学生，首先在"双元制"下锻炼一段时间是比较重要也比较保险的，以防万一申请读大学不能成功。许多雇主越来越愿意出资把双元制下年轻有为的学生送到大学里去。

德国人自己对这种制度也产生了分歧。虽然许多人把它看成德国工业发达的主要因素，但是也有人认为它是一个时代的错误，是过去时代的产物，并将减缓德国的发展，最终失去竞争力。这个群体指出了瞬息万变的就业市场，认为不应该训练德国年轻人从事某一特定工作，应该培训他们能够适应世界上各种工作的不断变化、新技术功能的进化和工作组织的新形式。他们把不断增加的移民学生不能成功融入双元制看成一个国家的悲剧，它威胁到德国经济的活力，破坏了双元制的合法性。

第九章 德国：曾经的落后激发全国致力于迅速提升的强势改革

> 双元制的拥护者指出，过去创造一个新的职业需要历时10年，现在创造新职业的过程可以在短短18个月内完成。在这350个不同的职业中，许多是新的职业，这反映了迅速变化的业务需求。他们指出这个系统大大增加了渗透性。现在有许多途径都可以使学生进出双元制，使来自不同类型学校的学生从事不同的工作和有继续教育的机会，包括大学教育。这揭示了"双元制"正在做出调整，以便像过去那样发挥建设性的作用。他们还指出雇主招收学徒可以继续获得利益，为双元制的运行提供了进一步的证据。现在仍然有60%的适龄人群在双元制的系统中。

凯兴斯泰纳改善了整个师徒制思想，把它嫁接到高度发展和非常完善的德国教育系统上。接受德国中学教育的学生可以到农场工作，在这期间享有政府规定的工资。学徒的工作时间根据在"补习学校"学习的时间而增加，这种"补习学校"是一种特殊的职业学校，专门为具有实际工作经验，但理论基础不足的学徒准备，同时又使他们接受继续教育。这种教育要比文理学校教育的层次低很多。

在国家的立法和对双元制的规定上不对学徒的来源做任何要求，他们可以来自任何类型的学校。但如果选择进入双元制的雇主不给予学生学徒的地位，那么学生是不能进入该系统的。直到最近，大多数雇主把国民学校的学生当做学徒的主要来源，一些雇主寻求专业级别较低的白领工人，他们把实科学校的学生当做学徒的主要来源，很少一部分学徒来自文理中学，因为该类学校主要为学生升入大学做准备。

即便如此，二次世界大战结束后的几十年里，德国跨国公司的CEO和董事会主席都是出身于国民学校和双元制，而不是来自文理中学或者大学。在20世纪的前半期，双元制得到了持续的提升。公司通过国民学校已经吸引了能干的、有事业心的年轻人，双元制保持对他们的持续投资，促进他们的发展。伴随着传统的大学，又创办了新的技术型大学，这个系统必须另辟途径，使得实科学校，甚至国民学校的学生得以融入进去。

在本报告进行采访时，耶鲁大学社会学教授卡尔·乌尔里希·迈耶（Karl Ulrich Mayer）指出，一般的学徒都能够成功完成他的培训然后成为师傅，这是德国制造业的骨干，也是其竞争力的优势。过去具有技术诀窍和工作经验的学徒，可以销售电话，卖掉设备并进行维修。在德国，技术人员和销售人员的区别不同于其他国家。与法国和英国的情况不同，普通教育的扩张一点也没有削弱学徒制的作用。

这些内容会在以下详细阐述。但是这里的关键是德国教育制度后面的双重动力。一个是浪漫主义、理想主义导向的，非工具性的教育形象；另一个恰恰相反，教育的愿景把职业置于中心位置，但两者都非常活跃，势均力敌。

中学的三轨分流制不是20世纪德国所独有的。这个建立在阶级和种姓基础上的独立的中学系统在北欧广泛实行。"双元"教育体制在丹麦、德国、瑞士和奥地利等国以不同的形式实行。但是，20世纪的前半期北欧其他国家放弃了把十来岁的孩子分流到不同类型学校里的做法，他们认为现在不应该在孩子还很小的时候决定他们以后要从事的工作类型及社会地位。其他的这些国家也曾经历封建社会，具有划分明确的社会阶级结构。但是，随着政治民主的发展，他们更加清晰地认识到发达工业社会的需求，他们开始意识到公民需要比以前更好的教育和技能。

如果不是二战战败带来的损失，德国可能也会做出同样的选择。改变学校的结构会有很大的阻力，结构的治理本质上要求共同加强抵制这种变化的趋势。

20世纪60年代和70年代的"三轨制"改造

20世纪60年代和70年代德国的经济迅速发展，劳动力短缺。他们通过从低收入国家引进劳动力来解决这一问题，引进的劳动力去从事那些德国人不愿做的工作。他们大都来自土耳其和其他教育水平比较落后的国家。起初认为这些"客籍工人"干上很短一段时间便会离开，但是有一些人来到这里又招募他人。他们开始在德国定居，结婚生子，代代繁衍，但是这些人的德语非常差。

这个时候对高级技术工人的需求稳步增加，对低技能工人的需求减少，这导致对进入文理中学的学生需求增加。实际上，较差中学的学生可以通过双元制直接进入劳动力市场，他们刚开始的工资要比读完文理中学再进入大学的学生工资还高，这实际上是"双元制"吸引人的重要之处。

随着文理中学学生的增加，他们通过毕业考试之后，更多的人决定在双元制中取得一种资格证书，这也是为了保险起见，在进入大学之前不至于失业。原来在国民学校的学生现在愿付出更多的努力以便进入实科学校，这样可以提高他们找到一个好的雇主来企业当学徒的机会。能提供最好的学徒机会的企业，原来只从实科学校里招募学生，现在看到文理中学的学生，甚至已经通过毕业考试的学生也会前来应聘。原来只从国民学校招募学徒的雇主发现可以再从实科学校招到更好的学徒。渐渐地，国民学校的学生开始无人问津，没有前途和出路。公众看到这一现象，中下层阶级和工人阶级的子女开始放弃国民学校，都涌向实科学校和文理中学。

在这种情况下，原来的三轨制开始慢慢发生改变。过去，大部分国民学校的毕业生都能当学徒并找到一份体面的工作，有自己的职业。完成过渡之后，国民学校，在一些学校和某一地区，已经变成学生堆积场，这里的学生很难获得任何资格证书，这些学生包括移民学生和德国低层阶级家庭的孩子。

的确，PISA测试数据显示，不能取得资格证书的最重要因素是学生的社会经济背景，第二种最有影响力的因素是语言。不管你是移民还是德国本土人，如果你年轻时德语就很差的话，你不可能找到任何机构来学一口流利的德语，而没有流利的德语，在学校里也比较痛苦。第三种重要因素是移民身份（虽然这个概率掩盖了许多差异，比如大多数希腊移民学生都在文理中学就读，只有一小部分是来自土耳其的移民孩子）。

当德国经济增长放缓时，缺乏工作的德国人开始不满于来自移民的就业竞争。不精通德语的学生只能就读德国条件薄弱的小学。移民人口在德国北部的城市和城镇要比德国南部增长快。全国来讲，成人移民增长了10%，学校人口增长了25%。但是在德国北部城市的小学里，移民人口占一半以上。

柏林墙的倒塌，东德和西德两个国家重新统一，使得德国又一次获得摒弃三轨分流制的机会。

民主德国有很多错误，但是教育不是其一。当东德成为苏联的卫星国时，东德的领导人去除了东德所有中学之间的区别，所有的东德中学成为了综合中学。

大多数教育专家现在认为，柏林墙把德国一分为二，另一侧的教育制度是东德骄傲的一个正当来源。[1] 但是当1989年柏林墙倒塌之后，东德急于一切都采纳西德做法而放弃东德做法。西德的保守派却对采纳任何与前共产党政府相关的东西不感兴趣。

经合组织PISA研究的负责人安德烈亚斯·施莱克尔（Andreas Schleicher）说，"东德实施了西德的教育制度，对东德的损失是放弃了原来更加公平的、在整个早期儿童教育中不采取分流的教育制度。"

前联邦职业教育研究所负责人赫尔曼·施密特（Hermann Schmidt）曾是重新统一教育委员会的成员。他回忆说，曾与东德教育部长进行了徒劳的争论，他们不应该放弃高级中学体制，它可以把毕业考试证书和工人证书结合起来。到了后来，才有几位教育部长告诉施密特，他们意识到他们已经犯下了一个大错。然而，一些州并不把三轨制变为两轨，一轨是文理中学，另一轨则把国民学校和实科学校合并。东德的一些州依然保持原来的教育结构，要比原来西德各州在新世纪的前几年的表现还要好。（对赫尔曼·施密特和莱茵霍尔德·魏斯的采访）

根据施密特的说法，铁幕两边的德国和世界其他地方一样，认为西德拥有世界

---

[1] 例如，在与赫尔曼·施密特（Herman Schmidt）和莱茵霍尔得·魏斯（Reinhold Weiss）的谈话中表明的一个观点。

教育系统中的成功者与变革者
美国从国际学生评估项目中学什么？

上最好的教育制度。尽管实际上他们也无从知晓相对于其他国家，他们究竟好在哪里。占据这个系统最高地位的部分是文理中学以及组成它的教育家和德国各州的主要教育官员。这与洪堡最先提出的"人格修养"这个术语所定义的教育愿景比较一致。在这个愿景里，教育最重要的是审美目的，是对自由和真知的追求和对历史真相的揭露等，而这是不可量化的，也无法被测量。国家政府没有法定的权利去测量学生的成绩或者进步，教师们反对，各州也没有兴趣测量这些事情。

德国教育改革

当德国第一次参加国际数学与科学教育成就趋势调查（TIMSS）而且成绩很低时，第一次警钟敲响了，德国的教育不应该是这个样子的。然而，根据德国时代周报教育记者托马斯·克斯坦（Thomas Kerstan）的说法，德国媒体并不太关注此事。

然而，联邦政府和各州的成员曾担心一段时间德国的教育并不像公认的那样高效。1997年，在德意志联邦共和国教育和文化部长常务会议，现在称为部长理事会上决定，德国将来要积极参加学生成绩国际比较研究。他们开始准备参加新的PISA测试。

第一次PISA测试在2000年实施，关注的是阅读素养（表9.1）。其结果震动了整个德国，根据克斯坦所说，"没人想到，1/4的德国15岁学生不能流畅地阅读。更糟糕的是，PISA结果显示德国"高危学生"的成绩是世界上最差的。"德国的成绩低于参加测试国总体的平均成绩，德国学生的实际分数比墨西哥要低。数学和科学成绩比阅读更差。结果表明学生的成绩与社会经济背景的关系的紧密度要高于其他经合组织国家。

虽然国际数学与科学教育成就趋势调查（TIMSS）的结果很少报道，但是许多主流报纸都用4、5、6个版面来报道PISA测试的结果。相关的消息和对结果的讨论遍布广播和电视。德国对成绩不佳的报道超过了芬兰对自己在PISA测试中取得第一的惊喜的报道。

突然间，教育家们不再认为教育中最重要的东西不能被测量。如果德国在每一个重要的课程领域都远远落后，如果德国的教育标准低于其他发达国家，如果德国不能继续保持它已经保持很久的世界上最公平的教育制度，那么，很显然，必须做出相应的改变。

第九章 德国：曾经的落后激发全国致力于迅速提升的强势改革

左派政党抹去了长期以来无用的各种提议。当时的德国教育部长埃德尔加德·布尔曼（Edelgard Bulmahn）一直认为"中学阶段的三轨制是封建制度的一个镜像，只需要少数的高学历人员，一些具有中等教育的人员，剩下的只需接受基础教育。"在她看来，"现代知识经济普遍需要具有很高学历的劳动力。"

她和其他人已经致力于此事多年。在20世纪70年代他们得以开始在德国几个州实行。他们的方案中有几个项目是促进更好的儿童关怀和更有效的幼儿园教育。他们想放弃由来已久的把孩子从学校接回家吃午饭，由此结束一天的学习的做法。他们还想结束中学阶段的三轨制，为穷人和移民家庭提供更加公平的教育机会。统一之后，他们使东德的一些州结合成至少两三种中学类型来创建一个更加公平的制度，但是他们在这条道路上走得并不太远。

虽然他们方案中的某些部分于20世纪70年代和80年代在德国一些州取得了一些进展，但那里也有保守力量的反弹。方案中这些进展和其他元素被废止，对学校的资助也大幅削减。安德烈亚斯·施莱克尔注意到，在一个出口导向型经济中，世界其他国家对德国商品和服务的需求仍然很高，此外，如果德国的商业领袖不能在德国找到他们需要的技能，他们可以在其他地方找到这种技能。

然而，现在的方案是前所未有的。各州都能发挥重要作用，当同盟国战后控制德国之后，他们坚持修改德国宪法，这样一个强有力的中央政府不再接管德国的教育。新的宪法规定，联邦政府在教育方面发挥的作用比美国还少。

幸运的是，通过部长理事会，各州已经为他们自己的第一份国家教育报告搭建了平台。这意味着联邦政府和各州的改革者可以联合起来。布尔曼部长提议每一个全日制学校计划投资40亿欧元。她还建议发展国家教育标准，建立新的国家教育报告。这个方案的达成并不容易，但是终于在2003年达成全日制学校计划的妥协，在2004年达成国家教育标准的妥协。各州也同意新的国家教育报告。

总体改革方案有可能达成，因为政治背景不同了。必须要对PISA测试的结果有所回应。左派的方案是建立国家标准，加强幼儿园教育，加大对孩子特殊语言和不能流利讲德语的家庭培训的投入，更多的钱用于扩大在校学习时间直到下午，更多的投入用于教师培训并对学校老式的封建结构进行彻底的改造。右派希望教育工作者对他们的行为负责，学校应该根据现代管理理论进行管理，这样，学校工作人员就会被赋予更多的工作自主权。结果已经证明，这部分方案是被左派所热烈拥护的。

多年来，双方立场争执不下且骑虎相当，教育政策的改变产生了僵局。但是"PISA冲击"改变了这一切。一次彻底的改变成为可能，规模之大令人吃惊。媒体

教育系统中的成功者与变革者
美国从国际学生评估项目中学什么？

的骚动也反映了公众对PISA结果的强烈反应。对此不予关注的政治人物会面临下台的危险。

最终，各州率先通过部长理事会进行操作，虽然联邦政府在有限的领域也采取了一些举措。左右两派的方案整合在一起，这在以前是不可能发生的。这产生了一个无论其党派都多多少少能够通用的方案并对导致成绩不佳的问题予以具体的回应，下面将具体介绍。

改变学校结构以弱化社会经济地位对学生成绩的影响

在德国，家庭社会经济地位和学生成绩之间的相关性要高于其他经合组织国家。几十年来，德国的教育专家一直高度关注此事，他们把这归因于中学阶段的三轨制。

正如施莱克尔指出的，将学生与其成绩进行配对，有的小学生家长曾就读于文理中学，有的小学生家长曾就读于国民学校，数据显示，前者就读于文理中学的几率是后者的三倍。

这使得德国教育家的假设——完全依据小学毕业成绩选择中学是不能成立的。事实上，这并不能表明这个制度有明显的不公。由于种种原因，在体制上本身就抵制了那些出身于下层阶级的孩子。另外的影响因素是分流时间过早，因为孩子只有10岁。

不同的州对这些问题有不同的回应：

（1）一些州把学生分流的时间推迟到12岁，而不是10岁。

（2）更多的州则采取把实科学校和国民学校进行合并。

（3）一些州允许任何类型的初级中学的学生就读任何类型的高级中学。这虽然没有完全消除，但是大大削弱了分流机制，因为许多中学有他们各自的分流系统，依据能力对学生进行分组。

（4）一些州引进或重组综合中学，任何孩子都可以就读。他们提供各种资格证书。然而，这并没有在全国推广开来，只是与其他的一些选择相平行。这类学校的一大障碍是在20世纪70年代，由于引进不力导致学校名声不佳。

（5）一些州允许所有选择共存。

截至2008—2009学年结束时，共有4 283所国民学校、2 625所实科学校、3 070所文理中学和1 363所学校同时提供国民学校和实科学校的课程。还有705所综合高中（见图 9.1）。消息灵通的观察家认为，10年内不会再有单独的实科学校和国民学校。

年级					年龄	
13					19	
12	职业学校	职业专门学校	专科学校	文理中学大学预校	18	中学（第二阶段）
11	(学徒制，半工半读结合)	(职业培训)	(专业高中)		17	
					16	
10	职业培训 (全日制或非全日制)				15	
	职业预校的学生通常九年级后毕业 实科中学的学生通常十年级后毕业				16	
10	(部分学校有第十年级)				15	中学（第一阶段）
9	职业预校	实科中学	文理中学	整合性综合中学 综合学校 (其他三类学校的组合)	14	
8					13	
7					12	
6	定向阶段				11	
5					10	
4	小学 初级学校				9	基础教育
3					8	
2					7	
1					6	
	幼儿园				5	学前教育
					4	
					3	

图9.1 德国教育体系构架

解决语言问题

数据显示，德国孩子进入小学的要求和他们随后的表现有高度的相关性（Werning et al., 2008）。学龄前儿童和幼儿园的服务不属于学校系统，德国宪法允许联邦政府进行干预。联邦政府已经引进一些项目，在州政府的监控下，市一级或者慈善机构进行运作，用以提升组织水平，对家庭德语背景差的学生提供高质量且负担得起的语言培训。这种语言培训针对幼儿园水平的学生，这样，在升入小学时，他们的德语水平就可以和德国人一样理想了。

数据还显示，贫穷、少数民族和移民家庭的孩子最不可能接受学前教育，尽管他们比接受学前教育的孩子更需要这种服务。学前教育服务相比严格的教育服务更像是一种儿童保育，但是他们的儿童保育人员没有接受过良好的培训。因为贫穷、少数民族和移民儿童的母亲比其他母亲更有可能离开家去上班，缺乏能担负得起的、高质量的儿童保育和学前教育服务使得这些孩子在6岁入学时缺乏基本的技能。在德国，幼儿园教育是传统的学前教育形式。一系列立法使得德国创建了从3岁到小学之间的幼儿园教育。其他的立法扩大了3岁以下儿童接受学前教育的可行性。更甚之,各州共同努力加强建设学前教育方案,包括语言、写作、交流、数学、自然科学、信息技术、美术和其他学科。然而,这些倡议没有得到广泛的实施。

解决体系缺乏透明度和问责制的问题

对许多观察者来说,"PISA冲击"所揭示的首要问题是德国教育体系缺乏透明度和责任制。

虽然普遍认为德国的标准较高,但是PISA的数据和分析显示德国的标准实际上较低,而且有很大的变动性。虽然多年来许多人一直呼吁要建立统一且较高而透明的标准,但是他们都被断然拒绝。如上所述,德国不想只根据学生的成绩对学生进行评价,因此,不同的资格、不同的学校、不同的教师和不同的州之间的标准是不同的。如果有相应的评价方式,当然评价方式也不一样。许多州的高中都独立进行毕业考试。如,比起通过其他州毕业考试的学生,一些高等教育机构和雇主们更相信通过巴伐利亚州毕业考试的学生。

整个德国教育体系都不愿意把实验性数据和严谨的数据分析作为教育决策的基础。他们的政策是基于价值的判断,而不是来自数据。作为改革的一部分,曾提出以下几种解决方案。

1. 统一的标准

2003年和2004年,部长会议决定制定全国统一的小学四年级德语和数学标准,以及初中九年级和十年级的德语、数学、第一外语(英语或法语)和科学(生物、化学和物理)标准。

2007年,部长会议宣布了中学结束时7个学科——数学、德语、法语、英语、生物、化学和物理的标准。

这些性能标准详细地描述了全国范围内学生普遍应该达到的具体学科能力,这在之前是没有过的。根据各州之间的协议,以国际标准为基准,德国16个州都要执行。他们都强调PISA所测的各种技能和能力。

2. 基于标准的新的评价方式

2006年部长会议同意制定共同的评价方式,参照德国16个州的成绩,在小学三年级、某些中学的八年级和其他中学的九年级(图 9.1),使用共同的国家评价尺度。这些新的评价是建立在每个州具有代表性的样本之上,无论对老师还是对学生来说，都没有很高的风险。

此外，每个州都根据新标准制定州内的测试系统。很多时候，州与州之间联合进行开发。每年的春季对所有的三年级学生，有些州是六年级的学生进行这样的测试。

3. 参与国际测试比较

德国也参与三个主要的国际学生测试比较：中学阶段的PISA测试、小学阶段的国际数学与科学教育成就趋势调查（TIMSS）和全球学生阅读能力进展研究（PIRLS）。他们还声称会公布这些测试的结果。

4. 成立监测的新机构

为了在政策上落实这些影响深远的变革，德国在2004年成立了一个新的机构，在柏林洪堡大学的基础上成立了教育进步研究所，为支持监测系统的标准、评价的开发提供必要的基础设施和科研能力，并收集、分析和传播所产生的信息。

5. 一个新的报告框架

联邦政府和各州同意发布一个以指标为基础的报告体系，即《德国教育》。该报告以数据为依据，围绕德国教育系统中的问题进行连续性的专题报道。这些报告每两年发布一次，数据所依据的指标是不变的，从而确保报告的一致性。第一份报告在2006年出台，关注移民教育的状况。第二份在2008年出台，关注从早期儿童教育到各阶段学校教育和职业教育的过渡以及从那以后到教育和工作的过渡。②

6. 增强收集和分析成绩数据的能力

由于德国人过去在教育政策决策过程中并不十分重视实验性数据和相关分析的作用，德国并不重视对教育研究的投资。虽然1965年开始有所提升，但是"PISA冲击"大大加速了这一进程。现在政府正进行系统的投资，用于加强教育研究能力，用系统性能的经验性数据形成学校政策的基础。比如，2007年，联邦教育部长宣布了一项旨在促进实验教育研究的框架方案。该框架列出了政府感兴趣的研究议题及方法。教育部与各州合作设计该项研究方案，从而增加了研究应用于政策和实践的机会。

---

① 这些报告被称为德国教育2006和德国教育2008。这些报告是由德意志联邦共和国和联邦教育与研究部的教育部长和文化事务的常务会议提交的（Bertelsman Verlag GmbH）。

教育系统中的成功者与变革者
美国从国际学生评估项目中学什么？

增加在校时间

2000年的PISA测试突出了德国学生要比其他国家学生的在校时间少很多。以前，学生只有上午才上学。现在，许多学校的学生直到下午4点或者更晚才离开学校。然而，学校并非一定要参与这项计划。参与的学校至少每周要有三个下午是开放的。

增加校长的自主权

德国改革家深受现代管理模式的影响，他们认为称职的管理是设立明确的目标和实现这些目标的清晰措施，提供完成这些目标的积极刺激措施，给他们以如何完成目标的自主权。但是，过去德国的校长很少有自主权。"PISA冲击"之后，各州大胆探索还给校长和职工以预算、人事决策和各个方案的自主权。

慕尼黑大学经济学教授卢德格尔·吾斯曼（Ludger Woessmann）如下描述这种变化，"直到最近，德国的学校才有自主权。比如，过去向学校分配教师，而现在在一些州里，学校可以自己挑选教师。研究表明，当采取统一考试和具有严厉的学校问责时，成绩就会明显提升。让学校自己去弄明白如何提高考试成绩吧"。

上面所说的一些改变是要付出很大投入的。然而，即便学校预算增加，德国的教育开支也才占到GDP的4.5%，仍低于经合组织国家的平均水平5.2%。增加的大部分可以解释为学生在校时间有了大幅增加。教育预算之外，早期儿童的教育仍需要更多的资金。所增加的教育预算抵消了缩减文理中学一年学习时间所需要的投入。

提高教师质量

德国师资可能是PISA数据所揭示问题背后的根源之一。比如，卡尔·乌尔里希·迈耶（Karl Ulrich Mayer）怀疑，"20世纪80年代之后教育问题的弱项在于教师群体的老龄化。因为60年代和70年代早期是婴儿出生高峰，不得不聘用这些人，形成了同龄教师群体，他们出现了职业倦怠，没有了动力，尤其在应对移民背景的学生方面束手无策。如果在PISA测试之后某些方面有了改善是因为最近聘任了年轻的教师的话，我对此一点都不感到奇怪"。

在德国，只有通过了毕业考试才能成为教师。教育慈善组织"以教为先"的创始人凯伊加·兰兹伯格（Kaija Landsberg）做了进一步解释：

"在通过毕业考试离开文理中学之后，未来的教师回到大学就读，他们在那里要主修两个特别感兴趣的学科，要达到其他大学学生主修这两个学科的水平，这样未来的教师就有了极高的学科知识。学完他们将来打算从教的学科和学科教学法之后，这些未来的教师在进入教师队伍之前，还必须参加为期两年的学习项目，把督导教训和相关课程工作结合起来，然后，在成为一名真正的专业教师之前，还要从事至少一年的指导和监视教学，以及一次考试。因此，我们看到的是当初从前1/3分流出来的人，他们还要接受包括多年学徒式训练在内的严格的专业教育。"

当PISA结果冲击德国的时候，许多人都认为教师工会会阻止改革。相反，教师工会实际上在支持改革中发挥了重要作用，为改革铺平了道路。毫无疑问，政府认为，学生成绩的新数据在问责制度中不会对教师产生任何威胁，这使得教师得以发挥积极的作用。教师确信新的考试步骤，它本身无法依据学生成绩数据来设定教师的薪酬或者影响个别教师的晋升。但是教师认可在没有增加工资的情况下延长在校时间。其结果是，教师在德国公众心中继续占有较高的地位，并在制定教育政策时发挥重要的作用。

有人可能会问，如果"PISA冲击"之前的教师质量就很高，那么冲击之后，会发生什么变化呢？在其他国家，当所公布的教育结果差到令人无法预料的地步时，教师会首先受到冲击。德国的教师和教师工会明白，也知道如果他们不想被压垮，对他们来说站在改革的前线是多么重要。再有就是职业自豪感的问题。对于有能力的人而言，当他们的职业地位因结果不佳而摇摇欲坠的时候，他们必定会尽最大努力创造出更好的结果。这次改革进程很顺利，因为他们给予了学校比以前更多的权力。

理解德国教育改革所产生的影响

如果试图将德国教育改革与德国教育状况的改善联系起来就会发现存在若干挑战，如：

（1）教育政策的改变和实施并非一蹴而就，需要花几年的时间在不同的州逐个推广，慢慢扩大范围。如今，一些州正在大规模地实施改革。

（2）德国在学前教育和对来自非德语家庭的儿童进行读写能力的教育方面的重要改革。因为时间不足，2009年在对德国15岁儿童的PISA测试中，成效并没有体现出来。

（3）新的标准在德国教师中引起了广泛的讨论。自2004年开始实施新标准后，是否会对15岁儿童的成绩产生巨大影响，现在来看时间是否足够还不清楚。

（4）在德国一些州的中学教育中，尽管在对三轨制的改造上取得了进展，但进行重新改组的学校数量在整个德国的中等学校中的比例非常小。因此，在PISA测试中德国学生表现出的巨大进步不能归因于学校的重组计划。

（5）在过去，测量绝非易事。如今，德国逐步完善的研究机构能够紧密跟踪改革实施的进程，并且很快就能为教育实践者及政策制定者提供大量且高质量的数据。

所有这些观点都被认为是好消息。自从2000年PISA测试至今，改革已经得到部分实施并取得众多进展，但因为时间的原因，改革尚未影响到2009年的PISA测试成绩。因此，随着更多的学生受益于教育改革，我们期望德国的学生在接下来的几年里会有更快的提升。

PISA带来的冲击使得德国吸收了右派和左派两派的教育政策，因此，与大多数拥有坚定的政党体制的国家相比较，德国的教育政策更具有连续性。

联邦职业教育研究所（BIBB）的主任莱因霍尔德·魏斯（Rheinhold Weiss）声称，"要在短时间内收到效果是不现实的。德国如今的做法是正确的，如今出现了越来越多的全日制学校，幼儿教育得到的支持越来越多，关于学生表现和教育体制的数据也越来越多。"

在判断究竟是何种政策行动方案最能影响目前教育改革取得的进展时，大多数德国观察家都表示难以确定。大多数人认为，是PISA本身的影响让德国教育家们开始行动起来——一旦教师意识到自己教的学生成绩不佳时，他们的职业感就会激励他们去改进这种情形。其他人认为，新标准第一次为教师描绘了学生理应实现的愿景。还有些人认为，德国固有的竞争意识，再加上采取向公众公开数据的策略，在共同标准上对成绩进行比较，这些都起到刺激的作用。

接下来将列举最可能提升德国学生成绩的可能性因素。

德国的经验

1. 高质量的师资队伍

在德国，教师从成绩排名位于前1/3的高中毕业生中挑选。在大学，与其他国家和德国的其他众多职业相比较，大多数教师要做更多的准备工作。想要获取高等学校教育学位的学生，包括小学教师，必须在他们教授的课程里承担大量的工作。最近的改革要求教师教育项目为职前教师提供技能，使他们能够诊断并解决有困难的学生遇到的特殊问题。所有州都要求教师正式入职，成为常规全职教师前需要额外经历一段接受专家教师的监督和指导的时间。当PISA的测试结果让德国人大吃一惊时，德国教师的高质量似乎为德国提供了所需的备用力量，使得德国的教育改革在收效之前就显示出学生成绩进步的迹象。

2. "双元制"的价值

要理解德国教育体制的有效性，就必须考虑德国"双元制"的运作方式，因为它在德国的教育和教师培训中起到极其重要的作用。在世界各地，先进工业国家的要求都意味着，要取得优先地位，学校的毕业生需要掌握一套新的技能，比如：设定工作目标，并为此制定和严格执行工作计划；成为团队的高效成员或领导者；独立工作；利用自身经验和理论解决大量的实际问题；辩证思维和创造性思维。缺乏具有上述能力的雇员是个大问题，这会影响到团队竞争力的提升。"双元制"是培养这些能力的有效途径，最近OECD的职业教育和培训（VET）政策评论也提到了这一点（Hoeckel and Schwartz, 2010）。

这种双元制是否适用于德国之外的其他地方？许多国家觉得这种系统与本国不相关，因此放弃了这种做法，并认为它只适合德国独特的社会文化因素，或许还有少数类似的欧洲国家。然而，现在没有执行"双元制"的学校也要对学生进行这些技能的培养，尽管这些学校并非培养这些能力的最佳场所（专栏9.1）。在工作场所，学生们很快就发现，如果他们不能准时出现，或不能按时准备好投入一天的工作，他们的工作机会就受到威胁。工作场所可以教会一个人如何成为一名高效的团队成员，如何成为一名卓越的领导者。工作场所是判断是否可以用学校所学的知识来解决工作中和其他可能遇到的各种问题的最佳场所（Field et al., 2010）。双元制的一个典型特点，即社会合作者的有力干预，能够确保职业教育和培训系统满足劳动力市场的需求，并且教授相关的技能。反过来，这也有助于年轻人就业。

德国正规学校教育与双元制的灵活结合，能够有力地帮助学生获得技能、知识和动力，这一点在国际竞争中已被证明并且是决定性的优势。或许德国如今在全球经济领域的复兴，部分就源于这种正式教育与学徒制体系的结合。

3. 国际基准和责任制度

在某种程度上，整个德国的教育历程都与问责制度相关。在PISA测试带来社

教育系统中的成功者与变革者
美国从国际学生评估项目中学什么？

会震动之前，德国对其他国家提高教育水平至国际一流水平的做法并不感兴趣。但是，在2000年的PISA测试结果公布后，德国变为了一个急切的、坚定的国际基准的拥护者。不仅派出团队去世界各国学习取经，而且有意吸纳国际比较测试机制，融入德国的国家测试体制。这样一来，在与其他国家的比较中显示出其自身的显著水平也就不足为奇，也能继续从其他国家的经验中获益。PISA带来的社会震惊同时促使德国采取了雄心勃勃的教育计划，包括全新的国家标准和测试体系。然而，德国没有选择建立对教师和学生而言高利害的、基于测试的问责机制。部分原因也是希望教师能够继续任教并保持对整个改革事业的热情。

4. 统一的标准和课程

过去德国认为它拥有严格的标准和合理的课程。但后来却沮丧地发现德国国内学校之间、各州之间的标准大相径庭。因此，德国决定开发统一的课程结构和评价标准。

5. 激励学生

德国学生在学校学习很用功，因为他们懂得只有获得正式的任职资格才能把握生活中的机遇，而他们在学校学得如何将决定着他们能够获得什么资格证书。在德国，要成为一名脑外科医师需要如此，要成为一名砖匠或汽车修理师也要如此。证书制度能够促使学生在学校学习高难度课程并努力学习，德国在这方面为我们提供了最好的例证。

然而，改革之路的前方仍然充满着挑战。就在2009年夏季，德国爆发了基于改革争议的师生罢课。文理中学学生认为他们比过去承担了更多的压力，因为在德国的许多州里，他们被迫学习，以满足更苛刻的标准、更高的工作要求。与先前的毕业生相比，他们为达到这些标准减少了一年的在校学习时间。

在汉堡，2010年的夏天，来自保守联盟的政治家提出，是否应该将普通小学教育的学生年龄从当前普遍的10岁延伸到12岁。建议提出后获得了两党以及教育专家的一致认同。但是，让双方政治领导人和教育专家始料不及的是，以愤激的中产阶级为代表的公众对此提出了明确的反对。

德国在教育发展进程中的位置

德国是世界上的工业大国之一，经常被认为是欧洲的经济引擎。德国的工资和

第九章　德国：曾经的落后激发全国致力于迅速提升的强势改革

福利水平都相对高于世界其他地方。其经济并非以商品规模为基础，而是在全球范围内生产的高附加值产品。德国经济的成功依赖于劳动力的素质、创造性和技能。通过这些做法，我们不得不承认，在经济发展这一维度上德国位于最靠右的一端（见图1.1）。

至于教师质量这一维度，若干年前德国就出台了一项重要的决定，要求所有的教师都必须通过毕业考试。其他确保教师质量的措施也相继出台。绝大多数专家也会把德国置于最右端（见图1.1）。但并非所有的专家都这么认同。通过这些措施的实施，其他一些国家也从德国的精英中招兵买马。

PISA测试带来的社会震惊在德国延续了下来，政策制定者不仅建立了全国的课程标准，而且要求这些课程标准必须达到国际水准。这意味着他们注重复杂技能的培养，以及在重工业国家的高薪行业中应用高水平技能处理潜在问题的能力。几个世纪以来，古老的德国对艺术、文学、数学以及科学领域做出的贡献，确保了新的课程标准不会突然改变学生创新能力的发展。然而，一些德国人继续强调这些标准会从本质上危及德国人的创造性和艺术性。

在PISA测试带来的社会震惊之前，德国学校对于管制并非十分注重。对学校的大量的管辖是由教育体制内高一级的机构掌控。在PISA测试带来的社会震惊之后，德国开始对严谨治校的学校领导和教工进行奖励。但是德国的学校似乎依然缺乏严谨治校的意识，与其他领先的国家相比，仍旧不太注重在方式上对教育服务的控制。

此外，在PISA测试结果引发关注之前，德国教育系统中很少有问责制。如今，在德国存在两种国家测试，但这两种测试的结果都不会被用于行政问责（问责维度的左端，见图1.1）相反，德国选择了专业和家族式问责（问责维度的右端，见图1.1）。

德国正在减少由于学生出身背景不同而形成的校间差异，但是并非取缔这些差异。

总体看，在发展进程的坐标上，德国教育体系前进的方向应该是向右的（见图1.1）。

教育系统中的成功者与变革者
美国从国际学生评估项目中学什么？

表9.2 德国：数据概览

语言	德语[①]
人口	82 772 160[②]（2008）
年轻人口	13.8%[③]（OECD 平均水平 18.7%）
老年人口	20.1%[④]（OECD 平均水平 14.4%）
人口增长率	−0.16%（OECD 0.68%）[⑤]
在外国出生的人口	12.9%[⑥]（OECD 平均水平 12.9%）
人均GDP	USD 35 432[⑦]（2008）（OECD 平均水平 33 732）[⑧]
GDP的经济来源	汽车、机械、金属和化学商品 服务业：72%；工业：25%；农业：2%
失业率	7.3%（2008）[⑨]（OECD 平均水平 6.1%）[⑩]
青年失业率	10.4%（2008）（OECD 平均水平 13.8%）[⑪]
教育经费	4.5% of GDP；（OECD 平均水平 5.2%） 　2.9%用于小学、中学和中学后的非高等教育 　1.1%用于高等[⑫]教育[⑬]（OECD平均值分别为3.5%和1.2%） 10.3%的政府总支出（OECD 平均水平 13.3%） 　6.6%用于小学、中学和中学后的非高等教育 　2.6%用于高等教育[⑭]（OECD平均值分别为9%或3.1%）
早期幼儿教育入学率	101.5%[⑮]（OECD 平均水平 71.5%）[⑯]
小学入学率	99.3%[⑰]（OECD 平均水平 98.8%）[⑱]
中学入学率	88.7%[⑲]（OECD 平均水平 81.5%）[⑳]
高等教育入学率	28.4%[㉑]（OECD 平均水平 24.9%）[㉒]
小学生上学的学校类型或入学形式[㉓]	公立学校：96.4%（OECD 平均水平 89.6%） 政府资助的私立学校：3.6%（OECD 平均水平 8.1%） 自立的私立学校（包括在"政府资助的私立学校"的数字中）（OECD 平均水平 2.9%）
初中生上学的学校类型或入学形式[㉔]	公立学校：c 91.5%（OECD 平均水平 82%） 政府资助的私立学校：8.5%（OECD 平均水平 10.9%） 自立的私立学校（包括在"政府资助的私立学校"的数字中）（OECD 平均水平 3.5%）
高中生上学的学校类型或入学形式[㉕]	公立学校：91.1%（OECD 平均水平 82%） 政府资助的私立学校：8.9%（OECD 平均水平 13.6%） 自立的私立学校（包括在"政府资助的私立学校"的数字中）（OECD 平均水平 5.5%）
大学生上学的学校类型或入学形式[㉖]	B类高等教育： 　公立学校：16.2%[㉗] 　政府资助的私立学校：包括在"公立学校"的数字中 　自立的私立学校：包括在"公立学校"的数字中 　（OECD 平均水平 公立学校：61.8% 　　　　　政府资助的私立学校：19.2% 　　　　　自立的私立学校：16.6%） A类高等教育： 　公立学校：95% 　政府资助的私立学校：数据缺失 　自立的私立学校：数据缺失 　（OECD 平均水平 公立学校：77.1% 　　　　　政府资助的私立学校：9.6% 　　　　　自立的私立学校：15%）
教师工资	初中阶段教师的起步平均年薪：USD 48 004（OECD 平均水平 USD 30 750）[㉘] 初中阶段有15年经验的教师工资相对于人均GDP的比例：1.69 （OECD 平均水平：1.22）
高中教育毕业率	97%（OECD 平均水平 80%）[㉙]

http://dx.doi.org/10.1787/888932366769.

第九章 德国：曾经的落后激发全国致力于迅速提升的强势改革

注：① OECD（2010），*OECD Economic Surveys*: Germany 2010, OECD Publishing.
② OECD.Stat, http://stats.oecd.org Germany's population is predicted to shrink to 65-70 million by 2060.
③ OECD（2010），*OECD Factbook* 2010, OECD Publishing. Ratio of population aged less than 15 to the total population（data from 2008）.
④ OECD（2010），*OECD Factbook* 2010, OECD Publishing. Ratio of population aged 65 and older to the total population（data from 2008）.
⑤ OECD（2010），*OECD Factbook* 2010, OECD Publishing. Annual population growth in percentage, OECD total（year of reference-2007）.
⑥ OECD（2010），*OECD Factbook* 2010, OECD Publishing. Foreign-born population as percent of the total population（data from 2007）.
⑦ OECD.Stat, http://stats.oecd.org.
⑧ OECD（2010），*OECD Factbook* 2010, OECD Publishing. Current prices and PPPs（data from 2008）.
⑨ OECD（2010），*OECD Factbook* 2010, OECD Publishing. Total unemployment rates as percentage of total labour force（data from 2008）.
⑩ OECD（2010），*OECD Factbook* 2010, OECD Publishing. Total unemployment rates as percentage of total labour force（data from 2008）.
⑪ OECD（2010），*Employment Outlook*, OECD Publishing. Unemployed as a percentage of the labour force in the age group: youth aged 15-24.
⑫ OECD沿袭了国际标准惯例，使用"tertiary education"来指中学以后符合ISCED水平中5B、5A和6级的各种教育项目，不考虑是由何种院校提供的这种教育。OECD（2008），*Tertiary Education for the Knowledge Society: Volume 1*, OECD Publishing.
⑬ OECD（2010），*Education at a Glance* 2010, OECD Publishing.本表格中展示的公共费用支出包括住房费用的国家补贴（对学生提供的奖学金和补助、家庭和学生贷款），并没有用于教育机构（data from 2006）。
⑭ OECD（2010），*Education at a Glance* 2010, OECD Publishing.本表格中展示的公共费用支出包括对家庭的生活费用的国家补贴（对学生提供的奖学金和补助、家庭和学生贷款），并没有用于教育机构（data from 2006）。
⑮ OECD（2010），*Education at a Glance* 2010, OECD Publishing. 4岁及以下儿童的净入学率，作为3～4岁人口的百分比（data from 2008）.把4岁及以下儿童的比率当做3～4岁儿童所占人口的百分比是过高估计了，有大量3岁以下的幼儿学生。3～5岁儿童的净入学率达100%。
⑯ OECD（2010），*Education at a Glance* 2010, OECD Publishing. OECD的数据中把4岁及以下儿童的平均净入学率作为3～4岁儿童在人口中的百分比（year of reference-2008）。
⑰ Gross enrolment ratio, Data from 2007 http://data.worldbank.org/country。
⑱ OECD（2010），*Education at a Glance* 2010, OECD Publishing. OECD的数据中把5～14岁儿童的平均净入学率作为5～14岁儿童在人口中的百分比（year of reference-2008）。
⑲ OECD（2010），*Education at a Glance* 2010, OECD Publishing. 把15～19岁儿童的净入学率作为15～19岁儿童在人口中的百分比（data from 2007）。
⑳ OECD（2010），*Education at a Glance* 2010, OECD Publishing. OECD的数据中把15～19岁儿童的平均净入学率作为15～19岁儿童在人口中的百分比（year of reference-2008）。
㉑ OECD（2010），*Education at a Glance* 2010, OECD Publishing. 把20～29岁人群的净入学率作为20～29岁人群在人口汇总中的百分比（data from 2007）。这个数字包括所有20～29岁的人群，包括已入职人员。由联合国测量得出的人口总入学比例，包括已入学学生和潜在入学学生的实际数量，相对要更高一些。2002年德国高等教育的总入学人数比例达到46.3%（UNESCO），地区的平均值为70%（UIS 2010）。
㉒ OECD（2010），*Education at a Glance* 2010, OECD Publishing. OECD的数据中20～29岁人群的平均净入学率作为20～29岁人群在人口中的百分比（year of reference-2008）。
㉓ OECD（2010），*Education at a Glance* 2010, OECD Publishing. Data from 2008.
㉔ OECD（2010），*Education at a Glance* 2010, OECD Publishing. Data from 2008.
㉕ OECD（2010），*Education at a Glance* 2010, OECD Publishing. Data from 2008.
㉖ OECD（2010），*Education at a Glance* 2010, OECD Publishing. Data from 2008.
㉗ 不包括先进研究项目。
㉘ OECD（2010），*Education at a Glance* 2010, OECD Publishing. Starting salary/minimum training in USD adjusted for PPP（data from 2008）.
㉙ OECD（2010），*Education at a Glance* 2010, OECD Publishing. Sum of upper secondary graduation rates for a single year of age in 2007（year of reference for OECD average-2008）.

教育系统中的成功者与变革者
美国从国际学生评估项目中学什么？

受访人员

埃德尔加德·布尔曼（Edelgard Bulmahn），前德国教育部长。

托马斯·克斯坦（Thomas Kerstan），德国时代周报教育记者。

凯伊加·兰兹伯格（Kaija Landsberg），德国"教育优先"的创始人。

伍尔夫·马特兹亚克（Ulf Matyziak），德国"教育优先"培训部主席。

卡尔·乌尔里希·迈耶（Karl Ulrich Mayer），美国耶鲁大学社会学系教授和莱布尼茨协会主席。

瓦伦尼卡·帕尔（Veronika Pahl），前德国教育和研究部职业培训和改革部原总干事。

安德烈亚斯·施莱克尔（Andreas Schleicher），经合组织（OECD）教育司指标分析处处长。

赫尔曼·施密特（Hermann Schmidt），来自德国联邦职业教育研究所。

鲍勃·施瓦茨（Bob Schwartz），美国哈佛大学教育学教授。

莱因霍尔德·魏斯（Reinhold Weiss），德国联邦职业教育研究所的主任。

卢德格尔·吾斯曼（Ludger Woessmann），人力资本与创新系主任，经济学教授，德国慕尼黑大学经济研究所IFO。

书面采访：

德国PISA代表们：

安娜玛丽·克列姆（Annemarie Klemm），德国人。

埃尔弗里德·耳伯杰（Elfriede Ohrnberger），德国巴伐利亚州教育部长。

马克西米兰·穆勒哈林（Maximilian Müller-Härlin），德国人。

斯派恩（Spaenle），德国巴伐利亚州教育部、联邦德国教育与文化部长常务会议主席，部长。

参 考 文 献

Carey, D. (2008), *Improving Education Outcomes in Germany*, OECD Economics Department Working Papers, No. 611, OECD Publishing.

CIA World Factbook (2010), *Germany: Country Background Information,* www.cia.gov/library/publications/the-world-factbook/geos/gm.html.

Conference of Heads of Government of the Länder (2008), *Getting Ahead Through Education: The Qualification Initiative for Germany,* Conference of Heads of Government of the Länder, Dresden.

Deutsche Welle (2003), *Germany Moves to All-Day Schools, DW-World.de,* retrieved from www.dw-world.de/dw/article/0,864144,00.html, accessed 16 November 2010.

Dunham, L. (2008), *Why Zeros Should Not Be Permitted!,* Teaching the Slow Learner, January/February 2008: 62, National Association of Elementary School Principals (NAESP), Alexandria, VA.

The Economist (2010), *Leave Them Kids Alone: A Setback for German Education Reformers,* The Economist, 24 July 2010.

The Economist (2010), *Much to Learn: Germany's Education System is a Work in Progress,* The Economist Online, 11 March 2010, www.economist.com.

Eurydice (2008), *Organisation of the Education System in Germany,* Education, Audiovisual and Cultural Executive Agency (EACEA), Brussels.

Eurydice (2009), *Germany, National Summary Sheets on Education Systems in Europe and Ongoing Reforms,* Education, Audiovisual and Cultural Executive Agency (EACEA), Brussels.

Eurydice (2009), *National Testing of Pupils in Europe: Objectives, Organisation and Use of Results,* Education, Audiovisual and Cultural Executive Agency (EACEA), Brussels.

Eurydice (2010), *Structures of Education and Training Systems in Europe: Germany*, Eurybase, Brussels.

Federal Ministry of Education and Research (2003), *Germany's Vocational Education at a Glance,* slide presentation published by the Federal Ministry of Education and Research (BMBF), Bonn.

Field, S., et al. (2010), *Learning for Jobs.* Synthesis Report of the OECD Reviews of Vocational Education and Training, OECD Publishing.

Grek, S. (2009), *Governing by Numbers: The Pisa 'Effect' in Europe,* Journal of Education Policy, Vol. 24, No. 1.

Hahn, H. (1998), *Education and Society in Germany,* Berg, Oxford.

Halász, G., et al. (2004), *Attracting, Developing and Retaining Effective Teachers. Country Note: Germany,* OECD Publishing.

Hoeckel, K. and R. Schwartz (2010), *Learning for Jobs: OECD Reviews of Vocational Education and Training in Germany,* OECD Publishing.

Knowledge@Wharton (2009), *A Matter of Degrees: German Education Reform and its Consequences,*

Knowledge@Wharton, April 2009, *Wharton School of the University of Pennsylvania,* http://knowledge.wharton.upenn.edu/article.cfm?articleid=2200.

Klierne, E., et al. (2004), *The Development of National Educational Standards: An Expertise,* Federal Ministry of Education and Research (BMBF), Berlin.

Ladkin, P. (1997), *University Education in the US, UK and Germany: A Quick Comparison,* Rechnernetze und Verteilte Systeme, Article RVS-J-97-12.

Mechan-Schmidt, F. (2010), *A Nation Groans Under the Weight of Reform,* Times Educational Supplement (TES) 26 February, TSL Education Ltd., London.

OECD (2006), *Starting Strong II: Early Childhood Education and Care,* OECD Publishing.

OECD (2010), *PISA 2009 Results Volume I, What Students Know and Can Do: Student Performance in Reading, Mathematics and Science,* OECD Publishing.

Oelkers, J. and K. Reusser (2008), *Developing Quality-Safeguarding Standards-Handling Differentiation,* Education Research, Vol. 27, BMBF, Berlin.

Phillips, D. (ed.) (1995), *Education in Germany: Tradition and Reform in Historical Context,* Routledge, London.

Powell, J., et al. (2009), *Comparing the Relationship between Vocational and Higher Education in Germany and France,* Discussion Paper SP I 2009-506, Social Science Research Center, Berlin (WZB).

Reich, G. (2008), *The Development of Technology Education in Lower Saxony (Germany),* Bulletin of Institute of Vocational and Technical Education, Vol. 1, No. 5.

Reimann, A. (2010), *German Immigration Report Card: Integration Fairytale Fails to Spread from Football Field to Society,* Spiegel Online International, 7 July, available at: www.spiegel.de/international/germany/0,1518,705237,00.html.

Rodgers, M. (2005), *Curriculum Reform and Development in Baden-Württemberg with Particular Reference to Teaching English as a Foreign Language,* paper presented to the Sixth Israeli-German Symposium "Teacher Education, School Reform and Development", Beit Berl College, Israel, October 2005.

Russell, J. (1899), *German Higher Schools: The History, Organization, and Methods of Secondary Education in Germany,* Longmans, Green and Company, London.

Schmidt, B., et al. (2009), *International Lessons About National Standards,* Thomas B. Fordham Institute, Washington, DC.

Tessaring, M. and J. Wannan (2004), *Vocational Education and Training – Key to the Future, Lisbon-Copenhagen-Maastricht: Mobilising for 2010: Synthesis of the Maastricht Study, European Centre for the Development of Vocational Training* (*CEDEFOP*)*, Luxembourg,* http://ec.europa.eu/education/lifelong-learning-policy/doc/policy/cedefop_en.pdf.

Troltsch, K., G. Walden and S. Zopf (2009), *All Quiet on the Eastern Front?,* BIBB Report, Vol. 3, No. 12, BIBB, Bonn.

UNESCO (2010), *TVETipedia,* www.unevoc.unesco.org/tviki_front.php, 16 November 2010.

Werning, R., J. Löser and M. Urban (2008), *Cultural and Social Diversity: An Analysis of Minority Groups in German Schools,* The Journal of Special Education, Vol. 42, No 1, Hammill Institute on Disablities, Austin, TX.

Wößmann, L. (2007), *Fundamental Determinants of School Efficiency and Equity: German States as a Microcosm for OECD Countries,* IZA Discussion Paper No 2880, Institute for the Study of Labour (IZA), Bonn.

第十章
教育改革之插曲篇：
英国、波兰和瑞典

本章简要描述了英国、波兰和瑞典这三个国家具体的教育改革。

在英国，政府发起了吸引更多准教师的运动，成功解决了师资短缺问题。英国所采取的策略之所以能够成功，在于应用了双管齐下的办法，即将宣传活动与财政援助结合起来。目前英国政府已实现了其招录目标。

2000年以来，波兰的教育改革已经在中等教育质量方面取得了令人瞩目的成就。改革包括三个要素：① 提高接受中等和高等教育的人口比例；② 保证平等的受教育机会；③ 提升教育质量。现在，波兰的PISA成绩显示，不同学校之间学生的阅读、数学和科学表现的差异已经明显缩小。

瑞典已经在国家层面做出了承诺，要为移民成人和学童进行瑞典语教育。该承诺提出了一个全面而广泛的语言课程，通过加强财政上的投入，让学校开办这些服务项目。因此，瑞典移民学生的学习成绩引人瞩目。

本章简要描述了英国、波兰、瑞典这三个国家的具体改革案例，包括英国师资短缺问题的解决、波兰的中学教育改革问题和瑞典移民学生的教育问题。

第十章 教育改革之插曲篇：英国、波兰和瑞典

英国：师资短缺问题的解决

世纪之交，英国的大学难以吸引见习教师，因此，学校变得人手不足。本案例将介绍政府如何成功地吸引更多的人，让他们愿意去从事"教师"这个职业。

背景

培训与发展署（TDA）的前身为教师培训署（TTA），隶属于英国教育部，它担负了提升教师培训质量和招聘新教师的职责。培训与发展署一直关心教师招聘，但在早些年，其大部分精力（和资源）都花费在提升供给质量方面。为了应对师资短缺的危机，政府赋予了培训与发展署较大的责任，以便开展全国范围内的新教师招聘活动，并鼓励大学也参与其中。2000年，在新一任的行政长官的推动下，培训与发展署为招聘教师制定了一个非常明确的战略方针。

当时，教育部长大卫·布伦吉特（David Blunkett）与新任首席执行官一道，说服财政大臣戈登·布朗（Gordon Brown）在2000年的财政预算中额外拿出1.5亿英镑来支持培训与发展署新的招募策略。

额外资金用在两个主要领域。

（1）一次新的全国宣传活动。雇用国际一流的广告和招募机构对"从教"的动机和阻碍因素进行大规模的市场调研，并对相应的营销策略予以奖励。

（2）给予实习教师资金援助。给所有学员提供一次性并免税的6000英镑的培训助学金，以支持他们通过教师培训，还有高达4000英镑的"丰厚签约金"。这一数额按学员的职业、他们所教科目来决定，特别是担任师资力量短缺科目的教师，比如数学、物理教师能拿到全额的助学金。

助学金和丰厚聘金组成的"大礼包"是此项新广告宣传活动的核心。这一新的宣传活动强调的教学理念是教育会"使你与众不同"，旨在改善教学作为一种职业的社会地位。该活动也鼓励人们参与其中，广告中首次出现了全国咨询电话。广告词"不要想想而已——请联系我们"更容易被人们所理解。也可以让培训与发展机构收集一些正在考虑"从教"的人们的数据，监控有多少人在询问此事，分析正在被询问的问题，以及向目标群体发出更多的信息（比如最为显著的是缺乏数学和物理专业的毕业生）。

培训与发展机构新方案的最终元素是转变教学方式，强调教师掌握的技能要有

教育系统中的成功者与变革者
美国从国际学生评估项目中学什么？

多样性和灵活性，以及课程教学的多元化。培训与发展署也开始积极倡导教学作为一种"职业生涯第一站"，即可以在转行之前先从教几年（专栏10.1），其中有些因素在下面会有更详细的介绍。

专栏10.1

以教为先

培训与发展署与2002年成立的独立教育慈善机构——"以教为先"开展了密切的合作。通过将优秀的毕业生转变成各个行业中高效、能干的教师和领导者来解决师资不足的问题。"以教为先"的目标是把通常没有考虑从教的毕业生安置在具有挑战性的学校里面。美国首屈一指的"美国教育行动"模式要求毕业生到薄弱学校任教2年。特殊的教师培训、丰厚的薪金吸引了毕业生，并且由一流的公司或企业来做指导并授予硕士学位。

精心策划的招聘活动

培训与发展署的主要目标之一是更好地了解"客户"。把学生分为三大类，① 将要从事教学工作的；② 考虑从事教学工作的；③ 不考虑从事教学工作的。

最初，培训与发展署尽量争取从第二类"可能从事教学的"中间招聘教师。他们想鼓励人们认真考虑一下把"教学"作为一种职业选择，但是又有各种各样的障碍，比如培训上的经济负担。

为了进一步完善这一宣传活动，培训与发展署接着对潜在的教学人员进行深入的市场调研，然后将其分为三大类：

（1）本科生和研究生——大学毕业即将离校、寻找工作的学生；

（2）求职者——年龄在25～30岁之间，已经毕业，还没有稳定的职业，但是现在还在寻找工作的年轻人；

（3）跳槽者——已经工作了，但对目前工作不满意的人员。

在过去的10年中，求职者和跳槽者的比例在增长——现今大约有50%的教师培训成员已过了25岁。这主要表现在新的宣传口号中，如"用你的智慧来教学"——来吸引在目前的工作中没有发挥他们大学所学的人。在最近的宣传活动中，用"把你的才华用到教学中去"这一口号吸引这三类中有可能从教的人。

对潜在成员进行综合分析后，广告公司也开发了"利己的理想主义者"的形象来定义未来的准教师，并且策划了营销活动。经证实未来的教师们受到了激励，他们也想从事一种能给他们丰厚回报并且个人满意的职业。

开辟"从教"新路径

为了拓宽"教师"申请渠道，培训与发展署开发了一系列方案来培养合格的教师。自2006年起，有多达32个可取得合格教师身份的渠道。其中，最重要的两项包括：

（1）大学提供的职前师资培训的大学或研究生课程，这仍然是教师入门（知识）的主要途径之一。

（2）毕业生教师计划（GTP）方案。这个方案由政府在1998年建立，当时规模还比较小。2005年以来，该计划得到持续发展。目前该计划招聘的教师占到了新教师的10%左右。GTP是在职培训计划，允许那些正在工作的大学毕业生申请教师资格。对于那些想改变工作去从事教学，而培训期间又需要继续工作赚钱的人来说，这是个特别不错的选择。根据该计划，新教师在培训期间的工资比较低，因为他们还没有拿到教师资格证书。2000年，培训补贴的拨款是13 000英镑，这是确保这项计划成功的重要因素。尽管这些新教师不得不接受骤减的薪水，但是新的工资标准可以让因为资金限制而无法从教的人士重新考虑。

鼓励出现更多的科学和数学教师

数学和物理毕业生的缺乏是最难破解的问题之一。培训与发展署给工程师、会计师、生物学家等提供长达六个月的额外培训，从中增加了数百个数学、物理和化学方面的准教师。

培训与发展署对财政危机迅速做出了回应——发起一些特殊的"银行家从教"的活动，力图吸引前金融市场专家从事教学。培训与发展署也通过频繁的市场调研来密切监控财政刺激所实现的价值，并相应调整助学金标准。

影响

在广告活动推出的三个月里，拨打全国教师招聘热线电话的人数增至原来的三倍。教师缺口在2000—2001年度开始减少，到2003—2004年度，所有学科的教师空缺率减至不到1%。数学和物理是教师短缺的两个最大学科。然而，到2003—2004年度，培训与发展署在这些学科方面取得了重大进展。新入职的数学教师人数从1999

年到2005年间翻了一倍。在2002—2003年度，理科招聘提前一年完成其招聘计划。"理科"包括备受新教师青睐的生物，以及短缺较为严重的物理和化学。

结论

培训与发展署战略的成功取决于其双管齐下的方法。采用有效的宣传攻势和一揽子资金救济相结合，这也被证明是非常有效的途径。现在实现了招聘目标，培训与发展署可以进行一些有关招聘最优秀的毕业生障碍的研究。最近，它调整了其广告及市场推广的重点，开始由量向质转变。

对于招聘一个跳槽者来说，财政激励是较为有效的措施。在紧缺领域实施该措施要比在一般的教师队伍中更起作用。培训与发展署2005年教师培训和教学的财政刺激的评审更加突出了这一点：

小组和案头研究的迹象已经表明：决定把教学当做职业很大程度上是出于情感而不是经济原因。比如，TTA麦肯恩市场调查揭示，他们最关注的因素是教师行业的社会价值、与儿童一起工作、长期的职业生涯和对学科的热爱。17种助学金中，教育学研究生文凭（PGCE）助学金仅排在第13位。

然而，对于招聘那些紧缺学科的教师、小学男教师和有紧缺专业背景的跳槽者来说，财政激励更为重要。这特别适用于可能成为数学和科学教师的人，他们从媒体的报道中了解了他们的价值（物以稀为贵），这一点也被他们所证实了。

波兰：中等教育改革

2000年以来，波兰在中等教育质量方面有了显著提升。这个案例概述了该国的改革已大幅提升了其中等教育质量。

1989年前高度分流的教育系统

从战后一直到1989年，波兰的教育侧重于为就业而培养年轻人。在这个社会主义国家，特别是对穷人、能力不强以及弱势群体而言，职业教育被看做一条实现、保证终身职业的途径。学生7岁入小学，一直到15岁，才能够为自己的职业生涯做出决定。中学教育的选择是基于严格的配额考试（kuratoria）成绩，并且学生没有重考的机会：

（1）成绩处于下等的学生被分流到个体工业部门管理下的两年制职业学校就读。

（2）大约1/3的学生被送到两年制的中专学校，将来会成为技术人员。

（3）20%的尖子生进入到三年制的普通预科中学（general secondary lyceum）。他们要学习普通课程，准备毕业考试即高考。

到20世纪90年代早期，在经合组织中，波兰是中等教育和高等教育入学率最低的国家之一。（OECD, 2010）

始于1989年的教育改革：职业学院（technical lyceum）的诞生

随着波兰共产党失去执政地位和走向自由市场经济，原来负责中等基础职业学校运行的产业已经出现衰退，既不能很好地资助这些学校，也不能保证其毕业生的就业。教育部临危受命开办了基础职业学校，但其接纳的学生还不及原来的在校生多。此外，父母也看到，在新的社会里有更多的机会，他们想让孩子有更好的选择。因此，普通中学以及中等专业学校就增加招生。一些基础职业学校变成普通中学，但比其他公立中学的入学标准要低。这使更多的学生有了接受高等教育的机会，但没有达到让他们上国立大学的水平。一些小城市里涌现出一批大学来接纳这些学生。

1993年，引进了一个新型的中等职业学校，即四年制的技术学院。技术学院对学生进行普通中学教育，有电气工程，商业和管理，各种工业如纺织、通信和运输方面的培训。像普通中学的学生一样，他们也要进行毕业会考（Mature）。

20世纪90年代末的结构改革

1997年，政府最新出台了一揽子改革计划，包括教育体系改革。到1998年1月，教育部确立了教育改革的三大主要目标：

（1）增加受中等和高等教育的人口比例；

（2）确保平等的受教育机会；

（3）提高教育质量。

为实现这些目标，教育部实施了一系列结构性改革。其中一个重大变化是学校系统结构的改变。国家开始实行6-3-3学制，而不是8-3或者8-2学制。这意味着，学生从7~12岁上小学；在13~15岁读初中；然后高中是三选一，即普通（预科）中学、技术学院或基础职业学校。因此，15岁之前，所有学生将学习相同的课程，包括阅读、数学和科学。这给普通（学术）学生提供额外一年的学习时间，而不是要接受一年的职业培训。

这种新的办学格局给这个系统带来了契机，使这个系统产生了显著的变化。

（1）中学阶段新的核心课程。期望教师不再照搬老的教学方法，尤其要考虑到对那些成绩不好学生的期望较低，认为他们应该就读于基础职业学校，要改变教师的这种观念显得更为重要。

（2）实行国家课程标准，但地方可开发课程。这将促使教师关注教育的三个维度：获取知识，发展技能和养成态度。希望改变相应的教学理念和学校文化。

（3）建立问责制度来监测结果。教育部创建了一个外部评价制度，分别在小学毕业、初中毕业和高中毕业时实行，来确保学校教育朝正确的方向发展。目前所有的中学生都要参加这个会考（Matura）。

结果：显著的提升

2000年的PISA测试和2003年的PISA测试是划分波兰新老教育模式的标志。在2000年的PISA测试中，波兰学生的平均成绩为479分，远低于经合作组织500分的平均值（OECD，2000年）。更令人不安的是，波兰超过21%的学生的水平，只达到1级或更低。PISA结果还显示了普通教育系统和基础职业学校系统之间，学生能力的真实差距，近70%的基础职业学校被测学生的阅读水平都在最低层次。

至2003年，PISA结果显示，波兰的学生取得了显著进步（OECD，2003）。平均成绩提高到497分。到2003年，400分以下的学生的比例从2000年的21.4%下降到15%左右；而且有13.7%的学生取得了600分以上的成绩，而2000年只有10.6%。2000年的PISA测试和2003年的PISA测试比较显示，不同学校之间的学生在阅读、数学和科学之间的差异显著降低。事实上这是所有欧盟和经合组织国家中差距降低最显著的国家，这个趋势并且继续保持了下去，到2006年，所有学生的平均分数又上升了37分，达到了534分。此外，波兰社会和经济研究中心所做的调查显示，根据新的测试，对于以前曾分流到基础职业学校的学生，在接受了一年额外的普通高等教育课程后，分值上有了115分的显著提高。（Wiśnieski，2007）

在2000年参与测试的15岁的孩子已进入三种不同层次的学校。在2003年和2006年，接受PISA测试的15岁的学生都在普通中学学习。这些学生不仅在学术领域有较强的基础，而且2006年的学生也学习了修订后的初级课程以及新的预科课程。学校之间差异减小的原因也可能是由于2003年和2006年在预科学校学习的学生，不像在旧的体制下那样依据学术能力而进行分流。

瑞典：对移民学生成绩的可能性解释

瑞典不是一个同质化的国家，全国有一百多种语言，近20%的中小学学生使用其他语言而不是瑞典语，超过13%的居民是在国外出生的。为了解决这种多样性问题，瑞典致力于在全国范围内对移民成人和学校儿童进行瑞典语教育。它提供了全面而广泛的语言学习项目，对提供这些服务的学校给予财政方面的支持和刺激。因此，瑞典移民子女的学习成绩显著。本部分探讨的是政府的政策对该现象的解释。

二次世界大战后，当国家对来自北欧、波罗的海和其他欧洲国家的移民和难民提供援助时，出现了涌向瑞典的稳定移民潮。到20世纪60年代，出于经济因素的许多移民来到瑞典，他们大多来自北欧国家。然而，到了70年代，出于政治原因的移民开始抵达。20世纪70年代，移民来自智利；80年代，移民来自波兰、伊拉克和伊朗；90年代，移民来自前南斯拉夫、索马里和非洲其他地区（OECD，2009）。来自欠发达国家的移民比例从1980年的13%上升到2000年的36%（Taguma，2010）。

瑞典意识到了移民早期语言习得的重要性。自20世纪70年代以来，具有居留证在外国出生的成年人有权依法享受240小时的免费瑞典语培训。瑞典在教育公平上具有悠久的历史，法律框架赋予移民子女享受瑞典语和母语教育的权利。

对儿童的语言支持

对于移民儿童，瑞典政府采取了与澳大利亚、加拿大、荷兰和瑞士等类似的做法，即采用高强度课程培训来缩小移民者和本地居民之间语言学习的差距。

对新到的学龄儿童，在校必须将瑞典语言作为第二语言（SSL）来学习，这也是该项目核心内容的一部分。其目标是使学生能够通过必要的说和写的语言技能来理解和表达复杂的思想。SSL是一种显性课程，其要达到类似于本土瑞典学生要求的标准。事实上，在中等学校的SSL等同于瑞典常规语言课程，以便于学生接受高等教育。最近，移民学生在SSL方案中保持平均6~12个月的学习时间。然后，他们转入主流学校，但通过提供给他们的"母语学习指导"，有老师帮他们来完成过渡。这些教师在主流课堂上往往会对一小组移民学生进行指导。

在瑞典的教育系统中，移民子女不仅可以将瑞典语作为第二语言来学，他们也有权在学前接受母语教育。在持续到九年级的义务教育中，移民子女可选择使用"母语教学"，以了解其来源国的文学、历史和文化。这种强调对自己母语的学习被认为可以促进学习、读写和其他技能，并且可以迁移至对第二语言的学习和应用上。在所有学校，只要有五名学生要求增加这样的学习，学校就需要增加这样的课程（OECD, 2009）。

瑞典的学校也有财政激励措施，来支持为这些移民开设综合语言课程。20世纪90年代落实到位的基金制度，可提供助学金并追踪到每个学生选择的学校。国家政府追加给市级资金来实现各市之间的资金均衡，市级有权分配教育经费的使用。他们倾向于依据每名学生的情况直接给学校提供整笔款项，再加上特殊学生需求的额外拨款，还包括对非本地学生的语言培训拨款，这些额外的资金对于为学生提供这种需要的学校是一种激励。他们还鼓励瑞典的学校提供高质量的语言课程，以吸引更多的家长和学生到他们的学校里来。

对成人的语言支持

瑞典不仅优先考虑移民学童的语言教育，同样重视对他们的父母和其他成年人的语言支持。如上所述，瑞典通过其对于移民实施瑞典语项目（SFI）来保证成人240小时免费语言教育，这是侧重于职场中的移民。

最近，通过对移民者的倡议，做了大量工作来加强移民瑞典语项目（SFI）教育。他们的口号是"更好的质量和更严格的要求"。这一倡议为移民瑞典语项目（SFI）课程提出了更清晰的目标，标准化的最终国家评估，对移民瑞典语项目（SFI）的教师提供效绩奖金。新举措还为成人创建了三个不同的教学大纲，因为他们清楚有些移民需要更为强化的训练才能达到熟练程度。

对成绩的影响

2007年国际数学与科学教育成就趋势调查（TIMSS）结果显示，瑞典的本土和移民学生，在数学和科学方面超越了国际同龄人（Taguma, 2009）。同样，2006年国际阅读能力进展研究（PIRLS）显示，瑞典第二代移民学生的成绩优于大多数国家的第二代移民。此外，他们大幅减小了和本土瑞典人之间的成绩差距（Taguma, 2009）。在2006年的PISA研究中，在瑞典的第一代移民的成绩中等，第二代移民在科学和数学方面达到了经合组织的平均水平，在阅读方面要高于平均水平

（OECD，2007a）。这表明，对于有移民背景的学生，在瑞典的学校里呆的时间越长就越能受益。

成功的因素

《帮助移民和第二代学生成功的语言政策与实践》（Christensen and Stanat，2007）研究结果总结了瑞典方案成功的一些可能性因素：

（1）有标准清晰的系统性方案。

（2）课程遵循国家统一的核心框架，但具体水平由本地决定，包括语言发展框架和进度基准。

（3）高标准。学生在主流课程的背景下习得语言技能，并能融入适宜的教学水平中去。

（4）集约时间的方案。

（5）给中小学生提供持续支持。

（6）拥有教授第二语言学习的专家型教师，他们要么通过初步研究来学习，要么通过在职培训来教育，要么在第二语言教学方面具有研究生学位。

（7）为了确保满足移民学生的需求，第二语言学习者的教师与班主任之间建立良好的合作关系。

参 考 文 献

Chatterjee, A. (2008), "The Swedish Model of Education", *CCS Working Paper,* No. 187, Summer Research Internship Programme 2007-2008, Centre for Civil Society, New Delhi.

Christensen, G. and P. Stanat (2007), *Language Policies and Practices for Helping Immigrants and Second-Generation Students Succeed,* The Transatlantic Taskforce on Immigration and Integration, Migration Policy Institute (MPI) and Bertelsmann Stiftung.

Jakubowski, M., H.A. Patrinos, E.E. Porta and J. Wiśniewski (2010), "The Impact of the 1999 Education Reform in Poland", *OECD Education Working Papers,* No. 49, OECD Publishing.

Kerr, R. (2009), "A Swedish Model for Education?" *Education Forum,* No. 130, September 2009.

King, S., et al. (2004), *The Structure and Funding of the School System,* report to Victorian Department of Treasury and Finance, The Melbourne Institute of Applied Economic and Social Research.

Lemaître, G. (2007), "The Integration of Immigrants into the Labour Market: The Case of Sweden", *OECD Social Employment and Migration Working Papers,* No. 48, OECD (2000), Knowledge and Skills for Life: First Results from PISA 2000, OECD Publishing.

OECD (2003), *Learning for Tomorrow's World: First Results from PISA 2003,* OECD Publishing.

OECD (2007a), *PISA 2006: Science Competencies for Tomorrow's World,* OECD Publishing.

OECD (2007b), *OECD Factbook 2007: Immigration Population,* OECD Publishing.

OECD (2009), *OECD Thematic Review on Migrant Education: Country Background Report for Sweden,* OECD Publishing.

OECD (2010), *PISA 2009 Results Volume I, What Students Know and Can Do: Student Performance in Reading, Mathematics and Science,* OECD Publishing.

Patrinos, H.A. (2010), Using PISA to Assess the Impact of Education Reforms, World Bank, Was-hington, DC, available at www.google.com/url?sa=t&source=web&cd=3&ved=0CCIQFjAC&url=http%3A%2F%2Fepdc.org%2Fpol.

icyanalysis%2Fstatic%2FPatrinos_Session_4.ppt&ei=5EFsTIm_EYP98AbahsyqCw&usg=AFQjCNGVjWSs5DppXxiy9HXAYlEues10iQ.

Swedish Ministry of Education and Research (2008), *Funding the Swedish School System,* Fact Sheet, Swedish Ministry of Education and Research, Stockholm.

Taguma, M., et al. (2010), *OECD Reviews of Migrant Education: Sweden,* OECD Publishing.

TIMMS (2007), *International Mathematics Report: Findings from IEA's Trends in International Mathematics and Science Study at the Fourth and Eighth Grades,* TIMMS & PIRLS International Study Center, Boston College, Chestnut Hill, MA.

US Library of Congress (2010), *Poland Country Report, US Library of Congress,* Washington, DC, available at http://countrystudies.us/poland/42.htm。

Wiśnieski, J. (2007), "Secondary Education in Poland: 18 years of changes", *paper presented for the Fourth ECA Education Conference, Tirana, 24-26 October 2007,* available at http://siteresources.worldbank.org/EXTECAREGTOPEDUCATION/Resources/444607-1192636551820/Secondary_education_in_Poland_jwi_4r.pdf。

第十一章
美国能从中学到什么？

概　要

美国总统奥巴马发起了全球最雄心勃勃的教育改革议程。2010年由联邦政府拨款资助的名为"力争上游"的计划启动，这是该项教育改革议程推进的里程碑。它鼓励美国各州改变预期和组织文化，通过采用统一的、达到国际化的基准标准及评价，为学生在大学和工作场所中的成功做准备；招募、培养、奖励和维持高素质师资队伍；创建数据库，测量学生的表现并告知教师和校长如何完善他们的实践；改造薄弱学校。

根据PISA及OECD的比较数据，第二章为我们展示了国际范围所谓"上游者"的表现，后续章节对一些表现卓越和进步迅速的教育体系进行了描述。结合PISA的测量，不仅介绍了位居上游教育体系的主要特征，还阐述了如何能够很快提升甚至是攀升至上游位置的教育体系。

2010年5月，也就是本报告刚刚开始着手准备的时候，40个州及哥伦比亚地区在语言和数学领域联合制定了周密的、达到国际基准的教育标准并签订了实施协议，这是改革的一大支柱。经合组织作为各州筹建的评审工作小组成员有幸参与了对这些标准的评审和论证。奥巴马政府投入超过10亿美元继续支持这些标准的实

教育系统中的成功者与变革者
美国从国际学生评估项目中学什么？

施，加强各州及地区在阅读、科学、技术、工程及数学方面的教学标准及其实施。本报告的前几章节重点强调了这些标准对许多表现卓越教育体系作用的重要性，同时还表明制定一套全面、完善的共同标准只是迈向世界级课堂教学水平的第一步。

几乎本报告中所提到的每一个国家都大力支持师资队伍的招募、培养、奖励和保留，这与"力争上游"计划所做出的努力如出一辙。实际上，此种对优质教学和培养卓越学校领导力的一贯支持是政策和实践的重要组成部分。而这些政策与实践推动着教育体系走向卓越，如报告中所描绘到的加拿大、芬兰、日本、中国上海和新加坡。

如何成功改造薄弱学校和在水平等级上表现不佳的学生，第二章的比较分析及报告中的国家报告为我们提供了丰富的例证。为了实现上述目标，波兰通过教育体系的改变，在中学阶段取消对低学业成就期望学生的分轨，这样做使教师和学校无法把来自弱势家庭社会背景的学生分流出去，迫使他们要面对向每一名学生提供高质量学习机会的挑战；德国也取得了类似的进步，针对处于劣势的学生，学校与社会各界采取一致行动为他们提供各种学习机会；中国上海通过把优秀的专家派往绩效不佳的学校来改进他们的表现。奥巴马政府正在加强对绩效不佳学校的改造，以使这些学校能够更好地为处于劣势的学生服务。

教育数据系统的建立是"力争上游"计划的第四个支柱，但这并不是本报告所关注的内容，因为美国在数据系统领域是处于领先水平的。

后续部分将会整合报告中先前的分析，通过考察不同教育体系的成功政策及实践，从而得出一个更为宽泛的结论与经验。在过去十年间凭借这些政策及实践，这些国家在PISA测试上取得了持续的好成绩或迅速完善了其教育结果。国家及州的教育体系非常复杂，职能的运行在很大程度上依赖于与其他体系的互动。而其他体系也仍然十分复杂，并且文化、政治、社会和经济因素会对教育体系的目标和效率产生直接影响。这些因素与国家及州教育体系的成功有关。本章节将聚焦前面章节所提及的这些因素。在国家报告中已对进行比较的国家中的这些因素有过描述。

本章所得出的经验旨在呈现各国如何实现体系及其学校的卓越表现，但什么是"卓越表现"？PISA的界定是，如果一国大部分的学生在适当的年龄进入中学，且平均成绩高，同时处于最高1/4的学生也位于其他国家1/4学生的行列；学生成绩与其社会经济背景的相关性很弱；生津费不是主要的讨论议题；那么这样的表现能称得上"卓越"（掌握发达经济体所需的各类复杂知识和技能，并将其应用于不熟悉的问题解决之中）。换句话说，卓越表现指高参与、高质量、高均衡和高效率。

第十一章 美国能从中学到什么？

正如第二章所示，美国15岁学生的阅读和科学成绩处于OECD国家的中等水平，数学成绩则处于平均水平以下。在美国，成绩分布较为宽泛，两端长，既有很大一批表现优秀的学生及学校，同时也有很多表现不佳的学生及学校。第一，各州成绩存在差异性。根据PISA的阅读测试结果，美国东北部公立学校的平均成绩为510分，比OECD国家的平均成绩高出17分（大致与荷兰的成绩相当）；紧随其后的是中西部地区，为500分（大致与波兰的成绩相当）；西部的成绩为486分（大致与意大利的成绩相当）；南部的成绩为483分（大致与希腊的成绩相当）。

第二，学校间的成绩差异更大。为什么公认的表现卓越的国家还继续派代表团来学习美国的教育？原因之一就是在美国能够找到有趣的、令人兴奋的且具引领性的教育实践案例。许多观察家认为，在美国，无论是从初级学校还是研究型大学，都能够找到顶级的教育机构。

这也是为什么对教育具有强烈专业兴趣的人们通常都会对美国如此着迷。未来属于在创造力和创新上的世界引领者，这是许多高级政策专家所确信的。具有如此环境的国家不仅能够创造出新的业务，还能开创出崭新的行业。尽管在前沿美国遭到了许多国家的挑战，但其他国家的教育家还是来到这里看美国是如何孵化出经济中的高端创新。

也许有人会认为，要想组织一国或一个州的教育体系，并使其达到世界级的水平，只存在一种最好的途径。但从前面的章节看，情况并非如此。此外，本报告的简要部分提出了一个观点，即各国似乎松散地沿着经济发展的路径推进其教育发展。教育发展演进的路径特征是：教师素质从相对较低到相对较高；关注点从低水平的基础技能转向复杂的、高水平的技能和创造力；工作组织从泰勒式到专业模式；主要问责从上级领导分散到专业的同事、家长和公众；在理念上，从认为只有一些学生能够或需要达到较高的学习标准，转变为确信每一名学生都需要达到此种标准。前面章节旨在让我们更好地去理解一些国家是如何坚定拥护此条道路的，且迅速地进行了革新。

考察一国是如何在教育中逐步走向卓越的历程时，需要考虑其独特的历史和经济发展的演进过程，要认识到每个国家在教育体系上具有不同的价值观和不同的优势及劣势，并采用不同的策略达到世界水平的教育结果。更为通俗地讲就是"解决问题的办法不仅只有一种"。本报告中的案例为我们呈现了不同的路径，但发展的过程及促成卓越表现的因素并非随意、无章可循的。本章关注的正是这些促成教育成功的共同的、潜在的原则。

教育系统中的成功者与变革者
美国从国际学生评估项目中学什么?

对美国而言,各团体及州处于不同的发展阶段,记住这一点很重要。对某个团体或州而言,与其匹配且最为有效的教育体系是不尽相同的。这取决于他们各自所处的发展阶段。如同高收入的国家、高收入的州也需要尽快达到并保持在教育体系上的高绩效,从而得以长期地提高和维持公民的生活标准。以下内容将聚焦美国与其他高绩效教育体系国家的比较。美国各州教育体系需要分别实现高绩效,也许其他国家与个别州具有可比性。比如,在规模、人口及统计上,芬兰与美国或波兰与美国是不适宜作比较的,但芬兰与美国的明尼苏达州、加拿大的安大略省与美国的马萨诸塞州、波兰与美国的加利福尼亚州是可进行比较的。

一些人认为与美国教育进行比较的价值是有限的,因为在世界大家庭中美国是极为独特的。但第二章的分析也让我们清楚地认识到美国并非那么独特,至少在人口或社会经济上。事实上,美国具有许多社会经济优势。正如第二章所示,它比任何一个比较国都要富有,并且在教育花费上超过他们。与大部分国家的家长相比,美国的家长具有更高的教育水平,并且社会经济处于劣势的学生比例大约为OECD国家的平均数。但通过比较发现,在美国,社会经济上的劣势的确对学生的成绩产生了相当大的影响:学生社会经济背景对成绩的解释率为17%。加拿大和日本是本报告进行比较的基准国家,它们的该项解释率为9%。换句话说,在美国每2名具有不同社会经济背景的学生,他们成绩的差异要比OECD国家同等情况下的大。在社会经济背景对阅读成绩的影响上,只有匈牙利、比利时、土耳其、卢森堡、智利和德国比美国的大。在美国,学生成绩与其社会经济背景相对紧密的关系并未得到学生群体或社会在社会经济特征上更为多元化的解释。这主要是因为与其他国家相比,美国学生社会经济背景上的劣势对其教育表现产生了更为直接的影响。尽管社会经济背景与学习结果间具有很强的相关性,但仍然有超过20%的美国15岁学生就读于社会经济处于劣势的学校之中,且他们的成绩达到了芬兰的平均成绩标准——芬兰是教育体系表现最为卓越的国家之一。这种情况也出现在美国最为劣势的学校之中。显然,这说明了社会经济背景上劣势所提出的挑战不仅在其他国家得以成功地解决,同样美国许多学生及学校也解决了该问题。

一些美国的教育家声称其他国家只培养精英学生,而他们对每一名学生的教育负责。但这在数十年内是不会成为现实的。PISA 2009测试显示在美国入学的15岁孩子的比例为82%。在OECD 34个国家中,该比例名列倒数第三,仅高于墨西哥和土耳其。学生群体中,在少数民族、移民和非母语人士比例的分布上,美国的情况也很特别。尽管这部分群体的比例在美国很高,但这并不是美国独有的现象。重要的是，许多移民学生和非母语人士比例与美国相当或超过美国的国家，他们的表现比美国的好，并且社会经济背景对学习结果的影响也较为温和。

此外，本报告所考察的大部分体系，他们的规模都与美国相当。在一些较大的联邦制体系中，如加拿大、德国和巴西，他们的省及州在教育事务上具有国家政府所赋予的与美国各州同等程度的自主权。在中国，上海和香港地区拥有很大的自主性。所有这些在法律上的权力分配都是本报告所关注的。除了德国和日本之外，在教育事务上，这些国家或在联邦原则下的各州，具有与美国同等的权力范围。通过数据比较和深度的国家研究所得到的经验与启示能够帮助美国提升其学生成绩。

还有文化上的问题。其他国家的文化与美国有着很大的不同，以至于这些国家的政策及实践无法在美国推行。也许许多人忽视了从文化的角度来考虑教育成就。即使实施了相同的政策及实践也会产生截然不同的结果。的确，文化会对一国的学生成绩或学习结果产生影响。通常具有儒家文化传统的国家非常看重教育和学生的在校表现。许多观察家认为，这种文化特质赋予了这些国家巨大的优势。但具有儒家文化传统的国家所取得的教育成就也只是近期的，并且不是所有具有此种文化传统的国家的学生都取得了很好的成绩。也许儒家文化只是一种遗产，而不是成功的保证。此外，芬兰和加拿大的文化同样也非常重视教育。这说明对教育的信念并非儒家文化所特有的。公平地说，任何事情都是平等的，重视教育的国家，他们的学生成绩要好于那些不重视教育国家的学生。家长寄予教育的期望也是文化作用的结果。然而，这些教育愿望如何与教育政策及实践相互作用，这是一个重要的课题并值得进一步研究。

我们能从中学到什么呢？如果一国想要取得较好的教育成就，那么就要劝说他们的国民做出选择并证实教育高于其他国家利益，这是政治和社会领袖们义不容辞的责任。文化是涉及价值观的问题。前面的章节展示了价值观如何随着经验的累积而发生转变。如果美国不像其他那些取得较好教育结果的国家那样重视教育，那么就不可能取得与他们同样的教育成就。

一个世纪以前，美国曾史无前例地重视教育：设计属于自己的教育体系，尽一切可能向他国学习。向德国学习普及基础教育和创建现代研究型大学的理念；向苏格兰借鉴当时世界最好的职业技术教育体系的理念，苏格兰人成功发展了苏格兰机械学院的办学理念，跻身于世界顶尖技术引领者的行列；全盘效仿英格兰著名公立学校的模式设计，如伊顿和哈罗公学，创建美国顶尖的私立中学。

不过，这种开放的心态，向他国学习的热情随后便消退了。二战后，只有美国

教育系统中的成功者与变革者
美国从国际学生评估项目中学什么?

有充足的资源扩充其教育体系并迅速跻身于世界教育水平的前列。也许美国认为,一旦成为领导者则将永远处于领先的位置。也只是近几十年来,美国才开始注意到,其他国家的学生在许多方面的表现都要优于本国学生。于是,重新唤起了他们对国际比较分析的兴趣。最近教育部长阿诺·邓肯(Arne Duncan)向OECD各国教育部长表达了关切之情,强调了实施教育领域国际标准和国家间交流合作,彼此互利互惠的重要性。①

向表现卓越的教育体系学习

对教育做出承诺并确信每一名学生都能达到高水平

许多国家宣称致力于孩子和教育事业是重要的。一旦与他国的承诺进行比较,考验就来了。参照与教师具有同等教育水平群体的薪酬,如何支付教师薪资?在录用前,如何权衡教育文凭与其他资格之间的关系?希望自己的孩子成为一名教师吗?媒体对于学校和教育的关注有多少?当需要团体做出抉择时,是体育重要还是学生学业成绩更重要?家长是鼓励孩子花很长时间努力地学习,还是花更多的时间在交友和体育活动上?

正如第二章所示,通常在教育体系表现卓越的国家中,教师的薪资都高于与其具有同等教育水平的群体,教育文凭也更具价值,用于教学服务的教育开支比例也比美国的高。如果在有可能成为律师、工程师、医生和建筑师的条件下,美国的家长不会鼓励他们的孩子成为学校教师。国家对教育的重视有可能会影响到学生对于学习的态度,是努力学习还是奔向球场或结交朋友;最具能力的学生是否会选择从事教职工作,还是会选择那些具有更高社会地位的工作。此外,这也会左右公众的意愿,是尊重专业教育者的观点,还是忽视他们的观点。

一些人会认为文化的问题是无法改变的。如前面章节所示,资源稀缺的国家,如芬兰、新加坡和日本,教育在这些国家的地位很高。因为这些国家的公民理解本国的国情,认识到国家如果要生存只有依靠人力资本,而人力资本取决于教育的质量。

一国对教育的重视程度与该国如何看待人力资本与其生存、发展方式的匹配有

---

① 该发言是2010年11月4日,在法国巴黎经济组织教育委员会部长级会议上所做的。

关。高度重视教育也许是构建世界级水平教育体系的前提条件之一。也许大部分过去不一定要依靠人力资本才能生存的国家未来也不会成功，除非他们的政治领导人解释为什么过去可以不依靠人力资本而现在却必须要这么做了。

如果教师、家长及本国公民认为只有一部分孩子能够或需要达到高标准，那么即使重视教育也无法让国家走得更远。本报告呈现了在这一方面的不同态度及观点。巴西继承了历史的遗留，在殖民地时期获得控制权的一方会认为被征服和被奴役的人们没有任何价值，他们是不值得被教育的；在德国，直至现在，人们还普遍认为工人阶级的孩子就要做劳动阶级的工作，他们无法从文法学校的课程中获益。PISA测试显示，学生对其未来教育的看法正好反映了上述态度。在德国只有1/4的15岁孩子表示他们希望继续上大学。实际上，真正愿意的孩子比这个还少。在日本和韩国，10名学生中有9名会表示愿意上大学。这些结果上的差异也体现在了各国学生成绩的分布和社会经济背景对学习的影响上。

此外，美国一些教育心理学家，如麦迪逊·推孟（Lewis Madison Terman, 1877—1956）就在广泛宣扬一种理念，即学生成绩主要是先天智力的产物，而非后天努力的结果。TIMSS（The Third International Mathematics and Science Study）测评的结果也反映了此种观点。在测试中，很大一部分的美国学生报告，在学好数学或科学这个问题上，他们需要的是运气而非努力。这种态度特征与学生的表现呈稳定的负相关。①

逼着那些自认为能力弱的学生达到高标准，教师会感到内疚。因为他们认为这对于这些学生是不公平的。教师的目标是：让每一名学生达到班级学生的平均成绩，而不是像芬兰、新加坡或中国上海那样要求达到统一的高标准。对美国学生的学校成绩和PISA成绩作比较发现，即使在学业水平相同的情况下，教师对社会经济背景处于弱势的学生的期望要低一些。这些学生的家长及其本人也要求不高。这对于美国教育体系而言是一个沉重的负担。唯有相信或按照所相信的那样去做，付出足够的努力和支持，帮助每一名孩子达到很高的标准，美国才有可能取得与其他表现卓越国家一样的教育成就。

相比之下，在芬兰、日本、新加坡、中国上海和中国香港，家长、老师和广大公众似乎都秉持一种信念，即每一名学生都有能力达到高标准并且也需要这么做。

---

① TIMSS测试结果显示，取得好成绩需要运气的态度与成绩的关系呈负相关。详见，Earling E. Boe（2002），Predictors of National Differences in Mathematics and Science, Research Report No. 2002-TIMSS2, University of Pennsylvania.

教育系统中的成功者与变革者
美国从国际学生评估项目中学什么？

如何利用公共政策实现全面的高标准？在这方面，本报告提供了许多可借鉴的案例。在教育体系表现卓越的国家中最为有趣的模式就是渐进式的转变。在系统层面学生被分流到不同类型的中学；课程层面从设置不同的认知需求水平逐渐转变为系统层面每一名学生都要上中学。这些国家并没有靠折中过去认知需求水平和设置新的标准来完成此种转变，而是采取"提升至高水平"的策略，要求每一名学生都要达到过去只对精英学生所作的水平要求。

加拿大安大略省认识到需要及早着手解决高中辍学率问题，发起了一项名为"促进学生成功"的行动计划（The Student Success initiative）。他们没有采用由教育部直接派出工作团队的方式，而是向各区提供资金雇用学生成功教师来协调各区在这方面的工作。教育部还向各区的领头人提供资金用于策略及措施的交流与分享；帮助每一所高中，让他们聘用得到省级资助的学生成功教师。根据要求创建一个促进"学生成功"的工作小组，跟踪学生早期的学业困难表现并设计相应的干预手段。[①]此项举措极大地改变了安大略省的教育体系，在短短几年时间里高中毕业生率就从68%提高至了79%。

芬兰则制定了不同的机制。"特别需要教师"（special teacher）担负了相同的职责：早期诊断；与课堂教师紧密合作，明确那些需要获得额外帮助的学生；独立工作或以小组的形式与那些学习困难的学生在一起，帮助他们跟上其他同学的步伐；明确问题，提醒特别需要教师并不是普通课堂教师一个人的责任。每一所综合学校都设立了"全方位专业关怀工作小组"（multi-professional care group）。该小组由校长、特别需要教师、学校护士、学校心理师、社会工作者和被关注学生的任课教师组成，每个月要来两次，每次时间为2小时。在与被讨论学生见面之前会事先与他们的家长接触。

整个新加坡教育体系的根基就是一种对教育的信念，即教育面向每一名学生，无论其种族背景和能力的高低；教育是通往前进的道路；在学校努力才是成功的关键，而不是学生先天的智力条件。

新加坡在小学阶段就有分流体系，但随着标准的提高逐渐被弱化。新加坡采用广泛的策略，确保尽早对存在学习困难的学生进行诊断，保证那些刚刚开始掉队的学生能够及时得到诊断，帮助他们尽快回到轨道。政府在经济和教育政策上的成功

---

① "学生成功计划"中的一个主要内容就是高中开设一个新的项目，即高技能专业。目的是向不选择传统学术性课程的学生提供一个完全不同的课程菜单。高技能专业为学生提供更多实践性强的课程，培养他们的就业能力。

引起了巨大的社会流动，达成了对国家使命的共识，并使得文化成为了支持教育的普世价值观。

对于这些教育体系，普遍的高期望并非一句口号，而是一种现实。刚开始掉队的学生能够很快被发现，他们存在的问题也能得到及时和准确的诊断，并且他们很快接受适宜的行动干预。毫无疑问，这表示部分学生能够得到比其他学生更多的资源。因为这些学生的需求更多。这正是使得最多的学生能够得到最多资源的道理。

对于大部分国家而言，转变观念是需要时间的。观念从过去认为只有一小部分学生能够实现要求转变为现在大部分教育者所拥护的立场，即所有学生都能达到要求。这需要具体的、全方位的政策制定和能力建设，并要拥有大量证据用以证实此种理念是能够被实现的。每一名学生都有可能达到高标准并且这么做是有必要的。唯有以此立场为前提所发展的教育体系才能实现在成绩上的持续好表现。近期美国联邦教育政策发展的重要内容是设置了清晰的期望，要求每一名学生达到共同的标准，并且对他们寄予同样的期望。2001年"不让一个孩子掉队"的法案要求所有学校朝着各州自定的"每一名学生都要达到熟练水平"的标准迈进。奥巴马政府支持各州实施更为严格的标准，为升入大学和未来生涯做准备。同时还更加关注教学系统和对教师的必要支持，从而保证每一名学生都能按照共同的期望被教授。未来的挑战是促成这些期望的达成，使学生、家长和学校辅助体系呈现出现代最发达教育体系的特征。

构建体系内共享的，具有进取性、针对性和连贯性的教育标准，且与高利害选拔路径和教学体系相互联系

通常美国15岁孩子对其在PISA测试中的学业表现评价很高。尽管实际上他们并没有表现得十分优秀。这是基于文化的因素。在美国，学生会受到表扬的表现，不一定在那些卓越的教育体系中也受到褒奖。PISA结果显示，OECD国家中学校风气良好的学校或国家，他们能取得较好的成绩。学校风气良好的特征是教师对学生具有高期望、学生愿意付出努力、良好的师生关系和较高的教师士气。

将社会与学习结果间关系期望的阐述转化为教育目标或标准，是近几年来各国的发展趋势。本报告中出现的所有表现卓越的国家，他们为学生制定了具有世界水平的学术标准，并且这些标准的存在是对教育体系全面状况的一种持久性的预测。在OECD国家，标准制定的范畴很大，宽泛到对教育目标的界定，具体到在学科领域对能力期望准确地描述。无论何种路径，这些标准都促成了教育体系的卓越表

教育系统中的成功者与变革者
美国从国际学生评估项目中学什么？

现，为各年级构建了严密的、有针对性和连贯性的内容。这样就减少了各年级间课程的交错，减少了各班级在课程实施上的差异，有助于不同政策推动者在课程和教师培训上的协作，弱化了不同社会经济群体在课程上存在的不公平。

美国"共同核心州立标准"的设定也遵循了相同的逻辑。目前在美国，各州在课程标准上自成体系，差异较大，在评价分数的设定上难以对考试成绩进行比较。这些不具有可比性的标准通常意味着学校的命运更多地取决于学校所在的州。对于全美的学生而言则意味着，在面向劳动力市场的竞争中他们处于不同的起点。

正如第二章所示，大部分国家把他们的标准植入到了高质量的课程和外部考试体系中，用于为学生设置清晰的轨道，决定是继续接受教育，抑或是进入劳动力市场找工作①。这些核心教学体系包括的科目有语言、数学、物理、生物、化学、地球科学、地理、世界历史、本国历史、经济学、艺术、音乐、外语。在芬兰还有哲学。加拿大的国家报告为我们提供了教学体系建立的典范。尽管在课堂实践中课程渗透的程度有很大的差异，但加拿大在针对不同年龄的学生应该学习什么内容方面的确提供了指导。

值得一提的是，对复杂、高阶思维能力的掌握以及在实际问题中的应用，这些都是本报告每一个表现卓越的教育体系所关注的。以"学习领域"的形式重新组织传统科目知识内容，如中国上海为我们提供了近期在这方面所做出的努力。

出于上述理由，在考试中大部分国家都未采用计算机打分的多项选择测试。因为，这些国家的教育者认为该种测试手段不能很好地测量高阶思维能力。他们采用的大多是计时的、论文回答形式的测试，并且将其划分为各要素进行打分，然而这在计时考试中是不可能实现的。许多国家还采用口语测试。相比之下，美国各州的测试依然以多项选择为主，而对认知和元认知的需求却很有限。由44个州组成两个联合团体，获得了联邦资助，正在试图通过设计新一代的测试来解决上述问题。这样做是为了兑现一项意义重大的承诺，即测试学生更为宽泛的技能和知识。要使此种测评在课堂和学生中实施还需要时间和不懈的坚持，在这方面其他国家积累了丰富的经验，美国可以向他们学习。

---

① 在OECD国家中，中等教育阶段采用基于标准的外部测试的国家有捷克、丹麦、爱沙尼亚、芬兰、法国、匈牙利、冰岛、爱尔兰、以色列、意大利、日本、韩国、卢森堡、荷兰、新西兰、挪威、波兰、斯洛伐克共和国、斯洛文尼亚、土耳其和英国。在澳大利亚，其在中学生的覆盖率为81%，加拿大为51%，德国为35%。在奥地利、比利时、智利、墨西哥、葡萄牙、西班牙、瑞典、瑞士和美国，不采用此类考试或者只在一部分体系中采用该类考试。（参见PISA 2009结果报告，第4册，表IV.3.11）在OECD国家中，采用该类考试的教育体系其学生的成绩要比不采用的高出16分（参见PISA 2009结果报告，图IV.2.6a）。

第十一章　美国能从中学到什么？

在一些国家，考试结束之后报纸会刊登部分考试的题目。这些题目大多要求学生以小论文的形式作答。教育部门会刊登部分高分数学生的作答。通过这样的方式，学生、家长和教师都能学习到什么是高质量的学生作答。此外，学生也能依据达标的作品对自己的表现进行比较。该体系下的标准通常会详细描述出学生要知道什么，能够做什么，考试中所问到的题目以及得到高分数的学生的作答。

通常这些考试与国家资格体系是有联系的。在拥有此种体系的国家中，依据国家所制定的一系列规则和标准，通过证明文件来证实个人是否具有胜任力，从而判断他或她是继续升学，还是在特定的领域开启新的生涯。每一个人都知道要取得资格需要达到什么要求，包括学习内容和需要展示的水平。采用资格体系的国家尤其会为学生设置关键路径，其中最重要的路径设置在初中结束后，高中教育的开始。在大部分所研究的国家中，期望每一名学生在15或16岁时都要掌握共同课程，然后让他们去追求更为个人化的生涯路径。对于学生而言，机会是由他们所取得的资格决定的。同样的选择还会发生在高中教育结束之际。在一些国家，学校结业考试将决定学生是否升入大学。

采用考试的手段建立资格体系，这种理念通常在美国会引发人们的顾虑。美国的教育体系一向以能够为学生提供第二次、第三次和第四次的机会为骄傲。教育者深知当体系需要学生证明他们已准备好的时候，通常学生并未准备好展示自己。面对成功的机会，在此种环境下为何学生就要被永远地置于门外？学生一定了解自己是怎样的人，除非他们是晚熟者。这样的机会被拒之门外不仅是不公平的，而且还是不明智的。资格体系最终导致的结局似乎是不利的。其实，一些资格体系的作用是筛选和分流，出于这些目的的体系确实会产生上述影响。然而，对于以考试为驱动力的东亚教育体系，目前在保持考试体系优势的同时正在投入巨大的努力解决这些不利的问题。正如本报告中有关介绍上海的章节所示，公共考试成为唯一的指挥棒。而东亚国家正在努力改变此种现状，即使丢下了这根指挥棒同样也能演奏出美妙的音乐。

也许更为重要的是，考试体系并不一定要以这样的方式设置。在瑞典和许多其他北欧国家，资格体系的建立是为了要确保何时取得资格都不会为时过晚。在这样的体系下，没有人会说你是考试的失败者，只会认为你只是在考试中没有取得成功而已。瑞典也是OECD国家中成人学习最为普遍和密集的国家，无论在正式还是非正规教育领域。同时瑞典还是成人阅读和算术能力水平最高的国家，这绝不是巧合。以中学文凭相比较，在美国大部分的州，如果学生不能在20岁前获得中学

教育系统中的成功者与变革者
美国从国际学生评估项目中学什么?

文凭，那么他们将永远无法取得。在这样的情况下，他们所能做到的最好表现就是取得仅次于中学文凭的普通教育发展证书（General Education Development，缩写为 G.E.D）。而在瑞典和大部分的北欧国家，任何人在任何一所成人教育中心都能取得与美国中学文凭对等的证书。因为考试内容是完全一样的。对于45岁才取得高中文凭的成年人而言，人们对他们与对那些刚离开中学在正常年龄取得该文凭的学生是一视同仁的。

在这样的体系下，取得任何资格都为时不晚。该体系的优势是随时可以通过考试取得资格，并且也不会减低或取消标准，学生深知要取得资格就一定要修足够的课程并努力地学习。如果不能进入到下一个阶段，那么理由很简单，就是他没有花费必要的学习时间。如果能够进入到下一个阶段，则说明他在表现上达到了必要的要求。对于学生而言，这是一个存在高风险、高利害关系的体系。而对于教师而言，风险和利害关系就很低，甚至不存在。与那些总是通过取消标准给予学生第二次机会的社会相比，具有该体系的社会具有更高的教育标准。高利害的考试体系通常会使人们更加关注对考试的准备，而忽视真正意义上的学习。大型私立教辅行业的发展似乎对于有钱人更为有利，并且也助长了欺骗行为。这些危险都是真实的，并且在一些国家的报告中得到了证实。不过，正如大部分在本报告中所呈现的国家所显示的那样，这些危险都是能够被化解的。

因为是由外部对考试进行评分的，所以教师、学生和家长都是同一个阵营的，他们朝着同一个目标而努力。教师想要保留一些标准，家长则希望自己的孩子尽可能地有一个最好的未来，但家长绝对不会与教师作对——跑到学校要求更改学生的分数，这种现象是不会发生的。家长及学生知道无论是教师还是学校都不能更改分数，要想提高成绩唯一的办法就是学生自己要更加努力地学习。在这些国家，教师培训的重点就是帮助教师，让他们能够更好地向学生教授所要求的课程。

在采用这些体系的国家中，通常由最智慧的人士来决定所要教授的内容或主题，以及各年级授课的顺序。在本报告所出现的一些国家中，负责具体制定课程框架的官员，还要负责监督教科书的撰写。其目的就是为每一名学生建立一个强有力的、连贯的教学体系。

"共同核心州立标准"的实施以及由联邦政府"力争上游"计划拨款支持的两大联合团体的工作，都为美国在应对上述一系列挑战时，能够做出实质性进展创造了重要的机会。但是如果要对学习结果产生持续的影响，则需要采取进一步的行动，包括：针对核心课程中的所有科目开发具有世界水平的标准；针对这些科目开发在教学上具有可操作性的课程框架，以此指导教师和教学资料出版者的工作；设计关注学生复杂思维能力的考试，评价他们是否达到了核心课程的标准；采用新的考试，组成一个完善的资格体系，最终构成一个含有各类通道的体系。

在教学上更注重能力的培养

教育体系的质量不可能超前于教师及其校长的素质水平。公司、专业合作团体、国家军队和国家政府都知道，他们一定要关注如何建立人才库来选拔人员；如何选拔；在录用之前他们的候选人接受了何种职前培训；如何录用；如何培训新进人员，引导他们胜任工作岗位；他们需要接受何种继续培训与教育；薪资福利的结构如何；如何奖励表现优秀的员工以及如何对待有困难的员工，是继续给予他们支持还是解雇他们；如何为表现优秀的员工提供机会，帮助他们获得更多的地位同时承担更多的责任。

1. 吸引高素质的教师

对于行业或机构用于选拔其专业人员的人才库而言，大致的目标是尽一切可能从表现卓越的学生中进行选拔。大部分的公司和行业严重依赖于初等、中等或中学后教育机构来进行人员的筛选。如日本顶尖的部门，在录用员工时都会从东京大学的学生里进行挑选；华尔街顶尖的律师事务所，也会从哈佛、耶鲁和斯坦福的毕业生中进行员工录用的选拔。他们对这些机构颇感兴趣，因为他们相信这些学生非常擅长获得日本人通常所说的"应用智能"，这要比他们在劳动力市场上购买的具体的知识和技能更为有价值。

因为没有一个行业能够承担得起从表现卓越的学生中录用本企业或机构的所有专业人员，所以他们只能调整其运作，以便把最好的员工放在最重要的位置上，把其他不那么优秀的员工放在辅助性的工作岗位上。

对于整个行业而言，从哪里挑选专业人员？其决定因素是什么？各行业情况各有不同。但国家报告显示，与职业相关的社会地位、工作职责、个人成就感以及所期望得到的经济报酬，这一系列综合因素都起着决定性的作用。在一些国家，教职的地位经历了重大的变迁。报告前几个章节的内容，向我们展示了芬兰是如何提高教师社会地位的。在芬兰，没有几个职业像教师这个职业一样具有如此高的社会地位。教师通过展示其行业专业决策及判断的能力，赢得了家长及社会的广泛信任。他们以如此专业的方式经营着课堂并应对挑战，帮助每一名学生成为成功的学习者。2010年，8所设有小学师资培养准备计划的大学，提供了660个接受师范教育的

教育系统中的成功者与变革者
美国从国际学生评估项目中学什么？

指标，结果有超过6 600名候选人参与竞争。① 在芬兰，教师一直备受尊重。教师入职门槛的提高、教师自主性及班级控制权的增强以及工作环境的改善，这一系列举措都有助于教师职业地位的提高，并使得教职成为了对芬兰年轻人最具吸引力的生涯选择之一。其影响是，目前在芬兰，教职成为了高选拔性的职业之一，全国上下都聚集了业务精良且训练有素的教师。同样与西方世界相比，一般在传统儒家文化国家中，教师也一直具有很高的社会地位。在一些东亚的国家中，教师的薪资是依法制定的，从而确保在所有公共服务的职业中，他们的收入是最高的。

提高教师入职门槛会阻挠那些资格低的年轻人加入到教师职业中，但却能促使具有高资格的年轻人成为教师。有能力且能进入具有高社会地位职业的年轻人，是不会选择那些在社会上很容易进入的职业的，因为这些职业主要吸引那些不能从事具有更高要求职业的人士。

中国上海的报告展示了在这一个领域我们可改变的空间有多大。同样提到的还有英国的教师招募计划。布莱尔政府执政期间经历了英国历史上最严重的教师短缺问题。在他执政后的第五年，一个教师职位有8名候选人竞争。这与教师薪资的大幅提升及其工作环境的大幅改善有很大关联。不过，强有力的招募计划在扭转局势中发挥了重要的作用。在改善师资选拔资源上，新加坡也卓有成效。在师资选拔上，新加坡政府加大对年轻人的吸引力度，为他们提供培训期间的生活津贴——相当于其他行业新进毕业生的月收入水平。作为交换条件，这些接受培训的准教师需要从事至少3年的教职工作。此外，新加坡政府还密切关注职业起薪，并为新教师随时调整薪资。其目的是想让最优秀的候选人认为在薪资上教师与其他职业具有同样的吸引力。

一般而言，在美国，如果家人没有受过教育并且本人是家中第一个大学生，从工人阶级爬到了中产阶级，教师这个职业是具有吸引力的。在美国，越来越多的人上大学，教师地位相对降低，并且师范院校也不具有与其他专业院校同样的声望。OECD数据显示，如果与具有同等教育水平要求的职业相比，美国教师薪资水平位列OECD国家的倒数第4位。② 更重要的是，在学生进行生涯抉择的时候，他们通常会把"教师"看做一个蓝领职业，而不是知识密集的专业。与其他国家相比，这些

---

① 根据芬兰的国家报告，进入师资计划需要经历两个阶段。第一阶段的考查主要是依据申请人高考成绩、高中成绩及校外活动表现。通过第一阶段的申请者进入笔试以及对其教学活动进行考查，如对互动、交流技能做出评价。最终通过者进入面试阶段，考核的重点是选择教职的动机。

② OECD（2010）, Education at a Glance 2010, Table D3.1, OECD Publishing.

因素制约着美国对教师的选拔。

借鉴英国在提高教师职业声誉方面所取得的成功经验，奥巴马政府近期发布了若干旨在吸引高端人才进入教师职业的计划。希望借此来提高教职在全国的声誉和地位。

2. 高素质教师的准备

与此同时，招募优秀毕业生只是教育领域人力资源管理的一个组成部分。安大略省的报告在如何取得教育改革成功方面为我们提供了令人信服的范例。在教育改革中，他们并不是坐等新一代教师的出现，而是加大对现有学校及教师的培养力度。无论这些教师的立场是什么，都会明确他们对改革所做出的承诺并帮助他们取得进步。具体的措施包括系统和学校层面的能力构建，各系统领头人与主要教师工会、监管机构和校长联合会针对当前改革战略而举行的季度性会谈。[①]

一种具有指导性的模式出现在了许多表现卓越的国家中。本报告所考察的许多国家都在系统层面经历了转变，即从把教师招募到地位不高且数量众多的师范学院转变为把教师招募到少数几所设有师范学院的大学。前者的入职门槛相对较低，而后者的入职门槛不仅相对较高，并且在大学中的地位也相对较高。芬兰正是这种转变模式的原型。新加坡、中国上海和德国则存在其他模式。对提高师资队伍素质感兴趣的国家都了解，如果不提高进入师范教育的门槛，是无法实现目标的。因为他们试图要吸引的人选是不会对社会地位较低、在高等教育系统声望较低的专业学校感兴趣的。

在增强"教师"职业相对于其他职业的可比性上，除了提高进入标准之外，表现卓越的国家在师资培养计划上也具有很多共同之处。

（1）纵观教育体系表现卓越的各个国家，他们正致力于职前师范教育模式的转型：更少的学术准备，更多的临床专业实践的准备，更早地进入学校，投入更多的时间并且在过程中获得更多、更好的支持。在芬兰，师资培养计划包括密集的课程教学能力培训，非常注重研究导向的实践水平培养，以及至少为期1年的临床实践经验，由学校和大学共同合作培养完成。这些示范性的学校旨在发展、引领创新型实践，以及促进对学习和教学的研究。

（2）在教师培训上，更加注重对迅速、准确诊断学生问题能力的培养。

（3）在准教师能力构建上，培养他们借鉴大量可行性的解决办法，从中找到

---

① 教育部还创建了安大略教育合作机制，相关利益者与教育部官员每年碰头2~4次。

教育系统中的成功者与变革者
美国从国际学生评估项目中学什么？

最适合于诊断的方法。

（4）在对准教师教学能力的培养上，更加注重适合于各科目的、具体的教学技术策略。因为在芬兰，师范教育是由师范教育系和学科系所共同负责的。对于准教师而言，非常注重对他们具体科目教学法的培养。

（5）一些国家和地区，尤其是中国上海和芬兰，培养教师所需的研究能力，使他们能够以高度专业化的方式来完善自身实践。在芬兰，鼓励教师在生涯中积累有关有效教学实践的知识。对准教师的要求是，不仅要熟悉教育和人力资源开发方面的知识内容，还要完成研究型的学术论文，才能最终取得硕士学位。中国也十分重视对准教师行动研究能力的培养。从长远看，完善教育体系的方法还要依赖于教师在研究上的表现。中国也有能力让教师以这样的方式得到培养。对于教育体系的完善，教育部领导人致力于系统的介绍和尝试新的理念。

（6）把师范教育设置在大学的部分动机，是确保对任课教师的培养能够等同于对其他领域专业人员的培养。在大多数国家中，初级学校或小学的教师要明确他们的专业化方向是数学、科学、母语还是社会研究。在所任教的专业方面，他们需要掌握大量、高水平的知识。

他们所取得的发展并不令人惊讶。在这些国家，要求每一名学生的表现都要达到精英的水平，并且要求教师要确保每一名学生不掉队，这就是他们所追求的学校结构。在这种结构下，教师一定要能发现那些刚刚开始落后的学生，诊断出他们的问题，并应用所需的知识和技能及时进行解决。

3. 对新入职教师素质的培养

德国和日本的国家报告展示了他们是如何对新入职教师进行培养的：一旦教师完成了职前培训，开始了他们的教职生涯，就要在开始的1或2年内接受严格的教学监督。在此期间，要减少新入职教师的工作量，由导师加强对他们的指导，并且继续向他们提供正规的教学及指导。

在东亚，教育体系表现卓越的国家充分利用优秀的教师资源。这一方面非常值得美国借鉴。在学校层面，这些优秀的教师引领课程的发展。由教师领头人对新入职教师进行指导，其主要的作用是帮助他们对有学习困难的学生的问题进行分析。地区及省教育办公部门通常会明确指出在教学过程中所涌现出来的优秀教师，并减轻或免去他们的教学职责，以便让他们全心地给他们的同事讲课，展示并指导其他区或省甚至是全国范围的教师。此外，在新项目或新政策大面积推广之前，先在精心挑选的部分学校进行试行。这些学校中的优秀教师也被指定为共同研究人员，要求他们对新实践的有效性做出评估。这些国家一开始在教师的职前培训中就有对研究能力的指导，希望教师能够应用这些技能，生成证据并以专业化的方式来完善自己的实践。对于这些国家的专业任职教师而言，研究是不可或缺的一部分。

以上所描述的政策及实践对于系统表现的许多方面都是有关联的。不过，最为重要的一组影响还是与师资队伍自身的素质有关。东亚的传统及经验就是他们的教师并非孤军奋战——教师以专业的方式在一起工作，共同完善所授科目课程的质量。这就意味着，在实践中如果有教师落后于领头人，他们还能看到什么是具有标杆性的典范。因为他们的同事了解谁的表现欠佳，并会进行讨论。而表现欠佳的教师不仅有动力完善其表现，而且还有完善其表现的手段。在东亚国家，师资队伍的结构是：给教师机会成为教师的领头人，然后顺着教职生涯的阶梯不断前行，伴随的是不断增强的权威和更多的职责。好的教师通常能得到较好的薪资待遇。

在保持高素质师资队伍方面，这些表现卓越的国家还采用了其他措施。在中国上海，要求每一名教师在5年内要参加240小时的专业发展；新加坡则向教师提供每年100小时的专业发展，以确保他们能够符合快速变化的时代要求和完善其自身实践。与其他国家一样，新加坡正在完善其表现评价体系，以确保每年由专家组对每一名教师进行涉及16项能力的评价。[①] 在工作中表现突出的教师能够获得学校授予的奖金。

4. 教师素质与教师工会

PISA测试显示，在大部分的OECD国家中，一旦教师被录用，就很难把他们从专业服务中剥离，无论他们工作的质量如何。这些国家教师的高素质是一系列政策作用的结果，这包括一开始决定从哪里挑选师资储备力量、他们的薪资待遇、教师地位、进入大学层次师资培养计划的高标准要求、职前准备的质量、在职前引导之后对其准备质量的重视。

美国的教育批评家对教师工会颇有微词。他们认为这些工会干预前途光明的改革计划，优先考虑的是工会的生计问题，而不是学生需要成功的问题。但事实却是学生成绩表现优秀的国家通常也拥有力量强大的教师工会，如日本和芬兰。工会的出现，尤其是教师工会，似乎与学生成绩不具有相关性。但教师工作的专业化程度与学生的成绩是具有一定相关性的。实际上，一国在世界教育中的地位越高，那么就越有可能与其工会组织开展建设性的工作，并把教师当做可信任的专业伙伴。参

---

① 正如国家报告所描述的，先进的绩效管理体系的作用在于对学生学术及其特征发展的贡献以及与家长和社会团体合作。

见加拿大安大略省和芬兰的报告内容。

尤其是在加拿大的报告中，描述了如何成功地把集体协商的事宜从专业问题中撤开，教师及其组织协同部门人员在自治的机构中展开有效合作，对教师的入职、培养和专业发展进行监管。在这方面安大略省成功的关键在于与4个主要的教师工会签订了一份为期4年的集体协商协议。达成协议后，教育部能够在既遵循教育战略又符合工会利益的基础上就具体问题进行协商，从而为教育议程的推进打下基础。与此同时还保证了一定时期内劳动力的稳定，为持续的教育提升创造了条件。此协议之所以行之有效，是因为它是在省级层面达成的。但基于美国的国情，这也许会对美国构成挑战。在美国，工会—管理及决策制定的特征是权力更多的分散化。

如果美国想要与其他优秀国家的表现相媲美，那么就要效仿安大略省：提高现有师资队伍的专业地位；提升新教师选拔来源的质量；加大职前师资培训与教育的选拔性；大幅提高职前师资培训与教育的质量，在培训中设置更多的临床实践教育；改变教师薪资的水平与结构；寻找提升教师地位有效且可行的方法；完善职前指导的过程；对职业进行结构调整，赋予优秀教师更多且适宜的责任；促进各层级（包括地方与国家）更为有效的工会—管理关系。

美国正在朝着这个方向努力并取得了重大的突破。比如，美国启动了针对师资准备的新联邦拨款项目，要求教师接受更多的临床实践教育，如教师"住校"计划。该计划规定准教师在老教师的指导下在学校学习教学，同时在教学时间以外进修课程。奥巴马政府通过"力争上游"计划或其他措施，试图鼓励各州或地区开发更为严格的教师评价体系，从而为教师入职、薪资和生涯晋升的新策略提供支持。

5. 培养有能力的学校领导

在本报告所研究的大部分国家中，一般的中学都要比美国典型的学校要小。负责领导学校各部门工作的通常不是全职的行政人员，而是需要承担部分教学任务的班主任。这在美国也是常见的。在这些国家中，选择班主任的标准不是行政管理能力而是教学领导力。这样的领导力体系为专业问责提供了有利的框架，教师对他们的表现彼此都负有责任。这与美国的情况极为不同。美国的问责是行政管理模式，教师为他们的表现对校长或其他监管人负责。

在这方面新加坡的模式是值得借鉴的。关键的部分不是培养计划，而是整个选拔和培养人才的途径。这与美国有很大不同。在美国，教师可以申请接受校长培训，然后申请相应的职位。在新加坡，年轻教师要不断地接受对其领导力潜质的评估，并拥有展示和学习的机会。比如，为委员会效劳，在年纪很轻的时候就被提拔为部门主管。有些会被调往教育部一段时间。在这些经验得到监测之后,有潜质成为校长的教师会被挑选出来进行面试,并接受情景领导力训练。如果他们通过了这些阶段便可进入国家教育研究院——新加坡唯一的一所师资培训机构。在那里接受为期6个月带薪的高级领导力培训。该培训内容是综合而集中的,包括一次国外考察学习和一项学校创新项目。

大体上看,各国正日益关注对学校领导力角色的重新界定,以此促进学习结果的提升和对不断增强的自主性及问责的掌控。在许多国家,权力的日益分散化与自主性的提高同时进行,如对学校及学生成绩更多的问责,更好地利用教育和教学过程中的知识储备,对学校当地的社会团体、其他学校和公共服务负有更为广泛的责任。OECD通过比较梳理了学校领导力的不同角色,[1]划分出了能够有效完善教育体系结果的4组关键领导力责任,如下:

(1)关注教师素质的发展、评价及促进是有效领导力的核心。领导力责任与教师素质的提高要联系起来,包括聘用高素质教师;为新教师提供有效的入职培训计划;确保教师具有授课所需的知识和技能;组织教师一起合作,促进教学质量的提高;对教师实践进行监控与评价,从而促进教师专业发展和合作型工作文化氛围的构建。

(2)设定学习目标,实施设计缜密的评价,从而帮助学生达到高标准。参照核心标准考虑教学及指导,针对学生表现设定学校目标并依据这些目标对学生的发展进行测量。调整学校课程计划,提高个别及全体学生的成绩是课程及教学管理的动力。学校领导有针对性地使用数据是确保每一名学生的发展都能被关注的关键。

(3)结合教学目的有策略地使用资源,把校内所有的实践活动落实到提高教学和学习的目标上来。

(4)学校以外的领导力参与活动,包括与其他学校、社会团体、社会机构及大学建立合作关系,促进与每一名学生全面发展相关的所有团体及机构的融合。

6.为教师提供能够发挥其潜能的工作组织:管理、问责及知识管理

前面的章节已对泰勒式管理范式和更适于管理专业人员或"知识工人"的管理范式进行了区分。前者的典型特征是官僚式的"命令与控制"机制,即不给工厂底层或组织中服务在一线上的工人及工头一点儿支配权。而后者,工作人员要负责制作产品或提供服务,他们在资源的使用方式、人员的配置、工作的组织及方式上具

---

[1] OECD(2008), Improving School Leadership, OECD Publishing.

教育系统中的成功者与变革者
美国从国际学生评估项目中学什么?

有很大的控制力。

许多表现卓越的国家,他们的教育体系都是高度集权化、官僚化的。这是美国从来都不具有的特征。但是,大部分的这些国家都对其教育体系进行了新的制衡,赋予学校领导及其所在部门更多的支配权。这一因素与问责体系结合会对学校的表现产生紧密的联系,这一点已在第二章有所展示。在许多案例中,这些国家都总结道,自上而下的机制不足以在实践层面实现深层次、可持续的变化。原因有:第一,改革所关注的事务远离教学与学习的关键环节;第二,改革的前提是教师要知道如何做,但实际上教师并不知道如何做;第三,许多改革相互冲突,要同时进行许多事情;第四,教师和学校都对改革战略不买账。前面有关芬兰和加拿大安大略省的章节为我们提供了过去集权化的体系如何转移重心,提高教学水平的范例。其做法包括:认真关注实施过程中的细节;为教师提供实践新理念和向同事学习的机会;为教师和学生设计一个整体性的计划并设定一整套的预期目标;获取教师对改革的支持。这些都是日本及其他亚洲国家正在迈进的方向。一些国家会给予部门及其个别成员极大的支配权。另一些国家会给予做得好的学校更多的支配权。而在其他一些国家,校长所具有的支配权不会比教师领头人多多少。或许在一些国家,行政当局仍然会直接盯住学校领导,让他们去制定方向和管理部门。尽管方式是多样的,但其共同之处在于,这些国家都在不同程度地构建工作组织的方式,从泰勒式的官僚化管理模式转向各种工作组织的专业化模式。此种模式可能更多地存在于专业合作中,而不是大规模生产的工业模式中。

芬兰的问责体系完全是自下而上的。它的公共教育是高度人文、公平和经济的。教师表达他们信念的能力是选拔教师的参照之一。教师所接受的准备教育旨在塑造他们对每一名学生的学习和全面发展负有强大的个人使命感。下一个问责的层级就是对学校的依托。广大社会团体给予学校的信任水平会催生学校对每一名学生成功应负有的、强烈的集体责任意识。在芬兰,尽管每一所综合学校都向市政当局汇报,然而在对学校的质量进行监管的力度上,各地具有很大的差异性。市政当局负责聘用校长,特别是签订为期6或7年的工作合同。而学校的日常管理则留给了专家,他们要确保学生的进步。

也许会有人认为,与其他国家相比,美国的学校拥有更大的自主性。因为接受地方调控是美国的传统。但情况并非如此。因为美国的学校,尤其是那些在城镇和大部分郊区的学校,都要接受当地区域中心办公室更多的监管。从某种意义上说,也许美国会将一种集权化的官僚模式替换为另一种。近期美国出现的教育的工会化，美国特有的工会管理关系模式以及效仿相邻地方做法的压力，都会形成一种更为规则本位的环境。而在专业工作组织的模式下，受规则制约的程度则较小。

因此，问题出在细节上。表面上看，美国似乎具有一个比其他表现卓越国家更为权力分散化的管理体系。但由于学校–地区管理的方式，尤其是中等及规模较大的地区，它们需要对体系进行较大的变革来与表现卓越国家所应用的灵活性相匹配。重要的是，一个真正意义上的专业人员在肩负责任的同时，还要具有自主性，能够在国家所制定的框架下（目标、课程、考试及资格体系）有权力制定、管理、组织学校项目及其预算。

在美国，许多特许学校的表现，尤其是那些处于劣势的学生，他们的成绩都要优于传统的公立学校。但是也有许多特许学校，他们的表现相当于甚至比传统公立学校的表现还要差。奥巴马政府鼓励各州考虑此种自治型且与成绩高度问责相匹配的学校模式，并给予额外的拨款资助。

教学实践范例的制度化

国家报告指出，在许多亚洲国家，课堂的规模都要比美国大，并且教师在整个课堂活动的过程中都采用全体指导的方式。此外，在这些国家，教师很少开讲座。相反，他们会向学生提出实际的问题，并让他们试着去解决这些问题，同时观察他们并会叫几名学生到讲台上来，讨论问题的解决方法，从中发现学生所选方法在策略上的错误。正如日本和中国上海国家报告中所描述的那样，教师会在策略上应用这些差异来进行课堂讨论，关注问题解决背后所涉及的重要概念，从而加深学生，无论是学得最快的学生还是学得最慢的学生，对知识内容的理解。没有什么能比这个更形象地展现教学实践的问题了。

以这样的方式，日本教师最大化地利用了与每一名学生接触的时间。教师带着学生在教室里进行小组讨论，学生们没有在消磨时间。如果学生不太理解数学中的某些重要知识点，他们可以通过观察被叫到黑板前并犯下同样错误的同学来发现自己存在的问题。实际上，这样就在不占用教师时间的情况下获得了个别的关注。通常亚洲的教师都会抱怨班级规模太小了，不能有效发现大部分学生解决问题的方法，这不利于上好课。而相反，美国的教师则通常抱怨班级规模大，不能有效进行教学。

芬兰的教育体系追求相同的目标，但却应用不同的策略。芬兰采用以学习者为中心的方法，重视学生自我评价，要求学生自主设计学习活动，以团队合作的方式

教育系统中的成功者与变革者
美国从国际学生评估项目中学什么？

进行项目学习，从而打破传统科目或学科领域的界限。当学生进入高中阶段的学习（十至十二年级）时，他们就能充分地对自己的学习负责，打破年级的局限，设计个人学习计划并在模块设计的体系下根据自己的进度不断进步。

同样，中国上海的探究型课程要求学生在教师的指导和帮助下，根据他们的经验明确研究内容，寻求发展学生学习、创造性、批判性思考的能力以及参与社会生活的能力，从而促进社会的健康和谐发展。实际上，在中国上海实施了一项口号为"把课堂还给学生"的重大改革，增加课堂中学生的活动而不是过多地听老师讲。这极大地改变了人们对于什么是"好课堂"的认识。过去，人们认为"好课堂"就是老师教得好，板书写得好。过去对示范教学的拍摄记录都集中在教师活动上。现在会使用两个摄影设备记录示范性课堂，一个用于记录学生的活动。给予学生参与的时间以及学生活动组织得如何也成为评价教师表现的参考依据。

所有这些都是教学实践的问题。在美国，教育家通常会把这些问题完全看做教师个人的事务范围，教室是他或她个人的领地。而在报告中所介绍的芬兰、日本和中国上海，情况则有所不同。教师个体的实践是要接受学校其他教师监督考察的，并且教师的实践质量也是学校所有教师需要考虑的事情。

教师们一起合作设计课程时，善于把学生也融入其中，表达教学大纲中所规定的具体知识和技能。因为教师们一起合作，所以没有一间教室是专属于某一个体教师的。在亚洲，独占教室最后几排用以观察和欣赏教师，这种现象是司空见惯的。正如上面所描述的情景，在这种状况下教师能力强并非秘密。那些能力欠佳的教师会面对来自同事们的压力，要求他们完善自身的教学实践。然而，他们有充足的机会去这样做，可以观察那些能力强的同事以及参加对他们实践的评价，尤其是他们自主设计的新课程。

芬兰在他们的教师专业发展计划中也采用了同样的策略。通常实习教师会参加问题解决小组，这已成为芬兰学校的一个普遍性特征。问题解决小组要进行包括计划、行动、反思/评价一系列的流程，从而强化教师培训计划。实际上，教师在为他们的学生制订计划时所用到的模式也希望他们能够在做研究的时候也用到同样的研究和探究方法。通过在课堂、学校、城镇及国家，这四个层面进行不断的反思、评价和问题解决来完善整个芬兰教育体系。

一些人会认为，教书并不是真正意义上的专业。因为教的技艺纯属个人的事情，并没有共同的实践标准，也没有专业的特征可言。但是本报告中所描述的国家都把"教"看做一种专业，教师一起合作划定什么是他们所认可的模范实践，然后进行实地研究来肯定或否定他们所开发出来的方法，从而判断在多大程度上同事们所进行的这些实践是有效的。这实际上形成了寻找有效实践的集体行动，在加拿大、芬兰、日本、中国上海和新加坡也出现了同样的现象。通过这样的方式形成了实践的标准并且其有效性能够稳定很长的时间。这也许也催生了"教职"这个专业的出现。如上所述，在所研究的东亚国家还有加拿大和芬兰的教师培训学校里，那些展示其模范实践的教师，无论是兼职还是全职，都把他们从日常的教学工作中解放出来，让他们去带教新教师，为他们学校或其他学校的教师讲解，或给当地甚至是全国范围的教育受众开设讲座。这些教师还能够做自己的研究，大学里的研究人员会对他们的实践进行考察和评估。通过这样的方式，课堂教师不仅把可接受的教学实践规章化，并且还不断地提升了标准。

在本报告中的大部分国家中，教师工作的方式可与物理学家思考机器运转的方式相比较。医生也许不会去想如何设计药品。除非他们针对目前病人的症状，认真研究最为有效的处理办法，否则他们是不会把自己视作专业人员的。实际上，他们对专业身份的感知大部分源自对大部分病症的深度了解、出色的诊断能力以及根据诊断出的问题制定并有效的实施解决方法。这与学校中的教师非常类似，尤其是在具有有效教育体系的国家中。教师有能力诊断出个别学生所存在的困难，针对学习列出解决问题有效方法的目录清单，并且具有吸引学生让他们完全投入上课的风格和技能。这些对于教师自身教学技艺完善的投入本身就让他们成为专业人员。

我们必须要记住的是，所有这些都发生在那些对学生"应知应会"有明确要求的国家。而在这方面，美国的要求并没有像这些国家那样清晰。另一方面，这些国家中的教师通常倾向于把他们自己视作专业人员，即能够在一定程度上自主地选择教什么以及如何教。在成绩表现卓越的国家中教师对于"如何教"具有较大的自由，但却很少有自由决定学生要知道什么以及能够做什么。在美国，各州制定共同标准的举措为更加明确"教师应该教什么"提供了机会，并与此同时继续允许教师在教学设计及课堂教学中发挥灵活性。但如果要效仿教育体系表现卓越的国家那样持续并大规模地将高质量的教学实践制度化或规章化，这对于美国而言仍然是一个极大的挑战。

激励设计与各方参与

要想了解人们为什么会这样做就要试问自己是什么激励他们不得不这么做。考察是否这些国家给予学生、家长、教师及其他参与者的激励要比在其他国家中更有

教育系统中的成功者与变革者
美国从国际学生评估项目中学什么？

可能创造出良好的表现。这为我们思考为什么有些国家的教育水平能够位居世界前列提供了重要的思路。

在采用"高利害"考试制度的国家中，如果学生不能证明或展示他们的胜任力，就不能进入下一阶段的生活，不能继续工作或继续受教育。因此，他们知道自己该如何做才能实现他们的梦想并将实际行动付诸需要做的工作中。

如上所述，也许美国的高中生会认为无论是选修简单的课程，考试成绩拿D，还是选修有难度的课程并考A的成绩，其最终的结果都是一样的。无论做出何种选择，他们知道都能进入当地社区学院学习，继续他们的生活。这种情况与生活在森田公司所在地日本的学生完全不一样。他们知道要想进入森田公司的工厂做一线工人就需要修有难度的课程并取得优异的成绩，此外还需要得到校长的推荐。所以他们选择有难度的课程，并在学校努力地学习。这与在德国想进梅赛德斯-奔驰机械修理店工作的学生情况一样。也和在新加坡想进距离家几条街区远的工厂自动化车间工作的学生情况一样。考试制度奏效的原因是它能强有力地激励学生去修读有难度的课程和努力地学习。与其他教育体系成功的国家相比，美国教育体系最为明显的一个特征是它无法激励成绩一般的学生，让他们在校努力地学习。如果读者无论出于何种理由都不推崇考试制度这个理念的话，在这里我们所能学习到的经验就是应该寻找其他同样奏效的方法来激励学生，让他们能够像其他国家的学生一样努力地在学校学习。

同样，如果教师也不能像其他国家的教师那样努力地工作，那么他们也不可能取得一样的成绩。问题是什么样的激励最有可能促成这样的结果。在泰勒式的工作环境中，答案是管理能够严格测量结果并给予那些超出期望要求的产出以奖励。在这样的环境下，工人们相互竞争，大多数工人都会抱怨那些表现比他们出色的同伴，这样在团队中就形成了一种驱逐优秀者的社会化规范。但在专业化的工作环境中，比如专业合作，整个团队的成功取决于每一名工人产出的最大化，所以工人们要通过合作来提高产出，他们欢迎淘汰掉那些拖后腿的同伴，支持奖励那些凭借努力或技能为整个团队增加效益的工人。

家长也在诸多重要的方面塑造着学习环境。热衷于子女教育的家长会更加支持对学校的投入并参加学校活动，从而增加可利用的资源。正如第二章所讨论的，PISA显示在OECD 19个国家中，校长认为在实施高学业标准及提高学生成绩方面家长施以了持续的压力，而这与学校表现的关系是正向的，即压力越大，学校表现越好。尽管在美国并没有出现这种关系。此外，PISA结果还显示学生和学校的社会经济背景与学习环境紧密相关，并且两者都与成绩有关联。这也许是因为在社会经济背景上具有优势的学生先天具有更高水平的自律性和对学校价值具有更为正面的认识；或许是因为在社会经济上具有优势的学校，他们学生的家长对于良好的课堂纪律及教师投入有更高的期待。相反，处于劣势的学校也许不会面对太大来自家长的压力，要求学校加强纪律或保证把缺勤或没有动力的教师换掉。总之，学校风气越好，学生的成绩就越好。这是因为这类学校具有更多背景处于优势的学生，一般他们的表现都很好；还因为学生有利的社会经济特征强化了更为有利的学校风气，但也有可能这与社会经济变量无关。[①]

在不同的国家，家长在教育体系中的参与程度是具有显著差异的。如上所述，在欧洲和亚洲的许多国家中，特定的教师会被指定为班主任，他们会跟随学生进入不同的年级。在班级，班主任对学生负有完全的责任，不仅与学生的关系密切，与学生家长的关系也紧密。在亚洲和欧洲，典型的现象是笔记本会在教师和家长间传递，双方互相分享有关学生的信息。通过这种关系家长介入到了对孩子的教育中来。此外，教师与家长间的合作精神在美国也并不常见。

"班主任"这一概念通常被描述为一种文化产品，无法在美国大规模地植入。因为缺乏文化历史的支持。但实际上，美国是一个具有与亚洲和欧洲同样多元化文化的国家。在美国，尽管没有把它作为州政府颁布的政策来实施，但确实个别学校和部分地区有限地实施过这一特殊的政策。

这不单纯是一种家长介入教育的途径，更重要的是它能增强家长问责并且似乎也是适宜于教师的一种形式。在普遍推行该政策体系下的家长会对孩子的班主任产生强烈的依附感。丹麦国家教育与经济中心进行了一系列的小组座谈调查，家长被问及如果他们的孩子遇到了一位胜任能力欠佳的老师并要忍受与该教师共处很多年，他们会怎么办？难道这不会是个问题吗？但家长回答道，该制度的优越性要远远超过它所带来的其他弊端。可见，在他们的国家，班主任制度是最为重要且成功的教育政策之一。

该制度还有另一个微妙的好处。如果老师只带某一名学生一年，他们会认为尽管他们能尽一切可能来帮助学生，但在一年的时间内也很难去矫正他们过去从那些水平不高的教师那里习得的做法，同时也很难让学生在接下来的几个年级的学习中

[①] 来自家长的压力与社会经济背景的关系是紧密的，几乎不独立产生对成绩的影响。而如果不考虑社会经济背景及人口等因素，在许多国家，与学校风气相关的因素，如纪律、师生关系与成绩相关。

教育系统中的成功者与变革者
美国从国际学生评估项目中学什么？

不碰到那些资质欠佳的教师。然而，班主任制度中无论学生在哪个年级，教师从一开始就一直跟随着学生进入不同的年级。在这种制度下，学生发生的任何事情教师都是无法推卸个人责任的。出于对专业的自我认同以及多年与学生紧密的接触，个人对学生的责任感油然而生。所以，教师与学生家长的交流沟通，与特别照顾教师协作教育学生，在他们成长的过程中不断给予指导，这些都是顺理成章的。

校外机构对问责的补充：专业的同事及家长

本册报告所呈现的每一个表现卓越的国家都具有一个有效的问责体系。在这一方面，德国是一个可资借鉴的实例。德国一直认为在世界范围内自己是教育体系表现的卓越者，且这一点是无须去证实的。然而，PISA的结果却显示情况并非如此。这震惊了德国并使他们做出了行动。由此，问责的形式确实因国家而异并且其形式也是多样的。

一些国家的问责体系要求对外公布学生成绩及学校的表现，从而向公众及体系管理者通报其绩效。在允许家长和学生择校的教育体系中，这些数据会对学生及家长的选择产生影响并且以此引入市场的力量，将学校与市场挂钩（详细内容参见第二章）。在本报告所研究的体系中，这些数据也会被学校行政管理人员所用，帮助他们进行各种资源的分配，同时也会为正处于困难阶段的学校提供额外的资源。

除此之外，在教育体系表现卓越的国家中，通常问责体系可被划分为运用行政手段作用的问责（或称之为垂直的问责）和运用专业手段作用的问责（或称之为水平化的问责）。

在行政性的问责体系中，学生考试成绩被管理者用来作为奖惩教师、学校及地区的依据。此类体系的特征是把考试结果作为问责的依据，利用有关学生成绩的数据来决定教师及校长的聘用、去留、晋升及薪资。

专业问责体系下，教师认为自己对外界机构并无太大责任，但对他们的同事及校长则具有很大的责任。这类似于大部分其他领域中的专业人员，他们认为自己的行为及表现是要对同一领域其他专业人员负责的。就教育领域而言，专业问责包括教师对孩子家长所负有的个人责任，尤其是在具有班主任或班级教师的国家中。

比如加拿大安大略省、日本及芬兰，在管辖上更多地偏重于专业化的工作组织，追求教师与学校领导问责的同僚管理模式，从而确保改革的双向进行而不仅仅只是自上而下。这是因为对于期望别人把自己当做专业人员来对待并认为自己就是专业人员的人们而言，他们更有可能接受或迎合专业化及家庭式的问责模式。同时，这类人也不太看好行政式的问责模式，通常把它与泰勒式的工作环境相提并论。加拿大安大略省的实例告诉我们，他们并不是依靠对个别好的做法及实例的告知及宣传，而是把重点放在构建教师与学校间的合作关系上，共同明确好的实例，巩固、完善并进行大规模的推广。不是执行改革，而是向该领域投放种子资金，鼓励开展本地实验及创新并向人们发出强烈的信号，即教师想出的解决学生阅读和数学成绩不良的办法有可能比自上而下所施行的解决方法还要有效。大幅减少表现差的学校数量并不是靠威胁他们不提高成绩就要关闭学校，而是给予他们充分的技术支持。但这么做的前提是假定教师是专家，他们在努力试图做正确的事情，并且有关成绩的事情大多与缺乏知识有关，而不是缺乏动机。与此同时，安大略省一方面也没有尝试去削弱往届政府所推行的评价制度，而另一方面则在不断地向教育领域和公众传达"结果很重要"这一信息。结果是由各省对成绩表现所做出的评价。

新加坡的实例展示的是以围绕绩效管理的方式来结合行政性与专业性的问责。这包括一定范围内的各类指标及大量专业人员对体系中个体表现所做出的判断。教师、校长、部长及其他人员和学生都具有促使他们努力工作和学习的激励机制。为了保持教师及校长的表现水平就要关注对年度目标的设定，即汇集所需要的支持来达成目标并对目标是否达成做出评价。这包括有关学生成绩的数据还有其他政策措施，如对学校及社区的贡献以及一批高级实践者所做出的判断。奖励及认可制度包括荣誉和工资奖金。对个人的评估纳入学校卓越计划的背景下进行。

也许对改革而言最大的挑战是信任。信任是无法被立法化的。也许有人会认为这一点并非与想要效仿芬兰的国家有太大关联。尤其是有些人把信任看做综合学校发展，这一深度的、制度性变革的前提之一。但就教师与大社会的关系而言，信任至少是政策决定所产生的一种影响和发生的条件。芬兰有热衷于教师这个职业的传统，基于这个方面而言，改革就具有坚实的基础。更为严格的职前培训与决策权的不断下放，如对课程及评价的权责，两者的结合让教师能够像其他专业人员那样行使自主权，这已在芬兰国家报告中有所提及。政府所给予的信任以及通过高选拔性的大学毕业生培养计划而建立起来的地位，这一切都增权于教师，让他们能够实践自身的专业，从而增强家长及社会团体中其他成员对教师的信任。

然而，重要的是在工作一线对专业问责的重视并不与建立统一的标准及评价相互冲突。它们之间是一脉相承、携手并进的。

这对于目前的美国而言是极为重要的事情。在过去的几届政府中，主要的政党对于行政问责模式的支持要远远超过对专业或家庭式问责模式的支持。也许这也是

教育系统中的成功者与变革者
美国从国际学生评估项目中学什么？

合乎时宜的。只有当一个国家能够依赖于学校教师专业能力的时候，引入专业问责模式才具有意义。但如果美国期望达到世界水平的教育表现，那么就需要用具有世界水平的课堂教师来武装其学校。如果这些教育体系表现卓越的国家，他们的经验具有引导作用的话，就需要在问责体系上做出某种平衡，更多地朝着专业问责体系发展。理由已经在上面阐述过了。

事实证明很难吸引数量充足的高素质人员胜任教职服务。教师期望人们能够把他们当做其他专业人员那样来对待。奥巴马政府已经开始鼓励各州及区县朝着这个方向迈进。利用评价及支持系统来为教师提供必要的信息及反馈，让他们能够对学生的进步承担更多的责任，并以此构建注重相互协作及同伴学习的专业文化氛围。

把资源投入到最能有所作为的地方

从对美国教育体系的财政投入看，最明显的一点就是存在严重的不均衡。这一点已连续多年并或多或少成为了众矢之的。该问题已在第二章中有所讨论并会在下面的部分进一步展开。先不考虑投入的分布情况，总投入与产出（投入而得到的回报）间的关系也许是对美国而言最为重要的一个独立因素。

PISA数据显示，无论资金投入是按人均还是GDP的一部分计算，投入教育上的资金总量与学生成绩并没有太大的相关性。的确，美国是一个典型的案例。在对初等和中等教育的投入上，美国是世界上投入最多的国家之一，但美国学生的成绩却只位于OECD国家平均水平。

如果美国想让学生成绩从中等水平提升至世界前列水平，要么大幅提高资金投入的有效性，要么大幅增加投入的数量。不过，美国各级政府都面临着严重的财政紧缩，并且这种情况有可能仍然要持续好几年。所以，要大幅增加对教育的资金投入是不太可能的。因此，所面临的挑战是要使每一分钱都花得物有所值。问题是如何才能做到。各国的国家报告为我们提供了一些可行性的解决方案。

首先要保持美国现行的教育体系，但在体系内需要对资金的分配做出较大的调整。在这方面，日本的国家报告为我们提供了具有信服力的实例。如上所述，日本增大了对核心教学服务的开支，同时在很多方面减少了过度的资金投入，如过度的校舍建设、学校后勤服务（餐厅及勤杂工）、花哨的教科书、精细化的学校行政服务以及昂贵的体育活动项目（美国在这方面的资金投入占总教育投入的11.6%，只有荷兰、挪威和卢森堡的投入高于此比例，但OECD平均为7.6%[①]）。 节省下来

[①] OECD（2010），Education at a Glance 2010, Table B6.2, OECD Publishing.

的资金部分被用于大幅提高教师收入,使教师收入水平与美国教师相当。其余的部分则被返还给纳税人(在日本,对公立和私立学校的资金投入只占到GDP的2.8%,OECD平均为3.6%,美国为4%)。这些变化会对目前美国教育资金投入的侧重点提出重大挑战。这就提出了一个有关价值观的问题,即美国把他们的孩子及其教育放在何种位置?再者,如果美国人知道其他国家通过做出不同的消费选择使得他们的孩子取得了更好的成绩,那么美国人是否愿意选择做出同样的折中?也许美国能从其他国家受益,去接受一致认可的消费选择。

第二种要实现取得好成绩,又无须投入更多钱的方法是对美国教育体系运作的方式做出基本的调整。同样,日本的国家报告在这方面也为我们提供了具有信服力的说明。目前为止,美国的师生比例与日本大体一致。但日本选择了更大的课堂规模,是美国课堂规模的2倍以上。这就给予了日本教师更多的准备时间、课程开发的时间、与其他教师共同商讨学生存在特别困难的时间以及指导"落后生"的时间。同样的投入成本,但却有完全不同的使用方法。

上述实例为我们展示了具有同样师生比例的两个国家。日本教师选择了较大的班级规模,但却换来了更多与学生接触及进行课程规划的时间。而美国教师则选择了小规模的班级规模,牺牲了很多与学生接触和进行课程规划的时间。第二章还为我们提供了其他具有可行性的折中方法。

正如第二章所阐释的那样,其他的折中方法是可行的。在美国,通常师资队伍的来源是本身成绩就不好的高中毕业生,他们所就读的师范教育机构的地位也相对较低。但在未来5年后,进入该体系的教师结构会发生巨大的变化。需要花高薪聘请专业人员辅助指导这些水平一般的班级教师。在其他国家,班级教师的收入较高,这是因为这些国家能够招募到更具竞争力的新教师,并且能在声誉较好的师范教育机构中进行师资培训。这些教师在职多年,不需要被频繁地更替,并且也不需要太多的特别辅助。这就意味着不需要过多的师资教育机构,所以就能把很多资金投入到每名训练有素的教师身上。显然,如果考虑所有的支出,这样一来低成本师资解决方案(录用素质欠佳的教师并在投入较低的机构中对他们进行培训)就变成高成本师资解决方案了。在教育体系表现卓越的国家中,尽管教师相对于班主任的工资要高,但几乎不需要行政人员和专家来支持他们的工作,这就使得在继续保持较低投入的基础上,录用高素质的教师成为了可能。这就是我们所谓的系统效应,即从系统的整体设计出发,考虑所有的投入成本而不是只考虑计划项目及其成本。

配置资源的第三种策略是哪里挑战最大,资源就到哪里去。如第二章所提到

教育系统中的成功者与变革者
美国从国际学生评估项目中学什么？

的，经济社会背景处于劣势的学校需要应对不太有利的生师比状况，这种情况仅存在于3个OECD国家，美国是其中之一。这就意味着，处于劣势的学生获得的资源最少，而最具优越的社会经济背景的学生则能够获得最多的资源。在社会经济背景处于劣势的学校，对其学生的投入要低于平均投入水平（如第二章所示）。

在众多影响学生成绩的因素中，学生社会经济背景是影响最大的因素，这一结论已得到了充分的证明。这就意味着分配给学校及学生最为重要的资源之一就是学生自己。本报告介绍了直至二战后，德国也没能与北欧各国一道摒弃原来中学阶段的以社会阶层为依据的三轨分流制。这使得德国很难为低收入、非德语群体提供高质量的教育。学生需要通过光明正大的机会来获得资格，成为德国社会有用的一员。

然而，本报告也介绍了德国的双元制体系，即面向中等教育所有的学生群体，无论其在哪一轨，都为他们提供机会并让处于底层或低轨道的学生有往上爬的机会。

德国把部门从三个减少为两个，这样的结构调整对学生成绩的提高具有显著的作用。就在同一层面上，波兰也通过改变中学教育体系结构来提高学生总体表现水平。波兰放弃了原先依据社会阶层对15岁孩子的分流，选择让所有孩子都上综合学校的策略。

日本在明治时期以德国为蓝本改革其学校及社会结构，让就读于不同学校的每一名日本孩子都有机会取得具有世界一流水平的成绩。明治政府所做出的决定在过去的一个多世纪中促进了日本教育体系整体的高水平并且高均衡的教育结果。

美国的读者会想，如果一个国家的中学教育长期以来都靠综合学校来完成，并且初级学校也向所有学生开放，那么上述内容与我们有何关系？在美国，学校内部存在很多分轨和分流的机制，与其说这是对系统层面政策及实践的检验，不如说是对系统的有意设计。这是一种实践与惯例而不是一项正规的政策。在小学，依据学生能力在班级内进行分组。每个小组所面临的挑战难度是不同的；在高中，学生也被分组，不同的组所修的课程是不同的，这具体体现在不同水平的认知挑战。此外，美国是OECD国家中唯一一个其公民能够自主进行学区征税的教育体系国家。公民可自主设定税率。反过来看，这也导致了在社会经济背景上越是处于优势的学生越能获得更多、更好的资源以及高素质的老师。

相比之下，所有经合组织国家，除美国之外，如果学校资源不受到社会经济的挑战，那么以色列和土耳其的投入是均衡的。[①]新加坡则把最好的教师派给最需要

---

① OECD一半的国家，师生关系与学校社会经济背景的关系是正相关的。也就是说，越是处于劣势的学校，其师生比就越大。

帮助的学生（那些很难达到新加坡高标准的学生）。瑞典则根据公示表来划拨给每一所学校资金，以确保每所学校都能开设满足需求的课程。北极圈附近的偏远地区则能获得更多投入（生均费）。这是因为在农村的高中学生并不多，班级规模较小。在瑞典，移民比例高的学校能够获得更多的资源。在日本，各郡县官员会把优秀的教师轮岗到薄弱学校，从而确保每一名学生都能获得平等的资源。

同样，中国上海的突出表现不仅体现在PISA平均成绩很高，还体现在学校间的成绩差异并不大，尽管在有些地区社会经济公平性的差距是很大的。这绝非偶然。在国家报告中已显示中国上海在转变薄弱学校方面做出了极大的努力。这些努力包括：

（1）系统地完善每一所学校的基础设施建设，使之处于同一水平。

（2）建立对薄弱学校的财政转移支付体系，把好学校中的教师暂时性或永久性地调往薄弱学校任教。[①]

（3）表现良好的区县与表现不佳的区县结对子，在每一次交换中对教育的发展进行讨论并共同解决所面临的问题，如教师发展、课程、教学材料和实践中的典范。

（4）在政府市教委的指示下，好的公办学校对薄弱学校实施委托管理，如好的学校任命资历丰富的教师或学科带头人担任薄弱学校的校长，并派出一批有经验的教师去指导教学工作。这样做的目的是把好学校的管理模式、教学方法都带到薄弱学校中去。

这与美国的财政资助体系形成了鲜明的对比。美国允许富人建立学校征税区。富人们联合起来，只要付很低的税，就能够得到巨大的收入。让他们有能力雇用本州最好的教师为自己及所住地区周边其他富人的孩子上课。这就为这些孩子创造了极大的教育优势。而另一番图景却是连房子都没有的穷人，一方面缴纳很高的税，收入也很少。资源充足的学校配有先进的科学实验室、精密的设备、奥林匹克规格的游泳池以及在专业上最为精良的师资。而穷困孩子所上的学校，到处都是破旧的校舍且教师也是全州质量最差的。在这两种极端情况中间分布着不同的教育机会，每一类情况都能与具有不同社会经济背景的群体相对应。

德国人间接地通过不同类型的中学对处于不同社会阶层的学生进行相应的分流。美国则靠对学校的资助体系直接完成了分流。这种体系所产生的效应与通过不同类型学校对处于不同社会经济背景的学生进行分流所产生的效果是完全一样的。

---

① 教师只是暂时性地被调往城市中的学校，把新的理念和在城市中学到的经验带回乡村。

教育系统中的成功者与变革者
美国从国际学生评估项目中学什么？

有专门为富人所设的学校，也有专门为中产阶层、工人阶层和穷人所设的学校。区别在于几乎没有工业化的国家还在使用分流手段，尽管他们只在中学教育阶段使用。然而，美国却在小学和中学阶段都采用此种社会阶层隔离的分流手段。

在本报告的绪论部分就提出，在一国经济发展的初期对高素质人才的需求是有限的，对培养此类人才的资源需求也是同样有限的。在此种背景下满足该需求的一种方式就是把钱投到整个社会中最具优势的学生身上。而这种优势的来源是他们父母的教育水平及收入。这就是为什么依据社会阶层分流学校的方法是一种有效的策略，尤其是在大生产时代。但是现在的情况不同了。在世界高薪水平的经济体中越来越需要大量的高素质人才。如果再继续这么组织教育体系，不仅会带来社会的不公，同时也是极其低效的。直到20世纪60年代，大部分北欧的国家还在按照德国目前的三轨分流的体系组织本国的教育体系。但正如上面所阐述的理由，他们都统统放弃了这么做。

许多年以前，欧洲涌入了大批素养水平很低的客籍工人。荷兰选择把这批移民安置在专门为他们建造的街坊里；比利时则选择向他们提供住房券用以补贴在住房上的开销，移民可以将这些券用在任何他们想要居住的地方。首先要说明的是，荷兰与比利时弗兰芒语区的教育政策非常类似。结果是几乎没有一所学校全部都是这些客籍工人的子女。几年后，荷兰要面临的巨大挑战是要教育这些来自公租房的孩子们。这些孩子并未能成功地融入荷兰的教育体系并且成绩非常差。然而，在比利时的弗兰芒语区，来自移民家庭的子女与当地居民的孩子没有任何不同，并且他们的成绩比荷兰移民子女的成绩要好得多。在住房上的隔离做法导致对学校也造成了隔离。在本报告中也出现过只是学校出现隔离，但并没有在住房上人为进行隔离的案例。在美国，收入的差距和当地对学校财政的控制不仅造成了学校间的隔离，还导致了在住房上的隔离。

值得注意的是，加拿大也具有同美国一样的学校财政支持制度。但近年来加拿大已经完全取消了这种做法，取而代之的是把资金完全转移到各省及地区。省及地区再根据学生数量拨款；各类资金援助则依据不同的项目类型及需求来发放（如特殊教育）。或者帮助各地区应对其突出的挑战，如给地处偏远的地区更多的交通补助；采取平衡基金的做法，保留部分资金用以补助更穷的地区，最终实现均衡。

对于美国而言，效仿其北部的邻居，逐渐改革其学校资助体系，废除对教育的地方性财政投入，当然这是非常复杂的事情，需要涉及税收、教育、住房政策、房价、种族关系、地方调控与州调控的博弈等一系列的问题。几乎没有人会低估这种难度。但是如果美国不向其他竞争者看齐，很难想象它的教育表现能够跻身世界最优国家的行列。

就在最近，美国宣布成立"均衡与卓越委员会"，旨在针对美国学校资助体系和K-12教育结构中的不公平问题进行考察和征求意见。上述国家的经验也许会让美国从中得到启示。

当然，在解决美国学校资助中不公平问题的时候要考虑到日益加大的不公平给孩子所带来的影响。芬兰学校为学生提供的全方位服务也许就是解决该问题最好的出路。他们不仅为每一名学生提供每天的餐饮、健康及牙医保健服务，还提供心理指导，以及为学生及其家庭提供所需的一揽子的心理卫生等其他服务。孩子及其家庭无须接受家庭经济状况调查就能享受所有的这些服务。这也体现了芬兰对于孩子的健康成长所做出的深切的社会承诺。但是由于芬兰与美国在支出选择上的不同，最终看来芬兰在学校上的投入并没有美国的多。

平衡地方责任：权力与法律的施行

在许多国家，公众以及政府的重心已从对教育资源和内容的掌控转移到对结果的关注上。在连续几次的PISA测试中已显示教育决策权的分布有明显的变化。伴随此种变化的还有责任下放到一线基层的趋势，鼓励有针对性地满足地方需求。正如前面所提到的，PISA测试结果显示，如果把自主性与问责联系起来看，在教育体系中学校的自主性与教育结果存在显著的相关性。

第二章所呈现的数据显示，只要州政府对学生设定了明确的期望，那么学校在课程及评价方面所具有的自主性与系统的整体表现之间的关系是正相关的。也就是说，如果系统给予学校更多的决策权，包括学生评价、开设课程、课程内容、教科书的使用等方面，那么这样的学校系统在PISA测试中的表现会更好。PISA结果数据显示，如果学生所在的教育体系不对外公开成绩，并且他们所就读的学校在资源管理上具有更大的自主性，那么学生的成绩会比那些就读学校其自主性仅为平均水平的学生的成绩要差。但如果学生所在的教育体系是对外公开成绩数据的，并且所就读的学校其自主性高于OECD平均，那么学生的阅读成绩会高于那些就读学校自主性仅为平均水平的学生的成绩。

当然，美国是一个权力分散化的教育体系。其他许多国家的教育体系也是如此：在教育服务的执行上，决策权是下放的；但在对结果的界定，课程、标准及测试的设计上，则施行严格的控制。美国的不同之处在于无论是投入还是产出都实行

教育系统中的成功者与变革者
美国从国际学生评估项目中学什么？

决策及调控权的下放。各州开始实施共同核心教育标准，这也仅仅只是开始改变。美国已经以协议的形式把责任下放到了地方或区域的行政当局。与OECD许多国家相比，美国学校并没有太大的自主权。从这个层面说，美国所面临的问题是如何培养学校执行自主权的能力，这对于其他许多教育体系而言也是需要讨论的。总之，在对教育的管理和调控上，美国的权力分配要比本报告中所考察的国家都要更加分散和松散。

与此种情况形成鲜明反差的是加拿大安大略省。在安大略省，教育部的作用是制定明确的期望和目标；提供资金；达成集体协商协议，促进教学与学习的完善；提供外界的专家并对薄弱或困难学校提供援助。而地区的职责是依据总体战略来部署其人事及招录政策，并在不断地学习和研究中对学校提供支持。但大部分真正意义上的实际行动都发生在学校：教师以团体的形式共同思考问题并互相学习。任务和压力来自上面，学校层面是改变发生和执行的地方。其他主体的作用就是协助在学校里发生的学习及变革。各利益相关者在政府主要领导人如何看待体系中的问题以及政策和项目背后所蕴涵的寓意方面缺乏共识。这也是经常被忽略但又非常重要的一个障碍因素。安大略省政府在各利益相关群体间达成共识及共同目标上做出了不懈的努力。

新加坡"思想的学校，学习的国家"的改革追求类似的目标，把具有很大自主性的学校在地域上组合成为集团并给予更多的自主性。任命知名的校长为集团的总指挥，指导他人并促进创新。更大的自主性会产生问责的新形式。废除旧式的监察系统，取而代之的是精品学校的模式。在此模式下，每一所学校设定自己的目标并逐年对其在九个功能性领域（五个推动因素和四项成果，包括学术成果）的进步做出评价。正如国家报告所描述的，学校自主性越大就越能造就高效的学校领导力，引领学校的变革。①

在本报告所介绍的优秀的教育体系之中都存在对教育进行管理的权力机关，对整个体系的效率和有效性负责。国家或州的教育部就是这样的典型部门，这些部门想要吸引人才。对于国家中主要的教育家而言，在这些部门任职是值得去奋斗的目标。他们对教育的质量和体系的效率负有责任，也要负责对教育体系进行长期的规划。他们利用研究来帮助他们做决策。

这样做的结果就是教育体系中的各部门都能很好地相互协作，制订出有效的计

---

① 五个推动因素是领导能力、人员管理、战略规划、资源和学生的集中。四项成果分别来自学生的全面发展（包括学术成果）、员工福利、行政和管理，以及参与同伴和社区的合作。

划并能动员一切力量付诸实施。这样的教育体系有能力做必要的分析，提供有效的支持，追踪监督其计划实施的进度，对结果做出判断并根据需要调整课程。如果一国或某个州缺乏此种能力，那么是无法制定出全面、连贯的计划的。

要引起我们注意的是，无论在美国任何一个层面上的教育系统（国家的、州的和地方的），都没有如上所描述的这种政府管理的结构。此外，国家教育与经济中心发现大部分州的教育部门其员工数量不及15年前的一半。[1]确实，近期联邦政府已向州的教育部寻求帮助，要制订出每个州完善教育的具体的、详细的计划以及对学生进步的监控，管理复杂的问责计划，课程开发和在全州范围内要实施的新的评价。由于税收的短缺，这些州的教育部的工作人员面临的是裁员的现实。表现卓越的教育体系，它们给予我们的经验是好成绩的取得取决于在能力上所投入的意愿。这里的能力是指规划和管理的能力。

从联邦的角度审视教育，各国的经验为我们展示了如何加强各州的合作，制定出国家政策。当然连贯性也非常重要。加拿大教育部长联席会议就为各省级分管教育的主管们提供了一个能够频繁接触交流和合作的平台。但是该机构的权力是有限的，因为只有达成共识才能做出决策。因此，它只是起到了一个信息分享、传播各省先进理念和范例的作用。在德国，根据宪法不能过多干预而只能支持研究。而各州则相应地通过国家部长委员会来开发一系列的国家标准和报告体系。

工作场所学习的重要性：促进从学校到工作的过渡

本报告聚焦的是学校教育。为工作而做准备，是一个经常被遗忘的公共政策领域。把教育体系看做培养具有国际竞争力的劳动力的强大工具。教育不仅仅只是对工作的准备，这已在全球范围内达成了共识。但同样也达成的共识是"为工作而做准备"也是教育的一大目标。已有充分的证据表明对工作的有效准备需要在学术课程中的优秀表现，同时还需要对一般工作技能的掌握，包括守时、成为团队的有用成员、按时完成工作等以及针对岗位的具体技能。在知识与技能的提供上，每个国家的差异很大。能很好做到上述三个方面的国家，青年失业率较低，年轻人不需要花很多时间就能找到工作，并且其经济竞争力也较强。这也就是为什么国家不仅要重视青年人的学术性的知识与技能，同时还要关注从学校到工作中的过渡体系。

在这方面，德国与日本为我们提供了两个完全不同的典范。在德国的双元制体

---

[1] Tucker, Marc and Tom Toch（May 2004），"Hire Ed", in The Washington Monthly, Washington, DC.

教育系统中的成功者与变革者
美国从国际学生评估项目中学什么？

系下，2/3的学生在职业学习的轨道上，采取半工半读的形式。这种做法的成功之处是能让不同社会经济背景的年轻人在学习学术性技能的同时掌握具体的工作技能。通过这种学习途径，学生在具体实践其工作技能的时候就能理解实践背后的理论知识。对于大多数的雇主而言，动机、坚持、努力和沟通技能等这些通识性的一般工作技能都是必要的。双元制，此种以实践为基础的并具有高度应用性的学习体系要比学校中的学习更有效率。学校中的学习通常是无法把所学的和所知的应用到具体实践中的。此外，OECD研究显示工作场所培训有利于促进员工的就业。雇主与员工有机会相互了解，学徒也能为雇主做出实际的经济贡献，使得雇主能直接从中获益。

日本的体系则有很大的不同。学生只有离校后才参加工作，成为一名正式的全职员工。但日本的大部分企业都在年轻员工（包括正式与非正式）的继续教育与培训上投入巨大。工作场所中大量的新入职员工都投入到了继续教育过程中，并且他们要接受强度很大的师傅带教式的指导。尽管模式与德国的有很大的不同，但结果却是惊人的类似。

初看会认为这两种模式都不适宜植入到美国。因为它们所依赖的工业体系与美国主导的工业体系有所不同。另一方面的因素就是基于文化的，雇主要在对年轻人的教育与培训上投入巨大。但是德国的雇主之所以提供学徒岗位不是出于他们的良心，而是因为能从中获取直接的经济回报。

从原则上讲，美国没有理由不拓展其学徒制培训计划，鼓励美国的雇主向更多的年轻人提供学徒培训的岗位。正如德国所做的，其激励措施包括放宽最低工资标准、减税等。通过适当的激励和法规调控，在社区学院、其他中学后机构、地区性技术学校和雇主之间建立关系。借鉴德国双元制的做法，拓展工作场所培训，包括实习、短期工作安置等，作为对全日制学徒制培训的补充形式。

这里的关键并不是要制定某项具体的政策建议，而是需要仔细研究激励的方案。我们要在无论最有成效的学校，和工作世界中找出适用于美国的方法，从而使美国教育、美国的商业及年轻人获益。

保证政策与实践的连贯性，把政策落实到系统的各层面，保证政策的持续性和实施的连贯性

最成功的教育体系都会对课程及学生成绩设定目标，强调对复杂、高阶思维能力以及对应用知识解决实际问题能力的掌握。这些教育体系不会只关注对基本技能的掌握，基本技能只是最低要求。他们改革其教育体系结果，摒弃过去根据社会阶层（不同社会经济背景）来进行学校或学习计划分轨的做法，即从事不同职业或工作的人（精英阶层、中产阶层、工人阶层、低收入）接受不同的教育。他们选择的是为所有人提供工作所需知识与技能的教育结构，包括过去只有精英阶层能从事的职业。正在这样做的许多国家都在完善其师资的来源。他们发现如果要录用并留住这些优秀的年轻人，就要摒弃对教育体系官僚、行政式的控制。在过去的这种体系下，要向专家和家长负责，要承受提高成绩的持续压力。这些国家要加大对教育体系的投入，从而确保每一名学生都能得到教育资源来达到他们所设定的高标准。

但这些都不是孤立执行的、臆想的变化，而是整个系统工程中的一个环节。在表现卓越的教育体系中，政策与实践落实到系统中的各个层面并在一定时间内保持其连贯性以及无须在过多的行政调控下予以连贯地执行。但这并不是说改革的过程是顺畅的。前面的章节已提到改革的道路是起伏的，布满了政治上的分歧，有时甚至是乌云密布的。在从行政、官僚式控制的模式到专业规范控制模式的转变过程中政治与经济的问题是无法回避的。如果教师和学校没有能力来实行这些政策与实践就不能达到预期目的；如果在一些问题上，如学生应知应会的内容、标准是否不够高等不能达成一致，那么把权力推向基层的做法就会出问题；如果职前教师培训是不充分的，那么受雇的教师会非常失望，以至于他们不会加入教师队伍而另谋他业。在这种体系下，录用高素质的教师也是没有多大用处的。或者他们虽然成为了学校教师，但被官僚式的工作组织拒之门外，那么他们也会选择另谋他业。

成功实现这样的转变要大力依靠成功的规划及其对规划的执行。这样才能实现政策在体系层面最大化的连贯性。没有一个国家能完美地做到这一点。但在这个方面，芬兰、日本、加拿大的安大略省、新加坡、中国上海和中国香港就做得很成功。新加坡在政策及其实施上达到了高度的一致性，教育部、国家教育研究所和学校共同承担责任和问责。每一项政策都配备相应实施能力培养的计划。到新加坡参观访问的人士会惊讶地发现他们所到之处，无论是人力资源部、国家发展机构、社区发展机构或大学、技术学院和学校，都能听到清晰、一致的对教育结果的描述、对实施与评价的重视以及对未来的定位。"里程碑"式的课程汇集了来自各部门的高级官员，形成了对国家目标的共同理解。高效的实施是整个政府关注的焦点。正是基于对人力资源开发的重视以及对它与经济发展之间关系的理解，新加坡政府很清楚教育中需要什么。这就意味着教育部能够设计出满足教育愿景的政策并付诸实践。

美国的教育体系权力分散化并且层级很多，这需要建立不同的机制，寻找能让各部分共同协作的方法与途径，这一点对于要取得好成绩来说是必要的。对于美国

教育系统中的成功者与变革者
美国从国际学生评估项目中学什么？

而言，无论其教育发展处于何种阶段，在发展的图谱中处于何种位置，连贯性，即各部分相互之间的协作性、匹配性的程度都是体系有效性的重要特征。这对于美国是尤为重要的。因为相对于其他工业化国家，一直以来美国教育体系的连贯性就很差。上面也提到过，在美国无论是州还是国家层面，都没有管理教育的实体部门负责协调不同部门的工作。这不是因为美国是联邦制国家，州政府尤其在教育领域享有部分权力。加拿大也是如此，但加拿大的成绩非常优秀。在加拿大，省级层面的教育主管部门也具有动员、团结、整合各部门的法力和能力。

如果美国不改进以下几个方面，那么就会有落后于其他发达教育体系的风险。这些方面包括：采用测试来评价应教给学生的知识；教学材料要尽可能与教师所教的内容相匹配；教育学院要培训教师，让他们能够教给学生国家或州所期望教授的内容；提高教师入职门槛，确保能够吸引所需的人才；这些机构的培养计划要能吸引得到那些选择做医生、建筑师和工程师的年轻人；设计能够影响年轻人的激励机制，如在校选修难度大的课程；在校学生所获得的资格要能满足雇主及大学的要求；等等。这些都只是部分，关键是各部分要协作起来，介入到成功的规划中来。

目前美国已经发起了诸多计划来应对这些挑战，包括评价质量、教学材料与支持、招录高素质的师资准备力量、针对课堂需求对教师进行培养以及学习标准与雇主及大学要求的匹配等。这些计划在不断发展和继续。美国需要注意这些计划之间的连贯性和衔接性，从而促进在州和地方层面的有效实施。

保证教育系统的开放性：不断进步、认清挑战及威胁

本报告考察了世界上成绩最好的5个国家和地区——芬兰、加拿大、日本、中国上海和新加坡，它们是世界上最坚定的5个国际基准奠定者。在本报告对安大略省省长麦坚迪（McGuinty）的采访中，他强调了一点，那就是他自己有关安大略省采取正确策略的看法就是在他访问其他一些教育表现很好的国家时形成的，他访问这些国家的目的是了解它们是如何做到的。就在芬兰成为世界上成绩最好的国家之一而引人注目之前，芬兰已经在为世界上成绩最好的国家的表现和实践制定基准了。在明治维新时期执政的政府访问正在工业化进程中的西方国家的首都，并决定把世界上其他地方在教育政策和实践上最好的做法带回日本时，日本就已经开启了成为世界上表现最好的国家之一的漫长之路。从那以后，日本一直是这么做的。当邓小平在中国掌舵并开始让中国在世界工业化的舞台上升起时，他要求中国的教育机构和世界上最好的教育机构建立伙伴关系，并把它们最好的政策和实践带到中

国。20世纪下半叶，新加坡做了和日本一个世纪之前做过的同样的事，但是它花了更大的精力，尤其在培训上。作为新加坡政府的神经中枢，新加坡经济发展局聘用了许多工程师，他们将新加坡政府和行政管理视为一系列制度上的障碍。无论新加坡是否对设计一个更好的下岗、退休制度或教育系统感兴趣，它派出相关部门的一些重要人物到那些世界上这些领域表现最好的国家访问，指导他们找出那些国家是如何做到的，并为新加坡设计一个比他们在世界上任何地方见过的都更好的系统。当新加坡在寻求创建一个新的制度时，它习惯性地将世界上最好的系统作为它设计的基准。如果新加坡不是定位于在一个特定的领域创造一个世界最好的制度，它会尝试引进专家。新加坡政府正在鼓励所有教育机构——从新加坡国立大学（一个以亚洲为中心的全球大学）到各个学校——建立全球关系网，以便培养"为未来做好准备的新加坡人"。他们从来没有停止过系统地向其他国家学习。这些成绩最好的国家的一个共同特点是，它们在严谨地确定国际基准和把其结果纳入政策和实践中这两个方面一直都付出了很大努力。

美国的财富

美国具备许多优势条件来追赶世界最发达的教育体系。如今表现卓越的教育体系都已充分利用其经济和文化资产，取得了骄人的教育成就。挑战就是如何以同样的方式利用财富。德国充分利用了理想主义哲学和有效的学徒制；芬兰则很好地利用了那些备受敬重的老教师以及团结力量渡过难关的凝聚力；加拿大则把原来联邦体系中的劣势转变为了国家资产；日本充分利用了其任人唯贤的价值观理念。这些国家尽管在许多构建一流教育体系的基本原则上都具有相似之处，但也认识到各种目标间此消彼长的关系，选择最要优先实现的目标并利用不同的策略来实现它们。在制度设计方面，每个国家面临不同的障碍并要用不同的方法来克服这些障碍。

美国的财富之一就是美国公民愿意在教育上投入，在每名学生上的投入比任何一个国家都多。这意味着通过调整支出结构来提高成绩的空间还很大。

第二个美国所具有的优势资产就是在教育及其他领域中改革的历史。美国人也许担心他们的政治泥潭以及在教育上无任何改变。整个美国史就是一部不断变革的历史。目前整个公立教育的体系都是在20世纪前20年一轮宏大的改革中建立起来的。美国的教育制度是废除种族隔离的，制定共同标准来开发与之相匹配的评价。

教育系统中的成功者与变革者
美国从国际学生评估项目中学什么？

这些都是大规模的改革。但在这些改革还没有真正发生以前却被认为在操作上是不可行的。"力争上游"计划在其实施一年的影响是形成了教育话语、州的立法以及主要利益相关者的行为。如果方向是清晰的，激励措施是有效的，那么要实现的是什么？

美国所拥有的第三大财富是它是创新的发动者。在美国随处都可以找到新鲜的、令人振奋的、具有操作性的教育点子。前面提到过，这就是为什么美国是来自全世界对教育创新感兴趣人士的目的地。如果不是具有创新性，那么美国的教育就什么都不是了。这是一笔巨大的财富，未来取决于与众不同。

美国也是众多教育研究者和分析家的聚集地。美国还具有巨大的科学资产，在寻找做事最优方法方面，美国具有学科优势。设想热衷于国际基准研究的新加坡与美国教育研究技术能力的联姻会是怎样的？

现在回到本报告绪论里所提到的分析框架。观察的起点是国家从低收入、低附加值经济体系向高收入、高附加值经济体系的形态转型，前者围绕价格竞争，后者则较量质量与创新。所有国家随着经济的转型都要从维度的一端移动到另一端。积累资源，迈向教育发展的下一阶段。

巴西试图克服一直以来忽视教育需求的传统；波兰则在教育政策上越来越采取兼容性的立场；在新加坡，得益于政府的驱动，教育与经济发展紧密地联系。新加坡从一个以港口货运、低收入、劳动密集型产业为生的国家，转变为了更多依赖于资本和技能密集型行业的国家，并最终落脚到了知识密集型的产业集团。教育系统培养了劳动力，使新加坡赢得了国际竞争力。没有一个国家已发展到了经济发展图谱中的最右端，但他们一直在前行。

美国所存在的问题是在经济发展的图谱中，不同的州或地区处于不同的发展阶段。一些州的发展水平离巴西很近，在学生分轨和学校表现上建立了有效的系统；对学生成绩设定了标准；确保教师能达到资格标准的最低要求；在学校资金投入上更加均衡；培养了一批专业队伍来援助薄弱学校；等等。与巴西或其他国家一样处于相同发展阶段的州会发现，方向的细化、行政问责有效地实施、课程内容的细化，才构成最具效率的管理体系。

其他一些州则有可能处于发展曲线的其他位置。他们具有与表现相匹配的管理、财政资源以及制度结构，并采用了世界最发达教育体系的系统。在不能与发达教育体系匹配的地方，他们则直接借鉴芬兰、加拿大、东亚等国家的做法，包括从名校选拔大量师资并给予他们工作的自主性；寻找能力建设的方法并支持其教师；

问责体系采用专业模式，而不是行政模式。也就是说，不是对学校进行指挥和领导，而是关注激励和援助体系的设计使学校的利益与公共利益并重。

大部分的州则介于前两种情况之间，那么他们要面对的挑战就是制定政策，鼓励他们朝着轨道前进。没有最好的教育体系，但正如报告所阐述的，通向卓越的道路却是明晰的：更广泛地参与，提高教育结果，完善教育机会分布的均衡，创造更大的经济价值。

通过国际比较，成绩上的差距已给美国带来了无形的经济损失，损失的程度甚至大于大萧条时期美国所蒙受的损失。正如第二章提到的，如果按目前生产总值来计算，通过改善教育表现获得的经济价值要远远超过短期经济周期管理所创造的价值。但这并不是说不需要弱化经济衰退的负面影响，而只是提醒我们不要忽视长期的事宜。

当今的世界不再墨守成规、故步自封。脆弱是不可原谅的。迅速适应变化，少抱怨，不断向学习最优的对象学习，成功就会降临。政府的任务就是保证国家能在挑战中崛起。

OECD将会通过促进同伴学习及国家间的合作来帮助各国。教育竞争并不是一个"零和博弈"，一方的收益必然意味着另一方的损失。提高成绩，无论对本国还是别国而言都是一个"双赢"的结果。